Konrad Hummler

Versuch, Irrtum, Deutung

Konrad Hummler

Versuch, Irrtum, Deutung

Anlagekommentare 1990 bis 2010

ausgewählt, bearbeitet und eingeleitet von
Hans-Christoph Kesselring

orell füssli Verlag AG

Gestaltung Umschlag: Mélanie Hangartner, Wegelin & Co. Privatbankiers
Gestaltung Inhalt: Mélanie Hangartner, Wegelin & Co. Privatbankiers
© Umschlagsfoto: Michael Rast
Druck: Kösel, Krugzell

ISBN 978-3-280-05424-6

Bibliografische Information der Deutschen Nationalbibliothek:
Die Deutsche Nationalbibliothek verzeichnet diese Publikation in der Deutschen Nationalbibliografie; detaillierte bibliografische Daten sind im Internet über *http://dnb.d-nb.de* abrufbar.

Inhalt

Geleit 9
Vorwort 11

Eine Zäsur und ausgewählte Trends **14**
1990 Der Ostblock in Auflösung 15
1991 Auseinanderbrechende staatliche Strukturen 17
1993 Über Rechtsstaat und Demokratie 20
1992 Vom Wert der Eigentumsrechte 26
1992 Zunehmender Wettbewerb in allen Bereichen 29
1993 Geringere Bedeutung der Politik? 31
2001 Ein grundloser Crash? (Teil I) 34
2002 Investieren im Jahr danach 38
2008 Überleben und Überdenken 39

Über Funktion und Funktionieren von Finanzmärkten und Finanzprodukten **52**
1992 Wozu Finanzmärkte? 53
1999 Vom diskreten Charme der Derivate 56
2000 Weshalb Überschwang rational ist 62
2001 Die Notwendigkeit realer Impulse 72
2001 Ein grundloser Crash? (Teil II) 74
2005 Diffuse Ängste. Konkrete Antworten? 76
1998 Die Rückkehr des Kreditrisikos 87
2007 Der perfekte Sturm – schon vorüber? 98
2007 Krise heisst Klärung 105
2007 Entsorgungsprobleme 112

Über Staat und Markt **120**
1995 — Die Marginalisierung des Staates 121
1996 — Die Neubewertung von Wirtschaft und Gesellschaft 125
2007 — Doch eine *new economy?* 129
2005 — Europa ist attraktiv 138
1999 — Keine Verschnaufpause! 144
2000 — Über Steuern und Wohlstandswachstum 147
2009 — Staaten unter Stress 155
2001 — Das Jahr der Ratte 162
2003 — Handlungsfähiger 169
2003 — Alles im Griff 173
2006 — Die Welt ist nicht beherrschbar. Eine Einsicht 182
2010 — Der Fluch der Garantie 190
2002 — Wie man neues Vertrauen schafft. Oder auch nicht. 199
2001 — Optimismus allein genügt nicht 203
2006 — Gurtenobligatorium für Anleger? 207

Überlegungen zu unternehmerischer Wertschöpfung und Anlageerfolg **222**
1996 — Von Rendite-Risiko-Paarung und Elefantenhochzeiten 223
2000 — Vom Wert der Handlungsfreiheit 228
1994 — Theorie der Firma 238
2005 — Keimfreie Schweine. Ein Beitrag zu Corporate Governance 240
2002 — Die nächste Illusion: Corporate Governance 250
2005 — Die Ökonomie der Restgrösse 256

Rendite und Risiko sind nicht alles **262**
2001 — Wie Europa spart 263
2006 — Zwischen Vermögensvermehrung und Vermögenserhaltung 272
2008 — Der Kampf ums Eingemachte 277
2010 — Wohlbefinden unter dem Damoklesschwert 289
2009 — Abschied von Amerika 301
2004 — Die Zukunft des Bankgeheimnisses 313
1997 — Die Ökonomie der tiefen Taschen 320
1999 — Die Vergangenheit zählt nicht 324
2006 — Vom Umgang mit kollektivem Vermögen 330
1999 — Der gläserne Kunde 341

Anhang **347**
Personenregister 349
Sachregister 351

Lebenslauf Konrad Hummler **369**

Geleit

Alle sechs bis sieben Wochen einen achtseitigen Kommentar zum politischen, wirtschaftlichen, dann und wann kulturellen Geschehen zu verfassen, erscheint vielen als Last, ja sogar als eine Art Strafe. Für mich war und ist es ein besonderes Privileg, auf diese Weise der Bank und ihren Kunden, darüber hinaus in zunehmendem Masse einem breiten lesenden Publikum, zu dienen. Offensichtlich gibt es sie, die Nachfrage nach unabhängiger, bewusst pointierter Analyse und Meinung. Privileg ist zum einen, dass ich als Schreibender und damit oft auch unbequemer Zeitgenosse von meinen Teilhaberkollegen überhaupt geduldet werde. In den allermeisten anderen Konstellationen als bei Wegelin & Co. wäre ich längst von einer Nomenklatur politisch Korrekter gebremst worden. Privileg ist zum anderen, immer wieder dieses Exerzitium des Verfassens durchlaufen (und durchstehen) zu müssen. Es läutert die Seele und klärt den Geist. Wer regelmässig über mögliche künftige Entwicklungen schreiben muss, erfährt immer wieder, wie beschränkt unsere Fähigkeiten sind, komplexe Zusammenhänge zu erkennen, allenfalls zu verstehen und vielleicht ein paar taugliche Folgerungen abzuleiten. Im gleichen, zu Bescheidenheit mahnenden Prozess entsteht für eine gewisse Zeit aber auch Ordnung in der Gedankenführung. Diese «Konsistenz mit Verfalldatum» ist sozusagen zum Lebensprinzip geworden; es verschafft Ruhe und treibt an – es ist mein gnadenloser Antriebsgeist.

Ich habe mich lange gegen die Herausgabe der «gesammelten Werke», das heisst einer wie auch immer konzipierten Sammlung meiner Anlagekommentare, gewehrt. Zu sehr sind sie für die momentane Befindlichkeit des Lesers verfasst, als dass ich es gewagt hätte, die Texte durch die Buchform sozusagen zu adeln. Dahinter steht auch die Befürchtung, dass frühzeitig Erkanntes aus der späten Sicht trivial erscheinen könnte. Es ist der unablässigen Ermunterung durch Dr. Martin Meyer, den Feuilletonchef der NZZ, zu verdanken, dass ich mich dann doch noch zu dieser Übung durchringen konnte.

Das grösste Verdienst kommt aber gewiss jener feinfühligen und gewissenhaften Person zu, die sich der Sichtung und Kategorisierung der über 1'000 Seiten angenommen hat: Dr. Hans-Christoph Kesselring. Ich hatte ihn bei der Schweizerischen Nationalbank als Verfasser von Protokollen mit literarischen Qualitäten kennengelernt. Die Subtilität, mit welcher er die schwierige Aufgabe – Auswahl und Elimination, Konzentration auf das Wesentliche – angegangen hat, erheischt hohen Respekt und verdient verbindlichen Dank.

Viele wären überdies zu erwähnen, die zum Gelingen dieses Bandes beigetragen haben, von meinem Assistenten über die Graphiker bis zu den Verantwortlichen in Verlag und Druckerei; sie alle mögen den Verzicht an namentlicher Erwähnung verzeihen. Bleibt, eine Widmung des Buches vorzunehmen. Sie gilt eindeutig meinem langjährigen beruflichen Weggefährten Dr. Otto Bruderer. Seit der gemeinsamen Assistentenzeit im Vorzimmer von Dr. Robert Holzach, dem Verwaltungsratspräsidenten der damaligen Schweizerischen Bankgesellschaft, arbeiten wir zusammen. Es ist die beglückendste und zugleich effizienteste Art, wie zwei Menschen miteinander Wirkung entfalten können. Unsere Freude am Disput fusst auf einer tiefen Übereinstimmung in eigentlich fast allen relevanten Fragen. Wenn es darauf ankommt, brauchen wir nicht lange zu diskutieren. Das ist Freundschaft.

Dr. Konrad Hummler

Vorwort

Versuch und Irrtum haben sich als ergiebige, nicht versiegende Quelle von Problemlösungen und neuen Ideen erwiesen und ganz wesentlich dazu beigetragen, dass die Menschen in den westlichen Industriestaaten während der letzten 200 Jahre einen historisch einmaligen Wohlstand erschaffen haben. Im letzten Vierteljahrhundert führten Versuch und Irrtum aber auch an den Finanzmärkten zu einer enormen Dynamik.

Um aus Fehlern die richtigen Schlüsse zu ziehen, bedarf es der Analyse – oder angesichts der grossen Komplexität der Wirklichkeit etwas bescheidener ausgedrückt: der Deutung, also des Versuchs, im Geschehen relevante Muster zu erkennen und deren gegenseitige Beziehung. Auch das Deuten kommt ohne Versuch und Irrtum nicht aus. In diesem Sinne sind die Anlagekommentare von Wegelin & Co. zu verstehen, die in diesem Buch aus Anlass eines doppelten Geburtstags zusammengestellt worden sind: nämlich zum 20. Jahrgang des Anlagekommentars aus Dr. Konrad Hummlers Feder sowie in Erinnerung an die Gründung der Bank vor 270 Jahren. Die Firma Wegelin & Co. war aus einem Leinentuchhandel und Speditionsgeschäft herausgewachsen und konzentrierte sich ab 1860 auf die Vermögensverwaltung. Ihr Geschäft blieb auf St. Gallen beschränkt, bis junge Gesellschafter von 1990 an die Bank übernahmen, das Vermögensverwaltungsgeschäft modernisierten und ein Filialnetz sukzessive in der ganzen Schweiz aufbauten.

Diesem Team gehörte auch Dr. Konrad Hummler an. Er gab den Anlagekommentaren, die im Hause Wegelin bereits eine lange Tradition hatten, eine neue Stimme. Dank seinen Beiträgen zu volkswirtschaftlichen, gesellschaftlichen, rechtlichen und politischen, aber auch zu historischen und zu technischen Fragen erfreuen sich die Kommentare heute einer breiten Leserschaft; ihre Auflage liegt inzwischen bei über 100'000 Exemplaren, und sie erscheinen in vier Sprachen. Verschiedene Anlagekommentare provozierten bei ihrem Erscheinen in der Öffentlichkeit Widerhall und wurden mitunter auch in der ausländischen Presse aufgegriffen.

Angesichts der Fülle des Materials aus den 20 Jahren war eine straffe Selektion notwendig. Für die Auswahl waren folgende Kriterien massgebend: Das Buch sollte die ganze 20-jährige Periode abdecken und die wichtigsten Themenbereiche berücksichtigen. Auch sollten die ausgewählten Texte heute noch von Interesse sein, sich also mit Fragen befassen, die über den aktuellen Tagesbezug hinausgingen. Die abgedruckten Kommentare sollten schliesslich aufzeigen, welche Gedanken sich ein Bankfachmann, überzeugter Liberaler und engagierter Beobachter des Zeitgeschehens zu wichtigen Ereignissen machte.

Die Sammlung ist thematisch in fünf Teile gegliedert. Jeder ist mit einer kurzen Einleitung versehen, die in geraffter Weise einen Bezug zur Zeit schafft und eine summarische Übersicht über die abgedruckten Kommentare gibt.

Um die Vielfalt der Themen zu widerspiegeln, Wiederholungen aber möglichst zu vermeiden und das Buch doch nicht zu umfangreich werden zu lassen, waren Kürzungen unvermeidlich. Weggelassen wurden Bezüge zur jeweils aktuellen Wirtschafts- und Finanzmarktlage, soweit sie nicht für das Verständnis des behandelten Themas notwendig sind oder dieses beispielhaft veranschaulichen. Nicht berücksichtigt wurden sodann die Anlageempfehlungen des Bankhauses Wegelin & Co. Gekürzt wurden auch Textstellen, die zu weit weg vom Kernthema eines Anlagekommentars lagen, für das Verständnis nicht wesentlich oder für Denken und Argumentieren des Autors nicht charakteristisch waren. Grafiken wurden nur ausnahmsweise übernommen, wenn sie dem Verständnis des Texts in besonderem Mass dienten. Andere Eingriffe erfolgten vor allem zur sprachlichen und formalen Vereinheitlichung der Texte oder stehen im Zusammenhang mit Kürzungen. Kürzungen und Übergänge sind durch Auslassungszeichen gekennzeichnet und in eckige Klammern gesetzt.

Wo es sinnvoll schien, wurden die Texte mit Quellenangaben und Erläuterungen in den Fussnoten ergänzt. Die Anlagekommentare der frühen 90er-Jahre waren noch nicht betitelt, deshalb erhielten sie nachträglich eine Überschrift.

Der erste Teil erwähnt wichtige Ereignisse und Trends der letzten 20 Jahre und hilft, die nachfolgenden Kommentare in einen grösseren Zusammenhang einzuordnen. Er spricht ausgewählte Probleme an, die in den folgenden Kapiteln zum Teil vertieft werden.

Die Finanzmärkte bilden naheliegenderweise das Thema eines weiteren Teils, denn sie berühren nicht nur den Kern des Bankgeschäfts, sondern haben in den letzten 20 Jahren auch an Bedeutung gewonnen und die Wirtschaftsentwicklung massgeblich mitgeprägt.

Kaum ein anderer Bereich der Wirtschaft wird heute vom Staat so stark reguliert wie die Finanzmärkte. Erfolgreiches staatliches Regulieren ist eine Gratwanderung zwischen dem Bestreben, das Regulierungsziel zu erreichen, und der Sorge, das Funktionieren des Markts nicht zu beeinträchtigen. Gedankenlose Regulierung ist dadurch gekennzeichnet, dass sie die Anpassung der Betroffenen an den Eingriff zu wenig berücksichtigt. Im besten Fall ist sie dann auf die Dauer meist wirkungslos, im schlechtesten beeinträchtigt sie das Funktionieren des Markts nachhaltig. Der dritte Teil ist dem Thema «Staat und Markt» gewidmet.

Der Anlageerfolg hängt langfristig vom Gedeihen der Unternehmen ab, in die der Anleger investiert. Der vierte Teil enthält Anlagekommentare zu einigen Fragen der Unternehmensführung, denen in den letzten 20 Jahren grosse Aufmerksamkeit zukam.

Im fünften Teil schliesslich sind Kommentare zusammengestellt, die sich mit ausgewählten Aspekten der Vermögensverwaltung – insbesondere mit der Bedrohung des Vermögens und seinem Erhalt – befassen.

In den letzten 20 Jahren hat sich vieles zugetragen und manches verändert, so dass auch der Autor in einem Prozess von Versuch und Irrtum seine Sicht der Dinge im einen oder anderen anpasste. Die abgedruckten Anlagekommentare sind deshalb nicht frei von Widersprüchen. Aber durch alle Texte hindurch zieht sich die Sicht eines überzeugten Liberalen, der Produktion und Allokation von Gütern und Diensten wenn immer möglich dem Markt überlassen und staatliche Eingriffe achtsam entworfen und durchdacht sowie auf das Notwendige beschränkt sehen möchte.

Dr. Hans-Christoph Kesselring

Eine Zäsur und ausgewählte Trends

Der unerwartete Zusammenbruch des Sowjetimperiums nach 1989 beendete den Ost-West-Konflikt, dem fast überall während Jahrzehnten wichtige Aspekte der Politik untergeordnet gewesen waren (s. S. 15–17). Nun taten sich neue Spielräume auf, die nach und nach genutzt wurden: Neue Entwicklungen nahmen ihren Lauf, die Welt wurde multipolar und vielgestaltig.

Der Niedergang des Kommunismus galt vielen Zeitgenossen als Beweis für die Überlegenheit des Markts gegenüber der zentral gelenkten Planwirtschaft. In England und in den USA hatten Privatisierung und Liberalisierung nach der Stagflation der 70er-Jahre bereits während der 80er-Jahre eingesetzt. Dank des marktfreundlichen Umfelds lagen sie noch ein weiteres Jahrzehnt im Trend und wurden nun auch von anderen Ländern praktiziert, wenn vielleicht auch nur vordergründig, wie der Kommentator aus St. Gallen vermutet. In den Industriestaaten beobachtete er Anzeichen eines Niedergangs von Stabilität und Sicherheit (s. S. 17–28).

Die Konkurrenz wurde heftiger; viele Staaten versuchten, der Wirtschaft günstigere Rahmenbedingungen zu bieten. Damit geriet auch die Politik als «Anbieterin von Standorten» in den Sog des Wettbewerbs (s. S. 29–31). Mitunter schien die Bedeutung des Politischen gegenüber dem Wirtschaftlichen zurückzuweichen (s. S. 31–34).

Länder wie China, Indien und Brasilien öffneten sich dem Weltmarkt, desgleichen auch Russland, dessen Wirtschaft sich nach mehrjährigem Niedergang wieder auffing. Waren die Güter- und Faktormärkte dieser Staaten vor 1989 noch mehr oder weniger vom Ausland abgeschottet gewesen, so leisteten sie nun einen spürbaren Beitrag zum globalen Angebot an Arbeitskraft und Boden. Gleichzeitig setzten sich zahlreiche technologische Neuerungen durch, welche die Produktivität hoben. Auch dies belebte den Wettbewerb: So machte das Internet Angebote von Gütern und Diensten praktisch weltweit vergleichbar und entwickelte sich dadurch zu einem Motor der Globalisierung. Die Inflationsraten sanken auf ein historisch tiefes Niveau (s. S. 34–37). Nach der Jahrhundertwende, insbesondere nach der Kreditkrise von 2007 bis 2009, griff allerdings Marktverdrossenheit um sich, und massive Staatseingriffe folgten (s. S. 38–39). Der letzte Beitrag (s. S. 39–51) beschäftigt sich vor dem Hintergrund dieser Krise mit dem Trend von der «kollektiven Veranstaltung» hin zur «dezentralen Emanzipation». Mit der Frage, ob Banken noch notwendig sind, schlägt er eine Brücke zum zweiten Teil.

Der Ostblock in Auflösung (1990)[1]

[…]. Die weltpolitische Stabilität hat sich seit zwei, drei Jahren durch die Auflösungserscheinungen im Ostblock nicht etwa erhöht, wie das oft geglaubt wird, sondern wesentlich vermindert. Das hat nichts damit zu tun, dass wir den Menschen in Russland und den ehemaligen Satellitenstaaten die neuen Freiheiten nicht gönnen möchten. Aber grundsätzlich hatten der in sich weitgehend geschlossene Ostblock und die Bipolarität der Machtblöcke während mehr als 40 Jahren eine sehr stabilisierende Wirkung, desgleichen das durch die USA und die UdSSR kontrollierte nukleare Gleichgewicht. Seit 1945 konnte kaum jemand in der Voraussage fehlgehen, dass sich in den nächsten paar Jahren im Osten nicht viel Neues ereignen werde. Die Welt passte sich diesen Verhältnissen an; in der Zeit der Ost-West-Konfrontation erlebten die USA, Westeuropa und Japan einen geschichtlich beispiellosen wirtschaftlichen Aufschwung […].

Waren die Verhältnisse zwischen und in den Blöcken aufgrund der jahrzehntelangen Pattsituation weitgehend ruhig, so traf dies für den Rest der Welt nur beschränkt zu, da die sogenannten blockfreien Länder stets zu der von beiden Seiten umworbenen Manövriermasse gehörten. Dort spielten sich stellvertretend die Konflikte zwischen den Blöcken ab. Auch in dieser Hinsicht

[1] Anlagekommentar Nr. 136 vom 20. November 1990 (Titel nachträglich gesetzt).

haben sich die Verhältnisse grundlegend geändert. Die künftigen Konflikte in den Staaten namentlich der Dritten Welt werden nur noch sehr beschränkt unter dem Einfluss (und damit letztlich auch der Kontrolle!) der beiden Supermächte stattfinden. Ein erstes Beispiel lieferte der ohne jegliche Absprache vom Zaun gerissene irakische Einmarsch in Kuwait.[2] Es ist absehbar, dass künftig vergleichbare Aktionen das Feld beherrschen werden, gelingt es der internationalen Staatengemeinschaft nicht, den Preis für das Fehlverhalten sehr hoch zu schrauben. Vermehrte Instabilität in einem grösseren Teil der Welt wäre die klare Folge einer halben Lösung im Golfkonflikt.

Es ist durchaus denkbar, dass die Welt nach der gegenwärtigen Umstrukturierung in eine Phase erhöhter Stabilität und Prosperität eintritt. Vorderhand fehlen für die Bestätigung einer solchen positiven Entwicklung aber noch die Anzeichen.

Unseres Erachtens wird nebst der Frage nach der weltpolitischen diejenige nach der gesellschaftspolitischen Stabilität viel zu wenig gestellt. Wenn man sich überlegt, was es denn eigentlich wirklich ausmacht, dass es dem einen Land besser geht als dem anderen, so sind es eben nicht die Rohstoffe, nicht die Verkehrslage, nicht die Meistbegünstigung im Handel mit den USA, nicht die stolze Geschichte und auch nicht das Vorhandensein einiger hervorragender Köpfe, die in einem Land zu Wohlstand führen, sondern letztlich wohl immer das Mass an gesellschaftspolitischem Frieden. Es will uns scheinen, dass im Westen das kaum überschätzbare Aktivum der gesellschaftlichen Stabilität in letzter Zeit stark in Frage gestellt und damit einer der wesentlichsten Wohlstandsfaktoren gefährdet wird.

Der Niedergang beginnt zunächst beinahe unerkannt bei den kleinen gesellschaftlichen Konventionen wie Anstand und Rücksichtnahme. Man hat in den meisten westlichen Städten zum Beispiel ein zusehends ungutes Gefühl, wie mit öffentlichem Eigentum umgegangen wird. Mehr und mehr werden aber auch klare Übertretungen der Rechtsordnung, Eingriffe in das Eigentum Dritter etwa durch Schmierereien, durch Häuserbesetzungen und ähnliches stillschweigend hingenommen. Man spricht über die Legitimität des Widerstands im Rechtsstaat. Interessanterweise findet dies alles nicht in einem dürftig regulierten Umfeld statt, sondern in einem engmaschigen Netz von Bestimmungen, die allesamt zum gesellschaftspolitischen Wohl erfunden worden waren. Es scheint, dass eine Art von sozialstaatlichem Overkill die gesellschaft-

[2] Im August 1990 besetzte der Irak unter Saddam Hussein Kuwait mit dem Vorwand, dieses habe irakische Ölfelder angezapft. Eine von den USA geführte Koalition vertrieb die irakische Armee wieder aus Kuwait.

lichen Strukturen am meisten gefährdet. Wir sind der Ansicht, dass diese Entwicklung nicht so einfach umkehrbar sein wird und in allen westlichen Ländern zu ernsthaften Problemen führen wird. [...].

Auseinanderbrechende staatliche Strukturen (1991)[3]

[...].

Von der (unbefriedigenden) Ordnung zur Unordnung ...

[...]. Unseres Erachtens führt die Frage, ob die Sowjetunion noch ein «Block» im alten Sinne sei oder nicht und ob deshalb das bipolare Machtmodell noch Gültigkeit habe oder nicht, gerade nach den jüngsten Ereignissen an der wirklichen Problemstellung vorbei. Am Beispiel Jugoslawiens und jetzt auch der UdSSR können wir modellhaft erkennen, womit wir es in diesem Jahrzehnt zu tun haben werden: mit auseinanderbrechenden staatlichen Strukturen.[4] Wir dürfen nicht vergessen, dass die meisten Landesgrenzen auf dieser Erde äusserst künstliche Gebilde sind, oft situativ zustande gekommen, zumeist ohne Kenntnisse des ethnografischen Unterbaus oder der geschichtlichen Grundlagen. Es wäre kaum übertrieben zu behaupten, dass weltweit mehr als die Hälfte der Staatsterritorien fragwürdige Gebilde sind. Jugoslawien – Slowenien, Kroatien; Rumänien – Moldawien; Sowjetunion – Estland, Lettland, Litauen; aber auch Sudan – Äthiopien, Marokko – Westsahara, Pakistan – Indien, Indien – Sri Lanka: Konfliktpotential, wohin man auch blickt.

Die Frage stellt sich, ob der internationalen Staatenwelt Instrumente zur Verfügung stehen, mit diesem Konfliktpotential umzugehen. Unseres Erachtens liegt gerade darin die Hauptproblematik der kommenden Jahre. Die internationalen Organisationen sind eigentlich alle auf den Erhalt des Status quo ausgerichtet, das heisst, sie schützen die bestehenden Strukturen und mithin die teilweise konfliktbeladenen Grenzziehungen. Es gibt keine erprobten Verfahren zur Bereinigung ethnografisch inkompatibler Gebilde. Ja, es könnte sein, dass gerade die strukturbewahrenden Funktionen der internationalen Organisationen letztendlich das Konfliktpotential erhöhen.

[3] Anlagekommentar Nr. 141 vom 20. August 1991 (Titel nachträglich gesetzt).

[4] Der politische Zusammenbruch Jugoslawiens war mit Kriegen verbunden, die 1991 nach der Unabhängigkeitserklärung Sloweniens und Kroatiens begannen, sich mehr als zehn Jahre hinzogen und in deren Verlauf auch die NATO eingriff. Der Zerfall der UdSSR begann 1990, als die Sowjetrepublik Litauen als erste ihre Unabhängigkeit erklärte. Am 19. August 1991, einen Tag bevor der Präsident der Sowjetunion, Michail Gorbatschow, und eine Gruppe von Staatsführern der Sowjetrepubliken einen neuen Unionsvertrag unterzeichnen wollten, versuchte eine Gruppe hoher Funktionäre die Macht in Moskau an sich zu reissen. Bereits zwei Tage später war der Putsch am Widerstand der Bevölkerung unter Führung von Boris Jelzin gescheitert. Die Sowjetunion war endgültig zusammengebrochen.

Die sicherheitspolitischen Aufgaben sind deshalb nicht einfacher, sondern sehr viel schwieriger geworden. Das ungeliebte, aber letztlich lange Zeit friedensichernde System zweier Machtblöcke ist abgelöst worden durch ein sehr instabiles System von Völkern, die ihre territoriale Integrität suchen. Die resultierenden regionalen Konflikte können schnell ein global gefährliches Ausmass erhalten. Die industrialisierte Welt wird sich darauf einstellen müssen, dass sie zur Kontrolle und Eindämmung solcher Gefahrenherde möglicherweise mehr militärische Opfer erbringen muss, als sie es unter dem Regime zweier Blöcke tun musste. Die Schweiz wird sich solchen Entwicklungen übrigens kaum ganz entziehen können.

… zum Niedergang der Ordnungspolitik

Ordnungspolitische Entwicklungen werden oft unterschätzt, obwohl es ja unverkennbar die geistesgeschichtlich relevanten Bewegungen waren, die unsere wirtschaftliche Entwicklung am meisten beeinflusst haben. Man denke nur an die Abkehr vom Merkantilismus nach der Französischen Revolution, an den Siegeszug der liberalen Staatsauffassung und die enorme Industrialisierung im letzten Jahrhundert, an die Überwindung des Keynesianismus im Verlaufe der 80er-Jahre. Vordergründig weist momentan alles auf eine Hinwendung zu mehr Marktwirtschaft hin. In der Tat ist ja der Versuch der Ablösung staatswirtschaftlicher durch marktwirtschaftliche Prinzipien im Osten ein ordnungspolitisches Ereignis ersten Ranges. Lassen wir uns aber nicht täuschen: Im Westen ist seit einiger Zeit eine Hinwendung zu weniger Markt und mehr Dirigismus festzustellen, und in vielen Köpfen werden etatistische Gedankengänge wieder beliebt. Dies in zweierlei Hinsicht. Zum einen sind es integrationspolitisch-neomerkantilistische Ideen, wie sie etwa der von Frankreich inspirierten Politik der Europäischen Gemeinschaft zugrunde liegen. Die kürzlich zwischen der Europäischen Gemeinschaft und Japan abgeschlossene Vereinbarung zur Beschränkung des Imports japanischer Autos bis zum Jahr 1999 mag hier als Signal gelten.

Zum andern sind es die ökologisch inspirierten etatistischen Ideen, die nach und nach wie zähe Flechten unsere Marktwirtschaft überziehen. Die nur zögernde Bereitschaft industrieller Kreise, sich auf marktwirtschaftliche Konzepte zur Vermeidung von Umweltschäden einzulassen, mag diesen Vorgang beschleunigt haben. Wir müssen uns im klaren sein: Der gute Zweck ökologischer Ziele beginnt das Mittel ordnungspolitischer Sündenfälle zu heiligen, und wir meinen, oft werde der gute Zweck nurmehr als Vorwand für die

Wo Markt verdrängt wird, entsteht politische Macht.

Seite 20

Durchsetzung sehr realpolitischer Interessen missbraucht. Wo Markt verdrängt wird, entsteht politische Macht. Wo ein Bewilligungsregime und eine Rationierungsbehörde ans Werk gehen, können eine politische Klientel begünstigt und andere schikaniert werden.

Die Gefahr des schleichenden Verlusts an wirtschaftlicher Freiheit und wettbewerblicher Effizienz darf nicht unterschätzt werden. Der ordnungspolitischen Auseinandersetzung wird in den kommenden Jahren hohe Bedeutung zukommen, und auch der Anleger tut gut daran, die sich langfristig ergebenden Vor- oder Nachteile aus ordnungspolitischen Entwicklungen im Auge zu behalten. […].

Über Rechtsstaat und Demokratie (1993)[5]

[…].

Diversifizierte Welt

[…]. Ökonomisch gesehen war das bipolare Machtsystem so etwas wie ein Kartell. Was sich links und rechts der Blöcke rührte, war für das Gesamte völlig belanglos. Das Auf und Ab im Zusammenspiel der USA mit der Sowjetunion bestimmte so ziemlich alles, was in dieser Welt geschah, oft bis weit in die Innenpolitik an sich unbeteiligter Länder hinein, ja, es bestimmte sogar das intellektuelle Denken und Handeln.

Die Zeiten sind vorbei. Was in Moskau passiert, ist im Prinzip und abgesehen von einer (unwahrscheinlichen, weil selbstmörderischen) nuklearen Weiterung nur noch von regionaler Bedeutung. Zwar wäre es bedauerlich, wenn der Reformprozess auf die eine oder die andere Weise zum Erliegen käme, und gewiss, einige Gläubiger (allen voran die Deutschen!) hätten etwelche Mühe damit, die globale Sicherheit würde dadurch aber kaum mehr stark tangiert. Was an russischem Militär übriggeblieben ist, ist faktisch strukturell nichtangriffsfähig. Ein Wiederaufbau der früheren Machtmittel wäre zwar möglich, benötigte aber Zeit und Ressourcen.

Das Kartell der zwei Blöcke ist von einem «Wettbewerbsmodell» abgelöst worden. Die Weltbedeutung des Ostens, aber auch der USA ist stark gesunken. Was sich links und rechts der USA und Russlands rührt, ist nun von Belang. Die Finanzmärkte als aggregiertes Wissen und gehäufte Erwartungsbildung haben dies zur Kenntnis genommen. Damit erklären sich die geringen Ausschläge, und es darf die Prognose gewagt werden, dass diese Konstellation eine Weile noch andauern dürfte.

[5] Anlagekommentar Nr. 156 vom 12. Oktober 1993 (Titel nachträglich gesetzt).

Demokratisierungsprozess in Gefahr. *So what?*

Um nicht falsch verstanden zu werden: Die Erkenntnis über die relative Verringerung der globalen Bedeutung von Auseinandersetzungen à la Moskau-Washington will nicht sagen, dass es nicht längerfristig von ausserordentlicher Wichtigkeit sein wird, ob dem Osten der Anschluss an die industrialisierte Welt einigermassen gelingen wird oder nicht. Nicht zuletzt hängt davon ab, ob die wirtschaftlich bisher völlig brachliegende Scholle nutzbar werde oder nicht, und dies dürfte gerade den Investor sicherlich interessieren.

In der Beurteilung der ganzen Prozesse liegen allerdings einige grosse Schwierigkeiten. Zum einen gibt es nur wenige wirkliche Ost-Experten. Die meisten stammen nämlich noch aus Zeiten der alten Sowjetunion, denken zuinnerst noch stets bipolar und hatten zudem im Hinblick auf die Voraussage des Zerfalls ihres Studienobjekts völlig versagt. Soll man ihnen heute Glauben schenken, wenn sie von Petersburg bis Taschkent den Holocaust prophezeien, wenn sie hordenweise nach Europa einfallende Russland-Mafiosi vorhersagen? Ohne der Verharmlosung anheim zu fallen: Man könnte sich auch positivere Wendungen und vor allem differenziertere vorstellen.

Zum andern ist es die Hochstilisierung des Demokratisierungsprozesses durch westliche Politiker, die zu Fehlbeurteilungen und völlig voraussehbaren Enttäuschungen führt. Demokratie ist eine Form der Entscheidfindung im Staat. Sie beruht auf der möglichst hohen Involvierung möglichst vieler Leute in die Belange des Staats. Dagegen kann sicher niemand etwas haben. Für die Reform des Sowjetsystems ist sie aber nicht einmal zweitrangig.

Viel wichtiger wäre doch – und davon spricht im Westen kaum jemand – eine rasche und durchgreifende Rechtsreform mit dem Ziel, dass den Russen endlich einmal die wesentlichsten Individualrechte zur Verfügung stehen. Die Freiheitsrechte, das Recht auf Eigentum, und vor allem: deren Durchsetzbarkeit! Wo überall in der Welt wurde nicht die Demokratie, meist britischer Provenienz, eingeführt, und wo überall endete die Geschichte nicht mit herben Enttäuschungen, weil auf der Ebene der Individualrechte ein völliges Vakuum herrschte? Die vielen diktaturähnlichen «Demokratien» der Dritten Welt sind nicht Folge eines mangelnden Demokratisierungsprozesses, sondern eine Folge der Geringschätzung eines auf die Rechte des Individuums ausgerichteten Rechtssystems.

Ohne Recht kein Erfolg

Das Problem ist von höchster ökonomischer Relevanz. Ein Zweig der Wirtschaftswissenschaft befasst sich mit der Frage, weshalb gerade und nur in der westlichen Hemisphäre in den letzten zweieinhalb Jahrhunderten eine so einzigartige wirtschaftliche Entwicklung stattfinden konnte. Ziemlich einhellig wird die Frage mit der Existenz individueller Rechte im Gefolge der *Bill of Rights* und der Französischen Revolution beantwortet.

Für den längerfristig orientierten Anleger (z. B. Pensionskassen!) müssten solche Überlegungen eigentlich an der Tagesordnung sein: Wie entwickeln sich die Rechtssysteme in den verschiedenen Ländern und Regionen, wie steht es mit der Durchsetzbarkeit von Rechten, mit der Unabhängigkeit der Justiz? Zweifellos sind diese Elemente von viel grösserer Bedeutung für den wirtschaftlichen Erfolg oder Misserfolg als irgendwelche Weltbankfazilitäten, irgendwelche Handelsabkommen, irgendwelche Bevorzugungen durch Subventionen und Steuererleichterungen usw. – Was macht denn den wirtschaftlichen Erfolg einer Stadt wie Singapur aus? Weshalb konnte die rohstofflose Schweiz zu einem der reichsten Länder aufsteigen? Weshalb scheint der Reformprozess in Tschechien von Erfolg gekrönt zu werden?

Recht ist auch eine Strukturfrage

Nun wäre allerdings blind, wer den schleichenden Niedergang der Rechtsordnung in den westlichen Industrienationen nicht mit beobachten würde. Es macht den Anschein, dass es zwischen Mittelalter, früher Neuzeit und Postmoderne nur eine ganz kurze Zeitspanne war, in der man unbewaffnet durchs Land und die Städte reisen konnte, in der Frauen nachts unbesorgt auf Begleitschutz verzichten konnten, in der kleinere, aber für die persönliche Sicherheit dennoch wichtige Rechtsbrüche wie Entreissdiebstähle geahndet wurden. An allen Ecken und Enden ist der moderne Sozialstaat gewachsen, nur bei Justiz und Polizei glaubte man, sparen zu können.

Man kann die ökonomische Relevanz der Sicherheitsfrage nicht überschätzen. Mangelnde Gewissheit, morgen noch dasselbe zu besitzen wie heute, morgen noch genau so unbehelligt zu leben wie heute, morgen den Rechtsanspruch von heute durchsetzen zu können: Wo die Gewissheit fehlt, da entstehen enorme volkswirtschaftliche und soziale Kosten. Mangelnde Rechtssicherheit ist in höchstem Masse unsozial, weil Begüterte immer einen Weg finden, sich zu schützen und sich durchzusetzen. Mangelnde Rechtssicherheit ist

Man kann die ökonomische Relevanz der Sicherheitsfrage nicht überschätzen.

Seite 22

volkswirtschaftlich wachstumshemmend, weil sie möglichen Investitionsanreizen die Spitze bricht.

Interessant, wie wenig man darüber von den verbal so revitalisierungsfreudigen Politikern hört. Offensichtlich sind ihnen Strukturprogramme, die aktives staatliches Eingreifen erfordern und mithin den Einflussbereich der *classe politique* erhöhen, bei weitem sympathischer. Was nicht weiter verwundert.

Strukturprobleme noch und noch

Schon verschiedentlich haben wir davon gesprochen, dass die gegenwärtige Rezession nicht allein auf zyklische Einflüsse zurückzuführen sei. Es genüge mit anderen Worten zur Erklärung des anhaltenden wirtschaftlichen Formtiefs nicht, die nach der Überhitzung der späten 80er-Jahre eingeleitete Hochzinsphase für die nachfolgende Abkühlung verantwortlich zu machen. Vielmehr lägen strukturelle Probleme vor.

Was heisst das aber konkret? Die Sicherheitsfrage ist sicher eine der wichtigsten strukturellen Fragestellungen. Einer der wesentlichsten Wettbewerbsvorteile des zivilisierten Westens zerfällt. Es gibt aber noch weitere. So wurden wir ziemlich unvermittelt im Gefolge des Endes des bipolaren Systems mit einem reichlichen Angebot an billigen Arbeitskräften konfrontiert. Billig: Das heisst einmal billig per se, aber eben auch billig in Bezug auf sozialstaatliche Abgaben und Auflagen (Nachtarbeitsverbot!). Kürzlich teilte uns ein deutscher Industrieller mit, er schaue mit grösster Gelassenheit den nächsten Tarifverhandlungen mit den Gewerkschaften entgegen; jeglichen Forderungen käme er problemlos entgegen – die Produktion werde er nämlich ohnehin nicht mehr in Deutschland vornehmen, und dann würden die Gewerkschaftsforderungen nicht mehr ins Gewicht fallen.

Das Beispiel spricht Bände. Ob man es sympathisch findet oder nicht: Mit den hohen Kosten für Arbeitskraft können viele Industrie- und zunehmend auch Dienstleistungszweige nicht mehr mithalten. Die Produktion wird ausgelagert. Arbeitslosigkeit ist, ökonomisch gesehen, unter anderem auch eine Preisfrage. Ein erhöhtes Angebot drückt letztlich immer die Preise nach unten.

Dabei sind es beileibe nicht allein die Löhne, die zu den hohen Arbeitskosten führen, sondern insbesondere auch die vielen sozialstaatlichen Einrichtungen. Ohne diese irgendeiner Wertung zu unterziehen, muss man sehen, dass deren Abwesenheit bei Mitbewerbern einen Kostenvorteil verschafft. Es ist unschwer vorauszusehen, dass die in Zeiten hohen Wirtschaftswachstums aufgebauten Systeme in den nächsten Jahren unter Veränderungsdruck geraten werden. Die politische Auseinandersetzung wird mit härteren Bandagen ausgetragen werden.

Auch das ist nicht zuletzt für den Investor von grosser Bedeutung. Soziale und politische Unrast sind ungute Zeichen.

Umverteilungsdemokratie

Der kürzliche kleinere Umbau des Krankenkassenwesens in der Schweiz hat sehr deutlich gezeigt, wohin es führen kann, wenn sich ein Parlament auf eine Lösung einigen soll: Allen wird ein bisschen gegeben, allen ein bisschen genommen, aber so, dass es möglichst noch unter der referendumserzeugenden Schmerzgrenze liegt. Das Resultat ist dann im wesentlichen – ein neues Strukturproblem. Mit der gleichen Grundprämie für Mann und Frau hat man ein neues Umverteilungsvehikel geschaffen, das arm und reich genau gleich einbezieht. Und so darf nun also die Dame vom Zürichberg auf eine tiefere Krankenkassenprämie hoffen.

Die von der Lobby- und Umverteilungsdemokratie geschaffenen Sozial- und Subventionswerke leiden unter dem immanenten Mangel, dass sie nicht wirklich sozial sind, also die ärgste Not zu lindern suchen, sondern dass kreuz und quer Geld hin- und hergeschoben wird. Dabei werden Anreize ausgelöst, die in jeder Hinsicht negativ sind.

Free lunches überall

[...]. Im Gesundheitswesen, am Arbeitsmarkt, im Erziehungswesen, in der Landwirtschaft, in der Bodenpolitik, bei der Wohnungsmiete haben wir Strukturen geschaffen, die zwar vordergründig immer darauf abzielen, soziale Auffangpositionen zu begründen, die aber häufig als Hauptwirkung eine völlige Zerstörung des ökonomischen Preisgefüges haben. Wer einmal die Krankenkassenprämie (als eine Art Steuer) bezahlt hat, für den steht das Gesundheitswesen als *free lunch* offen. Preise erfüllen mit ihrer Signalwirkung wichtige ökonomische Steuerungsfunktionen. Fehlen sie, so sind Fehlallokationen Tor und Tür geöffnet.

Noch einmal: Die Kritik an den Sozialwerken hat nichts mit Rücksichtslosigkeit gegenüber sozial Schwächeren zu tun. Weil es eben die Sozialwerke auch nur beschränkt damit zu tun haben. Und zudem: Der gesellschaftspolitische Stabilisierungseffekt von Sozialwerken westlichen Zuschnitts darf sicherlich auch nicht verkannt werden. Nur: Die mit zunehmender Alterung einhergehenden sklerotischen Verknotungen ergeben eine denkbar schlechte Wettbewerbsposition gegenüber neuen Konkurrenten, die ohne viel Altlasten antreten können. Der Wettbewerb der Systeme wird die westlichen Sozialwerke einholen. […].

Vom Wert der Eigentumsrechte (1992)[6]

UNCED: Nichts Neues für die Umwelt[7]

Die Erhaltung einer Umwelt, die der heutigen und auch künftigen Generationen ein Leben auf diesem Planeten ermöglicht, ist von dermassen zentraler existentieller Bedeutung, dass es uns berechtigt erscheint, aus Anlass des «Erdgipfels» von Rio einige Gedanken darüber zu äussern. […].

Das Verschleudern wertvoller Ressourcen ruft nach einer ökonomischen Erklärung. Denn wenn der klassische mikroökonomische Ansatz auch in diesen Belangen Geltung haben soll, dann muss das «zu billige» Weggeben von Ressourcen durch besondere Konstellationen erklärbar sein.

Zentrale Bedeutung von Eigentumsrechten

Diese besonderen Konstellationen, dies eben der hochinteressante Analyseansatz, liegen in der mangelnden Festlegung und Durchsetzbarkeit von Eigentumsrechten an den Ressourcen. Wenn jemand eine Erdölquelle besitzt und davon ausgehen kann, dass nach allen Erfahrungen und nach aller Voraussehbarkeit auch seine Kinder und Kindeskinder noch Erdölquellen-Besitzer sein werden, dann wird er mit seinem Besitz anders umgehen als jemand, der jeden Augenblick mit der Konfiskation seiner Güter rechnen muss. Ökonomisch gesehen zieht der Langzeitbesitzer die künftig erzielbaren Erdölpreise in sein Kalkül mit ein, der Kurzzeitbesitzer konzentriert sich auf das Heute. Dasselbe gilt sinngemäss für den Urwaldbewohner mit seinen Baumriesen und – weitergedacht – auch für die von der Umweltverschmutzung am ärgsten betroffenen «öffentlichen Güter» wie Luft und Wasser.

Die mangelnde Festlegung und Durchsetzbarkeit von Eigentumsrechten ist gerade bei Luft und Wasser sehr deutlich demonstrierbar. Wenn es eben zum Beispiel erlaubt ist, Schmutz über Hochkamine dermassen weit in die Atmosphäre hinaufzuschleudern, dass er ganz sicher im eigenen Einzugs- und

[6] Anlagekommentar Nr. 147 vom 15. Juni 1992 (Titel nachträglich gesetzt).

[7] Die *United Nations Conference on Environment and Development* (UNCED) fand im Juni 1992 in Rio de Janeiro statt. An ihr wurden ein entwicklungs- und umweltpolitisches Aktionsprogramm für das 21. Jahrhundert (Agenda 21), die Rio-Erklärung über Umwelt und Entwicklung sowie verschiedene Konventionen verabschiedet.

Interessenbereich nicht mehr negativ wirksam werden kann, dann handelt es sich hierbei um eine mangelnde Festlegung von Eigentumsrechten: Der eine darf dem anderen die Luft wegnehmen. (Nur so nebenbei bemerkt, gilt dasselbe natürlich auch im Kleinen: Der Auspuff eines Autos ist geradezu Sinnbild für das Abwälzen eines Problems aus dem eigenen Eigentumsbereich in denjenigen anderer.)

Es gibt einen sehr aktiven Kreis von Ökonomen, die sich auf diese und ähnliche Art der Umweltproblematik annehmen; einige von ihnen, wie Milton Friedman, George Stigler und James Buchanan, sind für ihre wissenschaftliche Arbeit auch schon mit dem Nobelpreis ausgezeichnet worden. Mikroökonomische Analyse der Probleme – eigentumsrechtliche Lösungsansätze: Das wäre eine Umweltpolitik, die mit der und nicht gegen die Wirtschaft durchzuführen wäre. Und *sustainable development* würde sich möglicherweise direkt und zwingend daraus ergeben. Eigentumsrechtliche Lösungsansätze hiesse konkret: Rechtsstaatlichkeit, Einhaltung und gleichmässige Durchsetzung der Grundrechte, internationale Sicherheit. Allein, die Botschaft scheint folgenlos zu verhallen. Die Rezepte der Ökorhetoriker von Rio gehen in eine ganz andere Richtung. Grenzwerte sind gefragt. Umverteilungsmechanismen von Norden nach Süden sollen zum Spielen kommen. Das sind die alten Rezepte staatlicher Machbarkeit (als ob Grenzwerte je global durchsetzbar wären) und sozialistischer Vorstellungen (als ob Umverteilung den Benachteiligten auf die Länge je geholfen hätte), neu aufgemacht, aber keineswegs besser.

Systemkrise auch im Westen

Auf diese Weise ist nicht zu erwarten, dass wir in Bezug auf die existentielle Umweltproblematik wesentlich weiter kommen. Konzepte, die auf Interventionismus und auf Sozialismen beruhen, müssten aufgrund aller negativen empirischen Evidenz längst ausgespielt haben. Sie beherrschen die Szene aber weiterhin, ja scheinen in einigen Ländern geradezu im Vormarsch zu sein.

In ziemlich allen westlichen Ländern sind die Defizite der Staatshaushalte in den letzten Jahren markant und teilweise furchterregend angestiegen. Ja, es scheint, dass die demokratischen Mechanismen eine mehr oder weniger permanente Vergrösserung der Staatsquote geradezu implizieren. Nun müsste man meinen, dass – wenigstens! – damit auch die drängendsten sozialstaatlichen Probleme einigermassen gelöst wären. Doch weit gefehlt! Wir haben in früheren Ausgaben des Anlagekommentars auf die desolate Situation der amerikanischen Staatsfinanzen und der Verschuldungssituation der USA ganz allgemein hingewiesen. Hat die amerikanische Staatstätigkeit dann wenigstens positive soziale Effekte? Es gibt in Amerika doch kaum einen Lebensbereich, in dem nicht irgendein *welfare program* zur Anwendung käme. Das sind die Fakten: 42 Prozent der amerikanischen Steuerzahler verdienen weniger als 15'000 Dollar, 26 Prozent zwischen 15'000 und 30'000 Dollar. Mit anderen Worten sind mehr als die Hälfte der amerikanischen Steuerzahler im Prinzip armengenössig, nicht zu schweigen von denjenigen, die für die Steuererhebung gar nicht erfasst werden. Die eklatante Einkommensdisparität zeigt sich an den 0,7 Prozent der amerikanischen Steuerzahler, die mehr als 200'000 Dollar verdienen und über 12,7 Prozent des gesamten steuerbaren US-Einkommens verfügen. Auch das Vermögen ist völlig ungleich verteilt: 0,5 Prozent aller Haushalte verfügen über 30 Prozent des Vermögens, weitere 10 Prozent der Haushalte über das nächste Drittel, 90 Prozent teilen sich in den Rest.

Die Situation hat sich im Verlaufe der letzten 30 Jahre markant verschlechtert, und dies eben trotz wirtschaftlicher Boomjahre, trotz steigender Staatsquote, trotz Wohlfahrtsstaat, trotz Umverteilungsmechanismen. Der Ausbruch von Gewalt in Los Angeles ist vor diesem Hintergrund verständlich, verständlich ist auch der Ruf nach noch mehr Sozialstaatlichkeit.

Nicht so dramatisch, im Grunde genommen aber ähnlich präsentiert sich die Lage in Europa und im speziellen auch in unserem Lande. Kaum noch ein Gemeinwesen mit unproblematischer Finanzlage, kaum ein Bereich staatlicher Aufgabenbewältigung ohne Krisenstimmung: im Gesundheitswesen, im Erziehungswesen, bei der staatlichen Telekommunikation, in der Landwirtschaft. Und überdies von allen Seiten Begehrlichkeiten nach noch mehr Leistungen, selbstverständlich möglichst zum Nulltarif.

Wir haben den Niedergang des Kommunismus im Osten miterlebt und aus der Warte des Überlegenen und Überlebenden genüsslich kommentiert. Und nun merken wir, dass auch wir uns in einer Systemkrise befinden. Symptomatisch sind die in letzter Zeit sich geradezu häufenden ordnungspolitischen Grundsatzschriften aus schweizerischen Wirtschaftskreisen. Öffnung, Liberalisierung, Entkrustung allerorten wird gefordert. Zielsetzungen, die eigentlich zum Inhalt von Parteiprogrammen mindestens zweier Bundesratsparteien gehört haben. Das ordnungspolitische Versagen der *classe politique* widerspiegelt sich im lautstarken Ruf nach einer Zuwendung zur Europäischen Gemeinschaft, da man von einem europapolitischen Kraftakt mehr wettbewerbspolitische Impulse erwartet als von einer in sich selbst verhedderten Konkordanzpolitik. [...].

Zunehmender Wettbewerb in allen Bereichen (1992)[8]

Das Ende bipolarer Simplizität

[...]. 40 Jahre bipolaren Denkens haben insofern blind gemacht, als es die Welt auf ein viel zu einfaches Grundmuster hinunterreduzierte. Alles war eigentlich recht leicht verständlich. Wir wähnten die internationale Politik als zwar gefährliches, aber immerhin beherrschbares Spiel zweier *supermen*. Wir glaubten an die Machbarkeit von Weltwirtschafts-, Entwicklungs- und Umweltpolitik. Und siehe da – nun trifft dies alles nicht mehr zu. Kein Konfliktherd der Erde mehr, bei dem es noch um die Auseinandersetzung zwischen Ost und West ginge. Im ehemaligen Jugoslawien, in Somalia, in Südafrika, am Schwarzen Meer, in Korea, im Irak: Die Zahl der Interessensphären hat sich vervielfacht, es gibt keine leicht verständlichen Situationen mehr.

Rette sich, wer kann!

Das Ende der Unterordnung von Nationen und Individuen unter den ost-westlichen Interessenkonflikt hat dazu geführt, dass nun wieder jeder primär seine eigenen Ziele verfolgen kann bzw. will oder muss. Was uns in sehr unsympathischer Weise als «ethnische Säuberungen» in Jugoslawien begegnet, ist nichts anderes als eine Extremform des Verhaltensmusters, an das wir uns nun gewöhnen müssen: dass nämlich Völker und Individuen einen Kampf um ihr Überleben führen werden, *struggling for life* im Sinne Darwins, *struggling for better life* im Sinne Adam Smiths.

Die so bequeme bipolare Blindheit lässt viele neue Phänomene der Weltpolitik und der Weltwirtschaft unerkannt an unseren Augen vorbeiziehen. So ist beispielsweise ein unerbittlicher Machtkampf zwischen der Türkei und Iran um die ehemaligen Sowjetrepubliken wie Kasachstan, Usbekistan oder Aserbeidschan im Gange. Im wesentlichen geht es darum, ob diese (immens grossen!) Länder in Zukunft den Ayatollahs gehorchen werden oder der industrialisierten und zivilisierten Welt als Partner zur Verfügung stehen. Wer von uns aber weiss denn schon davon? Oder: China ist zum Waffenexporteur Nummer eins, namentlich in die Dritte Welt, geworden. Die Geschäfte laufen exzellent, und die Qualität des Materials ist dank Zugang zu amerikanisch-japanischer Computertechnologie hervorragend. Wer von uns überlegt sich aber die Implikationen solcher Entwicklungen? Ist man sich denn im klaren, dass der Vorgang nicht mehr rückgängig zu machen und kontrollierbar ist?

8 Anlagekommentar Nr. 148 vom 18. August 1992 (Titel nachträglich gesetzt).

Wir sind weit entfernt von einer befriedeten, sauber gemanagten Welt. Friedrich A. von Hayek hatte schon vor Jahren vor dem *Mirage of Social Justice* gewarnt.[9] Was schon in einzelnen Staaten nicht gelingen mag, nämlich der planbare, durchorganisierte Ausgleich zwischen Individuen und gesellschaftlichen Gruppen, ist im internationalen Kontext eines bei weitem noch komplexeren Systems im wahrsten Sinne des Wortes undenkbar. Wir müssen uns damit abfinden, dass die Welt weitgehend ungemütlich, gefährlich und unberechenbar sein wird.

Der Wettbewerb beginnt erst jetzt

Und ob wir es wollen oder nicht: Wir werden Teil dieser neuen Ordnung sein. Das muss uns gerade auch in wirtschaftlicher Hinsicht völlig bewusst sein. Wenn bei uns die Arbeitsstunde eines Fabrikarbeiters 25 Franken kostet und der soziale *overhead* uns dann mit noch einmal 10 Franken belastet, für die Arbeitsstunde beispielsweise eines Inders aber weniger als 1 Franken zu bezahlen ist, dann wird uns das irgendwann einmal und möglicherweise schon bald beschäftigen. Das *struggling for life* der Völker hat einen Wettbewerb zwischen den Kosten der Produktionsfaktoren bewirkt, dem wir uns nicht werden entziehen können.

Der Wettbewerb zwischen den Rahmenbedingungen wird gerade in Ländern wie der Schweiz zu grossen und politisch sehr schwierigen Auseinandersetzungen führen. Das Beispiel der teilweisen Abschaffung der Stempelsteuer in unserem Land illustriert dies deutlich. Die Erhebung einer Abgabe auf Wertschriftentransaktionen war so lange kein grösseres Problem, als der Finanzplatz Schweiz nicht durch andere Plätze ernstlich konkurrenziert wurde. Heute sieht das anders aus. Der Anleger fast jeder Grössenordnung kann durchaus nach London, New York oder Tokio ausweichen. Die Stempelsteuer ist zu einem echten Existenzproblem eines unserer wichtigsten Wirtschaftszweige geworden. Die Gegnerschaft rekrutiert sich aus Leuten, denen *struggling for life* deshalb unbekannt ist, weil sie als Bezüger fester Löhne noch gar nie daran gedacht haben, dass es so etwas geben könnte. Wem das Manna aus dem Himmel fällt, der braucht sich nicht um Banalitäten wie Existenzsicherung zu kümmern. […].

Die vorgesehene Einführung einer Quellensteuer auf Zinsen (euphemistisch «Zinsabschlag» genannt) in der Bundesrepublik Deutschland zeigt ebenfalls sehr deutlich den geringen Spielraum der Behörden bei der Neuformulierung von Rahmenbedingungen auf. Hätte die Bundesregierung höhere Sätze

[9] Friedrich A. Hayek, *Law, Legislation and Liberty,* Vol. 2: The Mirage of Social Justice, Chicago, The University of Chicago Press, 1976.

als 30 Prozent auf Zinszahlungen (resp. 35 Prozent für sogenannte Tafelgeschäfte) gewählt und hätte sie zudem die Auslandbanken (u.a. auch unser Haus) nicht generell von der Steuerpflicht befreit, so wäre ihr ein gefährlicher Kapitalabfluss gewiss gewesen. Schon jetzt muss der deutsche Fiskus ja höhere Zinsen für seine Schulden bezahlen als ein erstklassiger Euroschuldner. Mit anderen Worten sorgt das komplexe Umfeld der internationalen Finanzmärkte für eine Disziplinierung deutscher Steuerbegehrlichkeiten. [...].

Geringere Bedeutung der Politik? (1993)[10]

Welchen Einfluss politische Ereignisse auf die Finanzmärkte haben

Als im Hochsommer 1990 irakische Panzer die kuwaitischen Grenzen überrollten, reagierten die Finanzmärkte äusserst gereizt. Und als im August 1991 das damalige sowjetische Staatsoberhaupt Gorbatschow für drei Tage auf der Krim gefangengehalten wurde,[11] stürzten die internationalen Börsen, kaum hatten sie sich vom Golfkrieg erholt, wiederum um 8 Prozent ab.

Und heute, zwei Jahre später, scheinen ähnliche politische Ereignisse ziemlich unbemerkt an den Finanzmärkten vorbeizugehen. Vor rund zwei Wochen war der russische Präsident Jelzin in höchster Bedrängnis. Die (aus kommunistischer Vorzeit stammenden) «Volksdeputierten» strengten ein Amtsenthebungsverfahren gegen ihn an. Die Möglichkeit einer bewaffneten Auseinandersetzung um die Macht in dem, was vom Sowjetimperium noch übriggeblieben war, lag in der Luft. Der Zustand der Ungewissheit hält trotz einer seither eingetretenen Entspannung an. Die internationalen Finanzmärkte reagieren höchstens mit einem Achselzucken auf die brisante Situation.

Ebenso hat der Machtwechsel von den Sozialisten zu den Bürgerlichen in Frankreich keine grösseren Reaktionen an der Pariser Börse ausgelöst. Angesichts des liberalen, wirtschaftsfreundlichen Programms hätte man ein wenig mehr Euphorie erwartet.

Am Rande von Mitteleuropa tobt ein brutaler Bürgerkrieg, dessen Ende aufgrund der hohen Komplexität ethnischer Gegebenheiten nicht abzusehen ist.[12] Die internationale Staatengemeinschaft laviert zwischen Nichtstun, langfädiger und erfolgloser Diplomatie, humanitären Aktionen und militärischem

[10] Anlagekommentar Nr. 152 vom 6. April 1993 (Titel nachträglich gesetzt).
[11] Siehe Fussnote 4, S. 17.
[12] Zum Jugoslawienkrieg siehe ebenso Fussnote 4, S. 17.

Eingriff und zeigt insgesamt ein Bild eklatanter Handlungsunfähigkeit. Die Finanzmärkte kümmert dies alles überhaupt nicht.

Zwischen der Situation bis vor gut zwei Jahren und heute sind mit anderen Worten grosse Unterschiede in Bezug auf die Sensitivität der Finanzmärkte auf weltpolitische Ereignisse festzustellen. Erstarrte früher die Welt bei jeglicher politischen Sonderentwicklung, so können wir heute eine recht weitgehende Nonchalance beobachten.

Worin liegen die Gründe für einen solchen Wandel?

Verminderter Stellenwert der Politik

Die schon bei früherer Gelegenheit dargestellte Veränderung des internationalen Umfeldes weg von der Bipolarität und hin zu einer komplexen Multipolarität ist von den Finanzmärkten offensichtlich nachvollzogen worden. Unser Globus wird nicht mehr von zwei Machtblöcken regiert bzw. in Atem gehalten. Die Stabilität eines globalen Systems, bei dem sich praktisch alle wesentlichen Entscheidungen nach Gleichgewichtsüberlegungen zwischen den zwei Subsystemen richteten, ist vorderhand vorbei. Die Welt von heute ist bei weitem diversifizierter geworden. Was in Hinterpommern geschieht, kümmert in Afghanistan nicht, was in Afghanistan passiert, hat weder Einfluss in Südkorea noch in Kuba, was Castro tut oder nicht tut, ist in Chile absolut nebensächlich, und die Entwicklung in Chile führt nicht mehr zu Massendemonstrationen europäischer Friedensaktivisten und hat auch keinen Einfluss mehr auf einen Nachrüstungsbeschluss der NATO.

In diesem Sinne gibt es keine weltpolitischen Zusammenhänge mehr, und weil es sie nicht mehr gibt, haben politische Ereignisse generell an Bedeutung verloren. Das gilt nicht nur für die Finanzmärkte, die auf diffus wirkende und in grosser Menge eintreffende Ereignisse wenig oder nicht mehr reagieren, es gilt darüber hinaus auch für die Weltöffentlichkeit. Mithin ist der ganze politische Sektor bedeutungsloser geworden.

Handlungsunfähigkeit allüberall

Dies widerspiegelt sich in der derzeitig vielfach zu beobachtenden, sehr weit gehenden Handlungsunfähigkeit von Regierungen. In Frankreich ist man in eine neue Runde der *cohabitation* eingestiegen. Ein mit grosser Macht ausgestatteter, aber alt werdender Präsident soll zusammen mit einer mit hohen Ambitionen antretenden, unter Erfolgszwang stehenden bürgerlichen Regierung das Land durch die Irrungen und Wirrungen europäischer Integrationspolitik steuern. In der Bundesrepublik Deutschland ist der Spielraum des Bundeskanzlers nach den unliebsamen Diskussionen um die Teilnahme an internationalen Aktionen in Jugoslawien nochmals geringer geworden. Angesichts der Rezession stehen schwierige Auseinandersetzungen mit den Sozialpartnern bevor, und allerorten verliert man aus finanziellen Gründen die Freude an der Wiedervereinigung definitiv. Gewichtige deutsche Steuerzahler verlassen das schlingernde Schiff. Auch in Russland besteht so etwas wie eine *cohabitation* zwischen einem reformwilligen, aber ziemlich machtlosen Präsidenten und der wiedererstarkten, mittlerweile mafios gewordenen Nomenklatura. Im Hintergrund lauern der Militärapparat und das KGB, und niemand weiss, welche Rolle sie bei einem gewaltsamen Ausbruch der Auseinandersetzungen spielen würden. In Italien ist man nie ganz sicher, welche Minister wegen Bestechungsvorwürfen noch nicht in Untersuchungshaft sitzen. Von Handlungsfähigkeit kann keine Rede mehr sein. […]. (Staatsbürgerliche Klammerbemerkung: Die Politik kann so unwichtig, wie sie im Moment offenbar genommen wird, sicherlich nicht sein. Gerade die Finanzmärkte könnten eines Tages nach langen Jahren der Unterbewertung politischer Fragen unangenehm überrascht aufwachen und merken, dass eine ihrer wichtigsten Grundlagen, nämlich die gesellschaftspolitische Stabilität, von Scharlatanen, Narren und Utopisten zerstört worden ist. Und was, im Kleinen und ganz speziell, für die Schweiz gilt, kann auch ganz allgemein für die Geschicke der Industriestaaten nicht falsch sein.)

Diversifikation notwendig – und nun auch möglich!

Die Folgerungen aus der Analyse dieser neuen Situation liegen auf der Hand. Wenn tatsächlich keine weltpolitische Kohärenz mehr besteht, also da und dort kleinere oder grössere Krisen entstehen können, ohne dass dies gewichtige Auswirkungen auf den Rest der Welt hätte, dann ist es nun auch möglich geworden, die längerfristigen Risiken besser zu verteilen. Für institutionelle Anleger wie Pensionskassen und Versicherungen ist dies von grösster Bedeutung. Ein institutionelles Vermögen ist vielfach sehr abhängig vom Gedeihen der im Hintergrund stehenden Unternehmung. Eigentum an Immobilien, die von Arbeitnehmern bewohnt werden, Darlehen an das eigene Unternehmen, aber auch eine ausschliessliche Anlage der Vermögenswerte in derjenigen Volkswirtschaft, in der die Unternehmung hauptsächlich tätig ist, können sich in schwierigen wirtschaftlichen Zeiten als äusserst problematisch erweisen. Ein anlagestrategisches Hinaustreten aus diesem eng vernetzten Kontext hingegen entschärft die Situation entscheidend.

Ähnliches gilt selbstverständlich auch für den privaten Anleger, wobei der Diversifikation in Bezug auf Direktanlagen Grenzen gesetzt sind. […].

Ein grundloser Crash? (2001, Teil I)[13]

[…].

Was ist aber mit dem Rest der Wirtschaft los?

[…]. Es gibt ein paar grundlegende Tendenzen, sogenannte Megatrends, welche die letzten zehn Jahre der Weltwirtschaft geprägt haben. Zu Beginn der 90er-Jahre des letzten Jahrhunderts begannen die Produktionsfaktoren, welche das Wirtschaftsgeschehen ausmachen, sich grundlegend zu verändern. Sowohl das zur Verfügung stehende Land wie auch die zur Verfügung stehende Arbeitskraft vermehrfachten sich durch den Niedergang der Sowjetunion und durch die dadurch entstehende Möglichkeit, an allen wünschbaren Orten der Welt investieren und produzieren zu können. Weltweite Deregulierung und ein Quantensprung in der Kommunikationstechnologie machten aus der Idee der Globalisierung in weiten Bereichen der Weltwirtschaft ein Faktum. Gleichzeitig weitete sich ein zusätzlicher Produktionsfaktor, das der Wirtschaft zur Verfügung stehende Wissen, mit beschleunigter Geschwindigkeit aus. Wenn sich Produktionsfaktoren ausweiten, dann muss sich auf der Finanzierungsseite das Kapital ebenfalls ausweiten. Die Bedeutung dieses Mechanismus zum Verständnis dessen, was in den letzten zehn Jahren passiert ist, und viel wichtiger noch, was nicht passiert ist, kann kaum überschätzt werden. Die faktische Abwesenheit inflationärer Kräfte bedarf ja einer ökonomisch korrekten Erklärung!

Überdogmatischen Monetaristen war die Geldmengenausweitung der 90er-Jahre stets ein Dorn im Auge, weil sie diese Verschiebungen im realen und politischen Bereich bei der Betrachtung ihrer Aggregate nicht sehen wollten. Zehn Jahre lang warnten sie vor Inflationsgefahren, die nicht eintreten wollten und konnten, weil die Geldmengenexpansion gemessen an dem, was im Laufe der Jahre zur Weltwirtschaft dazukam, nicht zu grosszügig war.

Gegen Ende des letzten Jahrtausends wurde ein weiterer Megatrend sichtbar: die durch einen gehörigen Schub an der Wissensfront und in der Technologie geförderte und genährte Steigerung der Produktivität. Wenn pro Zeiteinheit mehr Wert geschöpft werden kann, dann steigt nach volkswirtschaftlicher Definition der Wohlstand. Die Wachstumszahlen in den USA überraschten seit etwa 1995 Jahr für Jahr all jene Ökonomen, denen die Zyklik

[13] Anlagekommentar Nr. 207 vom 26. März 2001 (Teil II ist auf S. 74–76 abgedruckt).

Wenn sich Produktionsfaktoren ausweiten, dann muss sich auf der Finanzierungsseite das Kapital ebenfalls ausweiten.

Seite 34

der 70er- und der frühen 80er-Jahre noch in den Gliedern sass und die kaum fähig waren (und sind), die Besonderheiten auf der realwirtschaftlichen Seite zu erkennen. Vielfach wurde von diesen Kreisen Wachstum mit Inflationsgefahr gleichgesetzt und irgendwie auch stigmatisiert. Der Ausdruck *irrational exuberance*[14] entspringt solcher Denkweise genauso wie die berühmte *asset inflation,* die noch nie jemand sauber definiert hat. Höhere Produktivität steigert die zur Verfügung stehenden Kapazitäten, welche denn auch während Jahren systematisch unterschätzt wurden; die tiefen Teuerungsraten, Korrelat zu den immer neu geschaffenen Kapazitäten, konnten durch die zyklisch Denkenden in keiner Weise mehr erklärt werden. [...].

Ein dritter Megatrend besteht in den weltweit – bzw. zumindest und ausgeprägt in den westlichen Industrienationen – zu beobachtenden Konvergenzen von Wachstum, Inflationsraten und Zinsen sowie in den (historisch gesehen) sehr tiefen Volatilitäten der Währungsrelationen. Wenig grundlegende volkswirtschaftliche und geldpolitische Unterschiede zwischen Ländern und Kontinenten und relativ geringe Wechselkursrisiken: Diese Faktoren machten die wirtschaftliche Tätigkeit planbarer. Ein längerer Planungshorizont erlaubt den Unternehmungen, weitreichender zu investieren. Die Investitionswelle der letzten Jahre ist somit nicht nur technologisch zu erklären, sondern hat auch ihre Gründe in der deutlich verbesserten Situation des Unternehmenssektors, nicht alle vier oder fünf Jahre durch einen geldpolitischen Richtungswechsel überrascht zu werden. Man könnte dies alles auch als günstige Rahmenbedingungen bezeichnen, von denen nicht nur die Unternehmungen, sondern auch der in sie investierende Aktionär unverkennbar profitierte.

Schliesslich sorgten die sich rasant entwickelnde Kommunikationstechnologie und immer schnellere Rechensysteme für ein weltweites System äusserst effizient kommunizierender Röhren. Die in dieser Konsequenz und in dieser Quantität noch nie dagewesene Vergleichbarkeit der Preise führte zur Etablierung völlig neuer Märkte für Güter und Dienstleistungen und für den Einbezug bisher vernachlässigter Weltgegenden in die Weltwirtschaft. Indien ist heute einer der wichtigsten Standorte zur Produktion von Software. Die praktisch in allen Bereichen möglich gewordene globale Preisarbitrage hat die Strukturen im industriellen Westen grundlegend erschüttert. Manche westlich tönende Unternehmung hat heute, etwas überspitzt formuliert vielleicht, ihr

[14] Er bezog sich auf den unaufhaltsam scheinenden Anstieg der Aktienkurse und wurde bekannt durch ein Referat des Vorsitzenden des *Federal Reserve,* Alan Greenspan, vom 5. Dezember 1996: Remarks by Chairman Alan Greenspan at the Annual Dinner and Francis Boyer Lecture of The American Enterprise Institute for Public Policy Research, Washington, D.C. Siehe auch: Robert Shiller, *Irrational Exuberance,* Princeton University Press, 2000.

Produktionsschwergewicht im Fernen Osten und bloss das Headquarter in Europa. Die meisten Wirtschaftsbereiche der Industrienationen haben diesen Wandel letztlich mit Erfolg hinter sich gebracht, auf der Strecke geblieben sind traditionell stark verpolitisierte Sektoren wie die Landwirtschaft, wo sich jetzt, wie könnte es anders sein, auch am meisten politischer Druck regt gegen die Globalisierung, als gäbe es sie als personifiziertes Unwesen. Die globale Arbitragemöglichkeit wird in ihren Auswirkungen und in ihrer Nachhaltigkeit allenthalben unterschätzt. Geschlossene Volkswirtschaften und nichtglobal tätige Unternehmungen wird es nicht mehr geben.

Technologische Unsicherheit als verkannter/ unterschätzter Megatrend

Diese Schilderung quasiparadiesischer Zustände würde noch, müsste man meinen, besonderen Glanz erhalten durch den stupenden technologischen Fortschritt der letzten Jahre. Was wurde nicht alles erfunden, entwickelt, weiterentwickelt, eingeführt?! Wer lebt heute noch ohne PC, E-Mail und Handy, welche Unternehmung präsentiert sich noch nicht auf einer Internethomepage? Ähnliches gilt auch für die Gentechnik: Welcher Krebspatient hofft nicht auf Durchbrüche in der Biomedizin?

Das ist die eine Seite. Aber es war ein bisschen viel, *zu viel* müsste man sagen. Das ist die andere Seite. Es gibt kaum einen technologischen Bereich, in welchem sich mit genügend hoher Wahrscheinlichkeit abschätzen liesse, in welche Richtung die Entwicklung weitergeht. Wir haben in früheren Kommentaren schon mehrfach auf die drängenden Fragen des «Wie weiter?» bei der Telefonie hingewiesen. Neuerdings zeichnet sich zum Beispiel ab, dass die UMTS-Technologie durch neuste Methoden der Datenkompression möglicherweise unnötig werden könnte und damit die von sehr prominenten Telefongesellschaften teuer ersteigerten Lizenzen wertlos würden.[15]

[...]. Die Wahrscheinlichkeit, im technologischen Bereich strategische Fehlentscheide zu fällen, ist seit einiger Zeit dramatisch hoch. Es liegt in der Natur der Sache, dass von einer derart hohen Vielzahl von Optionen einige, vielleicht viele, wertlos verfallen. Dass man sich da und dort strategisch verrennt, hat deshalb nicht zwingend mit bösem Willen oder mit einer ausgesprochenen Unfähigkeit von Verwaltungsräten zu tun. [...].

[15] Das *Universal Mobile Telecommunications System* (UMTS) ist ein Mobilfunkstandard mit hoher Übertragungskapazität. Bei der Auktion der Lizenzen wurden in Deutschland rund 50 Milliarden Euro erzielt, in der Schweiz gut 200 Millionen Franken.

Investieren im Jahr danach (2002)[16]

[...].

Auf der Suche nach neuen Megatrends

[...]. Das *de-leveraging* des Unternehmenssektors ist im Gange, oder volkswirtschaftlich ausgedrückt: Der (aus heutiger Sicht) übertriebene Kapitalstock wird so weit abgebaut, bis die zu erwartenden Kapitalerträge ein neuerliches Investieren wieder attraktiv erscheinen lassen. Dieser Prozess war schmerzhaft und wird es noch eine Weile bleiben. *De-leveraging* heisst in der Praxis der einzelnen Unternehmung nämlich zunächst Reduzierung des Werts zu hoch gewähnter Bilanzpositionen zulasten des Unternehmensergebnisses bzw. des Eigenkapitals. Dadurch würde sich der Verschuldungsgrad zusätzlich erhöhen. Um dies zu verhindern, muss gespart werden. Sparen kann man durch Verzicht auf Investitionen oder durch Redimensionierungen. Wenn dies alles nicht mehr möglich ist, weil man zu wenig Erträge generiert oder weil keine Zeit zur Rückführung der Schulden zur Verfügung steht, droht schlicht und einfach der Konkurs. Die Schmerzhaftigkeit des Prozesses zeigt sich mit anderen Worten auf vier Ebenen: Beim Aktionär, dessen Anspruch auf das Eigenkapital bzw. das Unternehmensergebnis reduziert wird, bei der Wirtschaft als ganzer, weil der Spardruck keine neuen Investitionen mehr zulässt, beim Arbeitnehmer, der entlassen wird, und schliesslich allenfalls beim Gläubiger, der seine Guthaben verlieren kann. *De-leveraging* hat nur sehr wenig mit dem jeweiligen Zinsniveau zu tun; die vielfachen Zinssenkungen der Notenbanken werden deshalb in diesem Bereich auch nicht allzu viel ausrichten. Der Prozess ist voraussichtlich lang und mühselig. Auf Seiten der Investoren bedeutet *de-leveraging* das Gegenteil der wundersamen Vermehrung von Geld durch immer höhere Risikonahme. Die mit einer soliden Eigenkapitaldecke ausgestatteten, ehrlich bilanzierenden, margenstarken Unternehmungen werden relativ besser abschneiden als irgendwelche Weltmeister im Dreschen von leerem Stroh.

Ein zweiter Megatrend [...] ist eine Beschleunigung des Re-Regulierungsprozesses, wie er sich schon vor den Terroranschlägen angekündigt hatte. Die Privatisierungswelle der 90er-Jahre und vor allem aber auch die Technologie-Euphorie haben substantielle soziale Kosten verursacht, die vom politischen System nicht einfach folgenlos hingenommen werden. In der Sache vermutlich völlig unrichtig, von der politischen Anreizsituation her aber absolut nachvollziehbar, wird das Heil für sogenanntes «Marktversagen» und dergleichen in zusätzlicher staatlicher Kontrolle gesucht. Die Terroranschläge vom September letzten Jahres haben nun namentlich in Amerika zur Folge, dass niemand mehr

[16] Anlagekommentar Nr. 213 vom 14. Januar 2002.

auf die Gefahr des hundertfach bewiesenen und teuer bezahlten «Staatsversagens» hinzuweisen wagt. Momentan wird in den USA alles, was auch nur ein wenig kritisch mit den staatlichen Institutionen umgeht, als «unamerikanisch» und unpatriotisch und gegebenenfalls verräterisch eingestuft. Für Europa, das dringend auf handfeste Harmonisierung angewiesen ist, kam die Notwendigkeit einer effektiven Verfolgung der Terroristen gerade rechtzeitig, um alle möglichen fiskalischen Bedürfnisse in das Revirement der Staatsmacht einzubringen. So werden nun halt in Zukunft Steuersünder und Zigarettenschmuggler mit denselben polizeilichen Instrumenten und Vollmachten verfolgt werden wie mordende Terroristen. Auf der Strecke bleibt dabei das Prinzip der Angemessenheit des staatlichen Handelns.

Re-Regulierung und Rückbesinnung auf die Interessen des Fiskus stehen in engem Zusammenhang. Halbherzige oder halbwertige Privatisierungen im Energiebereich oder bei den britischen Eisenbahnen, der Kollaps halbstaatlicher und hochregulierter Unternehmungen wie Swissair und ähnliche Fälle hinterlassen den Eindruck, der private Sektor habe versagt bzw. er sei grundsätzlich gar nicht in der Lage, wesentliche Aufgaben des sogenannten Service public zu erfüllen. Obwohl die genaue und unvoreingenommene Analyse wohl anderslautende Ergebnisse zeitigen würde, muss zur Kenntnis genommen werden, dass in nächster Zeit neue Privatisierungsanstrengungen ziemlich aussichtslos sein werden, ja dass das Rad sich eher zurückdrehen wird. Katastrophenereignisse wie der 11. September veranlassen die staatlichen Instanzen zu massiven fiskalischen Interventionen. In der Schweiz stecken Bund und Kantone unter dem Titel der Wahrung der nationalen und regionalen Interessen Milliarden in den Flugverkehr,[17] in den USA ist ein fiskalisches Stimulierungsprogramm geplant, wie man es seit den 70er-Jahren nicht mehr gesehen hat. Das relative Gewicht des staatlichen Sektors verschiebt sich zulasten des privaten Sektors. Neue oder höhere Verschuldung des Staates und/oder höhere Steuern werden die Folge sein. [...].

Überleben und Überdenken (2008)[18]

[...].

Das Planetarium im Taschenformat

[...]. Immer mehr kommen wir zum Schluss, dass die gegenwärtige Bankenkrise letztlich eine Folge mangelnden Verständnisses der seit 20 Jahren den

[17] Zum Swissair-Debakel siehe Fussnote 17, S. 250.
[18] Anlagekommentar Nr. 254 vom 14. Januar 2008.

Finanzsektor verändernden Securitisierung ist.[19] Oder noch etwas deutlicher: des mangelnden Verständnisses darüber, welche strukturellen Veränderungen die Securitisierung in der Infrastruktur des Finanzsektors, das heisst bei den Banken, den Börsen, den Clearingorganisationen, den Notenbanken etc., hätte auslösen müssen.

Was bedeutet denn «Securitisierung» eigentlich? Technisch gesehen handelt es sich um die Möglichkeit von Banken und anderen Geldgebern, gesprochene Kredite in Wertschriftenform am Markt zu verkaufen und so die Aktivseite der Bilanz zu bewirtschaften. [...]. Securitisierung ist Teil eines grossen, wichtigen, unumkehrbaren Megatrends von der kollektiven Veranstaltung und Struktur hin zur dezentralen, individuellen ökonomischen Betätigung bzw. Befriedigung von Bedürfnissen. Wir alle sind Teil dieses Megatrends, der seit gut 20 Jahren im Gange ist und der sich in den vergangenen Jahren deutlich beschleunigt hat.

Dazu ein – zugegebenermassen etwas weit hergeholtes – völlig unökonomisches Beispiel. Zu Weihnachten erhielt der Schreibende von einem für Novitäten begabten Kollegen ein Kästchen, etwa 20 auf 10 auf 10 cm gross, mit einem Okular und einem kleinen Bildschirm versehen. «*Sky Scout, Your Personal Planetarium*» heisst dieses Ding, das mit zwei Batterien ein *Global Positioning System* (GPS) und einen ausgewachsenen Rechner betreibt und mit dem man den Sternenhimmel aktiv oder passiv absuchen kann: aktiv, indem man Sterne anvisiert, deren Namen und Zugehörigkeit zu Sonnensystemen, Galaxien und dergleichen in Erfahrung bringen kann, passiv, indem man sich vom Apparätchen durch den Sternenhimmel führen lässt. Selbstverständlich kann man für die mündlichen Ausführungen über Kopfhörer die verschiedensten Sprachen auswählen.

Nur die Kälte und ungeduldige Familiengenossen konnten dem nächtlichen Vergnügen ein Ende bereiten, einem Vergnügen, für das man sich bis vor ganz kurzer Zeit an einen Ort mit einem Planetarium hätte begeben müssen. Ein Planetarium ist eine Institution, eine Struktur, eine kollektive Veranstaltung: ehrwürdiges Gebäude, von Philanthropen gestiftet, vom Staat subventioniert, mit teuren Instrumenten versehen, nur zu bestimmten Öffnungszeiten verfügbar, mit Personal, das, selten mehrsprachig, schon seit Jahren das gleiche Sprüchlein aufsagt und deshalb von einem Tonband ersetzt wurde, dessen Programm man kollektiverweise mitmachen muss und das nur wenig Möglichkeiten zum Anbringen individueller Interessen bietet. Nichts gegen Planetarien. Aber mein *Personal Planetarium* ist der kollektiven Struktur haushoch überle-

[19] Zur Bankenkrise siehe S. 98–119.

gen. Ich kann es brauchen, wann immer ich will (einzige Restriktionen: die Tageszeit und das Wetter), kann den Himmel nach meinem Gusto absuchen, kann es beiseite legen, wann ich will, muss keine Reise für meine Sternkunde antreten, darf auch immer wieder die gleichen Sterne angucken, ohne mich meiner astronomischen Ignoranz schämen zu müssen.

Tiefere Bedeutung: Ein löblicher edukativer Vorgang, nach reicher griechisch-orientalisch-abendländischer Wissenschaftstradition im 19. Jahrhundert so richtig in Schwung gekommen und fürs breite Publikum in Form öffentlicher Planetarien zugänglich gemacht, wurde soeben durch das *Personal Planetarium* überflüssig. Obsolet. Es braucht die Gebäude, die Struktur, die Organisation, die Subventionen nicht mehr. Ab sofort hat jeder auf seinem Vorplatz unbeschränkten Zugang zum Sternenhimmel. Planetarien werden künftig nur noch von historischem Interesse sein.

In Bezug auf das Finanzsystem heissen die Planetarien «Banken». Die Securitisierung bewirkt das, was der kleine Apparat für den Sternenhimmel vollbringt: ein komplexes Universum für jeden einzelnen, wo auch immer auf der Welt, bereitzustellen. Doch bevor wir auf diesen faszinierenden Gedanken näher eintreten, nehmen wir zunächst noch eine weitere Kurve, um den Megatrend einzukreisen und seine Auswirkungen zu erkennen.

Dezentrale Emanzipation

Wie anpassungsfähig der Mensch ist, zeigt sich sehr deutlich am Umgang mit den Mobiltelefonen und dem Internet. Die einen waren vor 1990, das andere war bis vor zehn Jahren noch kein Thema. Und wie war doch das Telefonieren früher eine kollektive Veranstaltung! Unterwegs brauchte es dazu eine öffentliche Telefonkabine, es benötigte eine mit vielen fleissigen Frauen besetzte Zentrale, eine aufwendige Infrastruktur von Kabeln, Schaltern, Röhren und Relais, eine Verwaltung, die das alles be- und die Monopolgebühren für den Staat eintrieb. Telefonieren war ein Privileg. Sprechen konnte man dann zwar privat, schreiben jedoch nicht: Das Übermitteln eines Telegramms war eine feierliche Angelegenheit unter Involvierung mehrerer Beamter. Die Telefonapparate konnte man während langer Zeit nicht erwerben; sie gehörten den (staatlichen) PTT[20]. Entsprechend spärlich war ihre Distribution. Heute kommt es einem Wunder gleich, wenn die Anzahl Telefone die vorhandenen Köpfe in einer Familie nicht übersteigt. Jedes Kind im Vorschulalter bedient das hochmobile Multifunktionsterminal mit völliger Selbstverständlichkeit.

[20] Die Schweizer PTT (Post-, Telefon- und Telegraphenbetriebe) wurden 1997 im Zuge der Liberalisierung in die beiden Unternehmen «Die Post» und «Swisscom» aufgeteilt.

Was ist passiert? Innert weniger Jahre sind Kompetenzen rechtlicher wie auch materieller Art von einem übergeordneten Kollektiv auf die tiefstdenkbare Stufe von einzelnen Familienmitgliedern, Kindergärtler inklusive, gerutscht. Entsprechend sind diese übergeordneten Strukturen weitgehend obsolet geworden, wurden von den Postdiensten getrennt, in (teilweise) private Leistungsträger umgewandelt; die Telefonie wurde dem Wettbewerb geöffnet. Ja, auch der *pater familias*, der früher im Hause über Telefonieren oder Nichttelefonieren gewacht und geherrscht hatte, musste obrigkeitliche Kompetenz abgeben. Dezentrale Emanzipation heisst der Megatrend, und das nicht nur in der Telefonie.

Noch viel krasser hat sich die Welt durch die Existenz des Internets gewandelt. War es früher einer schmalen Schicht aus dem Bildungsbürgertum vorbehalten, eine eigene Bibliothek zu besitzen, und musste der Zugang zu Büchern dem Rest der Bevölkerung durch die Institution von öffentlichen Bibliotheken erschlossen werden, kann heute buchstäblich jeder, der über einen halbwegs tauglichen PC und einen Internetzugang verfügt, sich sozusagen jegliches Wissen individuell und selber holen. Wissenserschliessung ist kein Privileg mehr, sondern eine völlig sozialisierte Möglichkeit geworden. Dezentrale Emanzipation einerseits, Kompetenzverlust anderseits. Was die Planetarien für die Astronomie, sind die Bibliotheken als öffentliche, stark subventionierte Institutionen für die Bücher: obsolet geworden.

Ähnlich die Kinos: Während man früher, um sich einen Film anzuschauen, ins Kollektiv eines Vorführungssaals tauchen musste, kann man es heute zwar immer noch, aber muss nicht mehr. Entsprechend hat sich das Angebot verändert: Aus riesigen Kinos fürs Vergnügen eines Grosskollektivs wurden kleinere Säle mit beinahe individuellem Angebot. Und wer sich etwas nicht völlig Jugendfreies leisten möchte, kommt gänzlich um das heimliche Hineinstehlen ins Gebäude und um die peinliche Konfrontation mit der nicht mehr ganz jugendfrischen Kassiererin herum; er kann sich das Vergnügen in völlig privater Atmosphäre gönnen. Dezentrale Emanzipation. Bis vor einigen Jahren gab es in den meisten Schweizer Städten noch eine systematische behördliche Filmzensur, als Vergnügen eben noch öffentlich sein musste und deshalb mit der öffentlichen Ordnung kollidierte. Die Welt hat sich verändert, und wie!

Gewiss, das kollektive Grossvergnügen gibt es immer noch, vielleicht sogar in erhöhtem Masse: Grosskinos, Hallenstadien für Rockkonzerte, Arenen für Fussballereignisse. Die Möglichkeiten des dezentral genossenen Vergnügens scheinen die Nachfrage nach kollektivem Erschauern zu stimulieren, weil der Mensch halt unter anderem ein gesellschaftliches Wesen geblieben ist.

Der wesentliche Unterschied liegt aber darin, dass heute der Gang zum Kollektiv einem freiwilligen Lustgewinn entspricht, während er früher einer unumgänglichen Notwendigkeit entsprach.

Kaum ein Bereich, in welchem es keine dem Megatrend der dezentralen Emanzipation entsprechende Entwicklung gegeben hätte. Die Verfügbarkeit von Wissen, aber auch von Gütern und Dienstleistungen, bis in die hintersten Verästelungen der Gesellschaft hinein prägt die letzten zwei Jahrzehnte und wird auch die kommenden Jahre die wichtigste gesellschaftliche und ökonomische Entwicklungslinie ausmachen.

Unabhängigkeit und Substitutionseffekte

Die dezentrale Emanzipation hat uns alle samt und sonders wendiger und autonomer, in gewissem Sinne fast ein wenig autarker gemacht. Autarker: zum Beispiel in einem ganz besonders von Staat und übergrossen Konglomeraten gekennzeichneten Bereich, der Energieversorgung. Da und dort leistet sich der eine oder andere Mitbürger den Luxus einer Erdwärmebohrung und einer Wärmepumpe. Zwar rechnet sich das Ganze auch bei hohen Erdölpreisen relativ lange nicht, wenn man den Gewinn an Unabhängigkeit von Putin und Konsorten nicht miteinbezieht.[21] Darin liegt aber gerade der springende Punkt: Die Wahrscheinlichkeit ist gross, dass die Substitution von Erdöl nicht durch den Druck höherer Erdölpreise allein erfolgt, sondern vielmehr aufgrund des Megatrends zur dezentralen Emanzipation hin. Es wurde in den letzten Jahren zwar ruhiger um die sogenannte *micropower*, die Möglichkeiten der einzelnen Haushalte, selber für ihren Energiebedarf zu sorgen. Das Hauptproblem lag bisher in erster Linie in der Speicherproblematik bzw. in den Schwierigkeiten, öffentlichen Netzen überschüssige Energie abgeben zu können. In der Zwischenzeit haben sich aber bei den Batterien und vor allem im Batteriemanagement derartige Verbesserungen ergeben, dass es nur noch einer kleinen Energiekrise bedarf, bis man sich, auf der untersten gesellschaftlichen Ebene des individuellen Haushalts wohlverstanden, der Möglichkeiten von Mikroturbinen und der Kraft der Sonneneinstrahlung besinnt.

Modellrechnungen, die lediglich den Energiepreis für die Wahrscheinlichkeit der Substitution einer Produktionsmethode von Energie oder eines Energieträgers ganz generell einbeziehen, unterschätzen vermutlich den Preis, den viele zur Erhöhung ihrer Autonomie zu entrichten bereit sind. Genauso wurde ja systematisch während langer Zeit der Markt für Mobiltelefone oder

[21] Im Januar 2007 unterbrach Russland seine Erdöllieferungen nach Europa für drei Tage. Anlass war ein Streit zwischen Russland und Weissrussland, das eine Transitgebühr für die Durchleitung von Rohöl erhoben hatte.

für dezentrale Stereoanlagen in der Form von *iPods* unterschätzt. Unabhängigkeit hat einen eigenen ökonomischen Wert. Wie selbstverständlich machen wir doch mittlerweile von der hinzugewonnenen Autonomie Gebrauch: Indem wir uns eine *second opinion* nach einem Arztbesuch oder ein Gourmetrezept für den nächsten Sonntagsbraten vom Netz herunterladen.

An dieser Stelle kann nun die Securitisierung wieder ins Spiel gebracht werden. Vorab: Nicht nur die Ärzte sind heute mit bedeutend kundigeren Patienten konfrontiert. Die Vermögensverwalter sind es auch. Es gibt kaum mehr Anlagekunden, die sich nicht übers Internet und andere Medien ein ziemlich genaues Bild über die Finanzmärkte, über spezifische Finanzinstrumente oder über einzelne Aktien machen würden. Blindlings folgt heute kaum mehr jemand einem Ratschlag, was allerdings nicht heisst, dass die Zeiten kollektiv begangener Irrtümer vorbei seien. Zwischen Information und Interpretation gibt es ja immer noch einen Unterschied. Die extrem besseren Informationsmöglichkeiten haben den Anleger aber in hohem Masse autonomer gemacht, ja auch autarker, denn er kann, wenn er will, heute sein Vermögen zu sehr günstigen Konditionen selber bewirtschaften, und er braucht heute nicht Millionär zu sein, um eine anständige Diversifikation der Risiken hinzubekommen.

Der Grund dafür liegt in der praktisch unbegrenzten Vielfalt an Instrumenten, die ihm das Finanzsystem aus dem Universum der Finanzmärkte zur Verfügung stellt. Diese Instrumente – *securities* eben – entsprechen der Passivseite der Realwirtschaft. Über sie wird die Realwirtschaft finanziert. Grösser könnte der Unterschied zu früheren Zeiten gar nicht sein. Bis vor 20, 30 Jahren sah die Finanzierungsseite der Wirtschaft noch völlig anders aus. Was heute die *securities* sind, waren damals noch die gewichtigen Geschäftsbanken mit ihren riesigen Bilanzsummen. Dem grossen Publikum war das Aufbringen von Spargeldern für diese riesigen Bilanzsummen zugedacht, Aktien- und sehr weitgehend auch Obligationenbesitz war einer privilegierten Schicht begüterter Zeitgenossen vorbehalten.

Auf individueller Basis wird das Sparen, eine durch und durch kollektive Veranstaltung, nach und nach durch das Investieren in *securities* substituiert. Genauso, wie das Benützen öffentlicher Telefonkabinen durch die Mobiltelefonie, das Telegramm durch E-Mail, das Nachschlagewerk durch Wikipedia, der Besuch im öffentlichen Planetarium durch *Sky Scout* ersetzt wurden. Die grossen Bankbilanzen, kollektive Finanzierungskonglomerate, werden abgelöst durch dezentral emanzipierte, individuelle Portefeuilles, individuelle Finanzie-

Die dezentrale Emanzipation hat uns alle samt und sonders wendiger und autonomer, in gewissem Sinne fast ein wenig autarker gemacht.

Seite 43

rungskonglomerate also. Das ist Securitisierung. Jeder Bürger ist sozusagen eine kleine Bank geworden.

Dabei handelt es sich selbstverständlich um einen Prozess, der vielerorts, namentlich in den noch bis vor kurzer Zeit von «Volksheim»-Vorstellungen geprägten Ländern wie Deutschland oder Japan, erst am Anlaufen ist. Die Entwicklung ist aber aus zwei Gründen unaufhaltbar. Erstens, weil die Rendite- und Risikosteuerung individueller Finanzierungskonglomerate, durch die enorm gesunkenen Informations- und Transaktionskosten auch für relativ kleine Vermögen möglich gemacht, der kollektiven Bewirtschaftung haushoch überlegen ist. Das Sparerkollektiv ist letztlich ein grobschlächtiges und ökonomisch ineffizientes Gebilde, weil es auf seiner Finanzierungsseite von Durchschnittspräferenzen (aller Sparer zusammen) ausgehen muss und weil es dadurch auf seiner Aktivseite kaum eine optimale Rendite-Risiko-Bewirtschaftung erreichen kann.

Zum offensichtlichen volkswirtschaftlichen Gewinn durch die Securitisierung kommt als zweiter Grund für deren Siegeszug der individuelle Gewinn an Unabhängigkeit. Der Umstand, dass man nicht mehr sparen muss, sondern allenfalls noch kann, dass man aber heute investieren kann, wie man will, entspricht einem hohen Gewinn an individueller Freiheit, an «Autarkie», wenn man will. Genauso, wie es eine bis vor ganz kurzer Zeit noch völlig unvorstellbare Vielfalt von verschiedenen Mobiltelefonen gibt, hat in den letzten Jahren bekanntlich eine Unzahl neuer, vielfältigst variierter Instrumente die Finanzmärkte überschwemmt und ganz offensichtlich Abnehmer, vielleicht nicht gerade bis auf Stufe Kindergärtler hinunter – oder doch? –, gefunden.

Braucht es noch Banken?

Konsequent zu Ende gedacht, bräuchte es in einer völlig securitisierten Welt eigentlich keine Banken im klassischen Sinn mehr. Vielmehr wären lediglich noch Arrangeure für Finanzprodukte am Werk, die ihre Instrumente an Distributeure – Vermögensverwalter, Broker, Internetplattformen – weitergäben, und das wär's dann.

Schöne neue Welt? Ja und nein zugleich. Ja, weil, wie beschrieben, ein immenser volkswirtschaftlicher Effizienzgewinn und eine deutliche Besserstellung des ganzen Publikums auf individueller Ebene resultiert. Nein, weil es so extrem wohl nicht stattfinden kann und wird. Denn erstens stellt sich in einer dermassen arbeitsteiligen Finanzierungsstruktur das Problem der Schuldnerbetreuung bzw. -kontrolle. Arrangeure und ihre Handlanger sind nicht zwin-

Jeder Bürger ist sozusagen eine kleine Bank geworden.

Seite 46

gend die besten Kreditspezialisten und unterliegen, falls sie nach Umsatz entschädigt werden, auch gefährlichen Anreizen. Je mehr, desto besser: Das genau waren (und sind noch!) die Anreizstrukturen, wie sie sich im amerikanischen Hypothekenmarkt breitgemacht hatten, weshalb die Drückerkolonnen von Countrywide[22] quasi vorbehaltlos jedem auch nur entfernt zahlungsfähigen Amerikaner Hypotheken und Zusatzfinanzierungen aufs Auge drückten. Es sind die Anreizstrukturen, die dazu führten, dass praktisch alle Investmentbanken der Versuchung erlagen, aus ganz, ganz vielen miesen Krediten salonfähige Finanzinstrumente angeblich höherer Bonität zu basteln. Es sind die Anreizstrukturen, durch die Ratingagenturen sich hingaben, solche auf Pseudostatistik beruhende, dem gesunden Menschenverstand aber widersprechende Ergebnisse zu zertifizieren. Es sind die Anreizstrukturen, in welchen es der Verwaltungsrat einer ganz grossen Schweizer Bank als richtig erachtete, zugunsten eines vermeintlich problemlos lukrativen Geschäfts seine wirklich problemlosen übrigen Konglomeratsteile ins Risiko zu setzen.[23]

Ganz offensichtlich funktioniert eine arbeitsteilige Bewirtschaftung von Schuldnern und Schulden nicht, wenn die Anreize nicht so gesetzt sind, dass der dem Schuldner am nächsten Stehende nicht selber, das heisst zum Beispiel mit seinem eigenen Vermögen, an der Risikonahme beteiligt ist. Und genau deshalb werden auf hautnahe Schuldnerbewirtschaftung ausgerichtete Spezialinstitute auch künftig ihre hohe Berechtigung und Existenzgrundlage haben.[24]

Es gibt aber noch einen zweiten Grund, weshalb die Banken, abgesehen von den genannten, auf Kreditbewirtschaftung spezialisierten Instituten, auch weiterhin eine grosse, ja eine übermässige Rolle spielen werden. Es ist nämlich viel zu schön, grosse Bank zu sein, als dass man im Zuge der Securitisierung damit aufhören sollte. Ganz im Gegenteil.

Denn so, wie es noch Planetarien und Bibliotheken gibt, blieben die Strukturen im Finanzsystem im Zuge der Securitisierung praktisch unbehelligt und in der Grundanlage unverändert. Die Grundanlage besteht darin, dass eine früher fast ausschliesslich von Banken finanzierte Wirtschaft dringend darauf angewiesen war, dass diese einzige Kreditpipeline nicht unterbrochen wird. Deshalb kam ab Mitte des 19. Jahrhunderts, zu Beginn der kapitalintensiven Gründerzeit, die Idee der Notenbanken als ultimative Gläubiger, *lenders of last resort,* auf. Öffentliche Anstalten, Vertreter der Allgemeinheit also, deren

[22] Countrywide Financial war die grösste Hypothekenbank der USA. Sie geriet wegen Verlusten im Gefolge der Finanzkrise in Schwierigkeiten und wurde anfangs 2008 von der Bank of America übernommen.

[23] Zum UBS-Debakel siehe S. 109–112.

[24] Siehe S. 92–95.

Zweck es unter anderem sein sollte, die Zahlungsunfähigkeit einer oder mehrerer Banken zu verhindern, um so einem möglichen Finanzierungskollaps der Wirtschaft zuvorzukommen. Im Gegenzug genossen die Notenbanken das territoriale Monopol zur Geldschöpfung.

Diese öffentliche Produktion von Vertrauen, von Vertrauen ins System und in die Banken, war vermutlich in einer Welt, die von bilanzschweren Geschäftsbanken geprägt war, richtig und auch weitgehend unproblematisch. Ob oder inwieweit sie es in einer durch die Securitisierung sich völlig verändernden Welt auch noch sein wird, ist jedoch diskutabel. Denn wenn infolge der Securitisierung quasi die Allgemeinheit, jeder einzelne also und alle einzelnen als Kollektiv, zu Banken geworden sind, dann macht es nicht mehr viel Sinn, wenn ein Organ ebendieser Allgemeinheit, eine öffentliche Anstalt in Form einer Notenbank, als ultimativer Gläubiger fungiert. Es handelt sich dann um ein tautologisches Konstrukt.

Das Problem ist, dass dieses tautologische Konstrukt volkswirtschaftliche Verzerrungen nach sich zieht. Die Existenz von *lenders of last resort*, die in dieser Form in einer securitisierten Welt gar nicht mehr nötig wären, führt nämlich dazu, dass jene Gebilde, die – nicht aus Angst vor einem Finanzierungskollaps, sondern weil sie stark in die Infrastruktur des Finanzsystems eingebunden sind – gratis und franko zu einer Art Überlebensgarantie kommen, zu einer impliziten Staatsgarantie. «*Too big to (let) fail*» lautet die Devise für die Citigroup, für Morgan Stanley, für Barclays, für die Deutsche Bank, für die UBS, für die CS. Eine Versicherung, die man gratis erhält, gibt man nicht so schnell und gerne auf. Deshalb durfte man bis vor kurzer Zeit mit Fug und Recht die Prognose wagen, dass sich an der obsolet, weil tautologisch gewordenen Idee und Struktur des *lender of last resort* nichts ändern wird und der Wettbewerbsvorteil der grossen *player* in alle Zukunft hinein zementiert bleibt.

Wäre da nicht der grobe Unfall der Hypothekarkrise passiert. Weil es allzu lange allzu schön war, sich zu den tiefen Sätzen risikoloser Anlagen finanzieren zu können, und weil es allzu lange allzu sehr danach aussah, als verfügten gewisse Kreditsubstrate über praktisch unbegrenzte Aufnahmefähigkeit, erhöhte das System der grossen Investmentbanken und nachgelagerten Vehikel den Verschuldungsgrad für Immobilien, Fahrzeuge, Konsumkredite in unermessliche Höhen, einem kollektiven Irrlauf gleich. Nun droht eine Rezession, und nun ist es auch an der Zeit, aufgrund der faktischen Sichtbarkeit, wie schädlich die obsoleten Strukturen sein können, die intellektuelle Arbeit einer Strukturdiskussion zu absolvieren. Es geht nicht um harmlose Planetarien und

Bibliotheken, sondern um Kernfunktionen kapitalistischer Wohlstandsproduktion.

Was es zu schützen gälte und was nicht

Der Megatrend zur dezentralen Emanzipation hin, zur erhöhten Autonomie, ja gewissermassen Autarkie des Bürgers und der Haushalte auf der ganzen Welt beruht allerdings auf dem reibungslosen Funktionieren einer allgemein zugänglichen Infrastruktur. So reizvoll das *Personal Planetarium* auch ist – ohne funktionierendes GPS, das heisst ohne das System, das die Amerikaner über ein teures Satellitennetz betreiben, um ihre Soldaten in der afghanischen und irakischen Wüste nicht zu verlieren, wäre der Spass vorbei. Ohne all die vielen Sendeanlagen auf allen möglichen Dächern, Türmen und Bergen gäbe es keine Mobiltelefonie. Ohne Glasfaserkabel und Grossrechner und Netzprovider gäbe es kein Internet. Stabilität und Leistungsfähigkeit der Infrastruktur sind entscheidend, wie auch immer sie im spezifischen Bereich organisiert ist. Die einzelnen Provider sind dagegen alles andere als entscheidend. Denn, vorausgesetzt, man hat zuvor für genügend Wettbewerb gesorgt, sind sie ja allesamt innert kürzester Frist ersetzbar. Von Vodafone auf Orange ist schnell umgestiegen.

Dasselbe gilt für ein modern ausgelegtes, der Securitisierung Rechnung tragendes Finanzsystem. Entscheidend sind die Stabilität und die Leistungsfähigkeit der Infrastruktur. Zahlungsverkehr, Clearing und Settlement dürfen unter keinen Umständen zusammenbrechen. Nur schon ein stundenweiser Ausfall würde in einem kaum mehr entwirrbaren Chaos hängiger Transaktionen resultieren, nicht zu reden von den Risiken, die eine vorübergehend ungeklärte Eigentümerschaft nach sich ziehen würde. Obrigkeitliches Handeln müsste sich auf diese Kernfunktion im Finanzsystem konzentrieren, währenddem man die einzelnen Provider, Citigroup oder UBS oder wen auch immer, aus dem Privileg der impliziten Staatsgarantie und dazugehörigen Pflichten entlassen würde. Zu tiefe Risikoprämien würden dann der Vergangenheit angehören, und die dem Investmentbanking zwingend innewohnende Zyklik hielte sich in ihren realen Auswirkungen in tolerablen Grenzen.

Wird diese Frage angegangen werden? Vermutlich nur unter Zwang. Denn zwischen hochriskanten, zyklischen und damit zeitweise hochprofitablen Aktivitäten, wie das Investmentbanking sie zum Beispiel darstellt, und teilweise obsolet gewordenen, teilweise im unverzichtbaren Infrastrukturbereich befindlichen Strukturen gibt es eine logisch begründbare Anziehungskraft.

Genau aus diesem Grund wurde 1999 das Konglomeratsverbot des *Glass Steagall Act* aufgehoben.[25] Der Drang des volkswirtschaftlich absolut wichtigen, aber hoch spekulativen Investmentbankings nach stabilen Cashflows aus anderen Konglomeratsgesellschaften, sein Engagement in der unverzichtbaren Infrastruktur des Finanzsystems und die daraus resultierende implizite Staatsgarantie, die unverkennbare unkritische Nähe vieler Akteure zu den staatlichen Strukturen, umgekehrt aber auch die zu beobachtende anbiederungsähnliche Attitüde von Amtsträgern gegenüber jenen, die *too big to (let) fail* sind, weist auf ein Problem hin, das man wohl am besten mit «Selbstrechtfertigungskartell» bezeichnen würde. Beide Seiten treffen sich nämlich in ähnlich gelagerten Anreizen; die einen, weil sie verständlicherweise ihre lukrative Sinekure nicht preisgeben möchten, die anderen, weil sie ihre teilweise obsolet gewordene Struktur verteidigen wollen.

Mit der Bankenkrise von 2007/08 sind wir nahe an den Punkt gekommen, bei dem sich dieser gefährliche Umzug selber in den Abgrund stürzt. Wenn nach der Überwindung der akutesten Gefahr grundlegende strukturelle Bereinigungen einmal mehr ausbleiben, dann ist der nächste Unfall – in fünf, sieben oder zehn Jahren – vorprogrammiert. Das aktuelle Überleben genügt nicht; es wird Zeit, intensiv nachzudenken.

Vielleicht hilft ein anderes Phänomen, die Debatte zu erzwingen: der Drang östlicher Staatsfonds, sich an westlichen Banken zu beteiligen, beziehungsweise die gegenwärtige Notwendigkeit, solche Mittel willkommen zu heissen. Es gibt nämlich bei solchen Engagements, denen sonst nichts entgegenzusetzen wäre, einen einzigen kritischen Bereich: den Griff nach den unerlässlichen, nur schwer ersetzbaren Infrastrukturen. Durch die namhafte Beteiligung von Staatsfonds an westlichen Banken steht teilweise die immens wertvolle Finanzinfrastruktur der westlichen Welt zur Disposition. Ungemütliche Gedanken plagen einen. Denn wenn es noch angehen mag, dass eine staatsnahe Camorra die neapolitanische Müllinfrastruktur dirigiert, dann wird es einem definitiv weniger wohl, wenn Ausläufer von Regimes mit unbekannter, historisch noch nicht bewiesener Stabilität das Sagen über die Finanzinfrastruktur erlangen.

[25] Der *Glass Steagall Act* wurde unter dem Eindruck der Weltwirtschaftskrise 1933 erlassen und verlangte die Trennung von Geschäfts- und Investmentbanken, um die Geschäftsbanken vor riskanten Spekulationen zu schützen.

Über Funktion und Funktionieren von Finanzmärkten und Finanzprodukten

Finanzmärkte sind beispielhaft für das Wirken von Märkten: Rasch aggregieren sie Wissen und Erwartungen der Marktteilnehmer, von denen keiner alle Informationen überblickt, und stellen ihnen die Information – zu Preisen verdichtet – wieder zur Verfügung. Friedrich A. Hayek hat die zentrale Bedeutung der Märkte immer wieder betont (s. S. 53–56).

Die Finanzmärkte hatte die Globalisierung schon in den 80er-Jahren erfasst. Gleichzeitig setzte bei Methoden und Instrumenten ein enormer Innovationsschub ein. Er war die Folge technologischer Umwälzungen in der Informatik sowie einer Reihe wissenschaftlicher Ansätze und Einsichten, die das Denken über die Finanzmärkte revolutionierten.[1] *Dabei ermöglichten mathematische Methoden den Einsatz von Verfahren, die an die moderne industrielle Fertigung erinnern (s. S. 56–62).*

Mathematische Modelle bauen allerdings auf stark vereinfachenden Annahmen auf. Sie sind darum nur Annäherungen an die Wirklichkeit, und wichtige Aspekte werden mitunter übersehen oder falsch eingeschätzt. Wesentlich ist auch, dass die Finanzmärkte von Erwartungen über die Zukunft getrie-

[1] Etwa: Harry M. Markowitz, Portfolio Selection, in: *Journal of Finance,* 7 (1), 1952 (March), S. 77 ff.; Eugene F. Fama, Efficient Capital Markets: A Review of Theory and Empirical Work, in: *Journal of Finance,* 25 (2), 1970 (May), S. 383 ff.; Fischer Black und Myron Scholes, The Pricing of Options and Corporate Liabilities, in: *Journal of Political Economy,* 81 (3), 1973 (May), S. 637 ff.; Burton G. Malkiel, *A Random Walk Down Wall Street: The Time-Tested Strategy for Successful Investing,* New York, Norton, 1973.

ben werden: Wenn neue Informationen auftauchen, können sich die Verhältnisse rasch und grundlegend ändern. All dies schafft hohe Komplexität, die den Finanzmärkten mitunter den Vorwurf der Irrationalität beschert hat *(s. S. 62–87).*

Marktteilnehmer lernen schnell und passen ihr Verhalten veränderten Umständen an: Der Markt ist ein Entdeckungsverfahren, das durch Versuch und Irrtum Lösungen findet, manchmal aber auch Krisen verursacht, welche die Stabilität des Finanzsystems beeinträchtigen *(s. S. 87–112).* *Geeignete Rahmenbedingungen würden diese Gefahr verringern. Wichtig wäre aber auch, dass bewährte Einsichten – wie die Bedeutung des Kreditrisikos – in Boomphasen nicht in Vergessenheit gerieten* *(s. S. 112–119).*

Wozu Finanzmärkte (1992)?[2]

Marktwirtschaft

Es ist sicher für einmal nicht unangemessen, zu Beginn des Anlagekommentars eines der herausragendsten Philosophen unseres Jahrhunderts zu gedenken. Wer sich, als Anleger oder in beruflicher Betätigung, täglich marktwirtschaftlicher Instrumente bedient, darf zur Abwechslung durchaus einmal für eine kurze Zeit in seinem emsigen Treiben innehalten und sich der denkerischen Grundlagen des Systems erinnern, aus dem er seine wirtschaftlichen Vorteile bezieht.

Die Rede ist vom kürzlich verstorbenen Friedrich August von Hayek (1899–1992). Der in Wien geborene und später in Grossbritannien eingebürgerte Nationalökonom, Verhaltensforscher und Sozialphilosoph hat in seinem Lebenswerk eine einzigartige Gesamtschau zu den Themen des individuellen Verhaltens und der Freiheit des einzelnen, der Aggregierung von individuellem Wissen in den Märkten und zum Wesen und Funktionieren der Märkte überhaupt geschaffen. Im Kern der Gedankengänge steht die Einsicht, dass es dem Menschen grundsätzlich verwehrt ist, vollkommenes Wissen über soziale und ökonomische Sachverhalte zu erlangen. Hayeks Philosophie bedeutet insofern eine Absage an die Anmassung der Allwissenheit, einer besonders verbreiteten Form menschlicher Überheblichkeit.

Wenn Wissen nicht vollkommen sein kann, dann müssen sozioökonomische Systeme, die solche Unvollkommenheit explizit in Kauf nehmen, anderen Systemen, die auf der Prämisse der Planbarkeit und der Machbarkeit aufbauen,

[2] Anlagekommentar Nr. 146 vom 14. April 1992 (Titel nachträglich gesetzt).

überlegen sein. Hayeks Werk ist deswegen auch eine gründliche Abrechnung mit dem Sozialismus; dem heute nicht mehr real existierenden, aber auch mit den vielen sehr real existierenden Sozialismen westlicher Prägung, wie sie in der Verregulierung, den Staatsmonopolen, den gewaltigen Umverteilungspraktiken und fehlschlagenden Entwicklungskonzepten für Drittweltländer zum Ausdruck kommen.

Der Markt als dynamische Ordnung ohne oberste ordnende Vernunft, als Resultat *«of human action, but not of human design»*[3]: Diese Vorstellung ist namentlich für all jene Leute, denen das *human design* näher liegt, ziemlich ungeheuerlich. Die politische Klasse inklusive die meisten Meinungsmacher gehen ja just davon aus, dass Zustände «gemacht» werden können. Wir erleben dies täglich an stets neuen Eingriffen in die individuelle Freiheit und an einer Legiferierungswut, die uns allenthalben zu ersticken droht. Staatsdefizite ungekannten Ausmasses, überdimensionierte und deshalb letztlich auch weitgehend ineffiziente Staatsapparate, Ratlosigkeit in den meisten drängenden Fragen unserer Zeit sind die Folgen. Hayek ist ein unangenehmer Denker: Er stellt das Selbstverständnis dieses – in seinen Kategorien eben auch sozialistischen – Systems in Frage.

Darin dürfte denn auch der Grund liegen, dass Hayek bei weitem weniger populär geworden ist als etwa John Maynard Keynes, mit dem er heftigste und tiefschürfende Auseinandersetzungen pflegte und der letztlich eben der *classe politique* viel mehr behagt, weil er sie mit seinen Konzepten der Machbarkeit von volkswirtschaftlichen Zuständen bestätigt.

Markt ist *trial and error*

[...] Es ist doch unverkennbar, dass eine Vielzahl von Faktoren, die das Marktgeschehen bestimmen, in ihren Auswirkungen nicht einmal annähernd bekannt sind. Was wissen wir denn zum Beispiel über die – zum Teil unmittelbar naheliegenden – politischen Faktoren; wer wird in zwei, drei Jahren Frankreich, Italien, Deutschland regieren? Werden die Erfolge der Republikaner in Deutschland ein blosses Menetekel bleiben?[4] Welche Implikationen wird dies alles auf den Zustand Europas haben? Oder noch näher liegend: Wird die Schweiz aus dem Zustand der faktischen Handlungsunfähigkeit finden? Innert nützlicher Frist?

[3] Friedrich A. Hayek, The Results of Human Action but Not of Human Design, in: ders., *Studies in Philosophy, Politics and Economics*, Chicago, University of Chicago Press, 1967, S. 96 ff.

[4] Die von ehemaligen Mitgliedern der CSU gegründete und eine Zeit lang unter Beobachtung des deutschen Verfassungsschutzes stehende Partei war von 1992 bis 2001 im Landtag von Baden-Württemberg vertreten.

Niemand wird die Relevanz dieser politischen Faktoren bestreiten wollen. Doch auch im rein ökonomischen Bereich – sofern es einen solchen überhaupt gibt – können sehr wesentliche Faktoren nur ungenau oder gar nicht näher bestimmt werden. Beispiele: Aufstieg und Fall der japanischen Börse – was hat denn tatsächlich die damalige Euphorie begründet, und weshalb fällt nun der japanische Index seit Anfang 1990 buchstäblich ins Bodenlose? Und wenn wir schon die bisherige Entwicklung kaum begründen können – was sollen wir dann über die Zukunft aussagen? Oder: Wiedervereinigung Deutschlands –, wie viel «kostet» sie denn wirklich, wann wird der Turnaround erreicht, die Tendenzwende, bei der sich dann erahnen lässt, inwieweit die Geschichte ökonomisch verkraftbar war?

Alles ist Erwartungsbildung

Ob wir wollen oder nicht: Unwissenheit und Ungewissheit herrschen vor. Was wir an den Märkten beobachten können, ist das Handeln von Millionen verschiedener Individuen mit eigenen Vorstellungen, Zielsetzungen und Kenntnissen. Was resultiert, ist eine aggregierte Erwartungshaltung. Sie wird jeden Tag millionenfach neu gebildet, durch sie werden jeden Tag die Ressourcen neu verteilt.

Als beispielsweise im vergangenen Monat März klar wurde, dass die Deutsche Bundesbank vorderhand keine Anstalten macht, die hohen kurzfristigen Zinssätze zu senken, wurden damit nachträglich falsche Erwartungen der Vormonate enttäuscht und berichtigt. In der Folge strömten Mittel in den attraktiven kurzfristigen Anlagebereich der deutschen Valuta; ihr Wert stieg – und die anderen europäischen Währungen gerieten wechselkursmässig wie auch in Bezug auf die eigene Zinssatzstruktur unter Druck. War es im Januar «falsch», sinkende Deutsche-Mark-Zinsen zu erwarten? War es im März «richtig», von weiter steigenden Zinsen auszugehen? Und was sollten wir heute denken?

Es ist eben so: Richtig oder falsch gibt es als feste Grössen nicht, sondern sie werden in einem dynamischen Prozess immer wieder neu festgelegt. Vorbestimmte Entwicklungen sind in den Märkten inexistent. Entsprechend vorsichtig wäre dann eben auch mit allzu selbstsicheren Prognostikern umzugehen. Entweder sind sie ignorant, oder sie wollen ein bestimmtes Produkt verkaufen. Meist trifft beides zu.

Hayek hat uns Bescheidenheit gelehrt. Unser Anlagekommentar soll auch stets unter dieser Prämisse geschrieben und verstanden sein.

Finanzsystem mit gewaltigem Einsteckvermögen

In der zweiten Hälfte der 80er-Jahre kamen Untersuchungen über die Stabilität des globalen Finanzsystems in Mode. Auslösender Hintergrund waren die Schuldenberge der Entwicklungsländer und die Konzentration dieser Risiken bei amerikanischen Banken. Oft wurde der Untergang des Systems prognostiziert. In der Zwischenzeit hat das Finanzsystem Schocks einstecken müssen, die in ihrer Tragweite die Problematik der Drittweltverschuldung bei weitem übersteigen: den Börsencrash von 1987 und die Minicrashes der folgenden Jahre, den Golfkrieg, die Auflösung des Sowjetimperiums, die Immobilienkrise in den USA, den Börsensturz in Japan.

Das Finanzsystem ist immer noch intakt. Das heisst: Es ist zu keiner nennenswerten Krise im Interbankgeschäft gekommen; die Clearinghäuser mussten ihren Betrieb nie gesamthaft einstellen; die grossen Wertschriften-, *futures-* und Optionenbörsen haben immer reibungslos funktioniert. In genau diesen Institutionen müsste sich ja eine Systemkrise zuerst auswirken. Es mag viele Detailbegründungen für das gewaltige Einsteckvermögen des Finanzsystems geben; über alles gesehen ist es aber eben in erster Linie die Organisationsform des Marktes, also die freie Interaktion unabhängiger, jeweils ihre eigenen Ziele verfolgender Individuen, die dem System diese Stabilität verleiht. *Human action, not human design.* Man stelle sich einmal vor, eine staatliche Planungsstelle müsste an die Stelle des Marktes treten! Das Debakel wäre schon nach wenigen Tagen perfekt. [...].

Vom diskreten Charme der Derivate (1999)[5]

Muranoglas und Silizium-Chips

In ihrer Forschungsbeilage veröffentlichte die «Neue Zürcher Zeitung» kürzlich einen meisterhaft geschriebenen Artikel zur Frage, welche Grundtendenzen die Verarbeitung von Materialien beherrschen.[6] Für den Laien ist ziemlich überraschend, dass der Fortschritt in der Manufaktur von Glas und in der Entwicklung von Siliziumchips eine hohe Anzahl von Analogien aufweist. Im wesentlichen führt nämlich jeder technologische Schub zu einer Verfeinerung der Materialien, was sich einerseits im Reinheitsgrad der molekularen Struktur, anderseits in der Verfeinerung der Verarbeitungstechnik ausdrückt. «Hin zur Nulldimensionalität des Punktes» heisst die Grundtendenz des erfolgrei-

[5] Anlagekommentar Nr. 197 vom 11. Oktober 1999.

[6] Hans-Joachim Queisser: Mächtige Monopole der Materialien, in: *Neue Zürcher Zeitung,* Nr. 202, 1. September 1999, S. 79.

chen technologischen Wandels. In der Fähigkeit, dieser Nulldimensionalität sehr nahe zu kommen, liegt der enorme wirtschaftliche Aufstieg Venedigs am Ende des Mittelalters wie auch die geradezu stupende Entwicklung des kalifornischen Silicon Valley gegen Ende des 20. Jahrhunderts begründet.

Den ökonomisch Interessierten fasziniert ein solches Grundmuster wirtschaftlichen Erfolgs selbstverständlich a priori, denn es lassen sich durchaus Analogieschlüsse für völlig andere Zweige der industriellen Verarbeitung ziehen. In der Tat geht es ja zum Beispiel auch in der Pharmaproduktion um nichts anderes als um die Fähigkeit, in höchstem Reinheitsgrad möglichst wirkungsstarke Essenzen zu entwickeln. Erfolg hat derjenige, dem es gelingt, die Wirkung zu steigern und die Nebenwirkungen möglichst zum Verschwinden zu bringen. Oder anders ausgedrückt: den Weg in Richtung «Nulldimensionalität» möglichst weit zurückzulegen. Ähnlich der Spitzenkoch, dessen Gerichte sich durch höheren Reinheitsgrad vom Alltagsmief einer Schnitzel-und-Pommes-Frites-Küche abheben. Das Wort «Raffinesse» drückt sehr treffend aus, dass jegliche Meisterleistung in der Verarbeitungstechnik darin besteht, die «Dinge auf den Punkt zu bringen». Und der Punkt ist – eben – nulldimensional.

Im vorliegenden Anlagekommentar wird der Versuch unternommen, solcherart Analogieschlüsse über die Verarbeitung von Materialien hinaus auf den Dienstleistungssektor und dessen (oft virtuelle) Produkte auszudehnen und Konsequenzen für weitere Entwicklungstendenzen zu ziehen. […].

Komplexe Finanzinstrumente

Als Bankhaus, das seit einigen Jahren sehr dezidiert auf die Entwicklung und die Vermarktung (derivativer) strukturierter Finanzinstrumente setzt, werden wir oft mit dem leisen Vorwurf konfrontiert, mit dieser Tätigkeit lediglich zur Undurchschaubarkeit der Finanzmärkte beizutragen. Man sehne sich nach den Zeiten der guten alten einfachen Aktienanlage und der guten alten einfachen Obligation zurück. Da hätte man noch gewusst, was man in den Händen habe. Heute würden die Instrumente immer komplexer, und darin liege letztlich auch ein grundsätzliches Risiko: Wegen der Derivate hätten die Finanzmärkte völlig von der Realität abgehoben; die Preisausschläge würden immer extremer.

Wie zu zeigen sein wird, steht hinter diesen Vorhaltungen im Grunde genommen die Frage, was denn nun komplexer sei: der dickwandige Tonkrug oder das feine, durchsichtige Muranoglas. In der Uneinigkeit, wie «Komplexität» überhaupt zu definieren sei, liegt der Grundstein für sehr viele Missverständnisse. Eine Umfrage über den Grad an Komplexität einer gewöhnlichen

Aktie einerseits und eines derivativen Zinsinstruments anderseits würde selbst unter Fachleuten zuungunsten des Derivats ausfallen. Die gute alte Aktie: Da weiss man, was man hat. Das Zinsderivat: schwierig, unverständlich, komplex.

Versteht man unter «komplex» undurchschaubar, undurchsichtig oder unprognostizierbar, dann müsste aber eigentlich der Aktie dieses Prädikat zukommen. Denn in Bezug auf die ihr innewohnenden Risiken ist sie dermassen vielfältig zusammengesetzt, dass man mit dem besten Willen nicht wissen kann, «was man hat». Wie viel Dollarrisiko ist in einer Nestlé-Aktie versteckt? Wie viel Erträge werden in Euro generiert? Wie viel Dollar-, Euro-, Schweizerfranken-Zinsrisiken birgt die Nestlé-Bilanz? Worin bestehen die unternehmensspezifischen Geschäftsrisiken? Inwiefern ist Nestlé von den allgemeinen Marktentwicklungen abgekoppelt? Eine Vielzahl von Einflussfaktoren von nicht näher bekanntem Wirkungsgrad, der seinerseits möglicherweise nicht einmal konstant ist, bestimmt das Auf und Ab von Aktienpreisen.

Und das Zinsderivat? Ja, es ist in gewissem Masse auch komplex, weil seine Struktur möglicherweise auf den ersten Blick nicht direkt durchschaubar sein mag. Es ist aber in einer Beziehung auch denkbar einfach: Je nach Zinsentwicklung in der wohldefinierten Währung ist es mehr oder weniger wert. Absolut prognostizierbar. Der Einflussfaktor (hier: das Zinsniveau) und dessen Wirkungsgrad sind eindeutig definiert. Der Vergleich zwischen Tonkrug und Muranoglas hinkt also nicht. Das Tongefäss, aus einer Mischung von nicht näher definierbarem Lehm geformt, mit vielen Einschlüssen und Verunreinigungen, ist bei weitem komplexer als das Derivat mit seinen eindeutigen Charakteristika. Es wird noch zu zeigen sein, dass wegen dieser Eindeutigkeit der Charakteristik die Kombination von Derivaten, die sich ja dann doch oft auf tonkrugartig-komplexe *underlyings* wie Aktien beziehen, zu erstaunlicher Einfachheit in der resultierenden Struktur führen kann.

Allerdings: Mit einer Vielzahl transparenter Dinge lassen sich auch, analog dem tausendfach verzierten *Millefiori*-Glas [...], erneut hochkomplexe Gebilde bauen. Es gibt also zwei Arten von Komplexität: die urtümliche, unraffinierte Komplexität des aus Dreck geformten Tonkrugs einerseits und die kultivierte, raffinierte Komplexität des aus reinsten Materialien und in feinster Ausführung geformten Glaskörpers anderseits. Wenn wir im Titel vom «diskreten Charme der Derivate» sprechen, dann sehen wir diesen Charme in der raffinierten Eindeutigkeit ihrer Charakteristika begründet. Ein solches Bild hebt sich ab von der oft kenntnisarm hingeworfenen Verteufelung aller neueren Instrumente als Ursache sämtlicher Übel, die uns die Finanzmärkte dann und wann bescheren.

Auf dem Weg zur Eindeutigkeit

[...]. Traditionelle Instrumente wie Aktien und Obligationen sind immer mehr oder weniger urtümlich-komplexe, vieldimensionale Risikokonglomerate. Kaum eine Aktie, die nicht mit einem oder mit mehreren Wechselkursrisiken verbunden wäre. Kaum eine Unternehmung, deren Bonität nicht von ganz verschiedenen, zumeist unbekannten Faktoren abhinge. Keine Obligation, bei der nicht das Zusammengehen von Zins- und Gegenparteirisiko irgendwann einmal zum Problem werden könnte.

Demgegenüber können sich derivative Instrumente, weil es sich bei ihnen ja um grundsätzlich frei definierbare Rechte und Pflichten handelt, auf einzelne Gesichtspunkte wie ein spezifisches Wechselkursrisiko, ein spezifisches Zinsrisiko oder ein spezifisches Gegenparteirisiko beziehen. Dies erheischt noch etwas Vertiefung. Deshalb und zur Erinnerung eine kurze Übersicht über die Grundzüge der derivativen Welt. [...].

Es gibt zwei Grundformen derivativer Instrumente, das einfache Termingeschäft und die Option. Beim Termingeschäft wird zu einem früheren Zeitpunkt der Austausch von künftigen Leistungen festgelegt. Beide Vertragsparteien haben gleichermassen Rechte und Pflichten. Beim Terminkauf muss der Verkäufer (zum früher festgelegten Preis) liefern, und der Käufer muss (zum früher festgelegten Preis) entgegennehmen und bezahlen. *Futures* sind Termingeschäfte, die als standardisierte Kontrakte zumeist an Börsen gehandelt werden und deshalb einen Marktpreis haben. Die Risikocharakteristik eines *future* ist denkbar einfach: Dessen Marktpreis bewegt sich annähernd so, wie sich der Marktpreis des dem Termingeschäft zugrundeliegenden Gutes verändert.

Die andere, ziemlich viel interessantere Grundform derivativer Instrumente ist die Option. Es handelt sich bei ihr um ein Rechtsgeschäft mit bedingten Austauschmodalitäten; die Option ist also immer an ein «Wenn, dann» geknüpft. Im Gegensatz zum einfacheren Termingeschäft sind Leistungspflicht und Bezugsrecht nicht kongruent auf beide Seiten verteilt, sondern es stehen sich Rechte und Pflichten gegenüber. Eine Option zum Kauf einer Aktie zu einem bestimmten (im voraus festgelegten) Preis berechtigt den Optionsinhaber zwar zum Bezug, verpflichtet ihn aber nicht; demgegenüber hat die Gegenseite eine nicht wegbedingbare Liefer*pflicht*. Diese Einseitigkeit von Recht/Pflicht auf der einen oder der anderen Seite führt zu einer «geknickten», asymmetrischen Charakteristik der Option. Dort, das heisst bei dem Preis, wo das Recht etwas wert (und die Pflicht damit zur Last) wird, beginnt sich der Wert der Option in Abhängigkeit vom zugrundeliegenden Gut zu bewegen. [...].

Der Umgang mit der Dimension Zeit

Finanzinstrumente, ob «urtümliche» wie Aktien und Obligationen oder «neue» wie *futures* oder Optionen, haben immer etwas mit Zeit zu tun. Jegliches Finanzinstrument ist soviel wert, wie es voraussichtlich in Zukunft «einspielt». Voraussichtlich: Damit ist zum Ausdruck gebracht, dass Zeit und Unsicherheit ursächlich zusammenhängen. Jeglicher in der Zukunft liegende Zahlungsstrom ist immer höchstens wahrscheinlich, der eine ist wahrscheinlicher als der andere, aber Sicherheit gibt es im Zusammenhang mit künftiger Zeit nie. Selbst die sicherste Staatsanleihe birgt ein ganz geringes Ausfallrisiko, ganz abgesehen vom Zinsrisiko, dem eine Obligation ohnehin ausgesetzt ist.

Im Umgang mit dieser Unsicherheit bezüglich künftiger Leistungen liegen die Hauptanstrengungen von Finanztheorie und Finanzmärkten. Eine Aktie hat als solche eine unbestimmt lange Zukunft vor sich. Im Kurs der Aktie widerspiegeln sich deshalb auch alle Wahrscheinlichkeiten, die diese unbestimmte Zukunft mit sich bringen kann. Mittels Optionen ist man in der Lage, die Dimension Zeit eindeutig zu definieren, die Wahrscheinlichkeiten, denen künftige Zahlungsströme ausgesetzt sind, einigermassen einzugrenzen.

Die Eingrenzung der Dimension Zeit bzw. die damit verbundene zeitliche Limitierung der Wahrscheinlichkeiten ist die eigentliche und entscheidende Leistung, die uns die derivative Welt gebracht hat und immer aufs neue bringt. Sie ist vergleichbar mit der technologischen Leistung, Glas auf Millimeterdicke zu formen oder einen Chip in Mikrometergrösse zu definieren. Die Tendenz zur Verringerung der Dimensionen und zur Verfeinerung des Gutes ist unverkennbar.

Die Optionstheorie hat wichtige Erkenntnisse zum Umgang mit künftigen Wahrscheinlichkeiten geliefert. So erweist sich die Beziehung zwischen dem Zeitablauf und der Wahrscheinlichkeit des Eintreffens eines Ereignisses als nichtkonstant. Je länger der Zeitablauf, desto eher ist etwas wahrscheinlich. Wenn, sagen wir, heute eine Nestlé-Aktie bei knapp 3'000 Franken notiert, dann ist die Wahrscheinlichkeit, dass sie künftig bei 3'500 Franken liegen wird, in einem Jahr oder auch in einigen Monaten ungleich höher als zum Beispiel beim Eintreffen dieses Anlagekommentars bei unseren Lesern. (Analoges gilt, *cum grano salis,* auch für einen Aktienkurs von 2'500 Franken ...) Der Marktpreis von Optionen widerspiegelt diese Ungleichmässigkeit der Wahrscheinlichkeiten: Gegen Ende der Laufzeit wird immer klarer, ob der früher abgemachte Preis erreicht wird oder nicht. Mithin wird es immer eindeutiger, ob die Option schlussendlich etwas wert sei oder nicht. Diese Erfahrung mussten schon viele Optionsspekulanten teuer bezahlen: Eine Option verhält sich wie ein Gewicht, das an einem Gummiband gezogen wird. Zuerst bewegt sich ihr Preis fast nicht, kurz vor Verfall dann aber fast schlagartig. Weil das Ereignis, auf das sie abzielt, gegen Ende des Zeitablaufs immer eindeutiger wahrscheinlich oder eindeutiger unwahrscheinlich wird. [...].

Auf dem Weg zu höherwertigen Komplexitäten

«*So what?*», mag uns der geneigte Leser entgegenhalten. Das mag ja alles schön sein und der Vergleich zwischen Muranoglas, Siliziumchips und Optionen auch noch ganz nett – aber was habe ich davon?

Wir sehen im wesentlichen zwei Implikationen. Die erste läuft darauf hinaus, dass erst die Reduktion der Komplexität auf den nulldimensionalen Punkt es erlaubt, danach wieder zu höherwertigen Komplexitäten aufzusteigen. Die zweite Implikation bezieht sich auf die Möglichkeit der wesentlich feineren, gezielteren Risikosteuerung. Zur ersten Implikation: Mit der urtümlichen Tonkrug-Technologie hätten keine hochkomplexen Glasreaktoren für die Chemie geschaffen werden können. Nur Dank der Innovationskraft der Venezianer, die Glas in Bezug auf Verunreinigung und Dimensionalität auf das absolute Minimum reduzieren konnten, wurden alle weiteren mit Glas zusammenhängenden Verarbeitungstechniken möglich. [...].

Analog ist vorauszusehen, dass künftig hochwertig-komplexe Vermögens-Portefeuilles in ähnlicher Weise aus Bausteinen gebaut werden, die in ihrer Charakteristik eindeutig und in Bezug auf die Dimension Zeit definiert sind. Vom undefinierten Lehmbrocken zum hochkomplexen Glasreaktor: So sehen wir die Entwicklung auch in Finanzbelangen. Ein hochwertig-komplexer Glasreaktor ist nichts wert, ja kann äusserst gefährlich werden, wenn seine Zusammensetzung als Ganzes unstimmig ist oder wenn man über einzelne seiner Teile zu wenig weiss. Genauso muss ein hochwertig-komplexes Portefeuille bezüglich Transparenz allen Ansprüchen gerecht werden: Die Transparenz muss für die einzelnen Teile wie auch für das Ganze stimmen. [...].

Die Entwicklung wird weitergehen. Gerade durch die Optionstheorie und durch die von den derivativen Märkten vermittelten, zusätzlichen Daten ist man in der Lage, die Einflussfaktoren der «urtümlich-komplexen», tonkrugartigen Instrumente im impliziten Verfahren näher zu bestimmen. Es ist heute schon möglich abzuschätzen, wie viel Zins-, wie viel Währungs-, wie viel reines Unternehmensrisiko eine Nestlé-Aktie aufweist, und es ist auch möglich, eine Aussage zur Konstanz des Wirkungsgrads dieser Einflussfaktoren zu machen. Die Aggregation dieser Informationen, so unscharf sie auch im einzelnen sein mögen, auf die höhere Ebene des Gesamtportefeuilles ist nur eine Frage der Zeit. […].

Weshalb Überschwang rational ist (2000)[7]

Besorgt oder überheblich?

Es gibt wohl kaum eine häufiger zitierte Warnung eines Notenbank-Chefs als die «*irrational exuberance*» von Alan Greenspan aus dem Jahre 1996.[8] Er äusserte sie in einer seiner vielen Reden bei einem Index-Stand des *Dow Jones* von etwa 6'500 Punkten. […]. Er drückte damals […] seine Besorgnis darüber aus, dass ein Teil des glänzenden amerikanischen Wirtschaftsgangs in direktem Zusammenhang mit den Anstiegen der Aktienkurse stünde und deshalb ein Kurszerfall nach gehabtem irrationalem Überschwang die US-Konjunktur empfindlich treffen könnte. Die Argumentation ist a priori durchaus einleuchtend: Wenn der Durchschnittsamerikaner 60 Prozent seiner Ersparnisse in Aktien hält und diese Aktien – aus welchen Gründen auch immer – 20, 30 oder mehr Prozent an Wert verlieren, dann hätte eine solche Vermögensvernichtung fraglos einen negativen Einfluss auf das Verhalten der US-Konsumenten. Börsenkurse sind für den Anleger relevant – mit welcher Sensitivität sind sie es auch im gesamtwirtschaftlichen Rahmen?

Die aufgeworfene Fragestellung ist allein deshalb spannend, weil wir ja mittlerweile bei einem *Dow-Jones*-Stand von beinahe 11'000 Punkten angelangt sind und weil zudem der auf die *new economy*[9] ausgerichtete Nasdaq-Index noch ganz andere irrationale Überschwänge produziert hat – die Luft mithin noch dünner sein müsste und sich die Gefahr eines Konjunktureinbruchs infolge Kurskorrekturen in der Zwischenzeit schon mehrmals hätte substantiieren müssen. Weshalb in aller Welt ist denn die Katastrophe noch nicht eingetreten? Noch viel mehr fasziniert uns darüber hinaus aber das Grundsätzliche an der Thematik. Denn wer Begriffe wie «irrational» oder «Überschwang» in den Mund nimmt, der gibt vor zu wissen, was rational wäre,

[7] Anlagekommentar Nr. 200 vom 3. April 2000.
[8] Siehe Fussnote 14, S. 36.
[9] Zur *new economy* siehe S. 229–235.

und er wirft sozusagen der ganzen weltweiten Gemeinde der Marktteilnehmer vor, etwas Falsches zu denken und zu tun. Im Grunde genommen zweifelt er das Funktionieren von Marktmechanismen an. Ein starkes Stück, selbst für eine Autorität wie einen Notenbank-Chef.

Im vorliegenden Anlagekommentar behandeln wir die Frage der Effizienz des Allokationsprozesses von Kapital an den Märkten und innerhalb der Unternehmungen. Eventuell etwas überraschend werfen wir zuerst einen Blick in die Natur und beschäftigen uns für eine Weile mit dort zu beobachtenden Überschwängen im allgemeinen und im speziellen mit dem:

Krieg der Spermien

In jugendlichen Jahren, lange vor der grossen Ökomode, grub der Verfasser des Anlagekommentars im Garten seiner Eltern ein Biotop. Er hielt sich dabei streng an die Ratschläge der Fachleute und verzichtete darauf, zur Beschleunigung des Geschehens irgendwelche Pflanzen oder Tiere von aussen in den neuen Lebensraum zu importieren. Stattdessen wartete er – und erfuhr eine einmalige, sehr einprägsame Lektion in Naturkunde. Zunächst passierte nämlich recht lange nichts. Dann aber folgte Populationswelle um Populationswelle: zuerst rote, spiralförmige Wasserwürmchen, unappetitliche Dinger in unübersehbarer Menge. Ein paar Wochen später waren nicht viel sympathischere graubraune Rudertierchen dran, die sich in hoher Zahl ruckartig durchs Wasser fortbewegten, noch später die Wasserschnecken. Erst nach ein, zwei Jahren stellte sich ein Gleichgewicht verschiedenster Pflanzen und Tiere ein; von dann an gab es keine zahlenmässigen Überschwemmungen, keine «Überschwänge» mehr.

Was verleitet die Natur dazu, solche Populationswellen auszulösen? Ist dieser Überschwang nicht irgendwie irrational? Was hat die Evolution dazu verleitet, die Gene so zu steuern, dass noch und noch Überproduktionen stattfinden? Es sind ja nicht nur die roten Wasserwürmchen, die uns beschäftigen; vielmehr läuft in der Natur ziemlich alles via Produktionsüberschwang oder, ökonomisch ausgedrückt: Die Natur investiert enorm viel in Dinge, die in ihrer Gesamtheit niemals überleben können. Der Mensch ist auch solcherart. Milliarden und Abermilliarden von Samenzellen produziert ein Mann im Laufe seines Lebens, um Vater einer lächerlichen Anzahl von ein paar wenigen Kindern zu werden. Weshalb diese Grosszügigkeit der Natur, weshalb der obendrein eingebaute Lustgewinn in der Applizierung dieses Samenüberschwangs?

Schlicht und einfach, weil nur auf diese Weise sichergestellt ist, dass es am Schluss Überlebende gibt. Die Natur führt uns mit der vermeintlichen Überproduktion vor, wie mit Unsicherheiten und mit Wahrscheinlichkeiten umzugehen ist. Beim Biotop: ein völlig neuer Lebensraum, in welchem grundsätzlich alles passieren könnte. Am nächsten Tag wird ein Bagger auffahren und alles zuschütten. Oder es wird ein Bauer sein Güllenfass entleeren. Oder es kommt alles gut heraus.

Wie uns Robin Baker in seinem Bestseller «Sperm Wars» vorführt, findet bis zur erfolgreichen Befruchtung einer einzigen menschlichen Eizelle ein ebenso faszinierender wie zugleich auch erschreckend brutaler Kampf um diese einzige Chance statt.[10] Was Moralisten besonders ärgern mag: Der Mensch ist bis auf die ultimative Ebene des Spermiums hinunter bestens ausgerüstet, Konkurrenten zu überlisten und auszuschalten. Es braucht die Unmenge von DNA-Vehikeln, es braucht den Kampf unter ihnen, dass angesichts der unendlich vielen Unsicherheiten, die ein Menschenleben bringen kann, im Durchschnitt etwas mehr als zwei Nachkommen resultieren und dass die Art damit weiterleben kann.

Wie geht also die Natur mit Unsicherheit um? Indem sie einen Überproduktionsprozess mit einem rigorosen Auswahlverfahren verknüpft. Auf dass die Wägsten, Stärksten und Besten überleben und weitergedeihen können. Das gilt es festzuhalten.

Die Unsicherheit ist schlimmer, als man denkt

Der menschliche Geist neigt zur Fortschreibung des Bisherigen, des Bekannten. In «normalen» Zeiten ist die Extrapolation sicherlich eine effiziente Vorgehensweise, denn sie stellt sicher, dass man mit ziemlich hoher Wahrscheinlichkeit nichts völlig Verkehrtes tut, und sie verschont einen vor allzu viel anstrengender Denkarbeit. Nicht zuletzt darum ist man vermutlich gerne bereit, so oft als möglich von «normalen» Zeiten auszugehen. Die erhöhte Hektik des modernen Lebens hat allerdings dazu geführt, dass sich die Intervalle der Beobachtungszeiträume drastisch verkürzt haben, so dass allzu schnell Sonderbewegungen als «normale Entwicklung» angesehen werden und manche Erwartung dann extrapolierterweise daneben geht.

Beispiele gefällig? Seit ungefähr sechs Monaten ist der deutsche Aktienmarkt (endlich!) aus seinem Dämmerschlaf erwacht und hat muntere 50 Prozent zugelegt. Selbstverständlich geht «man», das heisst namhafte Analysten und Börsenbeobachter, davon aus, dass das nun Normalität geworden ist. Sie extrapolieren bereits die neue Entwicklung. Kann sein, dass sie recht haben. – Seit Beginn dieses Jahres dümpelt der Schweizer Aktienmarkt mühselig dahin.

[10] Robin Baker, *Sperm Wars: The Science of Sex,* London, New York, Basic Books, 1996.

Die Natur führt uns
mit der vermeintlichen
Überproduktion vor, wie
mit Unsicherheiten und
mit Wahrscheinlichkeiten
umzugehen ist.

Seite 63

Die paar Monate sind bereits Grund genug, von einer definitiven Abkehr der Anleger vom hiesigen Markt zu sprechen. Extrapolation. – Dagegen freut man sich ganz übermässig der Erst-Emissionen am sogenannten «Neuen Markt» und zeigt sich enttäuscht, wenn nach kurzer Zeit nicht wenigstens eine dreistellige Rendite herausschaut.[11] Und selbstverständlich wird das so weitergehen, nicht wahr. Extrapolation, Normalität. Letzthin behauptete allen Ernstes jemand in Deutschland, jedermann könne ohne weiteres zum Millionär werden, wenn er jeden Monat 100 Mark spare und die Ersparnisse bei einer Durchschnittsrendite von, sagen wir, 60 Prozent am «Neuen Markt» anlege. Wenn man den Unsinn noch weitertreibt, gehört auf diese Art und Weise dann den Deutschen in ein paar Jahrzehnten die ganze Welt. Extrapolierterweise, diesmal.

Der Blick darauf, was in der Natur vor sich geht, wenn «Überschwänge» entstehen, könnte bei der Lagebeurteilung helfen. Ganz offensichtlich ist die Situation, in der sich die Weltwirtschaft angesichts der ungeahnten Möglichkeiten im IT- und Biotech-Bereich befindet, mit dem mit Leben zu füllenden Biotop zu vergleichen. Die gewaltigen Unsicherheiten darüber, wie das Biotop schlussendlich aussehen wird, finden ihr Korrelat im Überschwang an Würmchen, Rudertierchen und anderen Kreaturen, die in Populationsschüben das neue Territorium erobern, um bald einmal anderen Platz machen zu müssen und nur in ganz wenigen erfolgreichen Exemplaren zu überleben. Zwischen Überschwang und Unsicherheit gibt es mit anderen Worten eine Beziehung: Je ungewisser der künftige Erfolg, desto grösser muss am Anfang die Übertreibung ausgefallen sein.

Gemessen an dem, was wir zurzeit weltweit in den «Neuen Märkten» erleben, muss die Unsicherheit substantiell sein.

Nur drei Prozent schaffen es wirklich

Wir haben in Vorbereitung dieses Anlagekommentars ein wenig statistisches Material zusammengetragen und eine Anzahl von Erst-Emissionen (*initial public offerings*, IPOs) einer näheren Untersuchung unterzogen. Die Resultate bestätigen die Biotop-These. Die Renditeverteilung von Firmen, die erst seit einem Jahr am Kapitalmarkt vertreten sind, unterscheidet sich wesentlich von der Renditeverteilung jener Firmen, die bereits seit drei Jahren am Markt sind. Bei den jüngeren Unternehmungen ist noch bei weitem mehr «Überschwang» zu sehen als später. So notierte von 533 Firmen, die 1999 in den USA an den

[11] Im Zuge der Euphorie um die *new economy* (siehe S. 229–235) schuf die Deutsche Börse 1997 den «Neuen Markt» nach dem Vorbild der amerikanischen Technologiebörse Nasdaq als zusätzliches Segment. Nachdem die Kurse in der anschliessenden Aktienbaisse stark gefallen waren, hob sie das Segment im Juni 2003 wieder auf.

Je ungewisser der künftige Erfolg, desto grösser muss am Anfang die Übertreibung ausgefallen sein.

Seite 66

Markt kamen, rund ein gutes Drittel über 100 Prozent über dem ersten Börsenkurs; von den 513 Unternehmungen, die im Jahr 1997 ihr IPO durchgeführt hatten, sind es nur noch knapp 17 Prozent. Dafür haben mehr als 65 Prozent der Dreijährigen heute tiefere Kurse als unmittelbar nach der Emission. Bei den Einjährigen liegt die Zahl der Negativperformer erst bei 40 Prozent.

Interessant gestaltet sich die Spitzengruppe: Mit Kursanstiegen von 1'000 Prozent und mehr reissen sie jede Durchschnittsrendite selbstverständlich nach oben. Es handelt sich aber nur um sehr wenige Firmen, denen dieses Glück zufällt: zwischen 2 und 4 Prozent. Hätte man 1997 je 1'000 Dollar in jede Firma nach ihrem IPO investiert, dann wäre man heute 28,94 Prozent reicher (nicht p. a., notabene!). Lässt man je den Spitzenreiter wie auch den schlimmsten Verlustbringer weg, dann sind es noch etwas mehr als 23 Prozent Totalrendite. Ohne die vier Besten und ohne die vier Schlechtesten liegt die Rendite bei 17 Prozent, und lässt man auf beiden Seiten je 3 Prozent der Firmen weg, dann hat man gerade noch 3,4 Prozent innerhalb von drei Jahren erreicht. Berauschend?

Der Überschwang findet mit anderen Worten in einer extrem harten Selektion sein Ende. Fast wie bei den Spermien. Nur wenige Firmen, 3 Prozent, die das Ei fanden! Aber es brauchte den Überschwang, um sicherzustellen, dass nach drei Jahren wenigstens diese 3 Prozent wirklich erfolgreich überleben.

Die Zahlen sehen für den selbstverständlich bei weitem engeren Schweizer Markt ähnlich aus. Mit dem Unterschied, dass es keine Anstiege auf über 1'000 Prozent und mehr gibt. Die Zunahme von Flops im Laufe der Jahre bestätigt sich aber selbst bei der geringen Zahl von schweizerischen Erst-Emissionen. In Deutschland liegt uns nur einjähriges statistisches Material vor. Die Begeisterung für Emissionen am «Neuen Markt» ist in unserem nördlichen Nachbarland momentan sehr gross. Wir dürfen aber durchaus die Prognose wagen, dass auch dort die längere Haltefrist zu bedeutend mehr Enttäuschungen und zu einigen ganz wenigen Toperfolgen führen wird. Welche werden die Letzteren sein? […].

Weshalb so viele Flops?

Der Blick auf die IPO-Zahlen aus den USA ist schon ein wenig ernüchternd. Weshalb so viele Enttäuschungen? Stimmt denn das mit den Zukunftschancen des *dotcom*-Bereichs doch nicht ganz? Und ist doch nicht alles, was mit Biotechnologie auch nur entfernt etwas zu tun hat, Gold wert? – Aus unserer Sicht werden die Risiken, die auf dem Weg zu neuen Gleichgewichten im riesigen

Biotop der Weltwirtschaft lauern, bei weitem unterschätzt. Wenn man alles heute gerade Erfolgreiche extrapoliert, dann gelangt man zur absurden Vorstellung total übervölkerter Biotope, in denen die roten Würmchen und die Rudertierchen und die Algen und die Seerosen zugleich in grosser Menge wuchern. Das kann aber nicht sein, denn letztlich ist auch das Riesenbiotop Weltwirtschaft endlich und sind die Güter knapp.

Man kann die Risiken, denen junge Unternehmungen auf ihrem Wege in die Zukunft ausgesetzt sind, etwa wie folgt gruppieren:

- Technologische Risiken. Was wissen wir denn eigentlich wirklich über die Zukunftschancen wesentlicher neuer Technologien? Wird sich beispielsweise im Kommunikationsbereich das Telefonieprinzip, das sich durch Verrechenbarkeit der Leistungen auszeichnet, gegenüber dem Internetprinzip, dessen Leistungen global gleichmässig nicht verrechenbar sind und dessen Betrieb deshalb auf Werbeeinnahmen angewiesen ist, halten können? Oder anders gesagt: Werden wir in Zukunft über das Internet telefonieren und dabei Werbung irgendwelcher Art in Kauf nehmen müssen? Wenn man an die gigantischen Börsenkapitalisierungen sowohl der Telefoniefirmen (Swisscom: 49 Milliarden Franken, Deutsche Telekom: 250 Milliarden Euro) als auch der Internetanbieter (AOL: 150 Milliarden Dollar, Yahoo!: 90 Milliarden Dollar) denkt, dann ist die Frage alles andere als irrelevant. Würmchen oder Rudertierchen, das ist die Frage. […].
- Rechtliche Risiken. Bekanntlich mussten die Biotech-Aktien in den letzten Wochen einen herben Rückschlag hinnehmen, ausgelöst durch eine ziemlich harmlos klingende Äusserung von Präsident Clinton und Premier Blair über die Zugänglichkeit der Genforschung. Von der Patentierbarkeit der Forschungsergebnisse, dem Ausschluss der Öffentlichkeit also von der Nutzung des Entdeckten, hängt aber selbstverständlich weitestgehend ab, ob mit Gentechnologie dereinst überhaupt Geld zu verdienen sein wird oder nicht. Prognosen sind kaum zu machen, denn sowohl die volle Patentierbarkeit wie auch die totale Öffentlichkeit aller Forschungsergebnisse haben ihre gewichtigen Vor- und Nachteile. Und was besonders schwer wiegt: Es kann darüber fast nicht emotionslos gesprochen werden.
- Marktrisiken. Unter den Internetanbietern tobt ein mörderischer Kampf um Marktanteile. Auf Kosten der gegenwärtigen Finanzlage wird die künftige Positionierung erstritten, so, als ob man sicher wäre, dass man

das Ziel auch wirklich erreichen kann. Weil das aber nicht eine einzige Unternehmung macht, sondern alle zugleich, ist auch klar, dass es nebst ganz wenigen Gewinnern ganz viele Verlierer geben wird. Die Geschichte mit den Spermien ist naheliegender, als man meint!

- Refinanzierungsrisiken. Vor kurzem veröffentlichte die Zeitschrift «Barron's» eine Studie über bevorstehende Pleiten von Internetfirmen.[12] Von 207 untersuchten amerikanischen Unternehmungen droht rund ein Viertel innerhalb der nächsten zwölf Monate illiquid zu werden. Der Geldbedarf ist oft immens, und umsatzmässig läuft häufig noch sehr wenig; die Verbrennungsrate *(cash burn ratio)* ist hoch. Die Notwendigkeit eines zweiten, eines dritten Gangs an den Kapitalmarkt ist absehbar (nicht nur in den USA – wir erwarten diese Welle in spätestens einem halben Jahr auch in Deutschland und der Schweiz). Werden die Investoren dann immer noch so begeistert sein? Oder wird man Fragen bezüglich der an sich üblichen Unternehmenskennziffern zu stellen beginnen?
- Kapitalmarktrisiko. Bekanntlich gibt es vordergründig nichts Schöneres als eine Erst-Emission (IPO). Jedermann verdient dabei. Kaum ein IPO, das schon bald mit tieferen Kursen an den Börsen enden würde. Weshalb sich die Zuteilungen von Stücken aus einer Emission als wahre risikolose *windfall profits* entpuppen. Der Grund ist auf der einen Seite ökonomisch bedingt. Jegliche kapitalhungrige Unternehmung muss angesichts der hohen Risiken, die mit dem Geschäft mit jungen Firmen verbunden sind (nur drei Prozent schaffen es wirklich …), attraktive Konditionen anbieten, um überhaupt Geld anzuziehen. Ein im Verhältnis zum inneren Unternehmenswert tiefer Emissionskurs ist ein Mittel, diese Situation von vornherein zu schaffen.

Die emittierenden Banken nützen auf der anderen Seite diese systembedingte Situation aus, indem sie den Emissionsvorgang faktisch kartellisieren. Zusätzliche liquiditätsverengende Massnahmen wie eine *lock-up*-Periode[13] für das Management oder für den früheren Hauptaktionär sorgen dafür, dass die Kurse während der ersten Monate fast beliebig manipulierbar sind. Das IPO-Geschäft ist deshalb in der Praxis einer der noch wenigen verbleibenden Kapitalmarktbereiche, der wegen seiner Ineffizienz alle möglichen und unmöglichen Spielchen erlaubt und entsprechende Berater und Kunden anzieht wie ein frischer Kuhfladen die Schmeissfliegen. […].

[12] Burning up. Warning: Internet companies are running out of cash – fast, in: *Barron's*, March 20th, 2000 (Titelgeschichte).

[13] Während der *lock-up*-Periode dürfen Altaktionäre ihre Aktien nicht verkaufen.

Quintessenz: Es ist also wirklich so, wie es uns die Beispiele aus der Natur vorzeigen: Enormen Risiken kann nur mit einer Vielzahl von Versuchen und der Inaussichtstellung eines enormen Gewinns begegnet werden. [...].

Kapitalallokation in Zeiten des Umbruchs: Was tut der Anleger?

Der Vergleich des beschriebenen Hereinbrechens neuer Unternehmungen in das wirtschaftliche Gefüge mit den Entwicklungsphasen eines vorerst noch leeren Biotops bzw. mit der Hoffnungslosigkeit eines einzelnen Spermiums, dereinst einmal Erfolg zu haben, ist insofern berechtigt, als die sprunghafte technologische Entwicklung in der Tat Kräfte freisetzt, die alles Bisherige (die *old economy*) an den Rand zu drängen scheint. Die Übernahme des altbestandenen, riesenhaften Time-Warner-Konzerns durch den Internet-Newcomer AOL spricht Bände.[14] Neulich ging das Gerücht herum, dass die zwar weder über namhaften Umsatz verfügende noch Gewinn erarbeitende Kleinfirma Healtheon daran sei, IBM zu übernehmen. Es tut sich also weiterhin einiges im Biotop. [...]. Dennoch: Für uns ist der Vorgang nicht weiter beunruhigend, denn wie die Fortschreibung der Geschichte mit dem Biotop zeigt, normalisieren sich zum einen die Verhältnisse bald einmal wieder. Die letzten Entwicklungen an der amerikanischen Börse scheinen bereits einen Umschwung in der Anlegersympathie zugunsten der *old economy*-Titel abzuzeichnen. Wir glauben deshalb auch nicht, dass ein Anteil von 22 Prozent der Deutschen Telekom am deutschen Gesamtindex von langer Dauer sein wird. Populationswellen sollte man nicht extrapolieren.

Zum andern muss aber auch vor Augen gehalten werden, dass der Biotop-Vergleich insofern hinkt, als die Komplexität der heutigen Weltwirtschaft ungleich höher ist als diejenige eines kleinen Tümpels im Appenzellerland. Das Weltwirtschafts-Biotop ist ja keineswegs leer, sondern voll von durchaus lebensfähigen Kreaturen, die ihrerseits ebenfalls alles daran setzen, den Kapitalallokationsprozess zu ihren Gunsten zu wenden und ihrerseits zu wachsen. Auch der Spermien-Vergleich bedarf insofern der Relativierung, als nicht nur eines, sondern eine Vielzahl von empfängnisfähigen Eiern vorhanden ist – die *old economy*-Unternehmungen sind ja durchaus auch empfänglich für neue Technologien und passen sich laufend dem gewaltigen Strukturwandel an. [...].

[14] Ende 2009 trennten sich Time Warner und AOL nach grossen Verlusten wieder.

Die Notwendigkeit realer Impulse (2001)[15]

[...]

Das absurde Pferderennen

[... Noch aus einem anderen Grund hinkt der Vergleich mit den Spermien], denn das Spermium kann ja nichts dafür, dass es eines ist, und kann auch nicht selbst entscheiden, ob es sich am Rennen ums Glück beteiligen will. Die Investoren von anno 1999 und 2000 waren aber mit Verstand versehene erwachsene Menschen. Hätten sie sich nicht eines Besseren besinnen können und das Rennen von vornherein abblasen müssen? Wir meinen: nein. Wenn man über den Technologieschub nachdenkt, dann sieht man bald einmal zweierlei entgegengesetzte Charakteristiken. Zum einen kommt man nicht um die Einsicht, die Erwartung herum, dass die explosionsartig entstandene Vielfalt in ihrer Gesamtheit Fortschritt bedeutet und dass dies in spezifischen Einzelfällen auch so zutrifft. Daraus folgt die zweite Charakteristik: In all den tausend anderen spezifischen Fällen wird dies nicht zutreffen. Nicht jede Innovation, so intelligent sie auch ausgedacht sein mag, erweist sich als praktikabel; vor allem kann aber nicht jede Innovation mit Nachfrage rechnen: Weder gibt es mehr als 100 Prozent Marktanteil im Buchhandel, noch wird der Mensch je mehr als 24 Stunden am Tag im Internet verweilen können.[16]

Wir haben uns, angelehnt an die Spieltheorie, einen zweiten Vergleich ausgedacht, der die Rationalität des Investitionsbooms vielleicht noch besser verdeutlichen kann als die Spermiengeschichte. Man nehme einmal an, es werde ein Pferderennen organisiert mit, sagen wir, 20 Bahnen. Diese seien durch Mauern voneinander getrennt, so dass ein Jockey den anderen nicht sehen kann. Zudem sei die Länge des Rennens auch nicht bekannt. Wie werden sich die Jockeys, rationalerweise, verhalten? Sie werden von Anfang an volle Geschwindigkeit wählen, also so viel wie möglich in die Zielerreichung investieren. Wenn sie es nicht tun, laufen sie Gefahr, mit sehr hoher Wahrscheinlichkeit zu verlieren.

Im Verlaufe des Technologieschubs wussten die Teilnehmer nicht viel mehr als diese Jockeys. Man war sich lediglich bewusst: Es ist ein Rennen im Gang! Die Länge der Strecke, die Chancen der Mitbewerber, der Rennverlauf, die Werthaltigkeit der Trophäen – alles Unbekannte. Auf diese Weise wurde das Investieren zum zwanghaften Geschehen, und was insgesamt irrational aussieht, hatte im spezifischen Einzelfall gute Gründe. [...].

[15] Anlagekommentar Nr. 210 vom 27. August 2001.

[16] Angespielt wird auf das Internet-Versandhaus Amazon, dessen Aktien in den zwei Jahren nach der Erst-Emission vom Frühjahr 1997 eine atemberaubende Höherbewertung erfuhren.

Nicht jede Innovation, so intelligent sie auch ausgedacht sein mag, erweist sich als praktikabel; vor allem kann aber nicht jede Innovation mit Nachfrage rechnen.

Seite 72

Ein grundloser Crash? (2001, Teil II)[17]

Voll im Gange: Der Krieg der Spermien

[...]. Es war schon immer klar, dass nur wenige Spermien erfolgreich sein werden. Dass aber diese Ausräumaktion dermassen brutal sein würde, was die Aktienkurse betrifft, dass sie praktisch alle Technologieunternehmungen in gleicher Weise treffen würde, ja dass sie nun mehr und mehr auf Standardwerte der *old economy* übergreift: Das haben wir ehrlicherweise nicht vorausgesehen; die Kursverluste schmerzen. Umso sorgfältiger muss die Lageanalyse ausfallen.

Das kalifornische Silicon Valley verzeichnet seit einiger Zeit eine anhaltend hohe Zahl gemeldeter Konkurse. Dies dürfte ungefähr den Zustand der ganzen Technologiebranche widerspiegeln. Es handelt sich um die Spitze eines noch viel grösseren Eisbergs von Firmen, die sich nur mit Müh und Not am Leben halten können und denen nun insbesondere die positiven Cashflows fehlen, welche allein in der Lage sind, genügend Liquidität sicherzustellen, wenn der wundertätige Mittelfluss der *private equity* einmal versiegt ist. Das ist er. Risikokapital ist eine ziemlich digitale Angelegenheit: Es gibt es, oder es gibt es nicht. Vergleichbar mit Bankkrediten, die man dann am wenigsten erhält, wenn man sie am nötigsten hätte.

Was im Bereich der kleinen und jungen Pflänzchen abläuft, wirkt mindestens so tiefgreifend und radikal auch bei den grösseren und höher kapitalisierten Unternehmungen, die an der Nasdaq kotiert sind. Jegliche Gewinnwarnungen werden mit prozentual oft zweistelligen Kursabschlägen quittiert. Der Nasdaq-Index hat bis dato 62 Prozent seit seinem Höchststand von Ende März 2000 eingebüsst. Es ist vorauszusehen, dass sich auch in diesem Bereich die Anzahl der Überlebenden reduzieren wird. Wer wird überleben? Die Analogie zur Natur lehrt uns, dass die Frage nicht zu beantworten ist. Aber sie lehrt auch, dass es Überlebende geben wird.

Die Ausräumaktion, wie sie momentan im Gange ist, bringt mit sich, dass vieles, was eigentlich überlebensfähig gewesen wäre, mit in den Strudel gezogen wird und dass manches, was a priori und grundsätzlich vielleicht gar nicht so interessant ausgesehen hat, aus irgendwelchen besonderen Konstellationen heraus schlussendlich überlebt. Es ist mit anderen Worten nicht so, dass den Sieg davonträgt, wer objektiv und rational gesehen (wenn es so etwas überhaupt gibt) die aussichtsreichste technologische Variante entwickelt hat. Vielmehr werden unendlich viele Zufälligkeiten mit im Spiel sein. Man denke ein-

[17] Anlagekommentar 207 vom 26. März 2001 (Teil I ist auf S. 34–37 abgedruckt).

mal darüber nach, welche geringsten Wahrscheinlichkeiten im Spiele waren, dass man als dieses und gerade dieses Individuum und nicht als nahe verwandtes Geschwister auf diese Erde gekommen ist. Selektionsprozesse sind enorm zufälliger Natur und regelrecht brutal, gleichzeitig aber auch der Schlüssel zu langfristigem Erfolg. Trotz, nein, *wegen* vieler abgestorbener Spermien gibt es die Menschheit noch. Ebenso wird es gerade *wegen* der momentan so garstigen Phase in ein, zwei und mehr Jahren die Aktienmärkte und insbesondere auch ein paar äusserst erfolgreiche Technologieunternehmungen noch geben.

Die Gesamtheit der im einzelnen irrational erscheinenden Vorgänge ist rationales Kalkül. Das ist schwierig zu verstehen und macht die Situation des Investors, der momentan an allen Ecken und Enden Schläge einstecken muss, wie auch diejenige seines Beraters, der den Schlägen nicht weniger ausgesetzt ist, nicht angenehmer. [...].

Aus den Millionen technologischer Optionen werden nun die tauglichen Varianten ausgesiebt [...]. Das ist ein sehr deflationärer Prozess. Vermeintliche Vermögen werden haufenweise vernichtet, Firmen in den Konkurs getrieben, hoffnungsvoll erscheinende Konzepte abgesägt. Das schmerzt. Es werden noch weitere Arbeitsplätze verlorengehen. Dass die Konsumstimmung in dieser Situation Schaden leidet, dürfte klar sein. [...].

Hysterese oder: Wann sind wir wieder auf dem Wachstumspfad?

[...]. Unsere Interpretation des Abschwungs in den USA und der dramatischen Bewegungen an den Aktienmärkten läuft darauf hinaus, dass die Probleme nicht endogener Natur sind. Die normalen Formeln der Volkswirtschaftslehre sind zwar keinesfalls ausser Kraft gesetzt, sie haben im Zusammenhang mit dem Technologieschub und seinen Folgen aber nur sekundäre Bedeutung. Was in den letzten Jahren passierte, kann man unseres Erachtens erheblich aussagekräftiger als exogenen Schock in zwei Akten interpretieren. Im ersten Akt wurde durch neue Erfindungen und Anwendungen die Produktivität der Wirtschaft ein erstes Mal massiv gesteigert und nachhaltiges, kräftiges Wachstum generiert. Nach und nach entfesselte sich im Technologiebereich eine Art Eigendynamik, die von aussen betrachtet durchaus inflationäre Eigenschaften hatte, aber [...] eigentlich nur eine notwendige gesamtwirtschaftliche Reaktion zur Wahrnehmung aller neugeschaffenen Chancen darstellte.

Des exogenen Schocks zweiten Akt erleben wir nun noch kurz vor dem Schlussakkord. Die meisten angeblichen Chancen haben sich als illusionär erwiesen. Die Bewertungen der Technologieaktien haben sich sehr ausgeprägt denjenigen der *old economy* angeglichen. Ein ganzer und, wie man zeitweise einmal meinte, total überhandnehmender Sektor fällt grösstenteils in sich zusammen. Es wird Überkapazitäten und damit auch Massnahmen zur Normalisierung der Beschäftigungsverhältnisse geben.

Exogene Schocks hinterlassen strukturelle Wunden. Man nennt diese Folgeerscheinungen in der Ökonomie «Hysterese». Wenn zum Beispiel eine Erdölpreiserhöhung die Nachfrage nach Automobilen dramatisch sinken lässt, entsteht Massenarbeitslosigkeit nicht nur bei den direktbetroffenen Arbeitern, sondern auch bei den Zulieferern und im Handel. Fabrikgebäude stehen leer und verkommen. [...].

Die meisten Unternehmungen der *old economy* haben sich in den letzten Jahren mit Gütern aus dem Technologiebereich ausgerüstet. Effektiven Gebrauch von den (immensen!) Möglichkeiten machen aber nur wenige, und wenn schon, dann werden die technischen Kapazitäten drastisch schlecht ausgenutzt. Die nächste Phase der Entwicklung liegt in kostensparenden, effizienzsteigernden internen Anwendungen. Gerade das gegenwärtige Konjunkturtief in den USA, bald aber auch die verdüsterten Aussichten in zahlreichen europäischen Ländern, werden die Unternehmungen zwingen, von ihren aufgebauten Netzwerken und erworbenen Systemen vermehrt Gebrauch zu machen. Diese Anwendungsphase wird den Bestellungseingang für Hardware, aber auch das Bedürfnis nach immer neuen und noch komplexeren Programmen, deren zusätzliche Spezifikationen ohnehin niemand braucht, weiterhin tief halten. [...].

Wir erwarten also den nächsten Produktivitätsschub in der *old economy.* Technologie ist nicht *out,* sondern wird immer mehr selbstverständlicher Teil der ganzen Wirtschaft. Aufgrund des bisher geringen Anwendungsgrads neuer Technologien darf das Potential zu namhaften Produktivitätssteigerungen nicht unterschätzt werden. Über den Zeitpunkt eines solchen Aufschwungs lässt sich streiten. [...].

Diffuse Ängste. Konkrete Antworten? (2005)[18]

Die Pest und ihre Ursachen

In [... einem neuen Buch] unterstreicht der Freiburger Ökonom Guy Kirsch die Notwendigkeit, zwischen «Angst» und «Furcht» zu unterscheiden.[19] Der Begriff Angst umschreibt ungute, mulmige, beengende Gefühle vor einer existierenden oder vermuteten, jedenfalls aber weitgehend undefinierten

Gefahr. Mit «Furcht» wird dagegen die Reaktion auf einen konkreten gefährlichen Sachverhalt beschrieben. Kirsch weist auf den evolutionären Vorteil hin, den der Mensch in seiner Entwicklungsgeschichte durch die Fähigkeit erlangt hat, Gefahren klar zu erkennen, zu benennen und zu bekämpfen. Angst allein und erstarrende Lähmung hätten nicht genügt, um das physisch eher schwächliche Wesen inmitten von Mammuten, Hyänen und Schlangen zur Krönung der Schöpfung werden zu lassen. Die Fähigkeit, «Angst» in «Furcht» zu transformieren, ist ein wesentliches Bestimmungsmerkmal der menschlichen Existenz.

Die Angst vor Unbekanntem und Unerklärbarem beziehungsweise der Versuch, die diffuse Unsicherheit zu konkretisieren, hat die Menschheitsgeschichte seit je geprägt. Wo nicht innert nützlicher Frist Klärung bezüglich der Ursachen gefunden werden konnte, musste entweder die Religion eingespannt oder mussten Sündenböcke ermittelt werden. Häufig auch beides zusammen. Im Spätmittelalter brach in Mitteleuropa zum ersten Mal die Pest aus und verängstigte die Gesellschaft in hohem Masse. Da die damaligen Methoden weder vom zur Verfügung stehenden Instrumentarium noch von der Vorgehensweise her geeignet waren, die Krankheitserreger und die sie übertragenden Mechanismen aufzuspüren, erledigte man die Transformation von «Angst» in «Furcht» dadurch, dass «Pestleutchen», später auch Hexen, als Verursacher der Pandemie erkoren wurden. Im mittelalterlichen St. Gallen, der Vaterstadt unseres Bankhauses, nahm man kurzerhand die jüdische Bevölkerung fest und liess sie verbrennen. Dabei entledigte man sich auch gleichzeitig der Schulden, die man bei ihr eingegangen war. Ein typischer Vorgang, ein immer wieder beobachtbares Muster in der Geschichte: Der Transformationsprozess von «Angst» zu «Furcht» bewirkt völlig falsche und haltlose Resultate mit zum Teil grauenhaften Nebeneffekten. Erst viel später, aus sicherer Distanz zum beängstigenden Sachverhalt und mit den Augen aufgeklärter Wissenschaftlichkeit, werden die wahren Kausalitäten eruiert.

In der Wandlung diffuser Ängste zu konkret begründeter Furcht liegt nicht nur ein durch die Evolution hervorgebrachtes Grundbedürfnis des Menschen, sondern auch eine wesentliche Wertschöpfungskomponente, eine ökonomische Leistung also. Professor Kirsch zeigt auf, dass die Tätigkeit der Medien – von Zeitungen, Fernsehanstalten, Internetpages und Internetblogs – im Grunde genommen nicht der Information als solcher dient, sondern vielmehr dem Einsatz von Information respektive dessen, was man für Information hält, zur

[18] Anlagekommentar Nr. 235 vom 2. Mai 2005.

[19] Guy Kirsch (Hrsg.), *Angst vor Gefahren oder Gefahren durch Angst? Zur politischen Ökonomie eines verdrängten Gefühls*, Zürich, Buchverlag Neue Zürcher Zeitung, 2005.

Erzeugung von Furcht. So werden ungute Gefühle in Reaktionen auf konkrete Gefahren verwandelt. Es gibt eine (offensichtlich immense!) Nachfrage nach «Furcht», und entsprechend glücklich kann sich jene Medienunternehmung wähnen, der es regelmässig gelingt, tatsächliche oder vermeintliche Sündenböcke und «Pestleutchen» zu kreieren. In diesem Lichte betrachtet, werden die Erfolge beispielsweise der amerikanischen Fernsehkette CNN rational völlig erklärbar. [...].

Aus der Wurmbüchse der Pandora ...

Im geopolitischen Bereich kann man, ohne jeden Zynismus wohlverstanden, die Zeit nach dem 11. September 2001 als eine die Herzen der Menschheit befriedigende Phase der klaren Benennung des Bösen bezeichnen. Es war, wenigstens für eine gewisse Zeit, klar, wo die grossen Gefahren für die zivilisierte Welt herrühren. CNN und die amerikanische Regierung machten zünftig Gebrauch von diesem Zustand, und er dauerte ungefähr bis in den zweiten Golfkrieg hinein an, nämlich bis zu dem Zeitpunkt, als klar wurde, dass die Geschichte mit den Massenvernichtungswaffen in den Händen des – Osama bin Laden allmählich stellvertretenden – Saddam Hussein doch nicht ganz der Wahrheit entsprach. Al Kaida und die ganze, grosse Thematik des internationalen Terrorismus hat in der Zwischenzeit wieder weitgehend unklare Konturen erhalten. Aus der Furcht vor dem Bakterium *Osama pestis* ist wieder eine diffuse Angst geworden. Kein Kleinkrimineller, dem nicht mittlerweile Verbindungen zu Al Kaida nachgesagt würde – mit dem Effekt, dass die fraglos vorhandene Hydra ungleich mächtiger und unheimlicher erscheint, als sie es je sein könnte. Angst ist die Folge: Die einen befürchten demnächst eine nukleare Variante des 11. Septembers in Form einer *dirty bomb* im Hafen von New York oder von Schanghai oder in der Londoner U-Bahn, die anderen sagen eine nächste Bioterrorwelle voraus, und je länger der Zustand anhält, dass nichts geschieht, desto mulmiger werden die Gefühle. [...].

Angst als schlechter Ratgeber

[...]. Der Blick auf den langfristigen Verlauf eines sehr breitgefassten Aktienindexes lässt es als ziemlich abwegig erscheinen, im Zusammenhang mit der Börse das Wort «Angst» oder «Furcht» zu verwenden. Wer Ende 1925 einen Betrag von 100 Dollar im (damals zugegebenermassen noch inexistenten) Weltindex *MSCI World* investiert und sämtliche Kapitalerträge (Dividenden, Zuflüsse aus Aktienrückkäufen usw.) immer wieder gemäss seiner ursprünglichen Anlage-

Haussen und Baissen des Weltaktienmarkts seit 1925

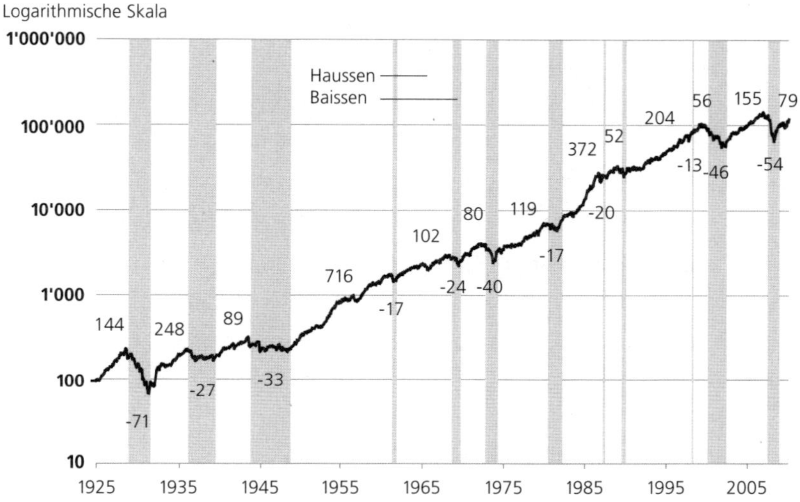

Bemerkung: *MSCI World* (*total return* in USD), Ende 1925=100, Veränderungen in Prozent.
Quelle: Bloomberg, *Global Financial Data*, eigene Darstellung [bis 2010 nachgeführt].

entscheidung investiert hätte, der besässe heute (Ende April 2005) 95'641 Dollar. Die jährliche Rendite hätte bei 9 Prozent gelegen, bereinigt um amerikanische Inflationsraten von durchschnittlich 3 Prozent immerhin 6 Prozent. Dies trotz angsteinflössenden Ereignissen wie des Börsencrashs von 1929 und der nachfolgenden Wirtschaftskrise, des Zweiten Weltkriegs, der Kubakrise, des Vietnamkriegs, des Börsencrashs von 1987 und der Terroranschläge von 2001.

Die längste Durststrecke, definiert als eine spezielle Krise oder eine zusammenhängende Phase mit mindestens 20 Prozent Verlust vom letzten Hoch, die der Anleger hätte überstehen müssen, hätte rund 58 Monate gedauert (August 1944 bis Juni 1949), die zweitlängste 39 Monate (März 1937 bis Mai 1940). Der schlimmste Monat in seinem langen Anlegerleben wäre der September 1931 gewesen mit einem Verlust von 22,4 Prozent; ähnlich schlimm waren Oktober 1944, Januar 1946 und Oktober 1987. Der extremste Tagesverlust hätte ihn am 19. Oktober 1987 (20,5 Prozent, USA) ereilt, und die negativste Jahresrendite hätte er 1931 entgegennehmen müssen (–32,5 Prozent). Schlimm, gewiss. Aber wirklich ein Grund für Ängste, ja Panikreaktionen?

Dazwischen hätte sich der Anleger nämlich auch freuen können. Zum Beispiel am grössten Tagesanstieg um +16,6 Prozent am 15. März 1933 (USA) oder an der längsten praktisch rückschlagsfreien Periode von 12½ Jahren von Juli 1949 bis Dezember 1961. Ja, einige Jahre wären beinahe zum Jubeln gewesen, und das sogar in Folge, zum Beispiel die Jahre 1985 (+41,8 Prozent), 1986 (+42,8) und 1987 (+16,8). Hätte der Anleger eine Bandbreite von Jahresverlusten bis zu 10 Prozent als unproblematisch eingestuft, vorausgesetzt, die negativen Jahre träten nicht in Folge auf, dann hätte er während immerhin 66 von 79 Jahren (seit 1925) kaum Anlass zu Sorgen, geschweige denn Angst haben müssen.

Baissen sind realexistierende Phänomene

Tage wie der 11. September 2001: Ein Kurssturz um 10,2 Prozent unter dem Eindruck der in sich zusammenbrechenden Türme des *World Trade Center* und der lähmenden Ungewissheit, ob zusätzliche Ziele nach den beiden Wolkenkratzern und nach dem Pentagon noch auf dem Programm stünden (was ja in der Tat geplant war – *United Airlines Flight 93* hätte ja höchstwahrscheinlich das Weisse Haus treffen sollen) – ein Kurssturz war sozusagen zwingend. Plötzlich hereinbrechende Information: Manifester hätte sie nicht ausfallen können! Eine ziemlich neue Art der Bedrohung, das Ende des von Francis Fukuyama einst angekündigten Endes der Geschichte,[20] der brutale Schlusspunkt unter einem Dezennium des das bipolare Weltsystem ablösenden globalen Friedens, die klamme Ahnung, dass der zivilisierte und pluralistische Westen Schwierigkeiten haben würde, mit den religiös-fanatisch motivierten Tätern adäquat umzugehen.

Aber nicht jeder Kurssturz an den Börsen war von der Art des 11. September 2001. Die legendären Kursstürze vom 29. Oktober 1929 und vom 19. Oktober 1987 erfolgten sozusagen aus heiterhellem Himmel. Noch hatten gerade alle möglichen Experten erklärt, wie berechtigt das (hohe) Preisniveau für Eigentumsanteile sei, wie brillant die künftige Wirtschaftsentwicklung verlaufen werde, wie besonders gerade der Aktionär (und nicht die Stakeholder wie das Management, die Arbeitnehmer oder andere Teile der Gesellschaft) an diesem Wachstum partizipieren würden. Von den Auslagen der Kioske lächelten in Hochglanzmagazinen die Helden des Booms mit ihren Colgate-Zähnen dem

[20] Francis Fukuyama, *The End of History and the Last Man*, New York, Free Press (Macmillan), 1992.

Publikum entgegen; dieses seinerseits setzte zu immer drastischeren Anstürmen auf die Schalter an und kaufte zusammen, dass die Schwarte krachte. Qualitätsüberlegungen hatten keine Konjunktur, Hauptsache, man war dabei.

Und dann war plötzlich alles anders. Wie durch einen Flügelschlag des berühmten brasilianischen Schmetterlings ausgelöst,[21] brachen die Kurse ein, und Panik ergriff das Publikum und die professionellen Händler. Verkaufsaufträge fanden keine Gegenparteien mehr, die Kurse gingen nur noch in eine Richtung, nämlich nach unten, und bald einmal hatte sich «die Börse halbiert», Milliarden waren vernichtet, und eine ganze Anlegergeneration war ärmer, deutlich ärmer geworden.

Zu behaupten, der Informationsstand zwischen dem Tag T- und dem Tag T+ habe sich eben drastisch verändert und deshalb entspreche der Vorgang zwischen euphorischem Rausch und ernüchterndem Kater durchaus dem Verhalten von Anlegern mit rationaler Erwartungsbildung, verkennt das tautologische Element im Argument. Der Informationsstand hatte sich zwar tatsächlich verändert, aber lediglich um die Tatsache, dass ein Kurssturz im Gange war, dass also alle anderen Anleger plötzlich auch andere Erwartungen hatten. Dass sich in der Zwischenzeit an den Gegebenheiten der realen Wirtschaft aber kaum etwas verändert hatte, übersieht das Argument geflissentlich.

Angst und Furcht dürfte es unter Marktteilnehmern mit einigermassen rationaler Erwartungsbildung genausowenig geben wie die übertriebene positive Sicht des Kaufrauschs, die Gier – wenigstens nicht unter den Bedingungen, wie sie an einem «Nicht-11. September» gegeben sind, an Tagen also, an denen man gewöhnlich zur Arbeit geht, seinen Kaffee schnappt, die Zeitung liest – und an dem dann der Kurssturz stattfindet.

Es gibt sie an den Börsen aber offensichtlich, die Furcht, die Angst, die Panik. Weshalb?

Vernachlässigung der Diversifikation, zu wenig Zeit: Berechtigte Angst!

Den Anleger, der auf die langfristige Entwicklung eines breitgefassten Indexes bauen könnte, gibt es aus verschiedenen Gründen kaum. Seien es nun Private oder auch sogenannte Institutionelle, die Anleger weisen nebst ihrem zur Disposition stehenden Geldvermögen ja auch noch andere Aktiven auf, zum Beispiel Liegenschaften oder künftiges Lohneinkommen. Sie wohnen irgendwo oder sind an mehreren, aber bestimmten Standorten domiziliert. Aus den jeweiligen spezifischen Umständen fliessen auch ziemlich individuelle Ver-

[21] Edward N. Lorenz, Predictability: «Does the Flap of a Butterfly's Wings in Brazil Set Off a Tornado in Texas?», Referat, gehalten während der Jahrestagung der American Association for the Advancement of Science, 1972.

pflichtungen, also Positionen auf der Passivseite der jeweiligen Bilanz. Würde man alles, also Aktiv- und Passivseite des Anlegers, einer sauberen Analyse unterziehen, dann würde in der grossen Mehrzahl der Fälle als optimale Anlage nicht der breitangelegte Weltindex resultieren, sondern individuelle Anlagesubstrate. Wieso? Weil der Anleger beispielsweise eine individuelle Exposition in einer bestimmten Branche hat. Nehmen wir einmal an, er arbeite in der Pharma-Industrie, dann darf er wohl den ebenfalls mit Pharma-Aktien durchsetzten Weltindex (der Pharma-Anteil am *MSCI World* beträgt derzeit rund 10 Prozent) nicht vorbehaltlos hinnehmen. Nehmen wir zudem an, der Hauptteil seiner Verpflichtungen fiele in einer Währung wie dem Schweizerfranken an. Kann er sich dann das Währungsrisiko eines *MSCI World* (Anteil US-Dollar derzeit bei 52,3 Prozent) so ohne weiteres leisten?

Der Anleger kommt kaum darum herum, die breitangelegte Anlage sowohl branchenmässig als auch territoriumsbezogen zu korrigieren; er wird deshalb unter anderem bei einem sogenannten *home bias* landen, einer Übergewichtung von Anlagewerten im Heimatland. Das ist zwar nachvollziehbar und in Bezug auf die spezifische Situation «rational», aus übergeordneter und aggregierter Sicht aber ziemlich suboptimal. Länderindizes (auf das läuft es im *home bias* ja hinaus) sind risikoreicher als der Weltindex. Sie schwanken stärker und weisen in der Regel zumindest ähnlich lange Durststrecken auf. Diese höhere Volatilität der weniger diversifizierten Anlage, die grösseren und häufigeren Ausschläge ergeben eine holprigere Vermögensentwicklung, was Anlass zu Furcht- und Angstzuständen sein kann. [...].

Noch wichtiger ist aber ein weiterer Punkt: Nur wenige Anleger haben einen Anlagehorizont, der mit den Fristigkeiten einer Aktienanlage, und wäre es auch ein ziemlich gut diversifizierter Index, in Übereinstimmung zu bringen wäre. Nehmen wir einmal an, unser in der Pharma-Industrie tätige Schweizer wäre anfangs 2001 im Alter von 65 Jahren pensioniert worden und er hätte sich sein Pensionskassenvermögen auszahlen lassen. Den Betrag hätte er im Hinblick auf die schönen Durchschnittsrenditen an den Aktienmärkten zu 50 Prozent in *MSCI World*, zu 25 Prozent im europäischen und zu 25 Prozent im schweizerischen Aktienmarkt angelegt. Per 31. Dezember 2002 wäre sein zur Verfügung stehendes Kapital auf 56,8 Prozent geschrumpft, und unter Annahme einer historischen Jahresrendite von 7,7 Prozent müsste er bis Ende 2010 warten, bis er sein Ursprungskapital wieder erreicht hätte. Wollte er naheliegenderweise auch dann und wann einmal vom Kapital und dem Ertrag etwas beziehen, sagen wir z. B. 5 Prozent pro Jahr, so würde die Erholungsphase

22 Jahre dauern (bis Ende 2024). Unser Anleger wäre dann 88 Jahre alt. Doch nicht einmal dann könnte er vollständig sicher sein, dass er das Niveau von 2001 wieder erreichen würde, denn die Eintrittswahrscheinlichkeit für dieses Ereignis liegt lediglich bei 92,5 Prozent, oder anders gesagt: In 7,5 von 100 Fällen würde der ursprüngliche Zustand innerhalb der durchschnittlichen Lebenserwartung unseres Anlegers gar nicht erreicht werden. Kein Wunder also, wenn Anleger bei Kurszerfällen mit Panik reagieren. Die Kapitalvernichtung kann für das Individuum schrecklich sein, wenn die aggregierte Welt auch fröhlich weiterexistiert.

Angsterzeugende Anreize

Sehr viele Vermögen werden ohnehin gar nicht so verwaltet, dass die Annahme vom langfristigen Zeithorizont stimmt, selbst wenn ein solcher faktisch vorhanden wäre. Vielmehr bestimmt der bedeutend kürzere Berichterstattungs-Horizont die Fristigkeit der Optimierung, und im besten Fall beträgt dieser Berichterstattungs-Horizont ein Jahr; vielfach ist er aber auch deutlich kürzer gewählt. Sämtliche institutionellen Vermögen und eine Vielzahl privater Anlagen werden durch einen Dritten, einen am Vermögenserfolg nicht unmittelbar Beteiligten, einen «Agenten» verwaltet, und es gilt, dessen Leistungen periodisch zu überprüfen. Im besseren Falle geschieht dies, indem man die effektiv erzielte Portfoliorendite mit derjenigen des vorbestimmten Zielportfolios *(benchmark portfolio)* vergleicht, und im noch besseren Falle bezieht man die Risikonahme des «Agenten» während der Berichterstattungsperiode in die Beurteilung mit ein. Bedeutend häufiger ist aber der schlechtere Fall, und da geht es dann ganz einfach um die während der beobachteten Zeitspanne erzielte absolute Rendite. Wer die Praxis des Vermögensverwaltungsgeschäfts auch nur ein wenig kennt, der wird bestätigen, wie sich die Angelegenheit in Tat und Wahrheit präsentiert: Relative Verluste gegenüber dem Benchmark sowie Abweichungen bezüglich Risikonahme werden verziehen, negative Renditen jedoch kaum, und schon gar nicht, wenn sie in Folge auftreten. Dieser zumindest implizite Druck auf die «Agenten» führt dazu, dass diese nicht den Vermögenserfolg optimieren, sondern vielmehr ihr Überleben innerhalb der von immer kürzeren Berichterstattungs-Intervallen gekennzeichneten Vermögensverwaltungs-Industrie sicherstellen. Dass Angst und Furcht sie packt, wenn negative absolute Renditen drohen, ist nichts als natürlich. Lieber sich noch rechtzeitig absetzen, als die Jahres- oder Monatsrendite zu gefährden.

Was resultiert, ist ein enorm zyklenverstärkendes Anlageverhalten. Dieses wird zusätzlich genährt durch gesetzliche Rahmenbedingungen, die panikartige Absetzbewegungen praktisch erzwingen, indem zum Beispiel eine Solvabilitätsquote eingehalten werden muss, und durch den Umstand, dass immer mehr Privatanleger, die ja eigentlich gerade nicht an bestimmte Berichterstattungs-Intervalle gebunden wären, ebenfalls diese Kurzfrist-Optimierung wählen. Jedenfalls lässt sich der Drang zu den *absolute return*-Produkten kaum anders erklären.

Zwischen der objektiv optimierbaren Langfristigkeit des Anlegerkalküls und der subjektiven Befindlichkeit der Vermögensverwaltungs-Agenten klafft eine riesige Divergenz. Insgesamt fürchten sich alle Teilnehmer: Der Anleger vor absoluten Verlusten, obwohl er an sich langfristig gesehen solche vielfach ohne weiteres ertragen könnte; sein «Agent» hat Angst, dass er eines der kurzen Berichterstattungs-Intervalle nicht überleben wird; und eigentlich müssten alle beide Angst haben, weil sie dadurch die langfristigen Ziele verpassen werden.

Nachlaufen: Bequem. Aber Lemminge tun's auch

Es geht also möglicherweise doch nicht so rational zu und her, wie es uns das Modell der effizienten Märkte und der rationalen Erwartungsbildung nahelegen will. Damit sind wir beim dritten Grund, weshalb Angst und Börse ein gültiges Begriffspaar sind. Das Modell unterstellt ja, dass zu jedem Zeitpunkt aufgrund der vorhandenen Information der jeweilige individuelle Nutzen optimiert wird. Das Modell vergisst dabei, dass es zwischen «vorhandener Information» und deren Interpretation einen Unterschied gibt. Wer wollte sich schon, vor allem im Internetzeitalter, über zu wenig Information beklagen? Aber aus der Riesenmenge das Relevante herauszufiltrieren und die für die individuelle Nutzenoptimierung einigermassen vertretbaren Schlüsse zu ziehen: Das sind zweierlei Paar Schuhe.

Die Interpretation von (immer mehr) Information ist ein aufwendiger, ein mühsamer, ein kostspieliger Vorgang. Ihn vermeiden zu wollen, wenn sich dies vertreten lässt, ist nicht nur verständlich, sondern meistens auch lohnend. Denn wenn viele andere eine Zeit lang dasselbe tun, dann ergibt sich daraus eine Art Mainstream, der, sich selber extrapolierend, kursbildend ist. «*La hausse amène la hausse*» heisst eine der vielen «Börsenwahrheiten». Sie trifft zu, zumindest für eine unbestimmte Weile, nämlich so lange, als es sich nicht lohnt, eine andere Meinung zu haben als der Mainstream. Irgendwann ist das Extrapolationsspiel dann zu Ende, und ein neuer Mainstream beginnt sich

Hochgefühle und angstvolle Beklommenheit sind die Begleiter von Börsenblasen.

Seite 86

nach anfänglichem Börsenflattern zu bilden. Die Bruchzone zwischen «Mainstream 1» und «Mainstream 2» ist durch Gefühle des Verlorenseins, der mangelnden Orientierung, des Überhandnehmens von Risiken, der Bodenlosigkeit gekennzeichnet. Panik kommt auf. In der Zeit des grossen Extrapolationsspiels baute sich Unbehagen auf, das unbestimmte Gefühl, dass «etwas» nicht stimmen könne, dass die Kurse überhöht seien. Und lange, sehr lange vielleicht, wird solches Unbehagen Tag für Tag durch noch höhere Kurse desavouiert, werden mahnende Stimmen ridikulisiert. Hochgefühle und angstvolle Beklommenheit sind die Begleiter von Börsenblasen.

Und die Zeit nach dem Platzen der Blase? Sie ist gekennzeichnet durch den ins negative gekehrten Herdentrieb. Mehr des Unguten wird in die Zukunft extrapoliert, und das kleinste Zeichen, dass solcherart Erwartung auch zutrifft, führt zu neuerlichen Rückschlägen. So lange, bis die Hoffnungslosigkeit auch noch den letzten Optimisten im negativen Mainstream vereinnahmt hat. Dann ist es wieder Zeit für einen Flügelschlag des brasilianischen Schmetterlings.

Das geschilderte Modell, welches die Bildung von Mainstreams jenseits individueller Erwartungsbildung zulässt, wurde erstmals vom Stanford-Ökonomen Mordecai Kurz beschrieben.[22] [...]. Mordecai Kurz definiert *«rational beliefs»*, welche das Individuum wählt, um nicht dauernd *rational expectations* bilden zu müssen. Das Modell Kurz' widerspricht dem Modell der rationalen Erwartungsbildung nicht, sondern inkorporiert es als Spezialfall. Es ist allgemeiner, und es lässt das offensichtlich existente Phänomen der Blasenbildung und des Panikverkaufs an den Märkten zu. Das Modell kann zudem die Überrendite von Aktien gegenüber Bonds erklären, was den Vertretern des Modells der rationalen Erwartungsbildung nie gelungen war. Hierin liegt die Stärke des Modells. Die Schwäche liegt dagegen in der Unmöglichkeit, durch Mainstreams geformte Extrapolationsphasen bezüglich ihrer Länge zu prognostizieren. Ja, es gehört gerade zu den Axiomen des Modells, dass dies nicht prognostizierbar ist und bleibt und just das Risiko ausmacht, welches den Anleger zum Genuss der Überrendite «berechtigt».

Noch hat Mordecai Kurz' Modell den Segen des akademischen Mainstreams nicht empfangen, und es ist bezüglich seiner Implikationen für die praktische Anlagetätigkeit noch überhaupt nicht reflektiert. Es will aber scheinen, dass es gescheiter wäre, wenn sich die *academia* vermehrt mit diesem formalisierbaren Modell beschäftigen würde als mit psychologisierenden *behavioural*-Ansätzen, welche wenig Erklärungsgehalt aufweisen, höchstens

[22] Mordecai Kurz (Hrsg.), *Endogenous Economic Fluctuations: Studies in the Theory of Rational Beliefs*, Series in Economic Theory, No. 6, Berlin, Springer, 1997.

anekdotische Relevanz haben und welche mit Phänomenen wie «Überrendite», Extrapolation und dergleichen kaum umgehen können. [...].

Die Rückkehr des Kreditrisikos (1998)[23]

Wessen Notstand?

Unter dem Titel «Obligationenportefeuilles für den Frankeninvestor» wurden kürzlich in der «Finanz und Wirtschaft» Anlagevorstellungen und -ideen ausgewählter Bondspezialisten präsentiert.[24] Als Ziel war ihnen vorgegeben, Portefeuilles zusammenzustellen, die «mehr verdienen als die Eidgenossenrendite». Die Aktualität der Problemstellung liegt angesichts der nominell sehr tiefen Zinsen im Schweizerfranken auf der Hand. Eine Frankenobligation mit zehnjähriger Laufzeit und erstklassiger Schuldnerqualität rentiert heute gerade noch mit knapp 3,1 Prozent. Die Zinsen für kürzere Laufzeiten liegen noch einmal tiefer, nämlich bei 1,5 Prozent für ein einjähriges Frankenfestgeld.

Wenn man bedenkt, dass nach wie vor der grösste Teil jeglichen schweizerischen Anlagevermögens, sei es also privater oder institutioneller Natur, in festverzinsliche Instrumente investiert ist, und wenn man zudem weiss, dass laufend hohe Beträge aus realisierten Börsengewinnen «vorderhand» in liquiden Anlagen parkiert werden, dann kann man ermessen, dass der Frage nach renditesteigernden Alternativen keinesfalls nur akademische Dimension zukommt. So sollte eine Pensionskasse nach den Vorstellungen des schweizerischen Gesetzgebers eine Rendite von mindestens 4 Prozent für ihre Leistungsversprechungen erwirtschaften. Mit einer konservativen Anlagepolitik ist dies seit einiger Zeit (und bei ehrlicher Berechnung, das heisst unter Verzicht auf augenwischende Rendite-«Beiträge» von Reservepositionen ...) schlicht nicht mehr möglich. In derselben Problematik befinden sich die Finanzchefs von Lebensversicherungen, die zwar (ebenfalls augenwischend) bis anhin noch Rendite-Mischrechnungen unter Verwendung von früheren, den damaligen Versicherten nicht voll angerechneten Fettpolstern vornehmen können, denen nun aber angesichts der nachhaltigen Zinsbaisse allmählich die Munition auszugehen droht. Sie müssen, wollen sie im harten Wettbewerb allfinanzaktiver Konkurrenz bestehen, zwingend nach höheren Renditen Ausschau halten.

Worin bestanden nun die Empfehlungen der Bondspezialisten, allesamt Topkader ziemlich angesehener Vermögensverwaltungs-Institute, für den

[23] Anlagekommentar Nr. 186 vom 23. März 1998.

[24] Obligationenportefeuilles für den Frankeninvestor, in: *Finanz und Wirtschaft*, Nr. 20, 14. März 1998, S. 23.

sogenannten Frankeninvestor? Von dem übrigens angesichts seiner einseitigen Ausrichtung auf festverzinsliche Werte angenommen werden müsste, dass er in seiner Grundhaltung als doch ziemlich risikoscheu einzustufen wäre. Die Spezialisten taten zwei (naheliegende) Dinge: Erstens erhöhten sie in ihren Anlagevorschlägen in zum Teil drastischer Weise das Währungsrisiko. So finden sich unter den empfohlenen Währungen nicht nur Deutsche Mark und Dollar, sondern auch Ecu, Pfund, die italienische Lira und der südafrikanische Rand. In der Tat: Die Renditen liegen in all diesen Währungen um mindestens 3 Prozent höher als im Schweizerfranken. Rendite erhöht, Ziel erreicht? Wenn es nur so einfach wäre! Wir haben etwas Mühe mit der Idee, den solchermassen in Fremdwährungen exponierten Portefeuilles noch das Attribut «für den Frankeninvestor» zuzuordnen. Was ja schlussendlich als einziges interessieren wird, ist die Totalrendite in Schweizerfranken. Ob die Einführung des Euro dem fremdwährungslastigen Kalkül nicht noch einen Strich durch die Rechnung machen wird?

Sie, die Spezialisten, taten (teilweise, nicht alle) ein Zweites. Sie erhöhten in ebenfalls drastischer Weise das Schuldnerrisiko. Unter den Vorschlägen finden sich Obligationen von Argentinien, der Ukraine, Sloweniens und von Mexiko. Ein noch gut fünf Jahre laufender Ukraine-Bond rentiert in Deutsche Mark derzeit rund 13 Prozent, liegt also etwa 8 Prozent über dem Renditeniveau für «normale» Schuldner. Rendite erhöht, Ziel erreicht? Wir gehen in diesem Anlagekommentar der Frage nach, inwiefern und bis zu welchem Grade es sich rechtfertigt, sprich: lohnt, mit zusätzlicher Risikonahme zusätzliche Renditen zu erwirtschaften. Dabei wird von besonderem Interesse sein, welche Risiken sich eher legitimieren lassen und welche weniger. […].

Immer unterschätzt: Das Gegenparteirisiko

In der ökonomischen Literatur wie auch in den Äusserungen von Praktikern herrscht ziemliche Übereinstimmung darin, dass Ausfallrisiken in der Regel bei weitem einschneidendere Folgen zeitigen als reine Marktrisiken. Die Ursache dafür liegt weitgehend in der Natur der Sache: Ein Ausfall ist ein Ausfall, das heisst, es verbleibt danach nichts. Marktrisiken charakterisieren sich demgegenüber durch ihre «Erholungsfähigkeit». Hohe Zinsen werden nach einer bestimmten Zeit wieder einmal auf ein «normales» Niveau zurückgleiten (und ungewöhnlich tiefe Zinsen irgendwann auch wieder einmal steigen …). Hohe Volatilitäten, also hektische, erratische Kursausschläge, werden gefolgt von ruhigeren Zeiten mit geglätteten Wogen. Dieses Muster der Wellenbewegung wird in der Fachsprache als *mean reverting* bezeichnet – als ein Schwanken um einen längerfristig erkennbaren Wert. Etwas anders, aber noch «erholungsfähiger» der sogenannte Drift, der ein Muster beschreibt, bei dem die Schwankungen nicht um einen Mittelwert, sondern vielmehr über einen längerfristig eruierbaren Wachstumspfad erfolgen: Aktienbaissen werden von Aktienhaussen abgelöst, und langfristig folgen die durchschnittlichen Renditen an den Aktienmärkten einem ziemlich konstanten Wachstumspfad.

Demgegenüber lassen die Ausfallrisiken bestenfalls noch eine klägliche Konkursdividende hinter sich. Wenn man in die jüngste Geschichte der Schweizer Wirtschaft zurückblickt, so bestätigt sich die These der Folgenschwere fauler Kredite durchwegs. Keine Regional-, keine Kantonalbank ist allein wegen Marktrisiken untergegangen.[25] Ja, nicht einmal kreuzfalsches oder inexistentes Zinsrisiko-Management war je direkte Ursache für den Fall. Vielmehr brachten Kreditblasen à la Rey, Orsat oder Biber manchen allzu gläubigen Gläubiger in grosse Schwierigkeiten.[26] Dasselbe Bild zeigt sich auf internationaler Ebene. Angefangen von den «ewigen» Umschuldungen lateinamerikanischer Ausstände über einige besonders eklatante Fälle wie Dome Petroleum bis hin zu den Bonds der Aussenhandelsbank der UdSSR:[27] Die Vermögenswerte, die in den letzten 10, 20 Jahren unter diesem Gesichtspunkt vernichtet wurden, lassen sich kaum quantifizieren.

Ausfallrisiken bleiben keineswegs lediglich im Abschreibungsbedarf von Bankbilanzen stecken, sondern enden oft als bitter enttäuschende Nonvaleurs

[25] Während der Kreditkrise in der ersten Hälfte der 90er-Jahre schrieben die Schweizer Banken 8,5 Prozent ihrer Kredite ab. Von 1991 bis 1996 verschwanden mehr als die Hälfte der ursprünglich 180 Regionalbanken. Eine ging Konkurs; die anderen sowie zwei Kantonalbanken wurden von gesunden Banken übernommen. Mehrere Kantonalbanken konnten nur dank der Hilfe ihres Kantons überleben.

[26] Der Financier Werner K. Rey baute sich mit dem Gewinn aus Übernahme und Wiederverkauf der Schuhfabrik C.F. Bally AG an die Rüstungsfirma Oerlikon Bührle ein Finanzimperium auf, in das unter anderem Adia interim (heute ein Teil von Adecco), die Mediengruppe Jean Frey, die Metallwerke Selve AG in Thun und 30 Prozent von Sulzer eingingen. Diese Omni Holding, die Rey im Sommer 1988 an die Börse brachte, machte 1991 Konkurs, und gegen Rey wurde ein Verfahren wegen Betrugs und weiterer Delikte eröffnet. Die Caves Orsat gerieten Ende der 80er-Jahre in finanzielle Schwierigkeiten. Nach mehreren erfolglosen Sanierungsaktionen übernahmen die Caves Rouvinez von Orsat die Produktionsanlagen. Die Papierfabrik Biber erfuhr in den 70er- und 80er-Jahren einen beschleunigten Ausbau. Rezession, Zerfall des Papierpreises und steigende Zinsen trieben das Unternehmen Anfang 1997 in den Konkurs.

[27] Schuldenmoratorien und -restrukturierungen sind in Südamerika notorisch. Zum Beispiel stellte Argentinien, das seine Schulden in der Vergangenheit schon öfters restrukturiert hatte, Ende 2001 erneut den Schuldendienst auf seine Anleihen von rund 100 Milliarden Dollar ein. In der Folge schuldete es dann 2005 und 2010 den überwiegenden Teil seiner Staatsanleihen um. Dome Petroleum erlitt Mitte der 80er-Jahre massive Ertragsausfälle und hatte hohe Schulden aus früheren Firmenübernahmen. Im November 1988 wurde das überschuldete Unternehmen von Amoco übernommen, wobei viele Gläubiger zu Verlusten kamen. Die Schulden der ehemaligen UdSSR wurden nach der Auflösung der Sowjetunion von Russland übernommen und 1994 auf die Aussenhandelsbank der UdSSR in Moskau übertragen. Im Oktober 1997 unterzeichneten Russland und seine Gläubiger einen Vertrag über die Restrukturierung dieser Schulden.

in den Obligationenbeständen von institutionellen und privaten Anlegern. Das kann durchaus dramatisch sein: Wenn von 20 Positionen eine einzige total ausfällt, dann ist schnell einmal der gewähnte Renditevorteil von mehreren Jahren konsumiert. Das hat man dann von den «Bondspezialisten».

Die Darstellung wäre unvollständig, wenn nicht erwähnt würde, dass aus Marktrisiken unter bestimmten Konstellationen Ausfallrisiken entstehen können. Nämlich immer dann, wenn bei extremer Positionierung gleichzeitig ein Realisierungszwang besteht. Dies ist – quasi automatisch – der Fall bei Optionskontrakten, die durch ihre beschränkte Laufzeit einer Realisierung infolge Verfall unterliegen, und es ist sehr oft der Fall bei einer Marktrisikonahme mit Schuldaufnahme *(leveraging)*, da Schuldzinsen und -rückzahlung an den Zeitablauf gebunden sind. Alle grossen Spekulationskatastrophen wie Barings/Leeson sind letztlich diesem Schema zuzuordnen.[28]

Keine Frage: Ausfallrisiken werden von den Finanzmärkten entschädigt. Durch Renditedifferenzen, durch höhere Kosten der Mittelaufnahme der Schuldner also. Die Ukraine zahlt 13 Prozent p.a., die Bundesrepublik 5 Prozent. Die Frage ist nur, ob diese Entschädigung genügt, ob also die Renditedifferenz hoch genug ist und ob auf die Länge dank der Renditedifferenz allfällige Totalausfälle kompensierbar sind. Anhänger des Modells effizienter Finanzmärkte (zu denen der Schreibende bekanntlich grundsätzlich auch gehört) möchten diese Frage a priori bejahen. Indessen scheint die genauere Sicht auf die Dinge andere Einsichten nahezulegen. Im weiteren stellt sich auch die Frage, ob in jedem Fall die Kapitalmärkte über das geeignete Instrumentarium verfügen, um Ausfallrisiken zu minimieren. Die gesamte Themenstellung bewegt sich im grossen Problemkomplex des Kreditmanagements, der Securitisierung von Kreditrisiken und einer Anzahl aufsichtsrechtlicher und ökonomischer Fragen. Wir wollen uns nicht scheuen, den Komplex in der notwendigen Tiefe anzugehen.

Wer wem auf welche Art Geld gibt

Die Grundlage jeglicher wirtschaftlicher Tätigkeit stellen die drei Elemente Arbeit, Boden und Kapital dar. Durch die wirtschaftliche Tätigkeit wird ein Mehrwert geschaffen. Soweit das volkswirtschaftliche Lehrbuch. Für die Äufnung von Kapital kennt die Theorie zwei grosse Kategorien, die Eigen- und die Fremdmittelhingabe. In der Praxis existieren die verschiedensten Mischformen, angefangen vom Nachrangdarlehen über das partiarische Darlehen bis hin zur Options- und Wandelanleihe.

[28] Die alteingesessene Londoner *Barings Bank* erlitt durch unautorisierte Geschäfte ihres in Singapur tätigen Derivatehändlers Nick Leeson 1995 Verluste von über 800 Millionen Pfund und musste ihre Schalter schliessen.

Die Hingabe von Eigenmitteln in ihrer typischen Ausformung charakterisiert sich im wesentlichen durch die Möglichkeit der unbeschränkten Teilnahme am Erfolg der wirtschaftlichen Tätigkeit und an der ebenso vorhandenen Möglichkeit des totalen Ausfalles der eingesetzten Mittel. Die Hingabe von Fremdkapital beschränkt demgegenüber die Partizipation am wirtschaftlichen Erfolg auf die Bezahlung von Zinsen. Der totale Schuldnerausfall wird durch eine Anzahl rechtlicher Bestimmungen erschwert; das Fremdkapital wird vor dem Eigenkapital privilegiert – solchermassen, dass die Fremdkapitalhingabe als konservative, die Eigenkapitalinvestition als spekulative Anlage gilt.

Beide Kategorien verfügen über ähnliche Beschaffungswege am Markt. Sowohl für Eigenmittel wie für Fremdkapital gibt es auf der einen Seite die typische Privatfinanzierung. Einzelpersonen, die als Unternehmer ihr eigenes (und oft auch ihr letztes) Geld investieren, weil sie an den Erfolg ihrer wirtschaftlichen Tätigkeit glauben. Drittpersonen, die wegen persönlicher (oft verwandtschaftlicher) Beziehungen ein privates Darlehen an einen privaten Unternehmer gewähren. Am ganz anderen Ende des Spektrums anderseits die Grossunternehmung, die all ihr Eigenkapital mittels Aktien im Publikum plaziert hat oder die durch die Emission von Anleihen ihre Bilanz refinanziert.

Dazwischen die Mischformen, die uns in der Folge noch vermehrt beschäftigen werden. Wesentlich sind die institutionellen Unterschiede zwischen der privaten und der öffentlichen Refinanzierung sowie die aus den unterschiedlichen institutionellen Anordnungen folgenden verschiedenartigen Anreize. Die Privatinvestition lebt sowohl auf der Seite des Unternehmers wie auf Seite des Drittinvestors von der intimen Kenntnis der involvierten Personen und der unternehmensspezifischen Gegebenheiten. *Command and control* erfolgen durch persönliche Anwesenheit und direktes Eingreifen. Privatfinanzierungen sind sozusagen an schlaflose Nächte gekoppelt, an das mühsame und kräftezehrende Ringen um bessere Lösungen, um bessere Mitarbeiter, um bessere Marktpositionierung.

Ganz anders bei der Publikumsgesellschaft mit ihren tausenden von Aktionären und ihren noch zahlreicheren und im wesentlichen völlig anonymen Anleihensgläubigern. *Command and control* liegen in den Händen eines dazu bestimmten und hochsalarierten Managements, und die einzige wirkliche Sorge des Aktionärs liegt darin, dass dieses Management nicht seine eigenen Interessen anstatt jene des Aktionariats verfolgt.[29] Dass solches nicht im Übermasse geschehe, darüber wachen in effizienten Märkten die Horde von Analysten sowie die Späher des Investmentbankings, stets auf dem Sprung, fettgewordene

[29] Dazu siehe S. 238–250.

Strukturen dem Frass von *raiders* vorzuwerfen. Der Anleihensgläubiger kann sich auf das Urteil der Ratingagenturen abstützen. Direktes Eingreifen ist weder für ihn noch für den Aktionär tunlich. Seine schlaflosen Nächte bringen der Unternehmung nichts und können dem Investor deshalb erspart bleiben.

Wer wem auf welche Art Geld gibt: Trotz weitestgehend gleicher rechtlicher Regelungen – dasselbe Aktienrecht gilt sowohl für die Familienunternehmung wie für Grossfirmen à la Novartis, Nestlé oder UBS – sind die effektiven institutionellen Anordnungen und die ihnen innewohnenden Anreizstrukturen völlig unterschiedlich. Herrschen bei der Kleinunternehmung Eigenverantwortlichkeit und Engagement mit Haut und Haar vor, so sind es bei grossen Publikumsgesellschaften die straffen Sitten und Gebräuche der Finanzmärkte, die den Unternehmungen den nötigen Kontrollzwang verpassen.[30] Wehe, wem es in einem effizienten Markt an Transparenz gebricht. Der Markt als informationsgenerierendes Instrument wird über kurz oder lang den Wissensnotstand beheben.

Der Bankkredit: Ein Kind der Vergangenheit?

Zwischen der Fremdfinanzierung als Freundesdienst oder qua Verwandtschaft und der grossen Anleihensaufnahme liegt der Bankkredit mit all seinen vielfältigen Spielarten. Bis vor etwa 15 Jahren hätte kaum jemand im Traum daran gedacht, dass an diesem Institut je zu zweifeln wäre. Alles schien so logisch: die grosse Gemeinde der Sparer auf der einen Seite, die von der fürsorglich und diversifizierend Geld austeilenden Bank versorgten Gewerbe-, Industrie- und Hypothekarschuldner auf der anderen Seite; die Fälligkeiten hüben und drüben nach der goldenen Bilanzregel sorgsam ausgeglichen; die Bank als wertschöpfender Motor im volkswirtschaftlichen Kreislauf des Geldes.

Die Funktion der kreditgebenden Bank wurde gemeinhin als sehr nahe der privaten Darlehensgewährung verstanden. Wie hiess der Titel der damaligen Kreditbroschüre aus der Feder des nachmaligen SBG-Verwaltungsratspräsidenten Holzach? «Verständnis, Vertrauen, Verbundenheit»! [31] Für den heutigen Kreditschuldner tönt dies beinahe zynisch. Damals war es aber weitgehend, und dies nicht nur bei der betreffenden Bank, gelebte Wirklichkeit. Das heisst, der «Schlaflose-Nächte-Koeffizient» machte eben auch die Qualifikation des Kreditsachverständigen der Bank aus – er lebte, litt und freute sich mit seinen Kreditkunden, beinahe so, als wäre es die eigene Unternehmung.

Die grossen Zeiten erlebte der so verstandene und praktizierte Bankkre-

[30] Dazu siehe S. 250–256.

[31] Schweizerische Bankgesellschaft (Hrsg.), *Verständnis, Vertrauen, Verbundenheit: Ein kleines Brevier über Wesen und Praxis des Bankkredits*, Zürich, [s.n.], 1966.

dit in den 60er- und 70er-Jahren. Im Laufe der 80er-Jahre begannen mehr und mehr grössere und kleinere Unternehmungen, einen Teil ihrer Bankkredite durch Refinanzierungen aus dem Kapitalmarkt abzulösen. Solche Bestrebungen kamen bis zu einem gewissen Grade auch den Banken entgegen, insbesondere, als sich im Rahmen des Strukturwandels der 90er-Jahre ein rechter Teil der Ausleihungen in den Kreditportefeuilles der Banken als problematisch und belastend erwies. Es bot sich an, ganze Teile einer Bankbilanz durch Verbriefung in Wertschriften und anschliessenden Verkauf am Markt «zu spülen». Dies nennt man Securitisierung. Das kommerzielle Kreditgeschäft wurde in seiner Bedeutung klar herabgestuft, die dort tätigen Bankkader gegenüber denjenigen der «modernen» Bereiche benachteiligt.

Dort, wo wegen der Grössenordnung oder wegen anderen Konstellationen Bankkredite dennoch unabdingbar sind, betreiben die Banken das Geschäft heute quasi so, als würde es sich um ein Finanzmarktgeschäft handeln. Schuldner werden nach internen Massstäben einem Rating unterzogen, ihre Ausfallwahrscheinlichkeit wird nach finanzmarktähnlichen Methoden berechnet (bzw. geschätzt), und aufgrund dieser Wahrscheinlichkeitsrechnungen wird auch gleich die notwendige Zinsmarge ermittelt, die es dereinst erlauben wird, die Ausfälle problemlos zu kompensieren. Logische Folge ist eine marktwertähnliche Bewertung der Kreditausstände.

Dagegen ist an sich gewiss nichts einzuwenden, vorausgesetzt, solche Methoden verstehen sich als Controllinginstrument und nicht als geschäftsgestaltende Vorgehensweise. Die Essenz des Bankkreditgeschäfts bleibt sonst auf der Strecke. Ein Kreditverhältnis ist nämlich niemals eine statische und einseitige Angelegenheit. Im Gegenteil! Die Schlaflosigkeit des Unternehmers und des Kreditsachbearbeiters gründet in einem zweiseitigen, zwischenmenschlichen Verhältnis, das Kooperation, Lernprozess, Erziehungsverhältnis zugleich sein kann.

Und sein müsste! Die landesweit grassierende Frustration der Schuldner ergibt sich nicht in erster Linie aus der Tatsache, dass für die durch den tiefgreifenden Strukturwandel objektiv grösser gewordenen Kreditrisiken höhere Zinsen verlangt werden müssen, sondern beschränkt sich sehr oft auf die Klage, nicht einmal angehört zu werden. Kreditrationierung und dekretierte Kategorisierung der Schuldner sind die Kennzeichen einer Geschäftspolitik, die die Zweiseitigkeit des Kreditwesens abgeschafft hat und die ihre Tätigkeit mehr und mehr auf die brokerähnliche Vermittlung von Kreditrisiken beschränkt.

Wo Betreuung besser wäre als Kategorisierung

Uns scheint, dass die Grenzen zwischen der Kreditfinanzierung durch die Bank und der Fremdfinanzierung durch den Kapitalmarkt nur vorläufig und möglicherweise im Zuge der Securitisierung auch ziemlich vorschnell festgelegt worden sind. Ganz offensichtlich gibt es doch volkswirtschaftliche Subjekte, die von ihrer Grösse, ihrem Geschäftsgebaren, ihrer Informationspolitik her einer intensiveren, individuelleren, vielleicht auch verständnisvolleren Betreuung bedürfen, als es dies die anonymen Finanzmärkte je anbieten können.

Wer je Gelegenheit hatte, in die Geschäftspraxis von Banken Einblick zu nehmen, deren Haupttätigkeit sich auf die Kreditvergabe an Schuldner in Entwicklungs- und Schwellenländern konzentriert und die in diesem Geschäft erfolgreich sind, der weiss, wovon hier die Rede ist: Kredit ist nicht gleich Kredit. Will sagen: Es kommt eben nicht nur auf den Schuldner an, sondern auch auf den Gläubiger, der ihm gegenübersteht. Ein Kreditausstand in den Händen der Bank A, die von Land und Leuten keine Ahnung hat, kann hoffnungslos verloren sein. Und derselbe Kreditausstand kann in den Händen der Bank B, die über ein spezielles Know-how in diesem Land und über ein entsprechendes Netzwerk von Beziehungen verfügt, durchaus wiedereinbringbar sein, ja zum normalen Geschäftsbestand gehören.

Wenn nun aber zutrifft, dass Kredit nicht gleich Kredit ist, weil es eben auf Schuldner *und* Gläubiger *und* auf die Beziehungen zwischen beiden ankommt, dann ist auch klar, dass solche Schuldverhältnisse nicht handelbar und damit auch nicht marktfähig sind. Im Gegensatz zur gegenwärtig gelehrten und mehr und mehr von der Praxis nachgelebten Theorie meinen wir, die Betreuungsintensität sei ein Kriterium, ob eine Refinanzierung an den Kapitalmarkt gehöre oder nicht. Unseres Erachtens haben sich bei weitem zu viele Finanzierungsbedürfnisse – sowohl auf der Fremd- wie auch auf der Eigenkapitalseite – in Richtung der Finanzmärkte verschoben, und es tummeln sich viel zu viele nicht wirklich finanzmarktfähige Subjekte in Gefilden, deren stringente Regeln sie kaum zu erfüllen vermögen. Die Finanzmärkte fordern nebst genügender Titelliquidität (was minimale Anforderungen an die Grösse jeglicher Emissionen stellt) sehr weitgehende Transparenz in Bezug auf Geschäftstätigkeit, Geschäftsrisiken und Zukunftsaussichten. Die Finanzmärkte wollen Rendite und Risiko der Unternehmung A mit Rendite und Risiko der Unternehmung B vergleichen können – Vergleichbarkeit der unternehmerischen Leistung (ökonomisch: der risikoadjustierten Rendite) ist das Stichwort. [...].

Vom Notstand zur Geilheit zum Notstand

Nicht, dass wir uns in einem plötzlichen Anfall von Regulierungslust dazu hinreissen liessen, der behördlichen Beschränkung des Zugangs zu den Finanzmärkten das Wort zu reden. Das entspräche einem gründlichen Missverständnis. Markt ist *trial and error,* Versuch und Irrtum, Erfolg und Verlust, und daran soll sich beileibe nichts ändern. Dennoch sei es uns unbenommen, vor einer Konstellation zu warnen, die darin besteht, dass einerseits immense Mengen liquider Beträge nach höheren Renditen streben, und anderseits jedermann, der eine auch nur halbwegs taugliche Unternehmung betreibt, von diesem Umstand Gebrauch macht, ja, die Situation gegebenenfalls ausnützt.

Überliquide Situationen, wie wir sie seit einiger Zeit erfahren, bergen die immanente Gefahr der Unvorsichtigkeit in sich. Und die Deregulierungs- und Globalisierungswelle hat dazu geführt, dass sich diese Unvorsichtigkeit praktisch unbeschränkt ausbreiten kann – qualitativ und räumlich. Ohne mit der Wimper zu zucken, kann einem sogenannten «Frankeninvestor» ein Ukraine-Bond untergejubelt werden, und ohne Wimperzucken kommen ein Gipfelibäcker und ein Waschmaschinenproduzent (mit einem Firmengewinn pro 1997 von 5,4 Millionen Franken!) an die Börse.[32] Und das ist vermutlich erst der Anfang. Es ist nämlich absehbar, dass nach Abklingen der grossen Gewinne mit der Investition in strukturwandelgestärkte Bluechips der Run auf sogenannte «Perlen» der *small* und *mid caps* beginnt. Spätestens dann sollte der Anleger vorsichtig werden. Es gilt dann, der Rendite-Geilheit keinen Notstand folgen zu lassen.

Die Rückkehr des Kreditrisikos ist vorprogrammiert. Des durch den Investor unkontrollierbaren Kreditrisikos und des durch die Märkte nicht hinlänglich kontrollierbaren Kreditrisikos. Wir wagen vorauszusagen: Die nächste Finanzkrise wird eine Kreditrisikokrise sein.[33]

Man tut also gut daran, sich zu überlegen, ob ein Anlageobjekt tatsächlich den Erfordernissen der Kapitalmarkttauglichkeit entspricht oder ob es den nach neuen Eigen- oder Fremdmitteln Strebenden nicht viel eher darum geht, von den Vorzügen und Segnungen der Kapitalmärkte zu profitieren, ohne die dazu notwendigen Qualifikationen effektiv zu erfüllen. Denn eines ist klar: Kreditrisiken lassen sich durch eine Umlagerung auf den Kapitalmarkt nicht aus der Welt schaffen. Im Gegenteil!

[32] Die Rede ist von der Bäckerei Hiestand, die 1997 an die Börse kam, und vom Waschmaschinen- und Wärmepumpenhersteller Schulthess, der diesen Schritt 1998 tat.
[33] Vgl. auch S. 98–119.

Südostasien: Eine Kreditrisikokrise

Viel ist über die Krise in Südostasien schon geschrieben worden.[34] Männiglich sieht ein, dass die dortigen Übertreibungen zu spät als bedrohlich eingestuft wurden und dass die sprichwörtliche Investitionswut viel zu lange als «gesundes» Wirtschaftswachstum interpretiert worden war. Es spricht übrigens Bände, wie spät die auf die Beurteilung von Bonitätsrisiken (sprich: Kreditrisiken) spezialisierten Ratingagenturen Warnsignale an die Anlegergemeinde aussandten. Zu spät. Die Verluste waren bereits eingetreten. Solches Versagen wirft auch ein eher fahles Licht auf die oben erwähnten Modelle zur Einschätzung und Bewältigung von Kreditrisiken bei Banken. Wird nicht möglicherweise mit viel Zahlenwerk und Pseudogenauigkeit, wie wir sie von den Ratingagenturen her auch kennen, Sicherheit in der Beurteilung vorgetäuscht, die es letztlich gar nicht geben kann? Und besteht nicht die Gefahr, dass mittels solcher Modelle «optimierte» Bilanzen im Ernstfall zu tiefe Eigenmittel aufweisen? Unsere diesbezügliche tiefe Skepsis lässt sich jedenfalls nicht so einfach von der Hand weisen.

Ist es nicht wunderbar, wenn man die persönliche Verantwortung für eine Risikonahme mit dem Hinweis auf die Erkenntnisse einer Ratingagentur oder gegebenenfalls auf das bankinterne Kredit-Ratingsystem vermindern oder abschieben kann? Darin liegt doch die Krux der modernen Sicht des Kreditwesens: dass in erster Linie Anreizsituationen geschaffen werden, die dem Bedürfnis nach besserem Schlaf von Management und Kreditsachbearbeitern entgegenkommen!

Die gegenwärtig ausstehenden Asien-Kredite betragen rund 1'000 Milliarden Dollar. Interessant der zeitliche Aspekt: Vor gerade noch fünf Jahren war man noch nicht einmal bei einem Drittel dieses Gewaltsbetrages angelangt. Oder anders ausgedrückt: In den letzten paar Jahren wurde blindlings Geld nach Südostasien katapultiert. Blindlings bedeutet, ohne sich der Kreditrisiken wirklich bewusst zu sein, oder vielleicht auch im Vertrauen darauf, diese Risiken ohne weiteres «am Markt» wieder loswerden zu können. […].

[34] Die Krise begann im März 1997 in Thailand und griff bis weit ins Folgejahr hinein auf zahlreiche andere südostasiatische Länder über. Die Ursache wird darin gesehen, dass sich die Anleger nach der Liberalisierung der südostasiatischen Finanzmärkte kurzfristig und ohne Absicherung massiv in Fremdwährung verschuldeten und die Mittel meist langfristig in Aktien und Liegenschaften investierten, was zu Preisblasen führte. Die meisten ostasiatischen Staaten hatten ihre Valuta an eine ausländische Währung gebunden – oft an den US-Dollar, der sich seit 1985 abwertete und Südostasien damit einen Konkurrenzvorteil brachte. Als der Trend kehrte und der Dollarkurs wieder stieg, gerieten diese Länder in Zahlungsbilanzschwierigkeiten. Die Probleme dieser Länder wurden durch ungenügende Währungsreserven und schwache Finanzsysteme verschärft. Währungsturbulenzen, fallende Aktien- und Liegenschaftenpreise sowie Rezession waren die Folge. Während der Asienkrise wurde zunehmend Kapital auch aus Russland abgezogen, der Rubel geriet unter Druck, und zusammen mit einer hohen Binnenverschuldung sowie massiven staatlichen Haushaltsdefiziten geriet auch dieses Land in eine Zahlungskrise (Russlandkrise).

«Vergleichbarkeit der ökonomischen Leistung» ist notwendige Voraussetzung, dass der Markt nachhaltig zu ökonomisch sinnvoller Preisbildung in der Lage ist.

Seite 98

Im Grunde genommen sind Länder wie Korea, Thailand, Indonesien und auch Japan eben nur beschränkt kapitalmarktfähig. Weshalb? Weil es aufgrund der extrem undurchsichtigen Verhältnisse an einer der wesentlichsten Voraussetzungen dazu gebricht. «Vergleichbarkeit der ökonomischen Leistung» ist notwendige Voraussetzung, dass der Markt nachhaltig zu ökonomisch sinnvoller Preisbildung in der Lage ist. Wenn nun die betreffenden Länder als solche wie auch die Mehrzahl der dort ansässigen Unternehmungen alles daran setzen, ihre tatsächliche ökonomische Leistung gerade *nicht* vergleichbar zu machen und sich stattdessen bis ins Unkenntliche zu verschachteln, und wenn dem Aussenstehenden völlig unklar bleiben muss, in welche Kanäle der Gewinn der durch unbestreitbaren Fleiss erbrachten Arbeit fliesst, dann kann vernünftigerweise eben auch nicht erwartet werden, dass die Märkte auf Anhieb die richtigen Einstufungen für solches Tun finden.

Die Südostasienkrise entspricht einem Neubewertungsprozess. Viel zu hoch eingestufte «Werte» erschienen plötzlich in völlig neuem Licht – die Erkenntnis machte sich breit, dass an Rückzahlung oder an Rendite unter den gegebenen Bewertungsverhältnissen nicht zu denken sei. Man wurde mit anderen Worten der immensen Kreditrisiken gewahr. Banken, die in völliger Unkenntnis der Dinge Ausleihungen in diese Weltregion gesetzt haben (was in aller Welt soll eine Landesbank eines deutschen Bundeslandes mit 14 Milliarden Dollar am anderen Ende des Globus?!), müssen nun zur Kenntnis nehmen, dass es eben doch einen Unterschied gibt zwischen liquiden Kapitalmarktschulden westlicher Provenienz und Ausleihungen, die besser als wirkliche Bankkredite mit der notwendigen Sachkompetenz behandelt worden wären. […].

Der perfekte Sturm – schon vorüber? (2007)[35]

Hurrikan Dean …

Von Zeit zu Zeit, meistens im Spätsommer, baut sich in der Karibik eine Wetterkonstellation auf, die in einen Wirbelsturm mit unglaublichen Windgeschwindigkeiten von bis zu 300 Stundenkilometern an dessen Peripherie mündet. Wo immer sich der Hurrikan hinbewegt, hinterlässt er verwüstete Gebiete, und meistens sind auch Tote zu beklagen. Das örtliche und zeitliche Eintreffen kann aufgrund der langsamen Fortbewegung des Wirbels allerdings recht sicher prognostiziert werden. Deshalb war es beispielsweise in diesem Jahr

[35] Anlagekommentar Nr. 251 vom 27. August 2007.

möglich, auf der mexikanischen Halbinsel Yucatan die Touristen rechtzeitig in Sicherheit zu bringen und sogar die Strandstühle zu verstauen.

Überraschungen gibt es dennoch. So fielen die Verwüstungen von «Katrina» im Jahr 2005 bei weitem schlimmer aus, als man erwartet hatte, und ereilten Gegenden, die nicht wirklich darauf vorbereitet waren. In diesem Jahr befürchtete man, dass Hurrikan «Dean» – offenbar vom Klima mit noch höheren Energien ausgestattet als «Katrina» – die Schadensbilanz seiner schlimmen Vorgängerin sogar noch übertreffen würde. «Dean» fiel aber sozusagen in sich zusammen und säuselte, von den Meteorologen zu einem blossen Tropensturm degradiert, übers mexikanische Festland davon. Aufatmen in der (nicht) betroffenen Region, Aufatmen bei den Versicherern.

Analogien sind zwar immer problematisch, weil weder die Systeme als Gesamtes übereinstimmen noch Parallelität bei den Einflussgrössen erkennbar ist. Dennoch kann man zum gegenwärtigen Zeitpunkt der Versuchung kaum widerstehen, die jüngsten Geschehnisse an den Finanzmärkten mit einem Wirbelsturm zu vergleichen und angesichts der bisher relativ glimpflich verlaufenen Schadensbilanz an den Aktienbörsen zu hoffen, es habe sich weniger um eine «Katrina» als eher um ein Ereignis vom Typus «Dean» gehandelt, um ein in sich selbst zusammenfallendes und damit sich weitgehend von selber erledigendes Problem mit örtlich und zeitlich beschränkten Auswirkungen.

Es geht in diesem Anlagekommentar darum, Ausmass und Wirkungsweise des Finanzsturms der letzten Wochen einzuschätzen und zu erklären, Szenarien über den weiteren Verlauf zu entwerfen und Konsequenzen für das Anlageverhalten zu formulieren.[36] Insbesondere wird darüber nachzudenken sein, ob die bisher auf den relativ engen Bereich der (amerikanischen) Kredittätigkeit beschränkte Krise pandemische Auswirkungen in die reale Wirtschaft hinein haben könnte. Denn es liegt auf der Hand, dass auch die robusteste Konjunktur abgewürgt würde, wenn deren Finanzierung zum Erliegen käme. Ob dieses Damoklesschwert an einem dünnen Faden hängt oder doch von einigen dicken Strängen gehalten wird, sollte geklärt werden.

… eine Frage der Zeit

Eigentlich könnten wir es uns einfach machen und für die Analyse, weshalb es zur krisenhaften Entwicklung im Kreditbereich gekommen ist, auf unseren Anlagekommentar Nr. 250 vom 2. Juli 2007 verweisen. Unter dem Titel «*Easy Money*» machten wir damals auf die seit längerer Zeit bei weitem zu tiefen Risikoprämien für Schuldner minderer Bonität aufmerksam. Die Ursache für

[36] Siehe auch Seiten 105–119.

die viel zu leichtfertige Zurverfügungstellung von Geld orteten wir in einer Art impliziten Staatsgarantie, der sich ein grosser Teil des Bankensystems spätestens seit der LTCM-Krise von 1998 erfreut.[37] Und wir warnten davor, dass sich aus dieser Konstellation eine insgesamt zu hohe Risikonahme innerhalb des Finanzsystems ergebe, eine Blase, die platzen müsse. Ähnlich lautende Warnungen, wenngleich weniger explizit das *moral hazard*-Problem zu finanzmarktfreundlicher Geldpolitik nennend, erfolgten seit längerer Zeit von Seiten der Notenbanken.

Damals schrieben wir: «Die zu tiefen Risikoprämien gehören mit Sicherheit zu den gefährlichsten Nebenwirkungen, die das System von impliziten Staatsgarantien nach sich zieht. Vermeintlich risikofreie Quasi-Arbitragegeschäfte in Form von sogenannten *carry trades* zwischen normalerweise hochkorrelierten Finanzinstrumenten sind eine besonders hinterlistige Form solcher Nebenwirkungen, denn sie suggerieren Sicherheit, wo es keine geben kann, und sie ziehen Anleger an, die von den wirklichen Risiken der Geschäfte keine Ahnung haben. Intransparente Hedgefonds und besonders riskante strukturierte Produkte haben diesbezüglich über die letzten Jahre bei weitem zu viel Geld angezogen; es ist lediglich eine Frage der Zeit, bis gröbere Unfälle passieren.» [...].

Wenn wir deshalb in der Folge an der – vermutlich korrekten – früheren Analyse anknüpfen, so geht es einfach darum, auf die wirkliche Ursache der Kreditkrise noch einmal mit Nachdruck hinzuweisen. Allzuhäufig wird derzeit nämlich «Marktversagen» stipuliert, «irrationales Verhalten», «Abzockermentalität» irre gewordener Investmentbanker und dergleichen. Symptome und Auswirkungen sollten aber von Ursachen unterschieden werden. Die Ursache für das sich periodisch auftürmende Risikopotential des Finanzsystems rührt vom Stabilitätsbedürfnis her, das man über die Notenbanken und den Regulierungsapparat zu befriedigen versucht. Der durch diese Instanzen in Fortsetzung verhinderte Kollaps eines oder mehrerer Systemteilnehmer setzt das Verursacherprinzip ausser Kraft und lädt zum Ausreizen von Spielräumen ein. Das ist das Problem.

[37] *Long-Term Capital Management* (LTCM) war ein 1994 gegründeter Hedgefonds, der mehrere Nobelpreisträger beschäftigte und mit grossem Fremdkapitalanteil finanzierte Arbitragestrategien vorab in amerikanischen Staatspapieren verfolgte. Durch die russische Währungskrise von 1998 gerieten die Finanzmärkte in Turbulenzen, was dem Fonds massive Verluste verursachte. Unter dem Druck und der Führung des *Federal Reserve,* das Auswirkungen auf das Finanzsystem befürchtete, schritten die kreditgebenden Banken zu einer Rettungsaktion. 2000 wurde der Fonds aufgelöst.

Kein Tropenlüftchen

Die Degradierung der Kreditkrise vom Wirbelsturm mit zerstörerischem Potential zu einem mehr oder weniger harmlosen Gewitter wäre unseres Erachtens unangemessen, verharmlosend und letztlich auch gefährlich, seitherige Kursentwicklung an den Aktienmärkten hin oder her. Ein Blick auf einige sehr wesentliche Indikatoren genügt, um die hohen Energien, die sich im Verlaufe des Monats August entfesselt haben, zu ermessen. Innert weniger Tage schnellten beispielsweise die noch im Monat Juli als bei weitem «zu tief» monierten Risikoprämien um mehrere Prozentpunkte in die Höhe. Verglichen mit den Daten aus der LTCM-Krise aus dem Jahr 1998, bisher immer als schärfste Kapitalmarktkrise seit 1929 gehandelt, zeigt sich ein bei weitem dramatischeres Bild. Innerhalb sehr kurzer Zeit, im Grunde genommen schlagartig, wurden für Schulden minderer Bonität keine Käufer mehr gefunden. Rasch weitete sich der Käuferstreik aus und erfasste auch Schulden weniger problematischer Provenienz. Es machte sich hohe Unsicherheit über die Verlässlichkeit der Kreditratings (und der diese Ratings produzierenden Agenturen) breit, mit der Folge, dass ausstehende Schuldenpapiere unbesehen ihres Inhalts zu heissen Kartoffeln wurden, die niemand mehr in die Hände nehmen wollte. [...].

Es fällt schwer, die quantitative Bedeutung des Marktes für *commercial papers,* ja der Kreditmärkte ganz allgemein, richtig abzuschätzen und darzustellen, weil sich die Verhältnisse in den letzten Jahren deutlich verändert haben und weil dieser Prozess noch in vollem Gange ist. Der Prozess heisst *securitization.* Er wurde Ende der 80er-Jahre des letzten Jahrhunderts eingeläutet und läuft darauf hinaus, dass sich die Refinanzierung der Wirtschaft, zunehmend aber auch der privaten Schuldner, immer mehr von den Banken weg zum Kapitalmarkt hin verschoben hat und verschiebt. Der Grund dafür liegt in der neu geschaffenen Möglichkeit und im zu beobachtenden Überhandnehmen der Verbriefung von Forderungen, Eigentumsrechten und Eventualverpflichtungen, was, ökonomisch gesehen, eine höchst sinnvolle Entwicklung darstellt, da die Allokationsmechanismen im Kapitalmarkt dadurch dramatisch an Effizienz gewinnen.

Am augenfälligsten kann dies am Beispiel der nun so berüchtigt gewordenen CDOs [sie stehen für *collateralized debt obligations,* zu deutsch etwa «besicherte Schuldverschreibungen»] erklärt werden. Während früher kommerzielle Kredite oder Hypothekarschulden ihren Weg in Bankbilanzen fanden, um dort bis zur Rückzahlung oder Erneuerung zu bleiben, und die Kreditverhältnisse dann auch von den Geldgebern bewirtschaftet wurden, spielen die Banken heute vermehrt lediglich eine vermittelnde Rolle, währenddem die Forderungen weiterplatziert werden. Im Falle von CDOs [...] werden nun Ansprüche gegen Schuldner in grosser Vielzahl zusammengenommen, sozusagen in einer Art Topf vermengt. Den Forderungen verschiedenster Qualität innerhalb des Topfs wird sodann tranchenweise eine Rückzahlungswahrscheinlichkeit zugeordnet. Die Tranchen verfügen über ein spezifisches Rating und können von Anlegern einzeln erworben werden. Wenn Schuldner ihre Zins- und Rückzahlungsbetreffnisse nicht leisten können, tritt eine stufenweise Haftung ein: Zunächst wird die Tranche mit der tiefsten Einstufung «verbraucht», dann die nächste und am Schluss erst die am höchsten eingestufte. Auf diesem Mechanismus beruht die alchemistisch anmutende Möglichkeit, aus einer grossen Zahl schlechter Schuldner zumindest für die zuletzt haftende Tranche ein AAA-Rating zu produzieren. Diese zuletzt haftende Tranche machte während langer Zeit (die tiefen Risikoprämien lassen grüssen...) im Durchschnitt immerhin zwischen 70 und 80 Prozent eines typischen CDOs aus.

CDOs sind eine von vielen sehr verschiedenartigen Ausformungen der Securitisierung des Bankgeschäfts, eine sehr raffinierte, möchte man sagen, die eigentlich eine sehr differenzierte Beurteilung von aggregierten Kreditrisiken zuliesse. Falls – eben! – die Risikoprämien stimmen würden. Die Dekomposition von Bankbilanzen und mithin eigentlich des traditionellen Bankgeschäfts hat aber selbstverständlich, wie alles Neue, auch problematische Seiten, die man im Zuge der Krise nun erst richtig kennenlernt. So ist es natürlich ein Unterschied, ob eine Forderung von einer Bank begleitet wird oder ob sie einfach in einem anonymen Forderungstopf landet. Die Zeitschrift «Economist» verglich kürzlich diesen Unterschied mit den Verhältnissen bei der Kindererziehung durch die Eltern oder durch öffentliche Kinderkrippen.[38] Die Anreize, dass es gut herauskommen wird, sind für die Angestellten von Kinderkrippen anders als für echte Eltern. Schuldner, deren Ausfall durch physische Nähe schmerzt, behält man besser im Auge als irgendwelche anonyme Besitzer fragwürdiger Baracken in der amerikanischen Prärie. Auch im Vertrieb ergeben sich Unterschiede: Wenn Hypotheken von provisionsgetriebenen Drückerkolonnen an den Mann und an die Frau gebracht werden, dann fehlt ein zur Vernunft mahnendes Element im Vertriebssystem, und dann muss man sich auch nicht über inadäquate Bemessungshöhen wundern.

Wie auch immer: Das Rad der Securitisierung wird nicht mehr zurückzudrehen sein. Insgesamt hat der Kreditmarkt als Teil des gesamten Kapital-

[38] At the risky end of finance (Briefing Credit derivatives), in: *The Economist*, April 21st 2007, S. 73 ff.

markts eine immense Bedeutung namentlich für die amerikanische Wirtschaft erlangt. *Commercial papers*, CDOs, überhaupt die ganze Finanzierung über den Kapitalmarkt basiert aber auf der Annahme, dass, zu unterschiedlichen Preisen zwar, immer irgendwo und irgendwie Geld zu haben sei. Die Krise von Mitte August hat nun aber genau dies in Frage gestellt. Bei den CDOs wurde nicht lediglich die schlechteste Tranche notleidend, sondern der ganze Topf zusammen, weil nämlich niemand mehr den einmal erteilten Ratings der einzelnen Tranchen so recht trauen wollte. Der Markt für *commercial papers* drohte zu kollabieren, weil nicht mehr klar war, wer in einer solchen Marktverengung noch refinanzierungsfähig war. Eine echte Kapitalmarktkrise mit Potential zur Ausbreitung in den realen Sektor hinein. Dieser kann sich, in Amerika in hohem, in Europa in zunehmendem Masse, nicht mehr auf das klassische Bankgeschäft abstützen.

Auflösung von *carry trades*

Spekulationen, bei denen man sich zu tieferen Zinssätzen verschuldet und zu höheren Sätzen in Guthaben anlegt, nennt man *carry trades*. Meistens handelt es sich um eine Spekulation über die Struktur der Zinskurve hinweg («Aus kurz mach lang») oder über Währungen mit verschiedenen Zinsverhältnissen oder um eine Kombination von beidem. Auch im Aktienbereich kann man *carry trades* vornehmen, indem man eine Position, von der man annimmt, dass sie an (relativem) Wert verliert, leer verkauft und ein Guthaben dort anlegt, wo man das Gegenteil vermutet. *Carry trades* beruhen auf der Annahme relativer Stabilität des zugrundeliegenden Mechanismus, basieren oft auf statistischen Beobachtungen und funktionieren meistens erstaunlich lange. Das heisst, es kann über einen relativ langen Zeitraum vermeintlich risikolos Geld verdient werden. Wenn der Mechanismus kippt, dann erfolgt dies aber oft in einem groben Schub. Denn zumeist sind die *carry traders* ja keine Einzelgänger; dieselben Beobachtungen über vermeintliche Stabilitäten fallen auch anderen auf. Und je mehr nach dem gleichen oder ähnlichen Muster investieren, desto besser funktioniert für einige Zeit der *carry trade:* Eine *short*-Währung sinkt infolge Verkäufen noch weiter, während die Gegenwährung infolge Kaufdrucks steigt, Zinskurven biegen sich unter den verschiedenen Nachfrageverhältnissen noch mehr in die gewünschte Richtung, was selbstverständlich zu erneuten und noch wagemutigeren Spekulationen veranlasst, bis – ja, bis aus welchen Gründen auch immer – das unterlegte Korrelationsmuster zusammenbricht. Wegen des eingegangenen Kredits – eine *short*-Position ist nichts anderes als ein Lieferversprechen und somit ein Kredit mit variabler Höhe – können die Zeitverhältnisse dann ausserordentlich eng werden. Der Kreditgeber verlangt zusätzliche Deckung, weil das Kreditsubstrat dahinschmilzt. Kann man die Deckung nicht erbringen, muss man sich Hals über Kopf und zu welchem Preis auch immer eindecken. Und da man nicht allein ist, geschieht das quasi simultan, was dann zu den erwähnten Schüben führt.

Namentlich im Währungsbereich sahen wir in den letzten Wochen eindrückliche Muster bei der Auflösung von *carry trades*. Während die notorische *short*-Währung Yen in die Höhe schnellte, versank der neuseeländische Dollar, den man wegen seiner hohen Verzinsung so geschätzt hatte, im Marianengraben. Ähnliches passierte mit der australischen Währung. [...]. Was gewiss ist: Wer Hals über Kopf auflösen musste, wird hohe Verluste zu beklagen haben. Wir gehen davon aus, dass die grössten Opfer im Hedgefondsbereich zu beklagen sein werden und dass wir diesbezüglich erst eine relativ kleine Spitze eines deutlich grösseren Eisbergs gesehen haben. Durch die langen Intervalle bei der Bewertung vieler Hedgefonds ist es schwierig zu sagen, wo die Verluste angefallen sind und wie hoch sie schliesslich sein werden.

Interessant sind auch die Bewegungen an den Zinsmärkten, die ja ebenfalls von *carry trades* gekennzeichnet waren. Das Bisschen an Risikoprämien, das Schuldner mit tieferer Bonität bis vor kurzem noch hergegeben hatten, wurde mit hohem finanztheoretischen Können in breit diversifizierte Schuldenkonglomerate verpackt, und, wie bei den CDOs beschrieben, mit höherem Rating versehen, als es die einzelnen Schuldner verdient hätten. An sich nichts Falsches oder Schlechtes – jede Bankbilanz funktioniert so. Die Refinanzierung dieser Schuldenkonglomerate erfolgte mittels ganz kurzfristiger *commercial papers*. Was also vorgenommen wurde, entspricht einer Fristen- und Schuldnerrisikotransformation. Man könnte auch von eigenmittellosen Banken sprechen. Die entsprechenden Vehikel wurden, zu sogenannten *conduits* verpackt und in einer wenig regulierten Gegend der Welt juristisch verankert, zum Beispiel europäischen Banken angedient. Im Fokus der Verkaufsanstrengungen standen offensichtlich einige als besonders unbedarft eingeschätzte und wegen ihrer Nähe zum Staat besonders sorglos agierende deutsche Banken, darunter insbesondere einzelne Landesbanken. Als deren Berater fungierten, wie die «Frankfurter Allgemeine» berichtete, smarte Investmentbanker der Deutschen Bank.[39] Sie sorgten für die geeigneten rechtlichen Vehikel, vermittelten die Produkte, bewirtschafteten die Depots

[39] Die Spuren der Finanzkrise werden erst später sichtbar, in: *Frankfurter Allgemeine Zeitung*, Nr. 188, 15. August 2007, S. 20.

und kassierten Kommissionen. Als die Refinanzierung der *conduits* mit kurzfristigen Schuldverschreibungen plötzlich nicht mehr funktionierte, war ebenso plötzlich das Risikosubstrat der garantierenden Banken gefragt. Von einer Mitverantwortung der involvierten Investmentbanker mag vorderhand niemand sprechen. Die Auffangnetze mussten vielmehr die Gruppe der öffentlichrechtlichen Sparkassen bzw. die KfW-Bankengruppe bereitstellen.[40] Der *moral hazard* der impliziten Staatsgarantie ist wiederum greifbar. [...].

Krise heisst Klärung (2007)[41]

Kein Hurrikan, sondern ...

[...]. Wer unser Bankhaus seit etwas längerer Zeit und etwas intimer kennt, weiss um die alljährlich gepflegte Tradition, einer Runde von Leuten, die nicht zu den Kostverächtern gezählt werden können, die Vorzüge der St. Galler Bratwurst näherzubringen. [...]. Es gibt nämlich kaum eine adäquatere Metapher zur gegenwärtigen Kreditmarktkrise als die Wurst und alles, was mit deren Produktion, deren innerem Wesen, deren Verkauf und deren – freiwillig-kulinarischer oder erzwungener – Entsorgung zusammenhängt. Weshalb? Eine Wurst ist ja bekanntlich ein in ein dünnes, meist verspeisbares Behältnis verbrachtes Gemenge von Inhalten, die früher einmal reelle Fleischstücke waren; eine Wurst ist sozusagen ein Fleischderivat. Speckseiten, Innereien, Schwarten, gegebenenfalls aber auch wertvollere Stücke werden zu Nahrungsmitteln mit durchaus eigenständigen Charakteristiken und Qualitäten verarbeitet. Der Phantasie sind auf dem Gebiete der Fleischderivate kaum Grenzen gesetzt; so unbestreitbar köstlich eine St. Galler Bratwurst sein mag – eine Salami oder eine Andouillette sind auch nicht zu verachten! Kein Kulturkreis ohne Würste. Und kein Fleisch ohne Würste: Die Fleischproduktion, das heisst der Markt für reelle Fleischstücke wie Entrecotes und Koteletts, und die Produktion von Fleischderivaten bzw. der Markt für Wurstprodukte sind aufs engste miteinander verbunden und voneinander abhängig.

Zwischen Fleisch und Wurst gibt es allerdings einen wesentlichen Unterschied. Im einen Fall weiss man, was man in der Hand hat, im anderen nicht unbedingt. Das Verspeisen einer Wurst bedarf eines hohen Masses an Vertrauen in deren Hersteller, und man braucht kein eingefleischter Vegetarier zu sein, dass einen ab und zu das nackte Grauen ob der Möglichkeiten packte, was

[40] Zur KfW siehe Fussnote 48, S. 115.
[41] Anlagekommentar Nr. 252 vom 8. Oktober 2007.

alles auch noch in einer Wurst sein könnte. «Was alles auch noch in einer Wurst sein könnte»: Das ist nun aber genau die Frage, die seit einigen Monaten die Kreditmärkte bedrängt und an den Rand des Kollapses gebracht hat.

… ein Gammelfleisch-Problem

Die Entwicklungen im Finanzsystem über die letzten zwei bis drei Jahrzehnte haben sehr viel mit dem Aufbau einer gigantischen Wurstproduktion gemeinsam. Während früher reale Einzelstücke – Hypotheken oder Geschäftskredite als Filets oder Haxen sozusagen – integral plaziert wurden, wird heute zerhackt, vermengt, gewürzt und verpackt; etwas völlig Neues und Anderes entsteht, der Phantasie sind wie bei den Würsten keine Grenzen gesetzt, anstatt mit Bratwürsten, Salamis und Andouillettes hat man es einfach mit *asset backed securities* (ABSs), *collateralized debt obligations* (CDOs) oder *conduits* (eigenmittellosen Banken) zu tun. Kein treffenderer Vergleich dieser Instrumente übrigens als mit den Andouillettes: Deren Ausgangsprodukte fänden als *subprime*-Fleischstücke kaum einen Abnehmer; zusammengefügt als Gemenge werden sie aber sozusagen zu *triple A*-Würsten mit hoher Beliebtheit bei Gourmets. Ein ganzer, neuer, riesiger Markt für Securitisierungswürste ist über die letzten 20, 30 Jahre entstanden. Die Securitisierungswürste haben ganz offensichtlich den Geschmack des Publikums getroffen; ja, man kann auch füglich behaupten, dass der neue Securitisierungswurstmarkt es erst breiten Schichten von Anlegern erlaubt hat, überhaupt Finanzmarktteilnehmer zu werden. Filetstücke sind wenigen Privilegierten vorbehalten, Cervelats gibt's auch für den weniger Bemittelten. Die Securitisierung betrifft ja nicht nur die erwähnten und mittlerweile berüchtigten Instrumente wie CDOs und ABSs. Indexinstrumente, Zertifikate auf Aktien-*baskets,* Kapitalschutzprodukte usw. bestehen ja auch aus zerhackten und neu aufbereiteten Fleischstücken.

Genauso, wie es abwegig wäre und nicht zuletzt aus kulinarischer Sicht auch bedenklich, die Existenzberechtigung von Würsten in Frage zu stellen, so haltlos wären negative Pauschalurteile über die Securitisierung. Die Leistungsfähigkeit des Finanzsystems hat in den letzten Jahrzehnten enorm zugenommen; der globale Wirtschaftsaufschwung, ja die Globalisierung als Ganzes, wären ohne diese Effizienzsteigerung in der Kapitalallokation undenkbar gewesen. Das Bankensystem allein, also quasi die Fleischer ohne die Wurster, wären der Nachfrage nie gewachsen gewesen, denn die Kapitalallokation über

Bankbilanzen ist letztlich nicht sehr effizient – zerhackte Risiken beim Endabnehmer plazieren zu können, ist ihr bei weitem überlegen.

Aber: Würste kann man nur so lange mit Erfolg verkaufen, als nicht irgendwo ein berechtigter Verdacht aufkommt, es könnte Gammelfleisch in die Produktion eingeschleust worden sein.[42] Je intransparenter die Wurst, desto gefährdeter ist sie gegenüber einem Vertrauensverlust. Die Angst vor verseuchtem Fleisch führt zu kollektiven Panikreaktionen. Nicht nur notorische Schmutzfinke unter den Wurstern werden von einem Käuferstreik tangiert. Eine ganze Branche kann von einem Zusammenbruch der Nachfrage betroffen sein, obschon das wirkliche Problem unter Umständen bedeutend kleiner und erst noch identifizierbar und örtlich eingrenzbar gewesen wäre. Und man kann dem streikenden Publikum nicht einmal übertriebene Ängstlichkeit vorwerfen, denn sein Informationsstand ist angesichts der Gemenge-Charakteristik der Wurst derart asymmetrisch, dass es völlig rational und nachvollziehbar ist, beim Aufkommen eines Gammelfleisch-Verdachts erst einmal auf den weiteren Kauf von Wurstwaren zu verzichten.

Wer sich gewundert hat, weshalb in den letzten Monaten der gesamte Markt für Kreditinstrumente förmlich zusammengebrochen ist, der hole sich Evidenz vom Fleischmarkt. Nachfrageeinbrüche von 30, 40 Prozent nach einer schlechten Nachricht sind dort nicht unüblich, so beispielsweise nach dem Aufkommen von BSE zwischen 2000 und 2001.[43] Interessant: Während beim jüngsten Gammelfleisch-Skandal in Deutschland lediglich 15 Prozent der befragten Konsumenten mit einem (teilweisen) Verzicht auf Fleisch reagierten, brach der Verzehr von Dönerfleisch in Berlin um bis zu 40 Prozent ein. Döner ist eben auch ziemlich securitisiertes Fleisch, sozusagen.

Im – securitisierten – internationalen Kreditgeschäft gibt es seit geraumer Zeit ein Gammelfleisch-Problem. Es ist in seinen Ausmassen eigentlich weitgehend bekannt. Zur Hauptsache bezieht es sich auf bestimmte amerikanische Hypotheken, die in grosser Zahl kaum mehr zurückbezahlt werden können und bei denen auch der Zinsendienst ausfallen wird. Das allein wäre trotz der Grössenordnung noch kein Problem. Im betreffenden Geschäft gibt es mittlerweile aber kaum mehr Fleischer, sondern nur noch Wurster, und es liegt in der Natur der Sache, dass unklar ist, welche Zahl von Wurstereien betroffen

[42] In Bayern wurde im August 2007 ein Gammelfleisch-Skandal publik, bei welchem eine Firma tonnenweise Schlachtabfälle umetikettiert und an einen Berliner Dönerhersteller verkauft haben soll.

[43] Nach der Entwicklung von Schnelltests zur Feststellung der Bovinen Spongiformen Enzephalopathie (BSE), einer von den Kühen auf den Menschen übertragbaren Krankheit, setzte in Europa um 2000 eine aktive Überwachung ein, und in vielen Ländern wurden BSE-Fälle offiziell bestätigt. Die Fleischnachfrage ging massiv zurück.

ist. Im einen oder anderen Fall dürften auch bereits verkaufte Würste im Kühlschrank der Konsumenten infiziert sein. Je intransparenter das Wurstrezept, desto unguter das Gefühl. Würste, ob sie nun Hedgefonds oder anders heissen, haben deshalb vorderhand keine Hochkonjunktur mehr.

Weshalb die positive Börse?

Unsere Befürchtungen gingen seit Sommer dieses Jahres dahin, dass die – absehbaren! – Gammelfleisch-Probleme im Finanzsystem den gesamten Aktienmarkt in Mitleidenschaft ziehen würden. Dies aus drei Gründen: Erstens, weil die Krise das Herz des Systems, die Banken nämlich, trifft. Das System funktioniert nur dann richtig, wenn die Informations- und Transaktionskosten gering sind. Mangelndes Vertrauen zwischen den Mitspielern erhöht diese Kosten in beträchtlichem Masse, ja könnte zu einem regelrechten Kollaps führen. Im August stand der Zusammenbruch des wichtigsten amerikanischen Hypothekarinstituts Countrywide Financial unmittelbar bevor.[44] Daraus hätte eine bei weitem gravierendere Vertrauenskrise mit katastrophalen Auswirkungen in die Realwirtschaft hinein werden können.

Der zweite Grund für unsere Befürchtungen lag in der Erkenntnis, dass die Krise für weite Teile der amerikanischen Wirtschaft, möglicherweise aber auch darüber hinaus, auf eine implizite Zinserhöhung um ein bis zwei Prozentpunkte infolge erhöhter Kreditrisikoprämien hinausläuft. Zinsänderungen bewirken über den Diskontierungsvorgang Veränderungen im Wert der von Zinskosten abhängigen Substanz, und jemand muss den entstandenen Schaden tragen. Der logische Adressat ist letztlich der Aktionär.

Drittens stellten wir uns – und stellen wir uns noch immer! – die Frage, wie ansteckend die Hypothekar- und Immobilienkrise für die Entwicklung der US-Wirtschaft sein wird und wie relevant die Entwicklung des US-BIP für die Weltwirtschaft ist. Eine von konkursiten Hausbesitzern herbeigeführte Konsumschwäche in den USA würde, so die Befürchtung, ziemlich direkt die Produktion in den asiatischen Ländern drosseln und mittelbar zu einem Rückgang in der weltweiten Investitionstätigkeit führen. *Soft landing* oder Rezession in den USA sind die diesbezüglichen Alternativen. Angesichts eines Anteils der Konsumausgaben von gut 70 Prozent an der amerikanischen Bruttowertschöpfung können solche Ängste nicht einfach in den Wind geschlagen werden.

Zum Glück materialisierten sich die meisten Befürchtungen bisher nicht oder lediglich in abgeschwächter Form. Die grosse Systemkrise ist ausgeblieben. Mit einem äusserst geschickten Schachzug, der Öffnung des sonst kaum

[44] Zu Countrywide siehe Fussnote 22, S. 48.

gebrauchten Diskontfensters, verschaffte die amerikanische Notenbank am 17. August den bedrängten Instituten Luft und damit auch Zeit zur Bereinigung ihrer Situation. Panikartige Verkaufswellen an den Aktienbörsen wie 1987 oder 1998 aus Gründen von Margenerfordernissen blieben deshalb aus. Gewiss, die Finanzwerte wurden an den Aktienbörsen praktisch weltweit stark abgestraft. Banken- und Versicherungswerte, die man allesamt und ohne Differenzierung quasi den Wurstereien zuordnete, verloren innert Monatsfrist zwischen 10 und 30 Prozent an Kurswert. Einiges wurde im September aber wieder wettgemacht. Die Senkung der Leitzinsen durch das *Federal Reserve* am 18. September war dann der Auslöser eines regelrechten Kursfeuerwerks an der Wall Street. Das ist nachvollziehbar. Denn noch bis vor ganz kurzer Zeit war man an den Märkten ja von Zinserhöhungen und nicht -senkungen ausgegangen. Der Diskontierungseffekt wirkt eben auf beide Seiten.

Allerdings gilt es zu differenzieren. Wirklich breit abgestützt ist der Kursanstieg nämlich nicht. Vielmehr profitierten vor allem die hochkapitalisierten Werte von der erhöhten Nachfrage, währenddem die vorher so bevorzugten Aktien von kleinen und mittleren Unternehmungen eher verschmäht blieben. [...].

Klärungsbedarf, z. B. bei der UBS AG

[...]. Das Eis ist nach wie vor enorm dünn. Vertrauensverluste können rasch wieder um sich greifen, und der Handlungsspielraum der Notenbanken für erneute Nothilfepakete ist nicht grösser geworden. Für eine generelle Entwarnung ist es also noch zu früh. [...].

In diese Kategorie durchaus etwas spekulativer Gedankengänge sind die nachfolgenden Überlegungen über die Zukunft der beiden Schweizer Grossbanken, im spezifischen Fall der UBS AG, einzuordnen. Bekanntlich hat besagte Grossbank bei der Ankündigung ihres Resultats für das dritte Quartal 2007 einen Abschreibungsbedarf von rund vier Milliarden Franken bekanntgegeben. Die Bewertungsverluste stammen aus der Investmentbanking-Einheit und betreffen im wesentlichen amerikanische *subprime*-Hypotheken, die als Altlasten aus den *Dillon Read*-Hedgefonds DRCM übernommen werden mussten, sowie direkt in die Bilanz übernommene Positionen im Geschäft mit amerikanischen Hypotheken. [...].

Die UBS-Aktie leidet [...] seit langer Zeit an einer enorm tiefen Bewertung, wenn man ihr P/E (Kurs-Gewinn-Verhältnis) betrachtet. Mit derzeit knapp 10 bewegt sich die UBS am untern Rande der Branche und wäre eigentlich ein Übernahmekandidat, wenngleich ein solches Unterfangen aufgrund der hohen Marktkapitalisierung (rund 140 Milliarden Franken) natürlich etwas schwergewichtig würde. Aus Shareholder-Sicht (der wir als Vermögensverwalter verpflichtet sind) ist die Situation in hohem Masse unbefriedigend und müsste den Verwaltungsrat der UBS eigentlich vordringlich beschäftigen, zumal die angekündigten Schäden, die personellen Konsequenzen und die tiefe Bewertung der UBS ursächlich miteinander verknüpft sind und letztlich auf ein jahrzehntealtes strategisches Defizit zurückzuführen sind. Für Strategie und namentlich für Defizite liegt die Verantwortung klar beim Verwaltungsrat. Die – erst sehr spät geäusserten – Überlegungen des UBS-Präsidenten zu diesem Thema vermögen in keiner Weise zu befriedigen.

Denn eines ist klar: dass die tiefe Bewertung der UBS-Aktie eine direkte Folge vom Engagement im Investmentbanking ist. Investmentbanken werden generell von der Börse eher tief bewertet; das Median-P/E lag für Vergleichsunternehmen wie Lehman Brothers, Morgan Stanley, Merrill Lynch oder Goldman Sachs über die letzten paar Jahre zwischen 11 und 16. Zurzeit, das heisst als Folge der Kreditmarktkrise, beträgt das P/E bei allen um 10. So, wie gesagt, auch für die UBS.

Nur: Die UBS ist ja nicht nur Investmentbank, sondern verfügt noch über zwei weitere, sehr gewichtige Bereiche, nämlich die Vermögensverwaltung und das kommerzielle Bankgeschäft (*Wealth Management & Business Banking*, WMBB) und das *Global Asset Management* (GAM). Vergleichsunternehmen in jenen Sektoren kommen auf weit höhere P/E-Zahlen. Vermögensverwalter scheinen beim Publikum besonders beliebt zu sein, beträgt das Median-P/E doch etwa 20. Im Bereich des globalen Assetmanagements wird pro Aktie etwa das 16fache der Unternehmensgewinne bezahlt.

Oder anders gesagt: Der Investmentbanking-Bereich «vergiftet» bei der UBS die Bewertung in beträchtlichem Masse. Wenn man die drei UBS-Bereiche Vermögensverwaltung, globales Assetmanagement und Investmentbanking separat, das heisst mit den jeweiligen für die Branchen typischen P/E-Zahlen, bewerten würde, somit als geistiges Konstrukt sozusagen drei Sub-UBS-Firmen «gründen» und auch noch die Kosten für die Unternehmenszentrale aufteilen würde, dann läge der Aktienwert der UBS rund 30 Prozent höher als heute. Es würde sich mit anderen Worten lohnen, das Riesenkonglomerat aufzubrechen und als zwei oder drei separate Firmen in die Freiheit der Finanzmärkte zu entlassen. *Cum grano salis* gilt das selbstverständlich nicht nur für die UBS, sondern auch für Riesenkonglomerate wie die Citigroup oder – eben – auch für die zweite Schweizer Grossbank, die Credit Suisse. Mit anderen Worten steht eine viel generellere Fragestellung im Raum: Weshalb in aller Welt lassen die Märkte so ineffiziente Gebilde überhaupt bestehen? Weshalb schrecken die berüchtigten Heuschrecken vor dem Aufbrechen der Konglomerate zurück?[45] Schützt die schiere Grösse vor solchen Manövern?

Aufbrechen: Solchen nicht wirklich neuen Ideen wird jeweils das Argument der hohen Synergien zwischen dem Investmentbanking, dem globalen Assetmanagement und der Vermögensverwaltung für Private entgegengesetzt und gleich auch noch vorgeworfen, die Aufspaltungsideen nährten sich aus einer puren Shareholder-Value-Sicht. Eine Unternehmensstrategie müsse jedoch längerfristigen Kriterien genügen. Wir bezweifeln die Stichhaltigkeit dieser Argumentation lebhaft. Zunächst entspricht es einer zwar oft geäusserten, aber durch nichts belegten Unterstellung, die Shareholder-Value-Sicht sei lediglich kurzfristiger Natur. Viel wahrscheinlicher ist, dass sich Management und Verwaltungsrat hinter sogenannt «langfristigen Interessen» verstecken, um nicht Eigeninteresse und Machtgelüste nennen zu müssen. Zweitens spricht die Evidenz nicht für, sondern gegen das Synergie-Argument: Die P/E-Verwässerung der UBS durch das Investmentbanking ist Tatsache, und der Abschreibungsbedarf von vier Milliarden Franken ist es auch. Eine vom Investmentbanking separierte UBS-Vermögensverwaltungsbank wäre sowohl höher bewertet als auch frei von Gammelfleisch-Problemen.

Drittens verkennt die Argumentation das wahre Wesen von Investmentbanking und Vermögensverwaltung. Die beiden Geschäftsmodelle sind nämlich gegensätzlicher Natur. In der Vermögensverwaltung wird versucht, auftrags des Kunden mittels Portfoliomanagement die Anlagen so nahe als möglich an jene Grenze zu steuern, bei der Risiko und Rendite optimal ist. Vermögensverwaltung kann sich unter Wettbewerbsverhältnissen kaum grosse Abweichungen von diesem Effizienz-Ziel leisten. Vermögensverwaltung wird deshalb typischerweise als Dienstleistung im Auftragsverhältnis und unter Verrechnung einer aufwandorientierten Kommission angeboten. Die Erträge aus der Vermögensverwaltung unterliegen geringen Marktschwankungen; entsprechend hoch ist, wie oben dargestellt, die Bewertung dieser Tätigkeit durch die Aktienmärkte. Nichts Attraktiveres als (relativ) konstante Cashflows.

Investmentbanking sucht demgegenüber seine Erträge im Verkauf von Anlageprodukten bzw. aus der Kapitalbeschaffung für Unternehmungen. Als reines Kommissionsgeschäft ist diese Tätigkeit freilich wenig spannend. Der

[45] Im Frühjahr 2005 verglich der damalige SPD-Vorsitzenden Franz Müntefering in einer Rede vor dem Bundestag das Verhalten gewisser Investoren mit Heuschrecken.

grosse ökonomische Anreiz besteht darin, davon zu profitieren, dass man ökonomisch suboptimale Produkte, also ineffiziente Rendite-Risiko-Paarungen, in die Welt setzt. Oder in der Wurst-Metapher gesprochen: wässrige Frankfurter oder überwürzte Cevapcici. Solches kann man unter zwei Bedingungen relativ einfach bewerkstelligen: Wenn man über eine entsprechende Produktepipeline zu einem Vermögensverwaltungstopf verfügt und alle Anreize in einem vertikal integrierten Bankenkonglomerat so setzt, dass die Wasserwürste und die scharfen Dinger auch geschluckt werden (das wären dann die «Synergien»), oder, wenn in einem der immer wieder vorkommenden Hypes die Marktteilnehmer ohnehin alles zu schlucken bereit sind. Das sind dann auch die Zeiten, in denen das Investmentbanking attraktivste Gewinne abwirft, regelmässig aber gefolgt von einer Gammelfleisch-Krise, denn man ist im Laufe des Hypes ja unweigerlich von der ökonomisch effizienten Rendite-Risiko-Paarung abgewichen. [...].[46]

Die Synergie-Behauptung ist deshalb nicht lediglich ein schwaches Argument, vielmehr ist sie falsch. Die beiden Tätigkeiten wären aus prinzipiellen Gründen nicht kombinierbar, weil sie entgegengesetzter Natur sind. Investmentbanking nützt überdies die Platzierungskraft und die (relativ) konstanten Cashflows einer Vermögensverwaltungsbank aus, ohne dem Gesamtkonglomerat eine adäquate Rendite zurückzugeben. Durch grosszügigste Bonus-Schemen wird ein wesentlicher Teil des ökonomischen Profits gar nicht weitergegeben, sondern fliesst in die privaten Taschen der Investmentbanker. Die Gammelfleisch-Risiken müssen dann hingegen vom Konglomerat vollständig getragen werden bzw. vom Aktionär über das zu tiefe P/E. Asymmetrischer geht's kaum. Die immer wieder manifest werdenden Führungsprobleme Schweizer Grossbanken mit ihren Einheiten in Übersee basieren denn auch nicht auf einer besonderen Unfähigkeit schweizerischer Manager im Umgang mit Amerikanern, sondern sind grundsätzlicher Natur. Man darf eben nicht zusammenfügen, was nicht zusammengehört! [...].

Entsorgungsprobleme (2007)[47]

Die Sondermülldeponie Kölliken

Eingebettet in die sanften Hügel des schweizerischen Mittellandes, liegt das frühere Bauerndorf Kölliken. Als hätte jemand im Hinblick auf die weitere Klimaerwärmung eine Kunstschneeanlage hingepflanzt, verunstaltet allerdings seit

[46] Siehe auch S. 341–346.

ein paar Monaten eine mit Zeltplanen gedeckte Riesenhalle die Landschaft. Arbeiter in Schutzanzügen und mit Atemschutzgeräten sind am Werk, Gase werden abgefackelt und Container abtransportiert. Was ist hier im Gange?

Am Anfang stand eine stillgelegte Tongrube mit angeblich undurchlässigem Erdreich. Sie wurde von 1978 bis 1985 für allerhand Sondermüll verschiedenster Provenienz verwendet. Ein Fischsterben in einem nahegelegenen Gewässer setzte dem Treiben dann aber ein abruptes Ende. Offenbar hatten bestimmte Gifte allen geologischen Gutachten zum Trotz einen Weg aus der Grube gefunden, und seither wusste man, dass man auf einem Kontaminationsproblem gröberer Art sass. So stellte sich heraus, dass zwar die grossen Mengen von Abfällen ordnungsgemäss deklariert worden waren, kleinere und zugleich giftigere dagegen nicht. PVC-Rückstände, Farbreste, Abfallschwefelsäure, Ammoniumchlorid und ähnlich appetitliche Stoffe moderten vor sich hin, und immer dringlicher stellte sich die Frage der Entsorgung dieses Giftmüllsumpfes im Herzen der Schweiz.

Seit 1985 wurde an der Sanierung herumgewerkelt; ab diesem Jahr rückt man dem Abfallhaufen nun aber ernsthaft zu Leibe. Um die Angelegenheit einigermassen umweltgerecht zu erledigen, werden insgesamt rund 700 Millionen Franken aufzuwenden sein. Der damals im Betrieb erhobene Annahmepreis von 50 bis 70 Franken pro Kubikmeter Sondermüll hatte zur Bildung von nicht einmal zwei Millionen Franken Rückstellungen für die Endabdeckung der Grube gereicht. Zwar werden die privaten Verursacher des Abfallbergs noch einmal zur Kasse gebeten, die Hauptlast der Sanierung, nämlich rund 90 Prozent, wird aber von der öffentlichen Hand zu tragen sein, das heisst von den Steuerzahlern.

Die wichtigste Lehre aus der Geschichte ist zweifelsohne, dass es ungleich einfacher ist, ein Problem zu schaffen, als es später einmal zu lösen. «Was immer du tust, tu es weise, und bedenke das Ende», lehrt uns ein lateinisches Sprichwort, und was wie eine moralisierende Erinnerung an die menschliche Vergänglichkeit anmutet, wäre in Tat und Wahrheit ein höchst potentes Rezept für das Prozessmanagement. Es gibt kaum einen Bereich des öffentlichen oder des wirtschaftlichen Lebens, in welchem nicht unsorgfältige und unvollständige Denkarbeit laufend zu kleineren oder grösseren Katastrophen führt.

Mehr und seriöser zu denken wäre gut, gewiss. Aber alles kann man damit nicht abfangen. Denn das Ende ist häufig gar nicht bekannt. Wir leben in einer Welt von Unwägbarkeiten, von mangelndem Wissen, von Wahrscheinlichkeiten. Aber der Sondermüll fällt unter den gegebenen Bedingungen täg-

[47] Anlagekommentar Nr. 253 vom 10. Dezember 2007.

lich an, er ist ein Faktum. 1978 wurde in Kölliken, wie allseits versichert wird, «nach bestem Wissen und Gewissen» gehandelt. Das wollen wir gerne glauben. Die täglich anfallenden Fakten, beileibe nicht nur auf dem Gebiete der Müllentsorgung, zwingen immer wieder zum Handeln «nach bestem Wissen und Gewissen», das heisst zum Handeln trotz unbekannter oder lediglich wahrscheinlicher Resultate.

Und das kann dann kreuzfalsch herauskommen. Vergraben, zudecken, renaturieren: Das war wohl die Zielvorstellung der damaligen Deponiebetreiber und der vorgesetzten Behörden. Aus den Augen, aus dem Sinn. Nun muss man mit einem Kostenfaktor von 1'000 den Dreck noch einmal herausbaggern und ein weiteres Mal entsorgen. Die Frage ist nur: Wenn wir schon wissen, dass wir immer wieder grössere oder kleinere Katastrophen zu produzieren in der Lage sind, sei es infolge zu geringen Denkaufwands, sei es infolge inhärenter Ungewissheit – weshalb in aller Welt sind wir dann nicht besser auf die Beseitigung von Problembergen eingerichtet? Weshalb brauchte es sage und schreibe 22 Jahre, bis man sich zusammenraffen konnte, die Kölliker Giftmulde aufzuräumen? Weshalb braucht es offenbar eine zweite und nun dramatisch gefährlichere Welle der Kreditmarktkrise, bis der *subprime*-Sondermüll entsorgt ist?

Spirale mit konischer Ausweitung?

Womit wir beim eigentlichen Thema sind. Zum vierten Mal in Folge müssen wir uns nun mit der eigenartigen Bankenkrise von 2007 befassen, der Krise, in deren Verlauf, wie Knollenblätterpilze aus einem vergifteten Untergrund aufschiessend, laufend neue und immer besorgniserregendere Verluste renommierter Institute infolge erhöhten Abschreibungsbedarfs bekanntgegeben werden. Vor gut einem Monat glaubten wir noch, das Schlimmste sei überstanden, weil man im Verlaufe des Monats September den Eindruck gewinnen konnte, dass auf Quartalsende das Ausmass der notleidenden Kredite einigermassen quantifiziert sein sollte. Der November liess die Finanzwelt aber wieder erstarren. Nach und nach musste erneut Abschreibungsbedarf angemeldet werden; die Zahlen von August erschienen plötzlich beinahe lächerlich gering. Und am schlimmsten: Der Abschreibungsbedarf betraf in vielen Fällen die genau gleichen Bilanzen, die man nach den Bereinigungen vom September *clean* gewähnt hatte. Wenn etwas von den Finanzmarktteilnehmern nicht goutiert wird, dann sind es Revisionen von schlechten Nachrichten in Richtung noch schlechterer Nachrichten. Denn dies lässt auf untaugliches Risikomanagement und/oder nicht wirksame Buchhaltungsmethoden und/oder Unredlichkeit schliessen.

November 2007 brachte den Finanzmarktteilnehmern die Erkenntnis, dass es noch länger dauern dürfte, bis einigermassen klar ist, wie hoch die Verluste aus den übertrieben gewährten Krediten an amerikanische Habenichtse zu veranschlagen sind und vor allem: Wer sie zu tragen hat. [...]. Waren es zunächst – ab Monat Januar (!) – die mit relativ tiefer Bonität qualifizierten Finanzinstrumente, die unter Preisabschlägen zu leiden begannen, folgten später die mit dem Aa-Rating versehenen, dann sogar die in der höchsten Qualitätsstufe eingereihten Titel. [...].

Der Blick auf den Verlauf der Tieferbewertung der Hypothekargefässe zeigt deutlich auf, weshalb es immer wieder zu erneutem und erhöhtem Abschreibungsbedarf bei Finanzinstituten kommt: Sie sitzen auf solchen Beständen, sei es durch Direktbesitz, sei es über sogenannte *structured investment vehicles* (SIVs), für deren Refinanzierung sie eine sogenannte Sponsoringverpflichtung eingegangen sind. In weiten Teilen eines früher einmal hochliquiden Marktes mit weitgehend stabilen Kursverhältnissen rutschen die Preise laufend weg. Für die Wertbestimmung von Aktivposten von Banken müssen anstelle von Marktpreisen Preismodelle Platz greifen. Ohne einigermassen repräsentativen Referenzpreis unterliegen diese Modelle aber einer inhärenten Unsicherheit. Entsprechend heftig müssen die Auseinandersetzungen zwischen der Aufsicht, den Revisoren und den betroffenen Instituten ausfallen. Denn das Jahresende naht und damit auch die Stunde der Wahrheit der Jahresrechnung.

Das Problem besteht darin, dass der Wert des Kreditsubstrats immer mehr zerfällt und dass dieser Wertzerfall immer weiter um sich greift. Welchen Index man auch immer zu Rate zieht: Die Lage im amerikanischen Immobilienmarkt dramatisiert sich in bedenklicher Weise. So sind die sogenannten *housing starts,* eine Masszahl über die Baufreude, von 2,3 Millionen Anfang 2006 auf nunmehr noch ganze 1,2 Millionen gesunken. Der *Philadelphia Housing Index*, ein anderer Indikator für die private Bautätigkeit in den USA, hat seit dem Höchststand Mitte 2005 mehr als 50 Prozent eingebüsst. Alles weist darauf hin, dass die Kontraktion von zwei Seiten herrührt: Einerseits von den Banken, die über keinen Spielraum verfügen, das ohnehin mit amerikanischen Hypotheken überladene Buch zusätzlich zu exponieren, und für die es unmöglich geworden ist, entsprechende Bilanzpositionen weiterzuplazieren. Weder eine IKB[48] noch eine sächsische Landesbank noch eine UBS dürften in der nächsten Zeit grossen Bedarf für solche Risiken verspüren, wie schön verpackt sie auch daherkämen. Anderseits

[48] Die Deutsche Industriebank AG (IKB) in Düsseldorf drohte infolge der amerikanischen Hypothekenkrise im Sommer 2007 zu kollabieren und wurde durch die deutsche Staatsbank KfW (Kreditanstalt für Wiederaufbau) vor dem Zusammenbruch gerettet.

hütet sich aber auch die amerikanische Durchschnittsfamilie, derzeit zu bauen oder ein gebautes Haus zu erwerben, denn morgen, übermorgen wäre es voraussichtlich günstiger zu haben.

Ökonomisch gesehen haben wir es mit einem klassischen Fall von Deflation zu tun. Es geht um die (teilweise) Eliminierung einer in den letzten Jahren offensichtlich zu stark aufgeblähten Schuldenblase. Typischerweise erstirbt in einem Deflationsprozess jeglicher Güterumlauf, denn jede Handänderung hätte eine Verlustrealisation zur Folge. Doch nicht nur der Umlauf von Gütern, das heisst im vorliegenden Fall von Häusern, erstirbt, sondern darüber hinaus auch jener der auf die Häuser lautenden, normalerweise sehr liquiden Finanztitel. Die Angst vor einer plötzlich notwendig werdenden Verlustrealisierung ist der wahre Kern der Kreditmarktkrise; ein lawinenartiger Preiszerfall namentlich bei spekulativen Objekten und im unteren Preissegment könnte schlimmstenfalls den gesamten amerikanischen Immobilienmarkt in Mitleidenschaft ziehen, das Bankensystem noch ganz anders treffen und die gesamtwirtschaftliche Entwicklung lähmen.

Entsorgung durch Zeitgewinn?

[...]. Die meistgehandelten Lösungsansätze laufen bis anhin darauf hinaus, dass einerseits die Notenbank über weitere Zinssenkungen dem Bankensystem Luft verschafft. Zinssenkungen, allenfalls auch nochmals überraschend aggressive, werden von den Finanzmärkten mit hoher Wahrscheinlichkeit erwartet. Die Dollar-Zinskurve weist zurzeit eine bemerkenswerte Diskontinuität im kurzfristigen Bereich auf: Die am Markt gebildeten Zinssätze ab etwa zwei Monaten Laufzeit sind deutlich tiefer als die ganz kurzfristigen, von der Notenbank beeinflussten Sätze.

Anderseits versucht Finanzminister Paulson den Hypothekarschuldnern ebenfalls Luft zu verschaffen, indem er über seinen Präsidenten ankündigen liess, dass quasi per Dekret alle Hypothekarzinssätze, die in der nächsten Zeit zur Anpassung (nach oben, versteht sich) fällig würden, für fünf Jahre sozusagen eingefroren werden. Die Lockvogelangebote für eine zusätzliche Verschuldung, eigentlicher Auslöser des ganzen Desasters am Kreditmarkt, erführen auf diese Weise eine staatlich verfügte Verlängerung. Dies zulasten der Gläubiger, denen aber über die Zinssenkung des *Federal Reserve* ja gewissermassen ein *windfall profit* zukäme und bei denen ohnehin kaum mehr jemand an die Rückzahlung, ja an die Begleichung der Zinsbetreffnisse glaubt, weshalb auch ein Hypothekensegment nach dem anderen ins Taumeln gerät.

Der Effekt: Zeitgewinn. Erstens bis weit ins Wahljahr hinein, zweitens aber auch weit in einen erhofft positiven Geschäftsverlauf der betroffenen Banken hinein. Der Wunsch: Dass sich das Problem auf diese Weise mit der Zeit von selbst erledigt. Denn erstens sollte infolge der nach wie vor zunehmenden amerikanischen Bevölkerung auch diese Immobilienkrise einmal an ein materiell bedingtes Ende kommen, zumal die Amerikaner, falls eine Rezession vermieden werden kann, in ihrer Einkommenssituation im OECD-Durchschnitt eine hohe Wachstumsrate geniessen. Zweitens vermeidet man durch den Zeitgewinn aber vor allem einen dramatischen Angebotsschock infolge überhasteter Pfändungen und Versteigerungen. [...].

Die in manchen Kreisen zu beobachtende Panik im Angesichte der Kreditmarktproblematik verstellt zurzeit den nüchternen Blick auf den wahren Charakter, den die Vorschläge der amerikanischen Regierung zweifelsohne haben: Es handelt sich um Staatsinterventionismus der gröberen Sorte. Dies gilt namentlich auch für den Vorschlag, die Zinsen bis auf weiteres nach oben hin «einzufrieren». Dies entspräche einem behördlichen Eingriff in den Preismechanismus der Märkte, wie man ihn zu Zeiten galoppierender Inflation im Gütermarkt kannte. Das Problem solcher Massnahmen besteht in ihren Nebenwirkungen, die meist bedeutend ernsthafter ausfallen, als es die positiven Auswirkungen je sein könnten. Zwar «hilft» man den bestehenden Hypothekarschuldnern durch eine Umverteilungsaktion über einen absehbaren und möglicherweise in der Pfändung von Liegenschaften endenden Engpass hinweg. Ob aber künftig in einem Markt, in welchem per behördlichem Dekret die Risiken mir nichts, dir nichts von einer Seite auf die andere geschoben werden können, künftig noch genügend Hypotheken gesprochen werden, steht auf einem ganz anderen Blatt. Höchstpreise führen zwingend zu einer Verknappung des Angebots, und es ist absehbar, dass ein weiterer Schritt dann «Fördermassnahmen» für eine grosszügigere Kreditvergabe durch die Banken wären. Womit man die nächste, noch grössere Sondermülldeponie eröffnet hätte. [...].

Die nächste Entsorgung kommt bestimmt

Man wundert sich, ärgert sich heute darüber, wie es früher zu scheinbar so unbedachten Umweltsünden wie in Kölliken kommen konnte. Und macht angesichts der hohen Entsorgungskosten die Faust im Sack. Man wundert sich, ärgert sich heute darüber, wie man im Jahr 2000 nur so dumm sein konnte, noch Technologieaktien zu kaufen. Und man macht angesichts der erneuten Übertreibungen der von angeblichen Profis betriebenen Kreditmärkte die Faust im Sack angesichts der happigen Kursverluste bei Aktien im Finanzsektor.

Ein Blick auf die Geschichte der Finanzmärkte über die vergangenen 40 Jahre zeigt deutlich auf, dass die wirtschaftliche Entwicklung offenbar ohne klare Übertreibungen nicht auskommt. Die folgende Grafik gibt einen Überblick über einige der wichtigsten und schmerzhaftesten *bubbles* der letzten paar Jahrzehnte. In deren Verlauf konnte man sehr viel Geld «verdienen», bei zu spätem Einstieg und zu frühem, von Panik getriebenen Ausscheiden aber noch viel mehr verlieren.

Blasen – fast ein Naturgesetz

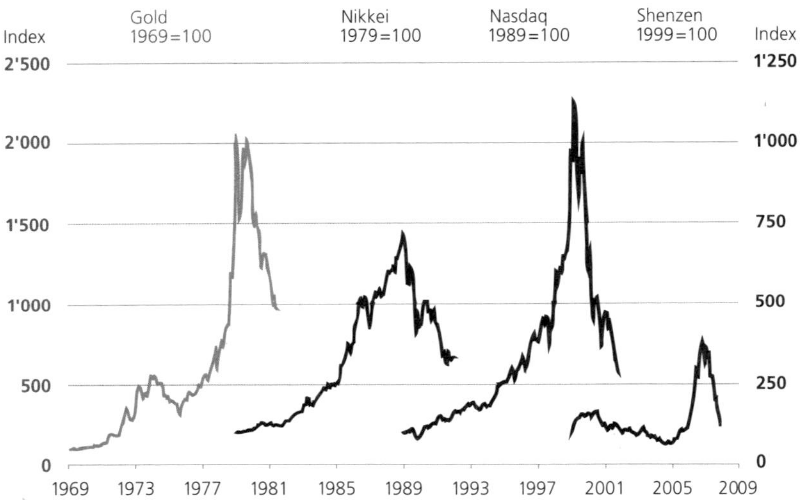

Bemerkung: Der Goldpreis bezieht sich auf die linke Skala; Nikkei, Nasdaq und Shenzen auf die rechte Skala. Als Stichtag für die Indexierung gilt jeweils der Schlusskurs per 31.12.
Quelle: Bloomberg, eigene Darstellung.

Die ökonomische Fundierung, weshalb das so ist bzw. dass das so sein muss, gab uns Joseph Schumpeter (1883–1950) mit auf den Weg. Viele zitieren die «kreative Zerstörung», aber wenige verstehen ihre wahre Bedeutung. Weil Wirtschaft nicht einem planbaren, von bekannten Kausalitäten geprägten Prozess entspricht, sondern von laufenden Versuchen und Irrtümern geprägt ist, braucht es sowohl den Vorgang der Produktion immer neuer Realoptionen als auch das Absterbenlassen untauglicher Objekte.[49]

[49] Zu Realoptionen siehe S. 230–238.

Der Ökonom Mordecai Kurz (*1934) von Stanford hat uns die Konsequenzen der von Schumpeter stipulierten «kreativen Zerstörung» für das Verhalten der Finanzmärkte geliefert.[50] Wenige haben davon Kenntnis genommen, und nur ganz wenige haben seine Finanzmarkttheorie bisher verstanden. Übertreibungen, *bubbles,* machen für ihn geradezu die Essenz der Finanzmärkte aus und folgen direkt aus der Unmöglichkeit der Menschen, alle verfügbare Information simultan zu verstehen. Das – oftmals ziemlich blinde – Verfolgen eines Trends ist deshalb rational, bis von den einen früher, von den anderen später erkannte Risiken eine andere Marschrichtung vorgeben. Versuche und Irrtümer folgen einander nicht kontinuierlich, sondern schubweise.

Der Anleger wird sich damit abfinden müssen, immer aufs neue zugleich Teilhaber und Opfer solcher Schübe zu werden. Die beinahe unendliche Vielfalt von Möglichkeiten wird immer wieder zurückgestutzt auf ein unsichtbares «vernünftiges» Mass. Das ist derzeit in schmerzvoller Art im Finanzsektor der Fall. Es ist, nicht wirklich überraschend, aber auch das Verhaltensmuster in der Natur. Wer's nicht glaubt, der gehe derzeit in den von Frost, erstem Schnee und Aufräumarbeiten gekennzeichneten Garten und erinnere sich der üppigen Farbenpracht des Spätsommers.[51] Nur: Die Natur verfügt über effiziente Entsorgungsmechanismen. Die Überproduktion von Sonnenblumenkernen wird derzeit von den Spatzen weggefressen.

Wir tun uns etwas schwerer mit diesen Arbeiten. Sowohl in Kölliken als auch an der Wall Street.

[50] Siehe Fussnote 22, S. 86.

[51] Siehe S. 62–71.

Über Staat und Markt

Globalisierte Finanzmärkte schränken den Spielraum der Politik ein, indem sie inkonsistentes und opportunistisches politisches Handeln mit Kapitalumschichtungen sanktionieren: Verteilungskonflikte oder übermässige Staatsverschuldung etwa lassen sich darum nicht mehr leichthin durch höhere Inflation abbauen, wie dies in der Vergangenheit oft geschah, denn am Markt steigen beim leisesten Verdacht die Zinsen, und die Währung gerät unter Druck. Aber auch sonst sieht sich die Politik bei ihrem auf das Territoriale ausgerichteten Geschäft durch eine Vielzahl global vernetzter Anwender moderner Technologien herausgefordert. Dies gilt ebenfalls für Teile der Wirtschaft (s. S. 121–138). Daher erstaunt es nicht, dass sich in Kreisen der Politik, ihrer Nutzniesser und anderer Verlierer Widerstand gegen die Dominanz der Märkte und gegen die Globalisierung aufgebaut hat. Vor allem Europa tut sich schwer mit der Anpassung an das neue Umfeld (s. S. 138–154).

Nach 2000 gerieten Marktlösungen in Gegenwind: Der Erfolg Chinas, wo die Wirtschaft trotz staatlicher Lenkung enorm wuchs, nährte Zweifel an der These, möglichst freie Märkte seien der Königsweg zum Wohlstand. In den USA lösten krasse Bilanzfälschungen eine Regulierungswelle aus, und die Terroranschläge vom 11. September 2001 waren dafür ein weiterer Anlass. Die Finanzkrise von 2007 bis 2009 wurde von vielen vollends als ein Versagen der Märkte gedeutet: Nun sollte der Staat eingreifen. Die Staatsverschuldung stieg in einem für Friedenszeiten beispiellosen Ausmass, und auf der Suche nach Auswegen gerieten Länder miteinander in Konflikt (s. S. 155–162).

Aus den Kommentaren spricht eine tiefe Skepsis gegenüber staatlichen Lösungen – Vorschriften, Kontrollen und Prävention – sowie gegenüber dem Glauben an die Machbarkeit der Dinge, der sich durch diese manifestiert (s. S. 162–207): Denn jede Intervention veranlasst die Betroffenen sich anzupassen, was in der Regel neue Probleme nach sich zieht. Mit ihnen hat die Politik meist nicht gerechnet (s. S. 207–221) und reagiert auf sie mit weiteren Eingriffen. So verschieben sich die Probleme nur von einer Ebene zur anderen, aber die – wenig aufeinander abgestimmten – staatlichen Interventionen erschweren den Märkten das ordentliche Funktionieren, und dies wird dann nicht selten als Marktversagen interpretiert.

Die Marginalisierung des Staates (1995)[1]

[...].

Die Phänomenologie eines Niedergangs

[...]. Mit Konsternation beobachten wir das Entstehen neuer Nationalstaaten, namentlich im Osten, und mit grossem Unbehagen deren unersättlichen Expansionsdrang. Diesem wiedererstandenen (oder nachzuholenden?) Nationalismus steht eine Bedeutungsminderung der staatlichen Instanz im industrialisierten Teil der Welt gegenüber, wie sie markanter nicht sein könnte:

- Kaum eine Industrienation kann sich heute noch als Verteidigungsgemeinschaft – eine der ursprünglichsten und wichtigsten Motivationen für einen staatlichen Zusammenschluss – sehen. Moderne Sicherheitsprobleme sind komplex, überregional, ja oft nicht einmal eindeutig lokalisierbar (Terrorismus!). Entsprechend vernetzt müssen die sicherheitspolitischen Antworten sein. Das gilt auch für die Schweiz. Der Infanteriekampf an der Sperre auf der Schwägalp oder die Panzerjagd im Lauchetal sind eher unwahrscheinlich geworden, die Gefährdung unserer komplizierten und anfälligen Systeme durch alle möglichen Aktionen zu Lande oder aus der Luft ist jedoch sehr wohl denkbar.
- Interessanterweise zieht sich der Staat aber auch aus der Verantwortung für die innere Sicherheit zusehends zurück. Wenn nicht gerade Leib und Leben medienwirksam gefährdet oder verletzt werden, dann muss der Bürger heute auf den Schutz durch den Staat weitgehend verzichten.

[1] Anlagekommentar Nr. 170 vom 20. Dezember 1995.

Eigentumsdelikte bleiben ungeahndet. Nicht umsonst schiessen private Wach- und Schutz-Organisationen wie Pilze aus dem Boden. In den USA gibt es bereits Siedlungen, die durch Schutzzäune im Sinne mittelalterlicher Stadtmauern abgeschirmt sind.

- Die Staaten haben auch ihre Stellung als Brennpunkt der Kommunikation verloren. Die modernen Technologien vom Fax über den Computerlink bis zum Satellitenfernsehen haben die territorialen Grenzen obsolet gemacht. Zwischen Zürich und New York läuft mehr kommunikativer Austausch als zwischen Appenzell und dem Oberwallis. Die nationalen Medienanstalten (und -monopole) sind Relikte der Vergangenheit; es ist lediglich noch eine Frage der Zeit und des politischen Beharrens in alten Schemen, wann sie von der Bildfläche verschwinden.
- Die Staaten haben ihre Bedeutung als Wirtschaftsräume verloren. Kaum ein Schweizer Unternehmen bereits ab mittlerer Grösse, das nicht irgendwo im Ausland zusätzlich verankert wäre – zur Produktion, für die Vermarktung, zur Bewältigung spezieller Aufgaben. Auch in grösseren Ländern wie Deutschland, Frankreich, ja selbst den USA, ist diese Globalisierung der Wirtschaft augenfällig.
- Der Staat verliert auch als Rechtsraum an Bedeutung. Dies einerseits durch die unbestreitbare Bedeutungssteigerung supranationaler Normen, viel mehr vermutlich aber durch faktische Rechtssetzung (Usanzen, «Spielregeln», *gentlemen's agreements* etc.) nichtstaatlicher, übernational tätiger Organisationen. Der Niedergang des Rechts anderseits – das heisst die Regulierung jeglicher Lebensvorgänge und die Degradierung von Recht zu Kochbuchanweisungen für das gesellschaftliche Zusammenleben – trägt aber letztlich wohl am meisten zur Bedeutungsminderung der Nationen als Rechtsräume bei.
- Aber auch als psychosoziales Subjekt hat der Staat seine Würde und Letztinstanzlichkeit verloren. Nichts, was nicht in Frage gestellt oder eher noch in den Dreck gezogen würde. Die Schwierigkeit, für öffentliche Ämter einigermassen taugliche Mitbürgerinnen und -bürger zu finden, hat ihre Ursache keineswegs in der Bemessung der Entlöhnung oder der mangelnden zeitlichen Verfügbarkeit, sondern vielmehr im Niedergang des Sozialprestiges einer solchen Aufgabe. Wer wagt es denn heute noch, auf sein Amt als Parlamentsmitglied, als Richter, als Offizier, als Polizist stolz zu sein?
- Was übrigbleibt, sind die Nationen als Adressaten aller möglichen Ansprüche. Bezüglich Subventionsbegehren, Forderungen nach sozialen

Leistungen und nach Existenzsicherung: Da besteht noch ein nationales Selbstverständnis. Wir haben kürzlich die hängigen Begehren schweizerischer Parlamentarier einer Auswertung unterzogen. Wenig überraschend, aber nicht minder bedrohlich erscheint das Resultat: Vorsichtig gerechnet müssen mindestens 80 Prozent aller Vorstösse der Kategorie «Begehrlichkeiten» zugeordnet werden. Interessant ist auch, wie sich in Bezug auf die Anspruchsmentalität die Gräben zwischen den Sprachregionen unseres Landes schliessen. Wenn es etwas in Bern zu holen gibt, ist der «Röstigraben» schnell übersprungen!

Die Reduktion des Staates auf die Funktion als Anspruchsadressat ist allerdings zu wenig, um auf die Länge gerechtfertigt zu bleiben!

Politischer und wirtschaftlicher Strukturwandel

Wenn man nach den Gründen für diese offenkundig fundamentalen Veränderungen sucht, dann stösst man in politischer Hinsicht bald einmal auf den Wegfall der bipolaren Machtsituation nach dem Ende des Sowjetimperiums am Ende der 80er-Jahre. Wie viele institutionelle Anordnungen hatten sich doch über Jahrzehnte lediglich noch durch die reale Bedrohung aus dem Osten gerechtfertigt! In der Schweiz beispielsweise entstand im Verlaufe des Zweiten Weltkriegs eine grosse Anzahl von gemischtwirtschaftlichen, das heisst halbstaatlichen, genossenschaftlich organisierten oder auch ganz dem Staat zugeordneten Institutionen. Sie machten unter dem Titel der wirtschaftlichen Landesverteidigung als Problemlösung für ein eingekesseltes Land sehr viel Sinn. Unter dem Eindruck des Kalten Krieges hielten sie sich aber sehr viel länger, als dies unter ökonomischen Gesichtspunkten sinnvoll gewesen wäre. Kaum ein «strategisches» Import- oder Exportgut, bei dem nicht in irgendeiner Weise staatliche oder halbstaatliche Hände mit im Spiel sind.

Die Geschichte der Schweizerischen Käseunion, des Weissweinimports oder des Uhrenkartells spricht Bände. Wir stehen heute mitten im Auflösungsprozess dieser alten Strukturen, weil ihre äussere Rechtfertigung definitiv weggefallen ist. Dass der Auflösungsprozess einiges an Ungereimtheiten bananenrepublikanischer Art zutage fördert, überrascht wenig, und noch weniger, dass es manchenorts schmerzt, von den über 50 Jahre alten Pfründen Abschied zu nehmen.

Das Ende der bipolaren Machtsituation hat zu einer politischen Funktionsveränderung und Bedeutungsverminderung geführt, die noch eine Weile anhalten wird. Was im Kleinen für die Käseunion zutrifft, findet analog auch im Grossen statt. Ein Teil der immensen Ausweitung der staatlichen und halbstaatlichen Tätigkeiten seit dem Zweiten Weltkrieg lässt sich damit erklären, dass die äussere Bedrohung jegliche Bestrebungen begünstigte, die auf höhere soziale und politische Kohärenz hinwirkten. So würde man heute vermutlich eine Alters- und Hinterbliebenen-Versicherung (AHV), wie es sie in der Schweiz und in ähnlicher Form in anderen westlichen Ländern gibt, nicht mehr so leicht zustande bringen. Der Zwang zum Konsens ist nicht mehr in dem Masse vorhanden. Bezeichnend ist, dass nun genau diese sozialstaatlichen Institutionen unter gewaltigen Rechtfertigungsdruck geraten.

Dieser politische Strukturwandel geht einher mit den Veränderungen im wirtschaftlichen Bereich [...]. Gefördert durch die modernen technischen Möglichkeiten auf dem Gebiete der Computertechnik und der Kommunikation, hat sich eine Internationalisierung der Weltwirtschaft ergeben, die alle herkömmlichen Vorstellungen bei weitem übertrifft. Die Verschiebung von Entwicklungs-, Produktions- und Vermarktungskapazitäten rund um den Globus bedeutet heute nicht mehr eine krisenhafte unternehmerische Ausnahmesituation, sondern gehört zum selbstverständlichen Instrumentarium des Unternehmenserfolgs.

Die Ablösung von der territorialen Gebundenheit hat Folgen. Im wesentlichen ist man ganz einfach bedeutend weniger auf staatliche Instanzen angewiesen. Es gibt neuerdings einen *trade-off* zwischen Lobbyieren und Auswandern: Wenn die Rahmenbedingungen am einen Ort nicht mehr stimmen, dann verlagert man sich halt an einen anderen Ort. Daraus resultiert, ob man das will oder nicht, ein Wettbewerb um Rahmenbedingungen, und dieser wiederum schränkt den freien Spielraum politischer Instanzen ein.

Anachronistisches in Europa

Unter diesem Blickwinkel bereitet es dann durchaus etwas Mühe, gewisse Aspekte der europäischen Integrationspolitik zu begreifen. Soweit es um die Öffnung der Grenzen für den Güter- und Dienstleistungsverkehr geht, würde sich die Entwicklung ja absolut im Einklang mit den beschriebenen globalen Strukturveränderungen bewegen. Die Europäische Union will aber mehr. Trotz Verankerung des Subsidiaritätsprinzips im Maastrichter Abkommen wird in Brüssel mit allen Kräften an einer Art Super-Staat gebastelt, der von der normierten Biegung der «Eurogurke»[2] bis zur gemeinsamen Grundlagenforschung

[2] Die Verordnung Nr. 1677/88/EWG zur Festsetzung von Qualitätsnormen für Gurken teilte die «aus *cucumis sativus L.* hervorgegangenen Anbausorten zur Lieferung in frischem Zustand an den

sprichwörtlich alles regeln soll und der vor allem Drehscheibe einer gigantischen Umverteilungsübung werden soll. [...].

Die Neubewertung von Wirtschaft und Gesellschaft (1996)[3]

[...]

Handgreifliches wird zur Ausnahme

Die [...] Entwicklungen der modernen Computer- und Kommunikationstechnik machen vor keiner Grenze, vor keinen Fabriktoren, vor keinen Bankportalen, ja nicht einmal vor der Haustüre halt. Wo bei den Privathaushalten vielleicht noch das spielerische Element vorherrschende Triebkraft namentlich jüngerer Semester ist, muss sich die Wirtschaft nach den Erfordernissen der Märkte richten. Der einsame Abteilungsleiter eines Grosskonzerns kann nicht warten, bis die Informatikabteilung nach unzähligen Sitzungen und nach Erstellung seitenlanger Anträge und Protokolle endlich einmal mit einer (vermutlich zu komplexen und damit untauglichen) «Lösung» aufwartet. Er wird sich, möglicherweise auf private Rechnung, mit der notwendigen Hardware ausrüsten und seine Softwarelösung selber erarbeiten. Damit stellt er *time to market* für seinen Bereich sicher. Das Warten auf die «industrielle» Lösung hätte für ihn verheerende Folgen: Sie würde von der Kundschaft nicht akzeptiert, da die Konkurrenz am Markt halt einfach schneller ist ...

So ist denn eigentlich jeder zum Programmierer in Eigenkompetenz geworden, zum Kleinunternehmer in der Unternehmung. Das postindustrielle Zeitalter kennzeichnet sich durch eine absolut unüberschaubare Menge von besseren und schlechteren Mini-Lösungen für alle nur denkbaren Problemstellungen. Hierarchische Einbindung, minuziöse Fünfjahresplanung und dergleichen hat in dieser Welt wenig Platz. Gefragt ist vielmehr Vernetzungskapazität, Flexibilität, Übersicht durch genügend Allgemeinbildung usw.

Was resultiert, ist eine «Virtualisierung» von Wirtschaft und Gesellschaft. Das soll heissen: eine Abkehr von physischen Definierbarkeiten. Wenn jeder sein eigener kleiner Unternehmer ist, dann spielen physische Unternehmungsgrenzen eine geringere Rolle. Wichtiger werden dafür die informellen Kommunikationskanäle. Wenn Kommunikation von Ort zu Ort und von Kontinent

Verbraucher» in vier Güteklassen ein. So legte sie etwa fest, eine Gurke der «Klasse Extra» müsse «gut geformt und praktisch gerade sein (maximale Krümmung: 10 mm auf 10 cm Länge der Gurke)», und wurde zum Symbol für den Regulierungswahn Brüssels. Gegen den Widerstand zahlreicher Mitgliedstaaten sowie des europäischen Bauernverbands und anderer Interessengruppen wurde die Vorschrift zusammen mit Vermarktungsnormen für zahlreiche weitere Landwirtschaftsprodukte wie Aprikosen, Artischocken, Auberginen, Avocados etc. bis hin zu Walnüssen, Wassermelonen und Zucchini auf den 1. Juli 2009 abgeschafft.

[3] Anlagekommentar Nr. 177 vom 17. Dezember 1996.

zu Kontinent auf keine wesentlichen Hindernisse mehr stösst, dann haben auch physische Grenzen von Ländern nicht mehr die Bedeutung, die sie zu Zeiten der Nationalstaaten noch hatten.

«Virtualisierung» bedeutet, dass mehr oder weniger beständige Arrangements höhere Bedeutung erlangen als hierarchische, eindeutig definierte Gebilde. Es gibt heute Firmen, die im wesentlichen nur aus einem Set von Patenten, Lizenzen und Zusammenarbeitsverträgen bestehen. Sportschuhe-Hersteller ohne eigene Produktionskapazitäten, dafür aber mit einer Reihe von Marken und Franchise-Verträgen: Das ist «Virtualität». [...].

Die «Virtualisierung» von Wirtschaft und Gesellschaft bedrängt in erster Linie jene Gebilde, die von ihrem Wesen her durch physische Grenzen definiert sind, vorab also die staatlichen Strukturen, wie es sie seit der Errichtung der Nationalstaaten gibt. Zeitgeschichtlich interessant ist der Umstand, dass andere Perioden durchaus virtuellere Staatsgebilde gekannt hatten. So konnten im Römischen Reich durchaus weitere Strukturen neben- oder untereinander koexistieren. Das Deutsche Reich des Mittelalters war oft sehr viel mehr eine virtuelle denn eine physische Realität. Kaiser, Könige und Fürsten regierten kreuz und quer durch den europäischen Kontinent und führten auch Kriege gegeneinander innerhalb des Reiches. Dennoch hielt ein zwar oft schwaches, vermutlich eher im Geistig-Kulturellen beheimatetes Band die netzartige Struktur zusammen. Das «Virtuelle» hatte insbesondere in der Einheitlichkeit gewisser Rechtsstrukturen und -vorstellungen aber bis in die heutige Zeit reichende Auswirkungen. Erst die Neuzeit beglückte die Welt mit der Vorstellung einer nach einheitlichen Gesichtspunkten durchorganisierten, durch Landesgrenzen definierten Körperschaft. Sie scheint nun mit dem Ende des industriellen Zeitalters ebenfalls relativiert zu werden.[4] [...].

Die Virtualisierung trifft aber auch die Strukturen, die im Bann- oder auch Dunstkreis der Gebietskörperschaft ihr Dasein gefristet, gegebenenfalls mitprofitiert haben. Parteien und Verbände beklagen strukturelle Probleme. Es fehlt an Mitgliedern, Beitragszahlern, an effektiven Aufgaben – es braucht sie schlicht nicht mehr in dem Masse wie früher. Die heutige – immer virtueller werdende – Unternehmung investiert ihre Mittel nicht mehr zwingend in Lobbying für günstige Rahmenbedingungen, sondern weicht ungünstigen Verhältnissen durch Schliessung von Kapazitäten am einen Ort und Errichtung neuer Möglichkeiten an anderen Orten dieser Erde aus.

Unnötig zu sagen, dass ein Land wie die Schweiz, von A bis Z durchstrukturiert und durchorganisiert, mit aller Art von Verbänden und Genossenschaf-

[4] Siehe auch S. 121–125.

ten versehen, unter dieser Entwicklung besondere Anpassungsschwierigkeiten aufweist. [...].

Wenn alles vergleichbar wird

Nicht ohne Absicht wurde im Gesagten auf die technischen Hintergründe der jüngsten sozioökonomischen Entwicklungen hingewiesen, um im folgenden den in den Medien zum Schreckwort gewordenen Begriff «Globalisierung» in etwas qualifizierterer Weise zu analysieren versuchen. Allzuoft wird unter Globalisierung nämlich etwas (wohl durch politische Anstrengungen) absichtsvoll Herbeigeführtes verstanden. Also etwas, was man bei entsprechender politischer Willensanstrengung auch hätte vermeiden können, allenfalls hätte vermeiden müssen.

Wir vertreten dezidiert die Ansicht, dass die Globalisierung unvermeidliche Folge der technischen Entwicklung ist. Nicht blosse Machbarkeit war am Werk, sondern zeitgeschichtliche Entwicklung, vergleichbar mit der Erfindung des Buchdrucks oder der Dampfmaschine. «Deregulierung», «Privatisierung», «Liberalisierung»: sehr wohl (mit durchaus geteilter Sympathie) politisches Anliegen, in ihrer rasanten Verwirklichung der letzten Jahre aber keineswegs politische Errungenschaft, sondern schicksalhafte Konsequenz.

Dieser Punkt ist wichtig in Bezug auf die Beurteilung der weiteren Entwicklung. Denn wenn Globalisierung lediglich ein politisches Konstrukt wäre, dann könnte sie allenfalls auch wieder rückgängig gemacht werden. Eine ökonomische Gegenreformation, sozusagen. Zeitgeschichtliche Zwänge jedoch sind beständig. Für den langfristig orientierten Anleger kann dies von entscheidender Bedeutung sein, wie noch zu zeigen sein wird.

«Globalisierung» bedeutet in erster Linie einmal ganz praktisch, dass territoriale Überlegungen im wirtschaftlichen Kalkül eine geringere Rolle spielen als früher. Nicht dass sie gänzlich obsolet geworden wären – beileibe nicht. Nach wie vor gibt es gute Gründe, gewisse Dinge in Palermo und Neapel nicht zu tun, dafür sehr wohl in Zürich oder in Genf. Und es liegt auch nahe, dass es zur Produktion bestimmter Güter geeignetere und weniger geeignete Standorte gibt. Nur: Das Territorium per se ist nicht mehr unbedingt wesentliches Bestimmungselement. Wenn man problemloser als früher seinen Standort wechseln kann – weil man als teilweise virtuelle Organisation eigentlich gar keine physischen Standorte mehr braucht –, dann ist das Territorium unwichtiger geworden. [...].

Die Hauptwirkung der Minderbewertung des Territorialen besteht darin, dass verschiedene Wirtschaftselemente unter weitgehender Ausklammerung des rein territorialen Elements miteinander vergleichbar geworden sind. Das ist Globalisierung: Vergleichbarkeit der Produktivität, Vergleichbarkeit der angewendeten Technologie, Vergleichbarkeit der Lohnstückkosten, Vergleichbarkeit der Eigenmittelrendite – ohne das stete *caveat* irgendwelcher territorialer Vor- oder Nachteile. Nicht umsonst werden überall die Buchhaltungsregeln *(accounting standards)* vereinheitlicht. Vorbehaltlose Vergleichbarkeit von ABB mit Siemens, von Nestlé mit Unilever, von SBG[5] mit Citibank, von Zürich mit Allianz: Hierin liegt der Schlüssel zum Verständnis nicht nur der Globalisierung, sondern auch des beispiellosen Anstiegs der Börsenkurse der letzten Jahre.

«Vergleichbarkeit» ist ja eine der Voraussetzungen für einen funktionierenden Wettbewerb. Was wir gegenwärtig miterleben, ist ein sich mehr und mehr in Gang setzender Wettbewerb um Kapital. Das Bemühen um «schlanke Strukturen», die Diskussionen um den Shareholder-Value, die Idee des Outsourcings: Sie sind nicht so sehr Folge cleverer Managementkalküle, sondern vielmehr unvermeidliche Folge der Vergleichbarkeit von wirtschaftlicher Leistung. Unseres Erachtens gibt es also durchaus handfeste ökonomische Gründe für den einer Neubewertung der Wirtschaft gleichkommenden Anstieg der Aktienindizes. Er widerspiegelt das Bemühen der Firmen, durch nachhaltige Sicherung künftiger Cashflows im Wettbewerb der vergleichbar gewordenen Eigenmittelrenditen mitzuhalten. [...].

Unvermeidlicherweise wird die globale Vergleichbarkeit von Leistungen immer neue Bereiche erfassen. Müssen wir uns heute auf der Güterebene gegen Konkurrenz aus Billiglohnländern wehren, wird morgen das Thema Wettbewerb um Kapital heissen. Es wird einzelnen, vielleicht sogar vielen bisher vom internationalen Kapital wenig berücksichtigten Gegenden gelingen, die Gründe für die hohen Volatilitäten von Investments in ihren Regionen zu vermindern oder zu eliminieren. Voraussehbarkeit staatlichen Handelns als Voraussetzung für nachhaltiges Investieren: Diese Lektion Friedrich August von Hayeks wurde an vielen Orten dieser Welt verstanden, möglicherweise besser als im saturierten Westen, und entsprechend werden sich die staatlichen Strukturen wandeln. Jedes Zuviel an politischer Machtanmassung, an Korruption, an mafioser Gewalt bedeutet Strafpunkte bei der Refinanzierung auf dem globalen Kapitalmarkt. [...].

5 Schweizerische Bankgesellschaft, siehe Fussnote 4, S. 223.

Doch eine *new economy?* (2007)[6]

[…].

Liquide Lehrer und Lebenspartner

Es gibt gesellschaftliche Bereiche, die sich bis vor ganz kurzer Zeit mit grossem Erfolg gegen jeglichen Wettbewerb und weitestgehend gegen jegliche Kontrolle schützen konnten. Dazu gehörte gewiss das Schulwesen kontinentaleuropäischer Prägung, seit Pestalozzi eine löbliche Institution des Volksheims, von Behörden überwacht und geleitet und von Lehrern als Beamte über nunmehr 200 Jahre betrieben. Die sozialstaatlichen Vorteile der staatsbetriebenen Schule liegen auf der Hand: Bildung für alle, Chancengleichheit, gleichmässige Ausbildungsqualität und so weiter. Nachteile gibt es, zum Beispiel im Vergleich zu viel stärker durch Privatschulen geprägten Gesellschaften, aber auch: Selbstzufriedenheit, Gleichgültigkeit, erstaunlich viele Burnoutfälle, mangelnde gesellschaftliche Achtung, die Unfähigkeit, mit Sonderbegabungen unter den Schülern umzugehen: Der Lehrerberuf wird immer mehr mit negativer Konnotation verbunden.

Was für den Aussenstehenden augenfällig ist: Dass das Schulwesen – ausgerechnet! – von einem eklatanten Qualifikationsproblem gekennzeichnet ist. Jene, die laufend Noten und Beanstandungen austeilen, werden kaum je anständig qualifiziert, und die Entschädigung ist nur in ganz seltenen Ausnahmefällen glaubwürdig an die erbrachten Leistungen geknüpft. Leistungsorientierte Entschädigung im Lehrerberuf würde ja bedeuten, den langfristigen Erfolg der Schüler und Studenten, drei, fünf Jahre nach Schulaustritt in den betreffenden Fächern zu messen, denn nur dieser ist für die Betroffenen wirklich relevant. Davon sind sämtliche Qualifikationssysteme weit entfernt, und entsprechend fragwürdig sind «teilautonome» Schulleitungen, denen nicht einmal die Kompetenz zufällt, den Lohn der Lehrpersonen mitbestimmen, geschweige denn bestimmen zu dürfen, oder gar über das Recht auf *hire and fire* zu verfügen.

Eine der wichtigsten gesellschaftlichen Funktionen, die Ausbildung unserer immer rarer werdenden Jugend, ist damit einer effektiven Kontrolle und Führung entzogen. Und es ist angesichts der verpolitisierten Verhältnisse – daran liegt ja wohl der Hauptnachteil der Volksschule – nicht absehbar, dass sich darin Wesentliches ändern wird. Remedur kommt nun aber von einer ganz anderen, unvorhergesehenen und in vielerlei Hinsicht auch durchaus unangenehmen Seite.

[6] Anlagekommentar Nr. 249 vom 7. Mai 2007. Zum Begriff der *new economy* siehe S. 229–231.

Wer unter www.spickmich.de ins Internet steigt, wird auf eine Homepage stossen, die derzeit in Deutschland unter Mittelschülern Furore macht. Die Plattform erlaubt ihren Mitgliedern – es sind nur Schüler zugelassen –, ihre eigenen Lehrer zu qualifizieren und sich über Macken, Marotten oder auch Ernsthafteres auszutauschen. Was resultiert, ist ein offenes Ratingsystem für Lehrer, und erstaunlich ist, dass es bis anhin eigentlich zu durchaus fairen Ergebnissen führt. Wer lediglich ein primitives Lehrerbashing erwartet hätte, sieht sich getäuscht.

Selbstverständlich ist der Erfolg dieser Schülerplattform noch offen, und vor allem steht deren Ausbreitung nach Österreich und in die Schweiz noch aus. Vielleicht handelt es sich lediglich um einen ersten Anlauf, dem aber mit hoher Wahrscheinlichkeit andere folgen würden. Denn die Logik des Vorgangs ist fast zwingend: Dass ein sorgsam abgeschotteter, in sich schlecht und recht funktionierender, aber suboptimale Resultate liefernder gesellschaftlicher Bereich transparent gemacht wird. Das ist das eine. Das andere sind die Auswirkungen der erreichten Transparenz: Nie mehr wird ein Lehrer angestellt werden, ohne dass man www.spickmich.de konsultiert hätte, und weil das allenthalben bekannt sein wird, ergeben sich völlig neue Anreize im Lehrerberuf. Und es wird kaum mehr möglich sein, Lehrer an einer Schule zu halten, die regelmässig und zu Recht im Rating der Schüler durchfallen. Mit anderen Worten: Der Markt für Lehrer ist mit einem Schlag liquider geworden. Vielleicht, vielleicht werden dereinst gute Lehrer einmal deutlich besser entschädigt. Dann hätte sich die erhöhte Transparenz für die Erfolgreichen in der betroffenen Berufsgruppe ausbezahlt.

Was für Lehrer gilt, wird auch andere gesellschaftliche Bereiche erfassen – oder hat sie schon erfasst. So hat sich beispielsweise der für die Weiterentwicklung der Gesellschaft gewiss sehr wesentliche Vorgang der Partnerwahl in den letzten Jahren völlig verändert. War es bis vor wenigen Jahren noch so, dass sich der Zufall, den geeigneten Lebenspartner bzw. die geeignete Lebenspartnerin zu finden, auf einen relativ kleinen Kreis von örtlich wie sachlich begrenzten physischen Bekanntschaften beschränken musste – dem man zwar mittels institutionalisierter Partnerschaftsfindungs-Mechanismen wie Konfirmandenunterricht, Tanzkursen und Hochzeitsfesten nachzuhelfen versuchte –, so bieten heute Plattformen wie www.parship.com die Möglichkeit, bedeutend zielgerichteter vorzugehen und mit der Suche eine viel grössere Anzahl echter Heiratswilliger zu erreichen. Bei «Parship» sind heute rund zweieinhalb Millionen Männer und Frauen registriert, darunter auch nicht wenige vorgerückten Alters. Wer etwas gegen die virtuelle Vorgehensweise hat, soll einmal beweisen, dass die physische Auswahl über den Tanzkurs besser war ...! Die Gesellschaft ist liquider geworden. [...].

«Blogo»-Sphäre: Liquidere Information

[...] Es muss einen Grund geben, weshalb die Webblogs und Internetforen dermassen rasant um sich greifen. Es handelt sich dabei bekanntlich um Plattformen, in denen sich ein beschränkter Kreis von Teilnehmern oder aber auch die Öffentlichkeit als Ganze einschalten und zu bestimmten Themen äussern können. Es kann um Fakten, Meinungen, aber auch um Falschmeldungen und auch abstruse Hetztiraden gehen. Die Relevanz eines Blogs bestimmt sich durch die Qualität der Teilnehmer.

Es ist ganz offensichtlich, dass die etablierten Medien durch die Blogs eine Konkurrenz erhalten haben, die sie bis anhin auf die Leserbrief-Seite verbannt hatten: die eigenen Leser, Hörer und Zuschauer. Die «Blogo»-Sphäre sei der «Triumph der Amateure», gibt die NZZ zu diesem Thema wieder und ortet in ihr «die Vorhut einer mächtigen Bürgerbewegung, die daran ist, die Medienmonopole zu schleifen und Meinungsvielfalt wiederherzustellen»[7]. Gut formuliert – aber werden die Konsequenzen daraus bei den etablierten Medien, zu denen besagte Zeitung gewiss gehört, auch gezogen? Durch die «Blogo»-Sphäre ist, ökonomisch gesehen, Information noch viel liquider geworden. Wer das öffentliche Gut CNN- oder 20-Minuten-Infos anbieten will, kann dies nur in der Masse und unter Zuhilfenahme von Werbegeldern tun; die Skaleneffekte wirken gnadenlos. Aber auch (vermeintlich oder tatsächlich) höherwertige Information steht nun unter Konkurrenzdruck. Bezahlt wird nur noch, was dem Konsumenten einen effektiven Mehrwert verschafft und mit einer Markenetikette vertrieben wird, die sich ihre Rechtfertigung immer wieder verdient. Es herrschen mit anderen Worten nun auch bei den Medien ganz gewöhnliche Marktverhältnisse. Die strategischen Folgerungen sind klar: Entweder will man auf Masse machen, wenn man das kann oder will, oder aber auf höchste Qualität, was enorme Investitionen in Personal und Informatik sowie die Elimination von Halbbatzigem bedeuten würde. Zwischendrin gibt's nichts Sinnvolles, da triumphieren die Amateure.

Nicht nur Amateure, sondern durchaus auch die Weltgemeinschaft von professionellen Wissenschaftern triumphieren in einem anderen Bereich der Information, nämlich jener, die bis vor zwei, drei Jahren ausschliesslich in

[7] Zukunft 2.0 / Web 2.0; Droge, Religionsersatz oder Zukunftstechnologie?, in: *Neue Zürcher Zeitung*, Nr. 10, 13. Januar 2006, S. 63.

Lexika und anderen Nachschlagewerken zu finden war. Heute gehört das Universum von www.wikipedia.com zur unerschöpfbaren Quelle über beinahe alles, was es zu wissen gibt, und zum Ärger der konservativen Gegner von *open source*-Plattformen wird die Qualität dieses mehrsprachigen Online-Nachschlagewerks von Tag zu Tag besser. Der kürzlich auf einer Fachtagung von Wikipedia-Gegnern erhobene Vorwurf, an einem Brockhauseintrag habe früher ein wissenschaftlicher Mitarbeiter während Monaten gearbeitet, erscheint etwas unbeholfen in einer Zeit, in welcher der Stand des Wissens global laufenden Veränderungen ausgesetzt ist. Gewiss, es hat viele Fehler in Wikipedia, aber es gibt noch viel mehr Lektoren und Korrektoren.

Information, ob bis anhin durch Medien verbreitet oder in Nachschlagewerken nachzusuchen, ist bedeutend liquider geworden. Und das erst noch bis in den hintersten Winkel im Hindukusch und im Calancatal.

Alles ist erhältlich

Haben wir uns schon genügend die Augen gerieben? Sind wir uns genügend bewusst, was das alles eigentlich bedeutet? Und können wir erahnen, welche Konsequenzen, nicht zuletzt für den Anleger, aus diesem Liquiditätsschub auf der realen Seite der Weltwirtschaft und der Gesellschaft fliessen? Die Reformation war nur dank der Erfindung Gutenbergs möglich. Wir sind der festen Überzeugung, dass die Auswirkungen des Liquiditätsschubs durch das Internet ähnliche Dimensionen haben und noch völlig unterschätzt werden.

Kernpunkt der neuen Ökonomie ist die Tatsache, dass es heute eigentlich kaum mehr etwas gibt, was nicht grundsätzlich erhältlich ist. Gewiss, auch in der neuen Ökonomie sind die meisten Güter knapp und haben ihren Preis, es sei denn, es handle sich um echte öffentliche Güter. Aber im Gegensatz zu früher gibt es bedeutend weniger künstliche oder auch durch natürliche Gegebenheiten erzeugte Verknappungen von Gütern. Wer Viagra will, kann es haben; wer einen Ehepartner sucht, ebenso; wer einen Lehrer anstellen will, kann auf dessen Qualifikation durch die Schüler zugreifen; wer etwas wissen will, konsultiert Wikipedia; wer wetten will, kann das vom Lehnstuhl aus auf einer maltesischen Plattform tun. Diese neue Erhältlichkeit ist umfassend und ergreift immer neue gesellschaftliche Bereiche. […].

Erhältlichkeit bedeutet, dass meistens mehr als zwei Anbieter irgendwo auszumachen sind. Das Internet hilft, sie zu finden. Und wo zwei und mehr Anbieter sind, da herrscht Wettbewerb. Die Welt ist gross genug, so dass vorübergehende Absprachen nicht zustande kommen und vorhandene Kartelle bald einmal auseinanderbrechen. Das ist die Quintessenz dieser neuen Ökonomie der Erhältlichkeit. Seit einigen Jahren werden in vielen Bereichen der Wirtschaft Monopolrenten und Kartellpreise systematisch auf das Wettbewerbsniveau zurückgestutzt. Der ökonomische Treiber hinter der ganzen Entwicklung sind die über die letzten 15 Jahre drastisch gesunkenen Informations- und Transaktionskosten.

Mehr Wettbewerb heisst also die neue Ökonomie, und sie ist insofern nicht neu, als sie im theoretischen Konzept von Adam Smith schon immer vorhanden war. Aber sie ist insofern neu, als die Weltwirtschaft noch nie auf einmal eine derartige Hinwendung zum Wettbewerb erlebt hat. Mehr Wettbewerb bedeutet Wohlstandsgewinn, Wohlstandsgewinn wohlverstanden nicht lediglich für ein paar reiche Bonzen, sondern für die (konsumierende) Allgemeinheit in der Form tieferer Preise für eine vergleichsweise höhere Anzahl von Gütern. Solchen Wohlstandsgewinn kann kein staatliches Umverteilungsprogramm in derart sozialer Allokation erreichen. Mehr Wettbewerb ist die beste global wirksame Sozialpolitik, die überhaupt denkbar ist.

Erhältlichkeit: Gilt auch für Unternehmungen

[…]. Das Internet hat auch in Bezug auf das ökonomische Gut «Unternehmung» für bedeutend mehr Transparenz und damit für mehr Liquidität gesorgt. Leistungsvergleiche zwischen, sagen wir, zwei Verpackungsmaschinen-Herstellern sind auf weltweiter Basis ohne weiteres möglich geworden, und die Kombination oberflächlich gesehen wenig Synergien bietender Unternehmungen macht unter dem Regime drastisch gesunkener Informations- und Transaktionskosten unter Umständen bedeutend mehr Sinn als noch vor wenigen Jahren. Die Welle von Übernahmen im Firmenbereich entspricht deshalb nicht einem *late cycle*-Phänomen, wie es von Vertretern der Börsenapokalyptik gerne benannt wird. Im Gegenteil: Viel mehr wird von alledem zu sehen sein, Zyklus hin oder her.

Liquidere Kapitalmärkte bedeuten eine erhöhte Bedrohung etablierter Management-Seilschaften durch das Ultima-Ratio-Instrument des Kapitalmarkts, die Übernahme.[8] Aus Corporate-Governance-Sicht ist eine solche Effizienzsteigerung des Kapitalmarkts selbstverständlich begrüssenswert, da dies die Manager auf Trab hält, wenngleich es ab und zu natürlich auch die Falschen treffen kann, wie man im Fall Sulzer (vielleicht) zu glauben geneigt ist.[9] Märkte funktionieren nun einmal nach dem Prinzip von *trial and error*. Als Quelle für

[8] Vergleiche S. 255–256.
[9] Angespielt wird auf die Abwahl des Sulzer-Verwaltungsratspräsidenten Ulf Berg zugunsten von Jürgen Dormann auf Druck des Grossaktionärs Viktor Vekselberg im April 2009.

das knappe Gut Eigenkapital sind die Märkte aber praktisch unverzichtbar, insbesondere bei Wachstumsabsichten. Wer von den Vorteilen einer Platzierung seiner Aktien am Kapitalmarkt Gebrauch machen will, darf die Konsequenzen nicht fürchten. Wer A sagt, muss auch B sagen können und das konsequenteste Verdikt der Märkte, die Übernahme, als Normalfall akzeptieren.

Da also auf längere Zeit mit mehr Transaktionen zu rechnen ist, müssen allerdings die Spielregeln nochmals geprüft werden: Der Sinn einer Meldepflicht bei Überschreiten bestimmter Beteiligungsschwellen – Kassen- oder Derivatmarkt hin oder her – ist ernsthaft zu debattieren. De facto stellt die Meldepflicht einen asymmetrischen Schutz zugunsten des bestehenden Managements dar. [...].

Liquidere Standorte

Erhöhte Erhältlichkeit von Komponenten, Konsumgütern, Dienstleistungen, Unternehmensteilen und ganzen Unternehmungen: Wir sind dabei, uns daran zu gewöhnen. Neu, und das im wirklichen Sinn einer neuen *new economy*, ist nun aber, dass darüber hinaus auch die Standorte auf der Welt zur Tauschware geworden sind. Selbstverständlich gab es auch früher schon die Möglichkeit des Auswanderns, wenn den Bürgern die Bedrängung durch die Obrigkeit zu lästig oder gefährlich wurde. Vergessen wir aber nicht, dass bis vor knapp 20 Jahren noch eine Mauer quer durch Berlin stand und Stacheldrahtverhaue mit Selbstschussanlagen und Wachttürmen quer durch den Rest Europas, um solches zu verhindern. Die Welt von heute ist bedeutend durchlässiger geworden.

Naheliegenderweise ist es vor allem das flüchtige Kapital, das von dieser erhöhten Durchlässigkeit – was nichts anderem als einer verbesserten Liquidität der Standorte entspricht – am leichtesten Gebrauch macht. Es alloziert sich dorthin, wo die günstigsten Rahmenbedingungen herrschen. Die höchst arbeitsteilige globale Komponentenwirtschaft ermöglicht einen raschen Wechsel von Strukturen und Standorten, wenn sich die Rahmenbedingungen verschlechtern oder anderswo (relativ oder absolut) verbessern. Die erhöhte Liquidität von Unternehmensteilen oder ganzer Firmen kommt dem selbstverständlich entgegen.

Nicht ganz so fungibel sind natürliche Personen, denen der Standort, das heisst die Heimat, die Familie und die Freunde, viel wert ist und die sich eine Dislokation deshalb gut überlegen müssen. Dennoch: Die globale Migration ist nicht den ärmsten Bevölkerungsschichten vorbehalten, wie die

Neu, und das im wirklichen Sinn einer neuen *new economy,* ist nun aber, dass darüber hinaus auch die Standorte auf der Welt zur Tauschware geworden sind.

Seite 134

Zügeltermine eines Michael Schumacher oder eines Johnny Hallyday beweisen. Ob arm oder reich: Standorte sind auch für natürliche Personen liquid geworden.

Was als Konsequenz aus dieser erhöhten Standortliquidität resultiert, ist ein starker Druck auf das politische System, sich um die Standortqualität zu kümmern. Je kleiner und weniger mächtig ein Land, desto höher gestalten sich die Anforderungen an die Rahmenbedingungen. Die politische Ökonomie beschrieb bisher vor allem die Prozesse, welche aus den Anreizen verschiedener institutioneller Rahmenbedingungen (das heisst der verschiedenen Formen von Demokratie und anderer Machtsysteme) fliessen. Nun wird, im Rahmen der Erforschung der neuen *new economy*, besonderes Augenmerk auf die Reaktion der politischen Systeme auf den Wettbewerbsdruck durch andere Staaten zu legen sein. Welche Regierungsform kann am besten damit umgehen, wo es nun nicht mehr nur gilt, zulasten eines auf möglichst implizite Art von verschiedensten Bevölkerungsgruppen genährten Fiskus möglichst explizite Vorteile an bestimmte Anspruchsgruppen zu verteilen, sondern es nun auch darum geht, die Einwohner, juristische wie natürliche Personen, bei Laune zu halten? Die Zeiten der Mauern und Stacheldrahtverhaue sind ja vorbei.

Vorderhand sieht man zweierlei. Erstens ist offenkundig bereits ein ziemlich virulenter Steuerwettbewerb unter den Staaten im Gange. [...]. Es zeigt sich, dass die meisten Länder, allen voran die kleineren und damit besser regierten, die Zeichen der Zeit früh erkannt haben und alles tun, um im Wettbewerb um interessante Unternehmungen mithalten zu können. Erfolge wie in Irland, das einst das Armenhaus Europas war, sprechen Bände.

Unternehmenssteuerreformen werden Schlag auf Schlag folgen. Nicht weil das politische System will – welche Partei hätte sich denn bisher schon ernsthaft um tiefere Steuern gekümmert? –, sondern weil es schlicht muss. Diese Erkenntnis ist namentlich auch in unserem sonst doch auf günstige Rahmenbedingungen so erpichten Land tröstlich, das bisher noch keine Unternehmenssteuerreform hervorgebracht hat, die den Namen wirklich verdienen würde. Der äussere Druck wird schon dafür sorgen. Selbstverständlich wird aber das Regieren unter dem Gesichtspunkt einer schwindenden Bedeutung des Fiskus nicht einfacher. Es wird darum gehen, die Staatsproduktion effizienter zu gestalten, was nichts anderes als eine Besinnung auf die wirklichen Prioritäten staatlicher Betätigungen heissen kann: Produktion von innerer und äusserer Sicherheit inklusive Rechtssicherheit und Eigentumsschutz;

Produktion nicht anders zu habender öffentlicher Güter, insbesondere solche der Infrastruktur und der Forschung; Gewährleistung eines genügenden, möglichst wenig falsche Anreize auslösenden Schutzes vor existenzgefährdender Armut.

Damit ist ein Zweites vorgezeichnet. Die Staaten jeglicher Grössenordnung und die politischen Kräfte jeglicher Couleur setzten bis anhin ja just nicht auf die genannten Prioritäten, sondern verhalfen dem Staat zur Betätigung in allen anderen denkbaren Feldern. Der Druck auf den Fiskus – er hat mittlerweile auch die Steuern für natürliche Personen erfasst – wird nun aber immer schmerzvoller werden. Das geht nicht ohne Verteilungskämpfe ab, denn allzu viele, wie gesagt jeglicher politischen Couleur, hängen inzwischen am Tropf des Staates, namentlich natürlich alle Organisationen, deren einzige Daseinsberechtigung es bisher war, sich vom Privilegienkuchen ein möglichst grosses Stück abzuschneiden.

Die vorläufige Rettung des alten Regimes der wohlfahrtsstaatlichen Privilegienbewirtschaftung liegt in der Kartellisierung der politischen Systeme auf der Ebene supranationaler Organisationen, da, wenn schon, nur diese in der Lage sind, den Wettbewerb der Standorte einzudämmen und zu behindern. Die Tätigkeit der OECD, 1960 gegründet *«to promote economic liberalization and market-based reforms»*, ist zunehmend in dieser, den ursprünglichen Zweck der Organisation verratenden, Richtung zu suchen. Das OECD-Komitee für Steuerfragen *(Committee on Fiscal Affairs, CFA)* betreibt mit seinen Anstrengungen, «schädlichen Steuerwettbewerb» zu bekämpfen, nichts anderes als Kartellpolitik zugunsten gefährdeter Hochsteuerländer, und mit den leider nicht ganz erfolglosen Versuchen, die Steuerhinterziehung zu kriminalisieren, eine spezifisch gegen das Individuum gerichtete Aktivität zugunsten ungerechtfertigt hoher Steuerregimes.[10] Steuerhinterziehung ist ja bekanntlich eine virtuelle Form von Auswanderung, die erlaubt, physisch im Land zu bleiben, das Geld aber nicht mehr wirklich einsetzen zu können. Seit die Standorte auch für natürliche Personen liquider geworden sind, nimmt die Bedeutung dieser Art von Auswanderung deutlich ab.

Auch die EU, eine Organisation, die sich den europäischen Binnen*markt*, mithin also ein möglichst staatsarmes Territorium, auf die Fahne geschrieben hatte, wird mittlerweile zur Kartellisierung durch Finanz- und andere Minister missbraucht. Der von der EU beschlossene *Code of Conduct* in Steuersachen und Teile des EU-Wettbewerbsrechts führen in Richtung einer direkten Verhinderung des Steuerwettbewerbs für Unternehmen und Private.

[10] Siehe S. 272–289.

Die immanente Sympathie von Behörden, Verbänden und Politikern für supranationale Organisationen wird dadurch erklärbar. Nur politische Naivlinge glauben an eine diesbezügliche Verschwörung. Im Gegenteil: Die Sympathie ist absolut sachlogisch und von niemandem orchestriert. Die nationalen Privilegienkartelle können ohne supranationale Verbandelung im globalen Wettbewerb liquider Standorte nicht überleben. Auf einem anderen Blatt steht, was obsiegen wird und ob es sich für einen kleinen Staat wie die Schweiz, die alle Voraussetzungen hätte, im globalen Wettbewerb um liquide Standorte zu gewinnen, lohnt, völlig auf die Strategie der Harmonisierung mit supranationalen Organisationen zu setzen. Für die Privilegienbewirtschafter vermutlich schon – für das Land als Ganzes auf die Länge sicher nicht. Denn die klassische Ökonomie lehrt, dass Kartelle wohlstandsmindernd und systematisch dem Untergang geweiht sind. […].

Europa ist attraktiv (2005)[11]

Überschätzte Zusammenhänge

[…]. Die «Neuigkeit», welche die Abstimmungen in Frankreich und Holland sowie das nachfolgende EU-Gipfeltreffen für den durchschnittlichen Politiker oder die durchschnittlichen Medien gewesen sein mögen, war so «neu» ja nicht.[12] Im effizientesten aller Informationsverarbeitungs-Systeme, den Finanzmärkten, war die krisenhafte Entwicklung Europas ja schon lange bekannt, der schleichende Niedergang weitgehend vorweggenommen. Die Vorwegnahme widerspiegelt sich unter anderem in – im Vergleich zu den USA beispielsweise – deutlich tieferen Preisen für Unternehmensanteile, für Aktien also. Die Finanzmärkte mögen sich dann und wann zwar irren oder bestimmte Entwicklungen überschätzen. Aber sie kennen im Gegensatz zu politisch motivierten Informationsprozessen eines nicht: Political Correctness, falsche Rücksichtnahmen und Hemmungen zur Nennung dessen, was nicht sein darf. Was als «Neuigkeit» für Politiker und Medien eine Katastrophe bedeuten mochte, weil es die eigenen ideologisch geprägten Erwartungen enttäuschte, erwies sich für die Finanzmärkte einerseits als Bestätigung dessen, was implizit schon bekannt war, anderseits aber auch als Signal für möglicherweise positiv zu wertende Veränderungen.

[11] Anlagekommentar Nr. 236 vom 4. Juli 2005.

[12] In den beiden Abstimmungen lehnte das Volk den Entwurf für einen 2003 erarbeiteten EU-Verfassungsvertrag ab. An dessen Stelle wurde 2007 der Reformvertrag von Lissabon abgeschlossen, der dem Volk nicht mehr unterbreitet wurde.

Quintessenz: Wenn sich bei absolut ödem Wirtschaftswachstum in Europa und bei völliger Orientierungslosigkeit der politisch Verantwortlichen die europäischen Börsen als die derzeit weltweit interessantesten erweisen, dann liegt darin nicht ein Widerspruch oder gar ein abgrundtiefer kapitalistischer Zynismus, sondern eine versteckte Logik, die Neuigkeiten nicht auf dem Bildschirm oder in den Zeitungsspalten sucht und erkennt, sondern in den tieferen Zusammenhängen von Geschichte, Wirtschaft und weltweiter Kapitalallokation. Im folgenden wollen wir diesen Linien nachgehen und unsere eigenen Schlüsse daraus ableiten.

Selbsterlösung und Autokannibalismus

[...]. Nach den blutigen und tyrannischen Ausgeburten pseudoreligiöser Ideen im Sowjetkommunismus und im Nationalsozialismus war es eine ungleich humanere Variante von praktiziertem Selbsterlösungswillen, die ihren Siegeszug durch Europa antrat: der Vorsorgestaat. Die Idee also, dass für mehr oder weniger sämtliche Lebensumstände eine gütige, ordnende, ausgleichende Instanz dafür sorgt, dass individuelle Unbill ausbleibt oder sich in Grenzen hält. Im Gesundheitswesen soll es genügend Ärzte, Krankenschwestern, Spitalbetten, Pflegeplätze für alle geben; im Bildungswesen soll jeder genau diejenige Ausbildung geniessen können, die ihm am ehesten zusagt und unbeschränkt lange studieren können; das kulturelle Schaffen sollen nicht nur alle miterleben dürfen, sondern es soll auch jeder Künstler ungeachtet der jeweiligen Nachfrage und vielleicht auch ungeachtet seines Könnens zulasten der Allgemeinheit produzieren dürfen; der Arbeitsmarkt soll nebst Mindestlöhnen auch Arbeitsplätze für alle generieren und mithin ausserhalb von Nachfrage und Angebot funktionieren; der öffentliche Verkehr soll das Bedürfnis nach flächendeckender Mobilität möglichst kostengünstig abdecken, und schliesslich sollen auch die Bauern ihre Produkte zu garantierten Preisen absetzen können.

Das Quasiparadies hatte und hat durchaus seine Attraktion und hat deshalb auch seine Priesterschaft und sein gläubiges Kirchenvolk. Nur zeichnete sich halt schon vor langer Zeit ab, dass es sich als Sozialkonstrukt nicht selber tragen kann, [...] und als Resultat herrscht nun in Europa ein kritischer Zustand:

- In den wichtigen Kernländern Deutschland, Frankreich und Italien herrscht wirtschaftliches Nullwachstum als Folge sozialpolitisch induzierter Hoffnungslosigkeit.

- Die Staatshaushalte der wichtigsten Mitgliedsländer sind stark überschuldet, die Staatsquote steigt aber dennoch weiter an, die Steuerlast ist erdrückend hoch.
- In den meisten Ländern Kerneuropas herrscht massive Arbeitslosigkeit; die Arbeitsmärkte sind völlig rigide.
- Europa steht wegen der immer noch steigenden Lebenserwartung vor einer demografischen Herausforderung erster Güte; tiefgreifende Anpassungen im sozialpolitischen Bereich wären eigentlich unumgänglich.
- Regelverstösse gegen das ordnungspolitische Korsett der EU werden immer häufiger (Maastricht!).
- Wichtige Kräfte in der EU und in den Regierungen einzelner Mitgliedsländer werden mehr und mehr von expansionistischen Ideen bestimmt. Das erklärte Ziel ist ein europäischer Flächenstaat, dessen Zusammenhalt jedoch kaum finanziert werden kann oder aber irgendwann mit Machtmitteln erzwungen werden muss.

Der Glaube an den Wohlfahrtsstaat und die immer heftiger gewordene Hinwendung der Politik und der Intelligenz zum europäischen Einheitsstaat müssen in einer Linie gesehen werden: Je wackliger das Fundament des offensichtlich werdenden Irrglaubens wurde, desto mehr bot sich das Heil im «Zusammenschluss», im «Binnenmarkt», in der «Einheitswährung», im «europäischen Sozialmodell» und in allen möglichen und unmöglichen Harmonisierungsbemühungen an. Der Glaube an «Brüssel» ist in den letzten Jahren mehr und mehr an die Stelle des Machbarkeitsglaubens auf nationaler Ebene getreten. Und die Strukturen der EU entsprechen denn ja auch in vielerlei Hinsicht den Bedürfnissen pseudoreligiöser Praktiken. Die Priesterkollegien verschiedener hierarchischer Stufen werden auf ziemlich undemokratische Weise zusammengestellt und wirken vor allem durch implizite Machtausübung. Der Vorhöfe im Tempel sind viele und der Tempelwärter noch mehr. Gutes Benehmen auf den Stufen zum Tempel wird insofern belohnt, als man in mehr oder weniger aussichtsreicher Position zu Tische sitzen darf. Der Pilgerreisen sind inzwischen Legion, Reisen ins europäische Mekka sind zur unverzichtbaren Handlung all derer geworden, die sich auch noch ein paar Brosamen von der Tafel der Einheit erhoffen. Zweifler, Skeptiker und Ketzer sind unwillkommen und werden auf die eine oder andere Weise stigmatisiert.

Das mag zynisch tönen, ist es aber eigentlich nicht. Die blutigen Erfahrungen aus Europas Geschichte verbieten es selbstverständlich, die europäischen

Einigungsversuche lächerlich zu machen. Aber die unselige Verquickung der Idee eines friedlichen europäischen Zusammenlebens mit dem Glauben an den Vorsorgestaat und die Erhebung dieser Verquickung zu einem höheren Prinzip verlangt dringend nach einer adäquaten Analyse und Demaskierung. So war ja Churchills Aufruf «*Let Europe arise!*» von 1946 mit Sicherheit nicht gemeint gewesen. Dass das so konstruierte Europa nun in einer Sackgasse steckt, haben die Franzosen und Holländer im Frühsommer 2005 der Welt mitgeteilt.

«Wir sind pleite»

[...]. Bei zugleich hoher Staatsverschuldung und bereits hoher Steuerlast erweist sich die Altersvorsorge in den EU-Kernländern Deutschland, Frankreich und Italien als äusserst fragil, weil sie fast ausschliesslich auf der nach dem Umlageverfahren organisierten ersten Säule beruht. Die mangelnde Kapitaldeckung bedeutet, dass für die künftigen Verpflichtungen ausschliesslich das Arbeitseinkommen der dannzumal aktiven Generationen aus den betreffenden Ländern aufkommen muss. Eine Finanzierung über zusätzliche Steuern wird aufgrund der bereits hohen Steuerlast und der auf dem Staat lastenden Schulden (mit dem damit verbundenen Zinsendienst) kaum möglich sein. Wenn man bedenkt, dass die genannten «aktiven Generationen» wegen der tiefen Geburtenraten schrumpfen und das Vorsorgebetreffnis wegen der höheren Lebenserwartung noch lange weiter steigen wird, dann ergibt sich daraus eine implizite Schuld, die vermutlich einige Jahres-Bruttoinlandprodukte der betreffenden Länder erreicht.[13] [...].

Wenn man sich die sozialpolitisch/fiskalische Disharmonie zwischen den einzelnen EU-Ländern vor Augen führt und gleichzeitig bedenkt, zu welchen Schwierigkeiten bereits der sogenannte «Briten-Rabatt» (Nichtteilnahme Grossbritanniens an den Agrartransfers innerhalb der EU) geführt hat, dann lässt sich nur sehr schwer vorstellen, dass sich die EU und ihre Mitgliedsländer noch lange auf dem bisherigen Pfad fortbewegen können. Weshalb? Weil es sich bei Sanierungen oder Teilsanierungen der Vorsorgewerke um ganz andere Beträge handelt als bei den Agrarsubventionen. Falls sie sozusagen «komptant» geleistet werden sollten, würde die Steuerlast zusätzlich in die Höhe schnellen und damit die Konkurrenzfähigkeit Europas gegenüber den weitgehend unbelasteten Mitbewerbern aus Asien noch mehr eingeschränkt.

Falls aber – zugegebenermassen die bislang bevorzugte, weil politisch attraktivere Variante – die Finanzierungslücke durch weitere Wechsel auf die Zukunft «geschlossen» werden sollte, wird dies weiterhin und in verstärktem

[13] Siehe Grafiken auf S. 273

Masse auf die Befindlichkeit der Bürger drücken. Das anämische Wirtschaftswachstum kommt ja nicht von ungefähr. Wer ahnt, dass irgendwann einmal, aber unausweichlich, schwere Lasten finanziert werden müssen, der verspürt vergleichsweise wenig Lust zu einem Sondereffort in seinem Leben. Wer denn sonst als jene, die verdienen oder die verdient haben (also die «Reichen»), käme für eine solche Finanzierung in Frage? Von gewerkschaftlicher Seite wird immer wieder vorgebracht, es brauche «nur» 2 oder 3 Prozent mehr Wachstum und ein um noch ein paar Prozentpunkte höheres Produktivitätswachstum, dann sei die Sache wieder im Lot. Als könnte Wachstum und als könnten Produktivitätssteigerungen einfach so mir nichts, dir nichts herbeigezaubert werden. So lange die Wahrscheinlichkeit überwiegt, dereinst einmal um die Früchte seiner Anstrengungen gebracht zu werden, werden sich nur Hyperaktive und Dumme anstrengen.

Bliebe, *horribile dictu,* sonst nur noch der Raubzug auf Verdienst und Vermögen ausserhalb der EU. Der nicht ganz unumstrittene Historiker Götz Aly wies nach, dass viele der nachmaligen Errungenschaften der «sozialen Marktwirtschaft» ihre Wurzeln in Geschenken des Führers hatten, um das Volk zufriedenzustellen.[14] Die «Geschenke» wurden durch die besetzten Länder finanziert oder erwirtschaftet. Eine wenig nachhaltige Methode und mithin ein Verfahren, das sich niemand zurückwünschte.

Mit anderen Worten bleibt eigentlich nur eines, und dieses eine heisst «Schnitt». Zugeben, dass man pleite ist (was eigentlich alle schon ahnen), Beendigung des Zustands der Unsicherheit, wer diese Pleite zu bezahlen hat, Schaffen einer Gewissheit, dass die Lasten in Zukunft nicht wieder grösser werden, sondern kleiner. Das wäre das Programm, das Europa zu neuem Wachstum verhülfe. [...].

Kein Zuckerschlecken

[...]. Es sind drei kritische Bereiche auf dem Weg zur Gesundung Europas auszumachen. An ihrer Bewältigung wird sich dann auch ziemlich bald erweisen, ob der Alte Kontinent seinen Weg in die Zukunft wirklich findet oder nicht. Erstens wird man gespannt zur Kenntnis nehmen, wie der Durchschnittseuropäer auf das Explizitwerden der aufgezeigten Pleite reagieren wird. Denn es wird damit ja auch klar werden, dass es vom liebgewordenen Anspruchsdenken an das Kollektiv Abschied zu nehmen gilt. Die Interessen gewichtiger Gruppen und Organisationen, welche dieses Anspruchsdenken

[14] Götz Aly, *Hitlers Volksstaat, Raub, Rassenkrieg und nationaler Sozialismus,* Frankfurt am Main, Fischer, 2005.

verwalten, stehen sowohl der Transparenz (der Pleite) als auch vor allem dem angedeuteten notwendigen Schnitt negativ gegenüber. Es wird entscheidend sein, dass der Aussichtslosigkeit der bisherigen Rezepte genügend aussichtsreiche, Zuversicht fördernde und insgesamt glaubwürdige Varianten gegenübergestellt werden. Im Arsenal der Politikwissenschaft und der Sozialökonomie gäbe es an sich genügend Konzepte, die auch und gerade die sozial Schwächsten besser berücksichtigen als der allgemeine Vorsorgestaat. Reformen haben zu Recht nur eine Chance, wenn sie sozialethisch unanfechtbar sind.

Die zweite grosse Herausforderung wird darin bestehen, das Verhältnis des Bürgers zu seinem Gemeinwesen – sei es nun der Nationalstaat als Mitglied einer EU-Freihandelsorganisation, sei es eine bedeutend weiter integrierte Union – besser zu regeln. Besser in dem Sinn, als irgendwo die Begrenzung der staatlichen Macht abschliessend verankert sein muss. Nicht umsonst war die Verfassung der Vereinigten Staaten ein dermassen durchschlagender Erfolg. Sie schützte und schützt immer noch in erster Linie den Bürger vor dem Kollektiv. In Europa fehlt ein solches Dokument, zumal die Verfassungen der einzelnen EU-Mitgliedsländer, wo sich die Grundrechtskataloge befinden, durch Erlasse der EU immer mehr relativiert worden sind. In einer umfangreichen Dokumentation zeigte kürzlich das Nachrichtenmagazin «Der Spiegel» auf, wie subtil die Aushöhlung der auf Nationenebene gewährten Grundrechte vor sich gehen kann.[15] Als Beispiel zeigte «Der Spiegel» die Bemühungen im Bereich der Betrugsbekämpfung auf, wo eine in Brüssel domizilierte Amtsstelle mit dem harmlosen Namen «Olaf» systematisch dafür sorgt, die Kriminalitätsgrenze des Betrugstatbestands vom Vorsatz in Richtung Fahrlässigkeit zu senken, um damit den Spielraum bei den Ermittlungen auf eine entscheidend grössere Menge von EU-Bürgern ausweiten zu können. Da mit einer ausufernden Bürokratie Betrügereien und Unregelmässigkeiten korreliert sind, haben Organe wie «Olaf» den durchaus bedrohlichen Charakter von Betreibern eines Teufelskreises. – Wenn der Europäer sich auf keiner der denkbaren Ebenen verfassungsmässig und definitiv geschützt fühlt, wird nie und nimmer das Gefühl der Unverletzlichkeit der persönlichen Integrität auf diesem Kontinent zurückgewonnen werden. Im Angesicht eines Orwellschen Überwachungsstaats mag keine Freude zu mehr Wachstum aufkommen.

Der dritte Knackpunkt wird der Umgang mit der realen Unterschiedlichkeit auf diesem Kontinent sein. «Friedliches Zusammenleben» von Völkern muss, ja kann vermutlich nicht «Gleichschaltung» heissen. Obschon in der EU nominell das Prinzip der Subsidiarität gilt, gingen allzu viele Entwicklungen in

[15] Die Macht vom anderen Stern, in: *Der Spiegel*, Nr. 23, 6. Juni 2005, S. 106 ff.

Richtung einer Vereinheitlichung – bis hin zur inzwischen berühmt gewordenen Krümmung der Feldfrucht, die nur dann Gurke heissen darf, wenn sie den von Brüssel erlassenen Normen entspricht.[16] Europa ist von seiner Geografie, seiner Geschichte, von der herkunftsmässigen Zusammensetzung seiner Bevölkerung, der Verschiedenheit in mentaler, religiöser und sprachlicher Hinsicht bei weitem zu divergent, als dass eine künstlich aufgesetzte Vereinheitlichung Erfolg versprechen könnte. Der europäische Flächenstaat ist deshalb eine völlig utopische Grösse, und die Gedanken an ihn sind nicht einmal angenehm. Der Ausweg kann nur in einer Föderalisierung bestehen, und wenn eine solche Föderalisierung Bestand haben soll, dann bedeutet sie auch Abtretung der Macht von der Zentrale an die Glieder. [...].

Keine Verschnaufpause! (1999)[17]

[...]

Europa in der Transformation

[...]. Die beinahe reflexartige Reaktion der deutschen Bundesregierung auf die beiden Fälle Mannesmann und Holzmann veranschaulicht schulbuchmässig, wie schwierig und langwierig der Weg zu einem seinem Namen wirklich gerecht werdenden Binnenmarkt sein wird.

Der etwas seltsam aus Röhrenproduktion und Telefonie (und einigem anderen mehr) zusammengesetzte Mannesmann-Konzern sieht sich seit ein paar Wochen mit einem sogenannt feindlichen Übernahmeversuch durch die britische Telefongesellschaft Vodafone konfrontiert. (Wobei «feindlich» in solchen Fällen immer eine etwas problematische Bezeichnung ist. Denn wirklich feindlich ist eine Übernahme eigentlich nur für das bestehende Management, meist aber keineswegs für den Aktionär und mithin Eigentümer des Zielobjekts!) Sicherlich ist nichts dagegen einzuwenden, wenn dieser weitere Megamerger kritisch untersucht wird. Und es wäre auch nichts dagegen einzuwenden, wenn man zum Schluss käme, dass die Transaktion in dieser Form keinen Sinn macht. Könnte ja sein, dass Röhren und Telefonie in ein und demselben Konzern eine ganz besonders sinnvolle Symbiose darstellen. Sowohl in Röhren wie auch in Telefone kann man auf der einen Seite hineinrufen, und dann tönt es auf der anderen Seite heraus.

Aber nicht solche wirtschaftlichen Überlegungen wurden in die Diskussion geworfen, sondern es herrschte Entrüstung über die Möglichkeit grenz-

[16] Siehe Fussnote 2, S. 125.

[17] Anlagekommentar Nr. 198 vom 6. Dezember 1999.

überschreitender feindlicher Übernahmeversuche. Und sofort erschallte der Ruf nach einem EU-weiten Übernahmekodex, der letztlich ja wohl nichts anderes bezwecken kann, als solchen Transaktionen Hindernisse bürokratischer Art in den Weg zu legen. Hat man denn nun tatsächlich die Mühe, einen Binnenmarkt zu schaffen, auf sich genommen, dass beim ersten Mal, wo dieser Binnenmarkt ernsthaft zum Tragen kommen könnte, die nationalen und protektionistischen Reflexe Oberhand gewinnen? Ein Zeichen seitens der EU-Kommission, dass wenigstens diese unter Binnenmarkt etwas anderes versteht, wäre dringend gefragt.

Nicht viel besser der Fall Holzmann. Es handelt sich um ein klassisches Beispiel von *moral hazard* [...]. Da wird während Jahren ein einstmals stolzer und solider Baukonzern durch ein unfähiges und/oder auch noch ein wenig korruptes Management zugrundegerichtet. Über Tiefstpreisangebote wird die (meist aus dem KMU-Bereich stammende) Konkurrenz systematisch ausgeschaltet, freilich mit der Konsequenz, dass nicht nur die Konkurrenz nicht mehr überleben kann, sondern dass man selber an die Grenze der Wirtschaftlichkeit stösst. Da man sich mit den Banken bzw. mit deren obersten Gremien bestens versteht, kann man das Spiel übermässig lange betreiben, bis dann die Zahlen dermassen aussichtslos erscheinen, dass nicht einmal mehr die verbündeten Banken helfen wollen oder können.

Worauf dann fröhlich zur aktiven Wirtschaftspolitik des Fiskus geschritten wird. Unter dem Vorwand, es müssten nicht nur Arbeitsplätze in fünfstelliger Höhe gerettet werden, sondern darüber hinaus auch noch ein Mehrfaches bei den Zulieferbetrieben, greift der Bundeskanzler höchstpersönlich (er will ja auch den politischen Applaus) zum alt-«bewährten» Mittel der Staatsgarantie. In der Folge geht man zur Tagesordnung über und tut so, als wäre nicht viel geschehen.

Dass man aber vorsätzlich ein Schema unterstützt, das zuvor Arbeitsplätze namentlich kleinerer und mittlerer Firmen zerstört hat, und dass man danach daran geht, mit Steuermitteln, die man vermutlich genau diesen kleineren und mittleren Unternehmern zur Tasche herausgezogen hat, den gefrässigen Moloch am Leben zu erhalten: Das ist Fiskalismus und Strukturerhaltungspolitik der übelsten Sorte. [...].

Es liegt auf der Hand, dass Europa just eine andersartige Medizin bräuchte. Noch sind die meisten wirtschaftlichen Strukturen, von ganz wenigen Ausnahmen im grossindustriellen Bereich, national geprägt. Noch mag wenig Kapital branchenmässig quer durch die EU-Mitgliedsländer fliessen. Noch ist die

Mobilität innerhalb Europas gering (was auch nicht wundert, wenn man durch Entsenderichtlinien und «flankierende Massnahmen» der Mobilität und damit der Liberalisierung des Arbeitsmarkts direkt entgegenwirken darf). Noch herrschen, namentlich in Deutschland, bis weit in die grösseren Betriebe hinein gewerbliche Organisationsformen vor, die nicht geeignet sind, genügend Risikokapital anzuziehen.

Eine Chance für einen echten, das heisst zu Produktivitätssteigerungen und Kapazitätsausweitungen führenden Aufschwung wird es auf unserem Kontinent nur geben, wenn das in den Fällen Mannesmann und Holzmann schlaglichtartig gezeigte unglückselige Zusammenwirken von Politik und Hochkapital (wenn man das so nennen darf) aufhört und an dessen Stelle eine sehr weitgehende Zurückhaltung für Interventionen tritt. [...].

Die Renditedifferenzen an den Aktienmärkten Europas und der USA wie auch die Währungsdifferenzen sind unseres Erachtens nicht ganz grundlos. Europa vermag noch nicht zu überzeugen. Potential allein genügt auf die Länge nicht; es müssen nun Tatbeweise folgen. Es gibt für unseren Kontinent keine Verschnaufpause. Im Gegenteil! [...].

Was ein freier Kapitalmarkt ausmachen kann

Es ist schon zu verstehen, dass angesichts der harten Fakten eines bei weitem gesünderen Wirtschaftswachstums, einer bei weitem lebhafteren Binnennachfrage, bei weitem höheren Renditen an den Aktienmärkten blanker Neid der Europäer gegenüber den Amerikanern aufkommen kann. Was denn, *after all,* ist drüben so viel besser?

[...]. Die Antwort ist einfach: Es ist die Freiheit, mit der sich das Kapital bewegen kann, nicht mehr und nicht weniger. Die USA sind sehr nahe am idealtypischen Bild, wie wir es aus dem mikroökonomischen Lehrbuch kennen. Für jede spezifische Nachfrage nach Kapital gibt es ein passendes Angebot; die Preisfindung im Gleichgewicht von Angebot und Nachfrage findet täglich, stündlich, sekündlich an den äusserst effizienten Börsen und auf den ausserbörslichen Plattformen statt. Im Gegensatz zu Europa bereitet es jungen amerikanischen Firmen keinerlei Mühe, an Venture-Capital zu gelangen. Der mühselige und oft aussichtslose, weil kafkaeske Gang zu den Banken im Ringen um Fremdkapital bleibt den Amerikanern erspart, bzw. er kann angetreten werden nach vorheriger Proviantierung durch Eigenkapital.

Zudem ist nichts in Amerika selbstverständlicher als die Desinvestition aus einem Venture, nachdem man es erfolgreich zur Blüte gebracht hat. Oder anders gesagt: Nicht nur die Investition ist sichergestellt, sondern vor allem auch deren Liquidierungsmöglichkeit. Daraus resultiert das Gegenteil zu den gewerblichen Strukturen Europas. Unternehmungen wechseln in rascher Folge die Eigentümer, werden aufgebaut, werden fusioniert, werden liquidiert, und stets kann es weitergehen in immer neuen Formen. In Europa bleiben Generationen auch dann noch «im Geschäft», wenn sie längstens das Handwerk verlernt und den Elan ihrer Grossväter verloren haben.

Die ungleiche Verteilung von Neugründungen und von neu geschaffenen Stellen zwischen Amerika und dem alten Kontinent spricht Bände. [...].

Über Steuern und Wohlstandswachstum (2000)[18]

Am Anfang waren die Steuern

[...]. Wenn die Erinnerung an den Geschichtsunterricht nicht ganz täuscht, dann war es doch vor allem die schwer auf dem dritten Stand lastende Steuerbürde, welche 1789 die Französische Revolution auslöste. Die Geistlichkeit war weitestgehend, der Adel völlig von Steuern befreit. Ja, die zu letzterem (zweiten) Stand gehörenden rund 4'000 Familien kamen in den Genuss von grosszügigen Geschenken durch Pensionen und sonstige Zuwendungen, währenddem die «Gemeinen», vorab Bauern, in Form von Ernteteilen, Grundbesitzsteuern, Kopfsteuern, Salz- und anderen indirekten Abgaben auf jede erdenkliche Art gemolken wurden. Überschlagsmässig muss deren Steuerlast etwa 50 Prozent betragen haben. Eine Missernte im Jahr 1788 mit nachfolgender Teuerung brachte dann das Fass zum Überlaufen. Aus dem Lot geratene Staatsfinanzen hätten durch noch höhere, neue Steuern saniert werden sollen – aber das Volk machte nicht mehr mit, die Französische Revolution nahm ihren Lauf.

[... Man kann] einen guten Teil der europäischen Sozial- und Wirtschaftsgeschichte, ja der europäischen Geschichte ganz allgemein, doch kaum anders interpretieren als eine Abfolge von Machtstrukturen, die, sich überlagernd und überlappend, keinen wesentlich anderen Zweck hatten, als den produktiven Teil der Bevölkerung systematisch auszunehmen. In immer wieder wechselnden Formen und in durchaus verschiedenartiger Legitimation. [...].

[18] Anlagekommentar Nr. 202 vom 3. Juli 2000.

Vorrevolutionäre Zustände heute?

[...]. Ein Blick auf die heutzutage geltenden Steuerordnungen zeigt, dass nach wie vor der produktive Teil der Bevölkerung das Ziel von Konfiskationen ist. Die nachfolgende Grafik stellt die Abgabenbelastung (Steuern plus Sozialabgaben der Arbeitgeber und der Arbeitnehmer) der durchschnittlichen Lohnempfänger in einigen ausgewählten Ländern dar. Wir haben mit Absicht nicht den bonusschweren Topverdiener als Modell gewählt. Er wäre zur Beurteilung von makroökonomischen Fragestellungen auch gar nicht relevant. Beim durchschnittlichen Lohnempfänger müsste zusätzlich die Mehrwertsteuer auf dessen Konsumausgaben gerechnet werden. Diese sind bei ihm relativ gewichtiger als bei einkommensstarken Personen. Man geht kaum fehl in der Annahme, dass in Hochsteuerländern wie Frankreich, Italien, Deutschland, Schweden oder Belgien die fiskalische Gesamtbelastung der Durchschnittsverdiener eher über als unter 50 Prozent liegt. Man bewegt sich also in Grössenordnungen wie im vorrevolutionären Frankreich.

Was dem (durchschnittlichen) Lohnempfänger eigentlich bleibt ...

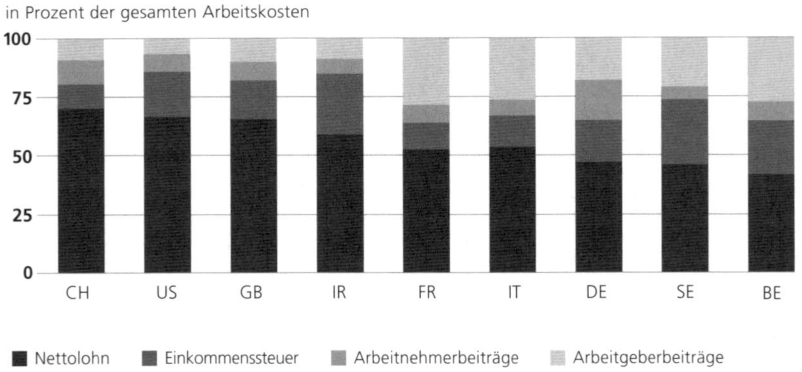

Quelle: OECD, *Taxing Wages in OECD Countries 1998/99*, eigene Darstellung.

Wichtig, ja geradezu zentral ist die Feststellung, dass eben nicht nur die ganz Reichen zur Kasse gebeten werden, sondern dass die geltenden Steuerordnungen systematisch den produktiven Mittelstand treffen. [...].

In einem harmonisierten Europa sind die Sparsamen die Dummen.

Seite 150

«Schädlich» – für wen?

In diesem Klima konfiskatorischer Steuergesetze schickt sich nun die Europäische Union an, gegen «schädlichen Steuerwettbewerb» und für «Harmonisierung» vorzugehen. Die Staats- und Regierungschefs haben am Gipfel im portugiesischen Feira beschlossen, innerhalb von zehn Jahren zu einem System der Zinsbesteuerung an der Quelle überzugehen und mittels Informationsaustausch zwischen den Behörden der einzelnen Länder die Steuerpflicht der Bürger auch zu erzwingen. Das System trete allerdings nur in Kraft, wenn auch die wesentlichsten Drittländer – gemeint ist damit in erster Linie die Schweiz – zu demselben System übergehen würden, da sonst der zusätzlichen Kapitalflucht Tor und Tür geöffnet wäre. Brüssel hat nun den Auftrag, mit den Drittländern Verhandlungen aufzunehmen.

[…] Die Mentalität, die sich hinter dem Plan von Feira verbirgt, lässt aufhorchen. Beginnen wir mit der Terminologie. «Schädlicher Steuerwettbewerb»: Länder, die Kapital und gegebenenfalls auch Zuwanderer anziehen, weil sie in bestimmten Bereichen deutlich günstigere Steuersätze anwenden oder auf einzelne Steuern gar verzichten, üben eine solche *harmful tax competition* aus. Laut OECD gehe es bei deren Bekämpfung darum, dass «die Steuerlast gerecht verteilt werde». Kein Wort darüber, dass erst mit allzu hohen Steuerbürden überhaupt die grossen Diskrepanzen zwischen verschiedenen Ländern entstehen können. Kein Wort darüber, dass es, wenn schon, allem voran ein schädliches Niveau für Steuern gibt! Da ist […] die Stigmatisierung des (andernorts weniger besteuerten) Reichtums. Schädlich ist nach EU- und OECD-Terminologie, wer der Konfiskation entgeht bzw. wer den Entgangenen eine Oase zur Verfügung stellt, und nicht, wer die Konfiskation organisiert.

«Harmonisierung», Ausgleich, faire Verteilung der Steuerlast: die euphemistische Umkehrung der Elimination des «schädlichen Steuerwettbewerbs». Orwell lässt grüssen. Mit dem Bekenntnis zur Harmonisierung verrät die EU das Subsidiaritätsprinzip in drastischer Weise. Subsidiarität würde bedeuten, dass man es den verschiedenen Körperschaften freistellt, sich anders und besser zu organisieren als andere, und man würde es begrüssen, wenn sie ihre Ausgaben besser im Griff hätten als andere. «Harmonisierung» zerschlägt alle Anreize in dieser Richtung. In einem harmonisierten Europa sind die Sparsamen die Dummen.

Man wird das ungute Gefühl nicht los, mit der Brüsseler Verwaltung schiebe sich, ganz analog zur Geschichte Europas der letzten 1'000 Jahre, ein neuer Stand, ein neues Geflecht über den Kontinent, um die alten, teilweise ausgedienten nationalen Stände zu ersetzen. Und das Hauptziel sei, wie könnte es in Europa anders sein, einmal mehr *wealth extraction*.

Aber die demokratische Legitimation?

Mit dem Bemühen, erst einmal die Steuerlöcher zu stopfen, wird das Pferd offensichtlich am falschen Ende aufgezäumt. Nach legalistischem Gesichtspunkt stört es natürlich, dass sich Steuerpflichtige dem Arm des Gesetzes zu entziehen versuchen, indem mit einem Teil der erarbeiteten Mittel Orte «schädlichen Steuerwettbewerbs» aufgesucht werden. Und es wird darauf hingewiesen, dass sich eine moderne Steuerpflicht durch die demokratische Legitimation in grundsätzlicher Weise von früheren Konfiskationsmechanismen unterscheide. Es stehe ja den Steuersubjekten frei, als Bürger aktiv zu werden und gegebenenfalls die Regierungen, welche die hohen Steuern auferlegt haben, abzuwählen.

Auf den ersten Blick trifft die Argumentation zu. Aber nur auf den ersten. Sie verkennt nämlich zweierlei. Zunächst kommt es für den einzelnen Steuerzahler überhaupt nicht darauf an, von wem eine Steuer auferlegt ist. An der Tatsache, dass sie gegebenenfalls zu hoch ist und ihm jeglichen Anreiz zu Arbeit und Wohlstandsvermehrung nimmt, ändert die demokratische Legitimation nichts. Darüber hinaus verrät die Argumentation aber auch einen Mangel an Kenntnis über die Funktionsweise der Demokratie. Bereits vor bald 40 Jahren wies der nachmalige Nobelpreisträger James Buchanan zusammen mit Gordon Tullock auf systematische Asymmetrien im demokratischen Entscheidungsprozess hin.[19] In der Zwischenzeit hat eine reiche Literatur über *Public Choice* den Nachweis der These vertieft, dass der Benefit für spezielle Interessengruppen, irgendein (letztlich immer finanzielles) Ziel im demokratischen Entscheidungsprozess zu erreichen, bei weitem höher ist als der (letztlich immer finanzielle) Schaden, den eine grössere Allgemeinheit dadurch zu tragen hat. Beispiel: Man nehme an, die Schar der Bauern in der Schweiz (zur Zeit noch etwa 3 bis 4 Prozent der aktiven Bevölkerung) wünsche sich eine neue Art von Subventionierung für, sagen wir, den Unterhalt von Wanderwegen, die durch das Weideland führen. Die jährliche Subvention betrage 100 Millionen Schweizerfranken. Ergäbe pro erwerbstätigen Bauern durchschnittlich 800 zusätzliche Franken pro Jahr für eine Tätigkeit, die bis anhin eh schon ausgeführt worden war. Um zu dieser Subvention zu gelangen, lohnt es sich durchaus, die Mühen und Kosten des sich Koalierens und des Lobbyierens auf sich zu nehmen. Kapitalisiert ist die Subvention pro Empfänger

[19] James M. Buchanan und Gordon Tullock, *The Calculus of Consent, Logical Foundations of Constitutional Democracy*, Ann Arbor, University of Michigan Press, 1962.

etwa 16'000 Franken wert. Es lohnt sich, einen Bauernverband zu betreiben, National- und Ständeräte im Parlament zu halten usw. Für die Gegenseite, die Schweizer Steuerzahler, kostet die Angelegenheit nur etwa 18 Franken pro Jahr oder in ihrem kapitalisierten Gesamtwert knapp 400 Franken. Die Koalitions- und Lobbykosten, um gegen die Subvention anzutreten, sind zu hoch. Zumal es auch politisch ziemlich unkorrekt und unattraktiv wäre, gegen Wanderwege anzutreten. Denn Wanderwege sind ja etwas Gutes und Schönes.

Die Tendenz zu Staatsquotenwachstum erweist sich aus diesem Grunde als systemimmanentes Merkmal der Demokratie. Was überhaupt nicht gegen die Demokratie als solche spricht – andere Staatsformen haben gewiss bei weitem gewichtigere Nachteile. Es hat sich aber auf der ganzen Welt als schwierig erwiesen, dem Wachstum Grenzen zu setzen. Verfassungsmässige Schranken oder auch Kriterien, wie sie im Maastrichter Vertrag vorgesehen sind, erweisen sich als höchstens temporär wirksam. Denn immer wieder kommt eine Situation, die es als unausweichlich erscheinen lässt, den guten Vorsatz zu durchbrechen. Es müssen ja nicht nur harmlose Wanderwege sein. Meistens waren es irgendwelche sogenannten nationalen Notstände, die die grössten Staatsquotenschübe ausgelöst haben.

Die heutige Medienkultur verstärkt die Tendenz zur übermässigen Berücksichtigung von Partikularinteressen in der Demokratie eher noch. Denn die Medien sind auf spannende Themen und *stories* angewiesen. Ob Wanderwege, Opfer des Lothar-Sturmes, aidsgefährdete Randständige: Aus ihnen kann man medial mehr machen als aus der Vielzahl relativ langweiliger produktiver Leute des Mittelstands. Und wenn die Themen auszugehen drohen, dann organisiert man sich halt notfalls einen Notstand.

Mit anderen Worten vermag das Demokratie-Argument in Bezug auf die Beurteilung von «schädlichem Steuerwettbewerb» und die Tätigkeit von Steueroasen nicht wirklich zu greifen. Die Möglichkeit, mit Kapital abzuwandern, war, ist und bleibt das Korrelat zu übermässiger Besteuerung und übermässiger Staatsquote. Und sehr wahrscheinlich ist der «schädliche Steuerwettbewerb» und die Möglichkeit zur Kapitalflucht letztlich sogar das einzig wirksame Mittel zur Eindämmung des übermässigen Staatswachstums. So gesehen hätten Steueroasen (insoweit sie sich kurzsichtiger- und unvorsichtigerweise nicht auch noch als Oasen für wirklich schmutzige Gelder verstehen …) eine absolut wichtige Kontrollfunktion auf dem europäischen Kontinent. Das mag zwar politisch ziemlich unkorrekt tönen, was aber nicht heisst, dass es nicht stimmt. Es gibt nichts Polemischeres als die Wahrheit.

Es gibt nichts Polemischeres als die Wahrheit.

Seite 152

Wealth creation – die grosse Alternative

[...]. Es gibt in Amerika keine [...] Stigmatisierung, im Gegenteil: Prosperität gehört zu den positiven sozialen Eigenschaften. Entsprechend darf man Reichtum und Wohlstand auch zur Schau stellen. Man denkt bei ökonomischen Gewinnen auch nicht zuerst und ausschliesslich daran, wer denn dadurch geschädigt sein könnte. Die amerikanische Perzeption von wirtschaftlicher Tätigkeit entspricht viel mehr einem Win-win-Schema; die europäische Idee des Null- oder gar Negativsummenspiels ist dort fremd.

Wir vermuten, dass zweierlei Gründe hinter dieser von Europa völlig verschiedenen Anschauungsweise stehen. Zunächst muss man sich vor Augen halten, dass die Strukturen der USA, gemessen an Europa, immer noch relativ jung und «nachrevolutionär» sind. Es konnte sich bis anhin nie wirklich ein Ständesystem wie auf dem alten Kontinent entwickeln. Wichtiger erscheint uns aber der zweite Grund. Im Gegensatz zu Europa konnte der Amerikaner im Verlaufe der letzten 200 Jahre immer ausweichen. *Go west* war (und ist immer noch in beschränktem Masse) eine Option, die dem Europäer weitgehend fehlte. *Go west* bedeutet, dass man wesentlich mobiler irgendwelchen unbilligen Ausbeutungsmethoden entgehen kann, es bedeutet, dass man ohne viel Aufhebens konkursgehen darf, es bedeutet, dass man ohne weiteres immer wieder sein Leben mit einem Neustart versehen kann.

Nicht, dass die Amerikaner im Laufe ihrer Geschichte nicht ebenfalls in die demokratische Staatsquotenfalle geraten wären. Auch in Amerika gibt es Steuern. Dennoch: Das Fehlen einer ausgesprochenen Neidkultur wie in Europa hat jenseits des Atlantiks den Boden bereitet für eine Wirtschaftsentwicklung, die ihresgleichen sucht. [...]. Und wie die Grafik über die Gesamtbelastung des durchschnittlichen Steuerzahlers zeigt, liegt das Niveau beträchtlich tiefer als in einem grossen Teil Europas.[20] Das hat seine Auswirkungen. Im Verlaufe der 90er-Jahre des 20. Jahrhunderts hat sich in den USA ein Teppich junger, innovativer Betriebe gebildet, der neue Jobs in Millionenhöhe kreierte. Die USA produzieren etwa 30 Prozent des Weltsozialprodukts und haben in den letzten Jahren etwa 90 Prozent der verwertbaren Patente generiert. Europa kann diesem Innovationsschub trotz (oder eher: wegen) dem milliardenschweren, von der EU-Administration gehätschelten «Eureka»-Projekt[21] in keiner Weise Gleichwertiges entgegensetzen. [...].

[20] Siehe Grafik auf S. 148.

[21] EUREKA wurde 1985 als Netzwerk zwischen Regierungen (insbesondere der EU-Staaten) ins Leben gerufen, um marktorientierte Forschung und Entwicklung sowie Innovationsprojekte von Industrie und Forschungsinstitutionen zu fördern.

Staaten unter Stress (2009)[22]

Spieltheoretische Gedankenspiele

Vor rund zwei Monaten hatten Mitarbeiter unseres Bankhauses in St. Gallen die Gelegenheit, mit dem Wirtschaftsnobelpreisträger und Mathematiker Robert Aumann einen ausführlichen Gedankenaustausch zu pflegen. Aumann, in den 30er-Jahren aus Nazideutschland geflohen und nach Studien in den USA seit 1956 an der Hebrew University in Jerusalem tätig, konzentriert sich in seiner Forschungstätigkeit auf spieltheoretische Fragen. Unsere Diskussionen mit ihm waren zunächst vor allem der Anwendung solcher Konzepte auf Strukturen und Prozesse im Finanzsystem gewidmet. Dabei erfuhr die These, dass die gegebene Anreizsituation von impliziter und mittlerweile expliziter Staatsgarantie zugunsten sehr grosser Banken in Kombination mit den modernen, kommissionsgetriebenen Distributionspraktiken und auf Kurzfristigkeit ausgerichteten Vergütungssystemen zwingend zu einem zu hohen Verschuldungsgrad führen müssen, eine klare Bestätigung. Aumann zeigte Parallelen in der «Spielanordnung» zum Phänomen des Versicherungsbetrugs auf. [...].

Für die folgenden Ausführungen belangreicher war dann allerdings die von Professor Aumann anhand konkreter Anwendungsbeispiele vorexerzierte Unterscheidung zwischen sogenannt kooperativen und nichtkooperativen Spielanordnungen. Den Hintergrund für dieses Thema bildete unsere Sorge um die Zukunft des schweizerischen Bankgeheimnisses und mithin des Finanzplatzes Schweiz beziehungsweise die im Vorfeld zum G20-Gipfel von Anfang April in London feststellbare Aggressivität ausländischer Regierungen gegenüber sogenannten «Steueroasen».[23] Die Erkenntnisse aus dem Workshop liessen an Deutlichkeit nichts zu wünschen übrig: Kooperative und nichtkooperative Spiele unterscheiden sich dadurch, dass bei der ersten Anordnung getroffene Abmachungen rechtlich durchsetzbar sind, bei der zweiten hingegen nicht. In der kooperativen Spielanordnung geniessen die Teilnehmer die *rule of law*, währenddem im nichtkooperativen *game* das Recht des Stärkeren gilt. Um mit seiner Strategie Erfolg zu haben, muss man zunächst einmal wissen, in welcher Spielanordnung man sich befindet. Für das Gelingen in der nichtkooperativen Spielform zählt der nach aussen erkennbare Wille zur Durchsetzung. Voraussetzung, dass der Wille zur Durchsetzung ernstgenommen wird, ist die Möglichkeit, dass man sich durchsetzen könnte, wenn es denn sein müsste. Der durch ernstzunehmende Vorbereitungen untermauerte Wille verhindert zumeist, dass «es sein müsste».

[22] Anlagekommentar Nr. 264 vom 29. Juni 2009.
[23] Siehe Fussnote 14, S. 289.

[...]. Aumann exemplifizierte das *si vis pacem – para bellum* (Wenn du den Frieden willst, bereite den Krieg vor) anhand des Münchner Besuchs von Premierminister Neville Chamberlain. Er ist klar der Meinung, dass die Geschichte eine weit positivere Wendung genommen hätte, wenn das *peace for our time* nicht geschehen wäre. [...]. Ob der Kniefall sogenannter Steueroasen vor dem durch die OECD orchestrierten G20-Gipfel möglicherweise nicht einer Art Münchner Wallfahrt entsprochen habe? Das würde allerdings implizieren, dass wir uns im Gefolge der Finanzkrise in Bezug auf internationale Steuerfragen – und vermutlich anderes mehr – nicht mehr in einem kooperativen, sondern im nichtkooperativen Modus befinden. Im vorliegenden Anlagekommentar wollen wir dieser Frage nachgehen und nach den Konsequenzen fragen. [...].

Häufiger und schlimmer als gedacht

Doch zunächst noch eine zweite theoretische Betrachtung zum Thema Krisen oder «Extremereignisse». Im Jahr 2005 wies Benoît Mandelbrot, nebst Aumann der zweite Mathematiker, auf den wir in diesem Anlagekommentar eingehen, darauf hin, dass Situationen, die offenbar zwingend in nichtkooperative Spielanordnungen münden, häufiger vorkommen, als man allgemein annimmt. In seinem Buch «Fraktale und Finanzen» zeigt er auf, dass es das Phänomen der *leptokurtosis* oder, auf englisch, der *fat tails* gibt.[24] Ereignisse an den Finanzmärkten sind also nicht nach Gauss einfach schön normalverteilt, vielmehr gibt es vergleichsweise *zu viele* Extremereignisse, und zwar sowohl im negativen als auch im positiven Sinne. Ferner stipuliert er «Regimes», also zusammenhängende Zeitintervalle, mit hoher Volatilität und solche mit wenig Aufregung im Kursverlauf, was im Gegensatz zum Zufall steht, den die meisten Risikomodelle unterstellen. Schliesslich weist er auf das Phänomen der seriellen Korrelation hin, das heisst der Entstehung von Markttrends, die ebenfalls der reinen Zufälligkeit zuwiderlaufen. [...].

Hätte man auf Churchill 1934 und auf Mandelbrot 2005 gehört, wäre rechtzeitig aufgerüstet worden. Was sind die Mittel, um (zu häufig auftretenden) Volatilitätsclusters oder serieller Korrelation zu begegnen? Oder etwas weniger kompliziert gefragt: Was sind die Mittel zur Verminderung von Grossrisiken im Finanzgeschäft? Ganz einfach: weniger Verschuldung, oder umgekehrt gesagt, mehr Eigenmittel, sowie eine Liquiditätsversorgung, welche bei der nichtkooperativ werdenden Spielart immer noch funktioniert. Das Sich-

[24] Benoît B. Mandelbrot and Richard L. Hudson. *The (Mis)Behaviour of Markets: a Fractal View of Risk, Ruin and Reward,* Basic Books, New York, 2004. (Die deutsche Übersetzung datiert von 2005.)

verlassen-Müssen auf andere im Falle des Eintretens eines Grossrisikos kann tödlich sein. Ein genügendes Mass an autonomer Handlungsfähigkeit ist die adäquate Antwort auf die Herausforderung, dass es die nichtkooperative Spielvariante nach Aumann gibt, ja, dass es sie gemäss Mandelbrot häufiger gibt, als man denkt. Und dass, wie die Erfahrung aus der Finanzkrise [von 2007–2009] lehrt, der Übergang von einem Spielzustand zum anderen kaum prognostizierbar ist und abrupt erfolgt. […].

Verschuldung: Stress oder nicht?

Äusseres und sichtbares Zeichen, dass sich auf der Seite der politischen Systeme Wesentliches verändert hat, ist gewiss die Zunahme der Staatsverschuldung wichtiger westlicher Nationen über die letzten 18 Monate. Dabei sind es nicht einmal nur die nackten Prozentzahlen, die zu denken geben, und auch nicht die wegen der vielen Nullen vor der Kommastelle unvorstellbar grossen absoluten Beträge. Bedeutend bemerkenswerter ist unseres Erachtens die Selbstverständlichkeit, mit welcher die erhöhte Staatsverschuldung hingenommen wird. Die Krise scheint nun wirklich alles zu rechtfertigen und sämtliche Schleusen zu öffnen.

Und dies beileibe nicht nur auf der Seite des politischen Systems. Kein Wirtschaftszweig, der für sich nicht mittlerweile «Systemrelevanz» stipulierte. An die Luftfahrtgesellschaften respektive das offenbar unbestrittene übergeordnete Interesse an ihrem Betrieb hatte man sich längst vor der Krise gewöhnt. Nun sind im Gefolge der Milliardenbeträge, welche ins Bankensystem hinübergeschoben worden waren, aber die Automobilkonzerne, ja Warenhausketten dazugekommen. Alle wollen gross und wichtig sein, keinesfalls Fregatten, sondern allesamt Flugzeugträger. Und nur mit Mühe können die wenigen verbliebenen vernünftigen Stimmen im politischen System die allerextremsten Auswüchse von Staatshilfe noch verhindern. Das süsse Gift wirkt unter euphemistischen Titeln wie «Überbrückungshilfe» und dergleichen bis weit in Kreise hinein, die unter anderen Umständen als alles andere als subventionsfreundlich gälten.

[…]. Bei praktisch allen westlichen Nationen lauert angesichts der demografischen Entwicklung und fragwürdig aufgesetzter Sozialwerke auch noch eine implizite Verschuldung, deren Höhe nur geschätzt werden kann, die sich aber auf mehrere Bruttoinlandprodukte beläuft.[25] […].

So sehr solche Zahlen geeignet wären, Stress zu verursachen, so sehr muss auch konstatiert werden, dass es diesen vorderhand nicht gibt. Männig-

25 Siehe S. 272–273.

lich ist bemüht, den Normalfall zu mimen. Kein unbekanntes Phänomen, wenn man an das Vorfeld zum *subprime*-Kollaps zurückdenkt. [...]. Jede Wendung von der kooperativen Spielart zur nichtkooperativen – darum geht es ja, wenn wir über «Staaten unter Stress» nachdenken wollen – muss a priori dem Absurden zugeordnet werden, weil ja nichtkooperative Spiele inhärent kostspieliger sind als kooperative. Aus übergeordneter Sicht wäre deshalb eine solche Wendung in jedem Falle, weil unvernünftig und damit absurd, abzulehnen. Das Problem besteht aber darin, dass die Weltgeschichte mehr Wendungen zum Absurden aufweist als erwartet. [...].

Es geht hier nicht darum, die Konsequenzen einer möglichen Zahlungsunfähigkeit von Staaten wie Italien, Griechenland oder anderen finanziell bedrängten Euro-Mitgliedsländern als «strategisches Problem» an die Wand zu malen. Bei Lichte besehen wäre eine solche Zahlungsunfähigkeit, wenn richtig gehandhabt, zwar einschneidend, würde aber nicht den Untergang bedeuten. [...].

Die derzeit immer noch erhöhten Risikoprämien für Anleihen finanzschwacher EU-Mitgliedsländer weisen darauf hin, dass der Markt zum einen mit der Möglichkeit einer Insolvenz rechnet, über die Risikoprämie gewissermassen auch Vorsorge dafür leistet, und dass zum andern gegebenenfalls von der ordentlichen Insolvenz ausgegangen wird. Denn sonst würde die Differenz in den Risikoprämien zu, sagen wir, Deutschland, ja gar nicht Sinn machen. Aus dieser Sicht ist übrigens nicht die Existenz der Risikoprämien alarmierend, sondern vielmehr wäre ihre Elimination ein grobes Warnzeichen. Dann müsste man Anleihen der Bundesrepublik Deutschland verkaufen!

Übergang in den aggressiven Modus

Stress ist, wenn schon, unter anderen Vorzeichen zu spüren und zu finden. Er resultiert vermutlich aus der Zangenbewegung, die sich durch den sich laufend verengenden finanziellen Spielraum einerseits ergibt, durch die sich rasant ausweitende Komplexität der Staatsaufgaben anderseits. Dieses zweite Phänomen wird häufig übersehen, ist möglicherweise aber noch belangreicher als das finanzielle Element. Im Zuge der Finanz- und nun insbesondere auch der Wirtschaftskrise haben sich viele Staaten und deren Agenturen ja in verschiedenartigster Weise in wirtschaftliche Aktivitäten begeben, oder eher: verstrickt. [...].

In wesentlichen Teilen des westlichen Wirtschafts- und Finanzsystems sind wir im Gefolge der Krise in der Komplexitäts-Sackgasse der Planwirtschaft angelangt. Das insgeheim vorhandene Bewusstsein über diese Problematik und die beschriebene Verengung des finanziellen Spielraums bilden zusammen die ungute, stressauslösende Kombination, von der wir weiter oben als «Zangenbewegung» gesprochen haben. Die Wahrscheinlichkeit, dass sich die westlichen Industrienationen aus dieser Situation ohne wesentliche Unfälle befreien können, scheint uns gering. Denn das würde ja ernsthafte Sparprogramme, Reformen der Sozialwerke, Reprivatisierungen voraussetzen. Alles Themen, für die derzeit kaum politische Lorbeeren zu holen sind.

Aus unserer Sicht ist bedeutend wahrscheinlicher, dass der aggressive Modus gewählt wird, oder in der für diesen Anlagekommentar gewählten Terminologie: dass das politische System, wenigstens gegenüber Teilen der Gesellschaft, von einem kooperativen zu einem nichtkooperativen Modus übergeht. Dies als sozusagen natürliche Reaktion auf die Vorahnung des Scheiterns. Beispiele gefällig? [...]. Der schon eingangs erwähnte G20-Gipfel in London. Gegen ein Treffen von hohen und höchsten Vertretern wichtiger Staaten ist gewiss nichts einzuwenden. Die Art und Weise, wie aber von befreundeten Ländern die Revision völkerrechtlich einwandfreier, mit Kündigungsklauseln versehener Doppelbesteuerungsabkommen erpresst worden ist, entspricht genau dem, was unter einem nichtkooperativen Spiel zu verstehen ist. Die Instrumentalisierung der OECD, einer für die bessere Zusammenarbeit (!) von entwickelten und demokratischen Ländern betriebenen Organisation, zur Schaffung von *soft law*, indem man mittels angedrohter schwarzer und grauer Listen neues Recht einfach herbeizwingt, weist auf ein mehr und mehr technokratisches Rechtsverständnis jenseits jeglicher demokratischer Legitimation hin. Das demokratische Vakuum, an dem die Europäische Union anerkanntermassen krankt, wurde so auf globale Ebene gehievt. Demokratie und die Einhaltung rechtsstaatlicher Normen: Das ist die einzige Möglichkeit, mit welcher das politische System nicht im nichtkooperativen Modus landet, und genau die demokratischen Prinzipien und den Rechtsstaat sehen wir mehr und mehr durch nomenklatura-ähnliche Strukturen ausgehebelt.

[Sodann ...]: Die Initiative, mit der US-Präsident Obama Steuersubstrat amerikanischer Unternehmungen in sein Land zurückholen will [...], wird zwingend mit den Steuerinteressen anderer Länder kollidieren.[26] Der nichtkooperative Modus ist vorprogrammiert; die Auseinandersetzung wird sowohl US- als auch ausländische Unternehmungen betreffen und die zwischenstaatlichen Beziehungen über den Atlantik und den Pazifik hinweg belasten.

[26] Siehe S. 301–309.

In dasselbe Kapitel geht die Ankündigung der Amerikaner, den Vertrag bezüglich der sogenannten *Qualified Intermediaries* einseitig und vorzeitig aufzukünden beziehungsweise zu modifizieren. Worum geht es? Beim *Qualified Intermediary* oder kurz QI handelt es sich um nichtamerikanische Wertschriftenhändler, denen von den US-Steuerbehörden ein besonderer Status eingeräumt wird, der es erlaubt, die amerikanischen Quellensteuern bei Nichtsteuerpflichtigen (zum Beispiel Europäern) relativ formlos zu erstatten. Dies, um Nichtamerikanern den Zugang zum amerikanischen Kapitalmarkt zu erleichtern. So wenigstens ursprünglich die Idee. Unter dem Eindruck des finanziellen Engpasses, auf den der US-Haushalt hinsteuert, wird nun von den Amerikanern versucht, dieses QI-Agreement so umzukrempeln, dass der amerikanische Fiskus den Durchgriff auf allfälligen Besitz an nichtamerikanischen Wertschriften durch US-Steuerpflichtige erhält. Gleichzeitig wird die Definition dessen, was ein US-Steuerpflichtiger ist, ins weitgehend Undefinierbare ausgedehnt, indem eine Steuerpflicht stipuliert wird für all jene, bei denen *any indication* (jedwelches Anzeichen) besteht, dass sie mehr Zeit in den USA zugebracht haben als *normal holidays currently or in the past or future* (normale Ferien jetzt, früher oder in Zukunft). [...].

Seien wir uns darüber im klaren, was hier geschieht: Der amerikanische Fiskus ist zum nichtkooperativen Spiel mit anderen Ländern, mit Unternehmungen, mit amerikanischen und auch nichtamerikanischen Individuen übergegangen. Erstmals seit dem Mauerfall von 1989 wird der relative Zugewinn an Macht, weil man eben die einzige noch verbliebene und erst noch militärisch höchst aktive Supermacht ist, für wirtschaftliche und fiskalische Zwecke verwendet. Die Ironie dieser Beobachtung liegt im Umstand, dass erst durch die Finanzkrise, an deren Anfang und in deren Zentrum ebendiese *superpower* stand, diese Aggressivität im Umgang mit der Umgebung möglich wurde.

Daraus wagen wir eine allgemeine Folgerung zu ziehen: Das in finanzielle Bedrängnis geratene, durch Fehlleistungen desavouierte, sich in immer höhere Komplexität verstrickende politische System reagiert nicht durch Rückzug auf das Mögliche, Vernünftige, Massvolle. Vielmehr neigt es zu aggressiven Aktionen. Dass sich die Aggressivität gegen die eigenen Bürger wendet, ist für Amerika übrigens nicht neu. So dekretierte der heute so gefeierte Erfinder des *New Deal,* Franklin D. Roosevelt, Vorbild von Präsident Obama, 1933 folgendes: «*All safe deposit boxes in banks or financial institutions have been sealed and may only be opened in the presence of an agent of the*

IRS» (Alle Schliessfächer in Banken oder anderen Finanzunternehmungen wurden versiegelt und dürfen nur in Gegenwart eines Vertreters der Steuerbehörde geöffnet werden).

Die Konzession als Endziel

Das mag nun aber alles, so bedrohlich es auch scheint, doch recht anekdotisch aussehen. Versuchen wir deshalb, uns noch ein paar Schritte vom aktuellen Tagesgeschehen zu entfernen und unter Zuhilfenahme von noch einmal ein wenig Theorie das wirklich bedeutsame strategische Muster zu erkennen. Die Theorie entlehnen wir für einmal der klassischen Ökonomie, nämlich der *Political Economy.*

Diese besagt, dass die Nutzenoptimierung im politischen System in der Ausweitung des diskretionären Spielraums besteht. Im Gegensatz zur Wirtschaft, der es im wesentlichen um Geld geht, weil Geld der kleinste gemeinsame und eintauschbare Nenner für die verschiedenen individuellen Nutzen ist, strebt der Teilnehmer im politischen System nach Gestaltungsmacht. Auf den «Staat unter Stress» angewandt, bedeutet dies, dass diese Stressphase eigentlich gar keine ist, sondern im Gegenteil sozusagen ein Geschenk des Himmels, denn wann sonst ausser in einer Stressphase wäre es möglich, die Demokratie mit Füssen zu treten, Völkerrecht zu verletzen, ungebremst *soft law* zu erlassen, die Steueransprüche auf die halbe Welt auszudehnen? Die Notlage der Banken und die Rettung des Finanzsystems durch die Staaten war so gesehen eine einmalige Chance, gegenüber dem wirtschaftlichen System Terrain gutzumachen, zurückzugewinnen, neu zu erobern.

Der Kapitalismus, das heisst das freiheitlich organisierte System für die freie Allokation von finanziellen Mitteln innerhalb der Wirtschaft, steht seit der Finanzkrise unter Rechtfertigungsdruck. Der freie Markt habe versagt, heisst es. Wenn man die Vorstellungen der Regierung Obama zur Reform des Finanzsystems genau anschaut, dann ist überdeutlich, worauf die Vorschläge hinauslaufen sollen: auf ein System, das die Kapitalallokation künftig von Staates wegen konzessionieren kann. Die Idee, jegliche Hedgefonds, Vermögensverwalter und Broker unter engste Aufsicht durch eine neu zu schaffende Behörde zu stellen, impliziert, dass alles, was jenseits solch kontrollierten Geländes stattfindet, widerrechtlicher Natur sein wird. Mit der Kontrolle zur angeblichen Verbesserung der Systemstabilität geht eine Tendenz zur Kriminalisierung einher. Es entspricht der Logik des oben stipulierten politökonomischen Modells, dass die Grenze zwischen «erlaubt/konzessioniert und kriminell» möglichst unscharf gehalten wird, da damit die Macht des politischen Systems sich noch akzentuieren lässt.

Das Endziel geht aber noch weiter. Letztlich muss es dem politischen System nämlich ein Dorn im Auge sein, dass es überhaupt so etwas wie eine freie Kapitalallokation geben soll. Denn der freie Fluss von finanziellen Mitteln steht in axiomatischem Widerspruch zum obrigkeitlichen Dekret und dem Bedürfnis des Inhabers obrigkeitlicher Macht, das Sagen zu haben über die Zuweisung von finanziellen Mitteln. Wenn etwa [...] Staatspräsident Sarkozy von «guten Defiziten» für «sinnvolle» Investitionen spricht, dann weiss man genau, wie eine solche obrigkeitlich dekretierte «Allokation» aussehen würde: je nach Gusto den Lieblingsprojekten der jeweiligen politischen Kaste zugehalten. Französische Politiker lieben die grosse Geste des Prestigeobjektes um sozusagen jeden Preis. Die Milliarden der Regierung Obama für die Automobilhersteller stehen der französischen Praxis aber keineswegs nach.

Obrigkeitlich konzessionierte Kapitalzuweisung würde in letzter Konsequenz heissen, dass unter staatlicher Aufsicht und Genehmigung die Verknüpfung zwischen Investor und Anlage stattfinden wird. Wir denken, dass die Anstrengungen zum «automatischen Informationsaustausch», wie ihn die EU und auch die OECD predigen, die Kriminalisierung von (de facto ökonomisch ziemlich unwichtigen) Insidervergehen, die völlig aufgebauschten Vermutungen zur «Terroristenfinanzierung» und vieles andere mehr eigentlich nur als Vorwand dienen zur Erreichung des grossen Ziels, der Abschaffung des freien Kapitalmarkts.

Sind lauter böse Menschen am Werk? Ein Geheimbund? Mitnichten. Wir haben nur das politökonomische Modell auf die Strukturfrage des freien Kapitalmarkts angewendet, nicht mehr und nicht weniger. Es geht um die inhärente Kraft, die (manchmal) das Gute will und oft das Böse schafft. [...].

Das Jahr der Ratte (2001)[27]

Einmal mehr: Irrationalität

[...]. Im Angesicht bemerkenswert hektischer Verhältnisse an den Aktienmärkten ist derzeit wieder viel von Psychologie und Irrationalität die Rede. Kursabschläge (und ab und zu, seltener zwar, auch Kursgewinne!) von 10 Prozent und mehr innerhalb weniger Minuten auf Werten, die man bis anhin

27 Anlagekommentar Nr. 206 vom 15. Januar 2001. Der Kommentar geht aus von einem Bekenntnis Moritz Leuenbergers (damals schweizerischer Bundespräsident), für ihn seien Börsen Casinos, die nach irrationalen Kriterien funktionierten.

Es geht um die inhärente Kraft, die (manchmal) das Gute will und oft das Böse schafft.

Seite 162

Bluechips genannt hatte und damit so etwas wie «Mündelsicherheit» suggerierte – solche noch kaum gesehenen Volatilitäten rufen nach einfachen Erklärungen. Nichts ist für den Menschen offenbar unangenehmer als das Eingeständnis, dass nicht simple Kausalitäten den Gang der Welt bewegen. In Situationen, in denen ganz unverkennbar einfache und lineare Verknüpfungen in keiner Weise auszumachen sind, konstruiert man ein künstliches Kausalitätsgebäude und nennt dieses dann «Psychologie» respektive «Irrationalität».

Das Vorgehen entspricht dem, wie sich die alten Griechen ihr Weltbild eingerichtet hatten. Auch sie standen ja, noch ohne Aktienmärkte zwar, dann und wann «nichterklärbaren» Lebensumständen gegenüber. Mit einem fast unübersehbaren Netzwerk von Göttern und Halbgöttern, einer munteren, zumeist inzestuös verschwägerten und gleichzeitig komplex verfeindeten Schar virtueller Wesen, schufen sich die Griechen für jeden Schicksalsschlag, für jedes eingetretene Risiko, für jeden Glücksfall die jeweils adäquate Kausalität. Das Unerklärbare, das Unvoraussehbare in einen vermeintlich logischen Kontext bringen: Erkennen wir darin nicht vieles wieder, was die Analystenindustrie hervorbringt? Man müsste in den einschlägigen Kreisen dringend einmal darüber nachdenken, wie es wäre, anstelle von Greenspan die Pythia vom Orakel von Delphi und einen Dionysos als Auslöser von Euphorien zu verwenden und für die Welle von Gewinnwarnungen allenfalls die Pandora mit ihrer Büchse zu bemühen. Der Erklärungsgehalt vieler Berichte und Analysen könnte möglicherweise nur gewinnen [...].

Doch Spass beiseite: Der Umgang mit dem Zufall oder mit hochkomplexen, grundsätzlich aber deterministischen und dennoch nicht prognostizierbaren Systemen bereitet Mühe. Den Zufall mag man, worauf kürzlich der St. Galler Ökonom Heinz Zimmermann in einem beachtenswerten Artikel über «Chaos» hingewiesen hat, noch halbwegs akzeptieren; dem Würfelspiel kann man wenigstens Wahrscheinlichkeiten zuordnen, und der Umgang mit Wahrscheinlichkeiten ist Teil des täglichen Lebens.[28] Für Komplexeres braucht es Götter oder, wenn man's quasi monotheistisch will, die «Irrationalität». [...].

Statisch und zuweilen bösartig

[...]. Wie steht es um die Resultate des politischen Prozesses?

Was eindeutig ist und empirisch dermassen deutlich belegt, dass selbst

[28] Chaos regiert die Welt – oder der Zufall? Die amerikanischen Wahlen und die Messbarkeit der Dinge, in: *Neue Zürcher Zeitung*, Nr. 292, 14. Dezember 2000, S. 9. Der Artikel geht von den damaligen Präsidentenwahlen in den USA aus, bei welchen das Ergebnis in Florida zugunsten von George W. Bush angesichts des knappen Gesamtresultats überaus umstritten war. Das Land geriet an den Rand einer Krise. Erst ein Urteil des Obersten Gerichtshofs beendete den Reigen von Neuauszählungen.

eingefleischte Ideologen kaum mehr offene Bekenntnisse zum Kollektivismus wagen: Die Planwirtschaft als Mittel zur Steuerung der Wirtschaft hat auf die Länge immer versagt. Planwirtschaft setzt ein überaus intelligentes, in seiner Vorausschau treffsicheres zentrales Organ voraus, und das gibt es offensichtlich nicht. Überdies ist kein solches Organ in der Lage, auf Veränderungen in der Übungsanlage rechtzeitig und unter Berücksichtigung aller Nebenwirkungen des Eingreifens zu reagieren. Alle planwirtschaftlichen Versuche haben der Welt bisher eine absurde Überproduktion militärischer Güter beschert. Weshalb? Weil die Nachfrage nach militärischen Gütern, ungleich den zivilen Konsumgütern, von der zentralen Instanz selber formuliert werden kann. Ein tautologisches Konstrukt also, aber eines mit durchaus bösartigen Auswirkungen auf das Weltgeschehen, wenn wir die Geschichte des 20. Jahrhunderts richtig verstanden haben.

Darüber dürfte Einigkeit bestehen. Oder doch nicht? Denn wer Nein zur Planwirtschaft und damit Nein zum staatlichen, das heisst politischen Allokationsprozess sagt, der muss leider Ja sagen zum kapitalistischen Allokationsprozess, der angeblich ein irrationales Casino ist. [...].

Politische Prozesse, gerade auch die demokratischen, nichttotalitären, zeichnen sich dadurch aus, dass sie erstens relativ langsam und mühselig sind und deswegen zur Statik neigen. Für bestimmte gesellschaftspolitische Vorgänge und Bereiche (wie die Sicherstellung rechtsstaatlicher Verhältnisse) a priori kein Nachteil, sondern durchaus sogar erwünschte Eigenschaft, weil dadurch die Voraussehbarkeit staatlichen Handelns sichergestellt ist. Wenn es aber darum geht, im weitesten Sinn des Wortes «wirtschaftlich» oder verteilend aktiv zu sein, führt Statik zu hoffnungsloser Verspätung.

Zweitens charakterisieren sich politische Prozesse mehrheitlich durch einfaches kausales Denken. Mit Massnahme A soll Zustand B erreicht werden. Etwa so: Zur Verbesserung der Gehaltssituation der Bauern soll die Fleischproduktion gefördert werden. Zur Erhöhung der Fleischproduktion soll Tiermehl verarbeitet und verabreicht werden. Zur Bekämpfung von BSE sollen die mit Tiermehl gefütterten Kühe umgebracht werden.[29] Doch wohin mit dem Tiermehl? Ab in den Zementofen. Schliesslich soll man der Landwirtschaft und der Zementindustrie dafür Geld geben. Die ganze politische Landschaft ist von solchen Kausalketten durchzogen, und siehe: Der Umgang mit komplexen Systemen erweist sich als äusserst schwierig.

Die Neigung zur Massnahme trifft, drittens, auf Objekte, von denen nicht angenommen wird, dass sie sich anders als massnahmengetreu verhalten wür-

[29] Zur Bovinen spongiformen Enzephalopathie siehe Fussnote 43, S. 107.

den. Staatlich geförderte Überproduktion, staatlich verursachte Ausbreitung von Drogen infolge einer preistreibenden Prohibitionspolitik, wirtschaftliche Apathie als Folge zu hoher Besteuerung, Schwarzarbeit als Konsequenz zu restriktiver Arbeitsmarktregulierungen – es ist schwierig, die Reihe von Fehlleistungen des politischen Sektors abzubrechen. Die Annahme statischen Objektverhaltens ist die Ursache für den immanenten Drang zur Erhöhung der Staatsquote. Denn das unvorhergesehene Ergebnis der unglücklichen Massnahme A führt zu den korrigierenden Massnahmen B, C und D. Wie hiess doch in der griechischen Mythologie die Schlange, der doppelt so viele Köpfe nachwuchsen, wenn man einen abgeschlagen hatte?

Viertens ist politische Tätigkeit vielfach ineffektiv. Es gibt, namentlich in den USA, die durch die Vielzahl verschiedenartig organisierter Teilstaaten gute Vergleichsmöglichkeiten anbieten, Untersuchungen über alle möglichen staatlichen Programme. Es ist in den allermeisten Fällen absolut ernüchternd, dass im wesentlichen eigentlich gar nichts passiert. Einkommensdisparitäten bleiben über lange Zeit trotz allen möglichen und unmöglichen Massnahmen erstaunlich konstant. Einige Beispiele aus unserer Nähe: In welchem kantonalen Steuergesetz stände nicht die Familienförderung als Grundsatz an erster Stelle? Aber was nützt's? Oder: Seit mehr als 100 Jahren wird in unserem Land Sozialpolitik in zunehmend gröberem Ausmasse betrieben. Doch wie steht es bei uns um die Entwicklung der Einkommensdisparitäten? Haben sie sich dementsprechend verringert? Es existieren nicht einmal saubere Messungen und Datengrundlagen. Von Controlling staatlichen Handelns kann keine Rede sein. Schliesslich: Seit dem Zusammenschluss der beiden deutschen Staaten fliessen jährlich gegen 100 Milliarden Mark in die ehemalige DDR. Der Einkommensunterschied ist geblieben, die Arbeitslosigkeit notiert immer noch ähnlich hoch.

Ineffektivität, verfehlte Ziele und unabsehbare Nebenwirkungen dürften der Grund sein, weshalb die Politik dann und wann bösartig und gewalttätig wird. Im Namen höherer Werte («öffentliches Interesse», «Staatsräson» etc.) wird dann *manu militari* das zu erreichen versucht, was anders nicht funktioniert hat. Demgegenüber ist der kapitalistische Allokationsprozess halt möglicherweise ein wenig wertearm, weil er nämlich auf der Werthaltung jedes einzelnen Marktteilnehmers aufsetzt. Ausgesprochene Gewalttätigkeit kann man ihm aber nicht vorwerfen.

Vom Wert des Fehlers

Womit sich der Kommentator aus St. Gallen wieder einmal seine Frustration über den politischen Sektor von der Seele geschrieben hätte, mag nun eingewendet werden. Der Markt mache ja auch Fehler. Wie *figura* an den Börsen seit einiger Zeit zeige. Die an der amerikanischen Technologiebörse Nasdaq betriebene Vermögensvernichtung spreche Bände.

Stimmt einerseits. Die Fehlleistungen am Markt sind eklatant. Gestern wurde Nokia zu 45,80 Euro gehandelt, heute kann man die Aktie zu 41,76 Euro haben, und morgen schnellt sie wieder 10 Prozent in die Höhe. Gestern, heute und morgen eine und dieselbe Firma. Wenn das nicht irrational ist!

Eben gerade nicht. Darin besteht das grosse «Anderseits», das leider nur von wenigen verstanden wird: Der Marktmechanismus ist ein Prozess, bei dem der Fehler Prinzip ist. Jeder am Markt zustandegekommene Kurs birgt den Irrtum in sich. Er erweist sich im nächstem Moment als falsch. Neue Informationen, neue Erkenntnisse, neue Erwartungen werden ohne Rücksicht auf irgendwelche politischen Korrektheiten oder auf irgendwelche anderen Interessen als die eigenen verzugslos korrigiert. Und ebenso unverzüglich geht es weiter. Jeder Kursanstieg bzw. jeder -rückgang ist eine Desavouierung früherer Entscheidungen. [...].

Der Allokationsprozess über die Finanzmärkte ist auf totale Dynamik angelegt. Das immanente, dauernde Überprüfen der millionenfachen, individuellen Positionen führt zu Gleichgewichtszuständen, welche die gegenwärtige, aggregierte Meinung zu so verschiedenartigen Sachverhalten wie der amerikanischen Geldpolitik, den Aussichten in der Gentechnik und der Befindlichkeit des Herrn Schrempp von DaimlerChrysler wiedergeben.[30] Wenn der Verlauf dieser Gleichgewichtszustände einigermassen ruhig aussieht und allenfalls sogar ein Trend auszumachen ist, dann ist die Welt zufrieden, und keiner spricht von irrationalen Märkten. Wenn hingegen der Wissensstand, die Meinungen und die Gefühle weit auseinanderliegen und erst noch durcheinandergewirbelt werden, dann erschallt der «Casino-Vorwurf». [...].

30 Jürgen Schrempp war von 1995 bis 2005 Vorstandsvorsitzender der Daimler-Benz AG bzw. – nachdem sich Daimler und Chrysler unter seiner Regie zusammengeschlossen hatten – von DaimlerChrysler. Die Börse feierte seinen Rücktritt mit einem deutlichen Kursanstieg, und zwei Jahre später stiess Daimler Chrysler wieder ab.

Wenn die Dynamik überschäumt

Wer in hohem Masse verunsichert ist über die Zukunft, der gibt sein Geld nur vorsichtig aus. Es könnte ja sein, dass die Welt morgen völlig anders aussieht und sich der Entscheid von heute als diametral falsch herausstellt. Zurückhaltung wird zum Prinzip, um die morgige Option nicht zu verlieren. Liquiditätshaltung als ultimative Realoption [...].

Wir denken viel zu wenig über die wirtschaftlichen und gesellschaftlichen Auswirkungen des technologischen Wandels nach. Es ist ein Fehler, die «Multioptionsgesellschaft» lediglich als akademisches Schlagwort zur Kenntnis zu nehmen. Sie ist Tatsache, und dies hat Auswirkungen.[31] [...].

Die technologische Revolution der letzten Jahre hat den strategischen Entscheidungsspielraum der Wirtschaft in fast unvorstellbarem Ausmass erweitert. Wir wissen heute nicht mehr, auf welche Weise wir in fünf Jahren telefonieren; wir kennen die medizinische Versorgung von morgen nicht; wir wissen nicht, ob wir in ein, zwei Jahren doch noch unser Banking aufs Internet umstellen. Noch nie zuvor waren die Geschäftsleitungen strategisch dermassen herausgefordert wie heute. Die geschäftspolitischen Variationen bei Telefongesellschaften, Pharmaunternehmungen oder bei Banken sind unabsehbar geworden. Gewiss, mehr Handlungsspielraum bedeutet immer auch ein erhöhtes Mass an ausserordentlichen Chancen. Das befreiende Gefühl haben wir in der Phase der Nasdaq-Euphorie miterlebt. Mit dem höheren Entscheidungsspielraum haben sich aber auch die Möglichkeiten vervielfacht, Fehler zu machen. [...].

Panda versus Ratte

[...]. Es besteht kein Zweifel: Pandabären sind sympathischer als Ratten. Nicht umsonst wirbt eine der gewichtigsten Umweltorganisationen mit dem Pandabär im Emblem. Er ist vom Aussterben bedroht. Selbstverständlich ist daran die gefrässige Menschheit schuld, die in ihrem Landhunger den letzten Lebensraum dieser Tiere auch noch an sich reisst. Was aber nur die eine Seite der Angelegenheit ist. Die andere besteht in der hoffnungslosen strategischen Einseitigkeit des chinesischen Bären: Er frisst nur eine bestimmte Sorte Bambus, und zwar vorzugsweise sogar nur die Knospen. Wenn der Bambus weg ist, dann ist es auch der Panda.

Weit davon entfernt, dem netten Tier so etwas zu wünschen – die Wahrscheinlichkeit, dass es in 100, 1'000 oder auch mehr Jahren noch Ratten geben wird, ist aber ungleich höher. Ratten fressen buchstäblich fast alles und überle-

[31] Peter Gross, *Die Multioptionsgesellschaft,* Frankfurt am Main, Suhrkamp, 1994.

ben in den ungemütlichsten Ecken, die man sich vorstellen kann. Bei Ratten gibt es keine andere erkennbare strategische Ausrichtung als diejenige, vielseitig zu bleiben und durch eine hohe Reproduktionsrate sämtliche Generalangriffe auf die Spezies hoffnungslos zu machen.

[...]. Investieren wie die Ratten, so müsste das Motto lauten. [...].

Handlungsfähiger (2003)[32]

[...].

Strukturelle Handlungsunfähigkeit

Über die Frage der optimalen Unternehmensgrösse gibt es ganze Büchergestelle von Literatur. Die Frage wurde nie schlüssig beantwortet, denn immer stehen den Skaleneffekten (sinkende Durchschnittskosten dank erhöhter Kapazität) die Probleme der schwierigeren Führbarkeit grosser und zunehmend komplexer Gebilde gegenüber. Die Anzahl der Verbindungen in einem Vieleck wächst nämlich nicht linear, sondern überproportional. Eine grundsätzliche Überlegenheit der grossen Struktur gegenüber der kleinen gibt es deshalb nicht.

Die Grösse als solche ist aber nur eine Frage, die interessiert. Die andere lautet: Wie verhalten sich grössere oder kleinere Gebilde im Verlaufe der Zeit, welchen Veränderungen unterliegen ihre internen Strukturen? Es steht ausser Zweifel, dass es so etwas wie einen Alterungsprozess von Gebilden gibt. Die anfängliche Dynamik, ja das zu Beginn möglicherweise sogar vorherrschende Draufgängertum, weicht nach und nach einem System fein austarierter *checks and balances* der verschiedenen Anspruchsgruppen. Der so erreichte Interessenausgleich kann zu durchaus erwünschter Stabilität führen, der Regelfall ist aber eher strukturerhaltende Statik. Auf neue äussere Gegebenheiten kann dann nicht mehr zeitgerecht reagiert werden, und das Gebilde ist einer gründlichen Erneuerungsnotwendigkeit ausgesetzt oder aber dem Untergang geweiht. Die Geschichte vieler alter Unternehmungen weist Zyklen von neuer Dynamik und strukturerhaltender Statik auf. Regelmässig war es der wirtschaftliche Druck von aussen, welcher der bisherigen Gemütlichkeit ein Ende bereitete und der die Erneuerung erzwang. [...].

Was für die Gebilde der Wirtschaft gilt, ist noch viel zutreffender für die Körperschaften der Gesellschaft. Wie schlank, rank und agil waren doch die jungen, liberalen Demokratien im Jahr 1848! Und wie schwerfällig präsentieren sich dieselben Körperschaften heute! Im jungen, liberalen Staat waren die

[32] Anlagekommentar Nr. 222 vom 12. Mai 2003.

Kompetenzen noch klar zugeordnet – das eine erledigen die föderalen Verbündeten, um das andere kümmert sich die Zentrale. Die einen Einnahmequellen stehen den Gemeinden und den Kantonen offen, die anderen dem Bundesstaat. Die Gewalten waren geteilt und die staatliche Macht durch ein System von *checks and balances* zwar gebändigt, doch nicht kreuz und quer durch legislative und exekutive Verantwortungen hindurch, sondern schön nach dem Vorbild des französischen Staatsphilosophen Montesquieu.

Und heute? In Deutschland, um bei einem extremen Beispiel zu beginnen, regieren gleichzeitig neben der Regierung sowohl die Gewerkschaften als auch die Opposition. Die Gewerkschaften, indem sie durch mehr oder weniger explizite Erpressungshandlungen jegliche Anläufe zur dringend notwendigen Reform im Sozial- und Gesundheitswesen im Keime ersticken, die Opposition, indem sie durch ihre Mehrheit in der Länderkammer jegliche einigermassen sinnvolle (und damit der bestehenden Regierung Erfolg versprechende) Neuerung zu verhindern weiss. Verantwortung tragen am Ende viele Schultern, wirklich verantwortlich ist am Schluss niemand.

Nicht viel anders die Situation in der Schweiz und in vielen anderen Staaten. Wir leben in einer nominellen Föderation, einem Bundesstaat, und sind auf die Dezentralisierung der staatlichen Macht stolz. Wir befürworten die dezentralen Steuerkompetenzen und den damit einhergehenden Steuerwettbewerb. Wir glauben daran, dass das Erziehungs- und das Gesundheitswesen besser durch die Kantone als durch den Bund, die Zentrale, geführt wird. Uns ist mit kantonalen Polizeikorps wohler als mit einer Bundespolizei. Nur: Das Problem liegt darin, dass mehr Lug und Trug in diesem idyllischen Bild der Schweiz steckt als gelebte Wahrheit. Die Finanzkompetenzen der Kantone in Ehren – aber ohne den Finanzausgleich des Bundes ginge überhaupt gar nichts mehr. Und wenn den Kantonen die Verantwortung für einen bestimmten Bereich zwar zustände, die Zentrale aber Untätigkeit konstatiert, dann wird zum Mittel der «Anstossfinanzierung» geschritten, jüngst so geschehen zur vermehrten Errichtung von Kinderkrippen. Man stelle sich vor: In einem föderativen Staat finanziert und regelt die Zentrale eine Angelegenheit, die bestenfalls auf Gemeindestufe, wenn nicht sogar ganz generell privat zu erledigen wäre!

Weiter: Die so stolzen unabhängigen kantonalen Erziehungs- und Gesundheitsdirektoren kommen selbstverständlich ohne eine eigene Zentrale dann doch auch wieder nicht aus und unterhalten in der Bundeshauptstadt eigene, mit Beamten versehene Apparate. Eine Art Schattenorganisation zur Bundesverwaltung, ausserhalb der direkten parlamentarischen Kontrolle. Was resultiert, ist ein überaus enges Geflecht von in allen Belangen mitredenden, aber niemals eine klare Verantwortung tragenden Repräsentanten des Bundes und der Kantone. [...].

Internationale Gebilde sind, im Gegensatz zu den ursprünglich einfach strukturierten liberalen Demokratien, oft *ab initio* so aufgebaut worden, dass sie in den entscheidenden Punkten gar nie richtig funktionieren können. Ein typisches Beispiel dafür ist die UNO, deren oberstes Organ, der Sicherheitsrat, nur im absoluten Ausnahmefall in wichtigen Fragen handlungsfähig sein kann, weil das den Grossmächten (worunter es auch einige gewesene gibt ...) gewährte Vetorecht das just so will. Es soll keine Gruppe dieser Staaten eine Minderheit zu einem bestimmten Handeln verpflichten können, selbst wenn es darum ginge, den Grundsätzen der UNO Nachachtung zu verschaffen. Zugegebenermassen hat die UNO mit dieser Struktur den Kalten Krieg überlebt und ist zu jeder Zeit als wichtiges Forum erhalten geblieben, zur Sanktionierung völkerrechtlicher Grundsätze, ja zur Sicherstellung einer minimalen *rule of law* auf globaler Basis, taugte sie aber nie. Ganz im Gegenteil: Unter dem Schirm der durch das Vetorecht erzeugten statischen Gemütlichkeit machten sich mehr und mehr Unrechtsregimes breit, so dass man heute besorgt konstatieren muss, dass weit mehr als die Hälfte der Menschheit Demokratie und Rechtsstaatlichkeit nur von der nominellen, inhaltsleeren, ja zynischen Erfahrung her kennt.

Der Irrglaube an das Können des Kollektivs

Nun könnte man einwenden, die übrigen, unleugbar vorhandenen Leistungen der UNO, namentlich auch ihrer Unterorganisationen (Unesco, Unicef, WHO usw.), seien so gewichtig, dass die strukturelle Handlungsunfähigkeit auf oberster Ebene wenig ausmache – Hauptsache, man rede dort miteinander. Ja, gewiss, wenn es nicht eine seltsame Kompetenzvermutung zugunsten der grossen Organisation gäbe. Noch seltsamererweise herrscht dieser Glaube namentlich auch in Kreisen vor, die sich sonst dem Globalisierungsgedanken völlig verschliessen. Die Friedensdemonstrationen gegen den Irak-Einsatz der Amerikaner und ihrer Alliierten waren eng gekoppelt an den Glauben, dass auf irgendwelche wundersame Weise die Waffeninspektionen der UNO doch noch Früchte tragen würden und das Hussein-Regime zu domestizieren wäre.

Denselben Glauben an das Können des Kollektivs trifft man in fast allen Belangen an. Die Unesco wird den Kampf gegen den Analphabetismus führen und gewinnen – wird sie wirklich oder wird sie nicht viel eher versuchen, ihre Stellung und ihren Einfluss durch Umverteilungsleistungen zu mehren? Die OECD wird für Steuergerechtigkeit unter den Industrieländern besorgt sein – wird sie wirklich, wenn das überhaupt ein sinnvolles Ziel wäre, oder wird sie nicht viel eher bemüht sein, dass das Hochsteuerregime der Mehrheit ihrer Mitgliedsländer nicht gefährdet wird? Die Europäische Union wird für mehr Wettbewerb in allen Faktormärkten ihrer Mitgliedsländer sorgen – wird sie, oder wird sie nicht viel eher dafür sorgen, dass dort, wo der Binnenmarkt wirklich etwas brächte, nämlich im verkorksten Arbeitsmarkt, alles schön beim alten bleibt?

Der areligiöse moderne Zeitgeist hat an die Stelle des allmächtigen Weltenlenkers eine Kompetenzvermutung des übergeordneten Kollektivs gesetzt. Dieser Pseudoreligion sind ganz besonders die Intellektuellen verfallen. Weshalb? Weil sie als Nachkommen von Descartes an die Vernunft glauben. Weil sie glauben, dass es nur ein bisschen mehr an Wissen über das Funktionieren der Systeme brauche, um sie beherrschbar zu machen. Der Glaube an die Ratio, verknüpft mit der Lehre der Kybernetik, et voilà: Die Welt ist wunderbar zu organisieren, es herrscht Verteilungsgerechtigkeit, es gibt keinen Hunger mehr, es gibt keine Kriminalität mehr, es ist Friede – vorausgesetzt, das übergeordnete Kollektiv verfüge über eine genügende Macht und Mittelausstattung. In harmlos tönenden und sicherlich auch gemeinten Äusserungen wie «Die Welt von heute ist viel zu komplex, als dass man als Kleiner etwas auszurichten vermöchte» oder «Das kann man nur gemeinsam lösen» steckt ansatzweise diese irrtümliche Denkart, die sich in letzter Konsequenz vom planwirtschaftlichen Gedankengut totalitärer Regimes auf der rechten und der linken Seite kaum unterscheidet.

Die Annahme der Beherrschbarkeit von gesellschaftlichen Prozessen und Systemen durch übergeordnete Kollektive ist aus zwei Gründen irrig. Erstens müsste vollständige Kenntnis über das Wesen und Funktionieren der Prozesse und Systeme vorliegen oder zumindest erreichbar sein. Zweitens dürften sich die Prozesse und Systeme nicht dauernd und in nicht vorhersehbarer Weise verändern. Beide Voraussetzungen treffen nicht zu, weshalb die Anstrengungen, den Zustand der Beherrschbarkeit zu erreichen, eigentlich eingestellt werden müssten. Dies umso mehr, als die empirische Evidenz ganz eindeutig zeigt, dass die Handlungsfähigkeit von Systemen just sinkt, je übergeordneter und kollektiver sie eingerichtet sind. [...].

Alles im Griff (2003)[33]

Alle Jahre wieder – eine Katastrophe

[…]. Jede der Krisen der letzten Jahre beendete auf irgendeine Weise einen Zustand aufgestauter Illusionen. Das kann auch von den politischen Ereignissen gesagt werden. Die Terrorakte vom 11. September 2001 haben anschaulich vor Augen geführt, dass das von Fukuyama im Jahr 1989 prophezeite vermeintliche Ende der Geschichte mit dem Sieg der Demokratie in Osteuropa nicht eingetreten ist.[34] […].

Das Ende von Illusionen – eine Katastrophe?

[…]. Wer als Anleger das Börsengeschehen etwas kennt, der weiss um die Notwendigkeit von manchmal drastischen Kursabschlägen, damit sich das Finanzsystem nicht durch unkontrollierte Risikonahme seiner Teilnehmer auszuhebeln droht. Weshalb die Risikonahme? Weil sie sich bis ganz kurz vor Eintreffen der Katastrophe lohnt. Je früher der Einbruch, desto weniger schlimm seine Auswirkungen. So war es 1997/98 höchste Zeit, die Illusion zu beenden, der Internationale Währungsfonds (IWF) könne einfach allen Schwellenländern, von Malaysia über Thailand bis nach Russland, als faktischer Garant zur Seite stehen. Diese Pseudogarantie war Ursache gigantischer Risikonahme mittels Währungsspekulationen. Die Beendigung der Illusion des *bailing out* gefährdeter Länder durch den IWF führte in der ersten Phase zu happigen, ja katastrophalen Verlusten sowohl bei Gläubigern als auch in den Schuldnerländern. Heute, sechs oder sieben Jahre später, stehen alle diese Länder nicht nur deutlich besser da – einzelne unter ihnen gehören heute zur Gruppe, die man «Lokomotive der Weltwirtschaft» nennt. Wer hätte 1997/98 so etwas gedacht, ja prognostiziert?

Es könnte sein, dass wir in ein paar Jahren auch anders über die Geschehnisse vom 11. September 2001 oder über den Irak-Krieg nachdenken. Der Al-Kaida-Terror könnte beispielsweise zur Einsicht führen, dass es für den zivilisierten Westen nicht genügt, sich auf die Existenz eines unverbindlich definierten «Welt-Ethos» zu verlassen, darüber hinaus aber den Wertefragen, die am Ende halt immer im Bekenntnis zu einer Religion oder einer Ideologie münden, tunlichst aus dem Wege zu gehen. Oder etwas konkreter formuliert: Es könnte sein, dass die Herausforderung durch die totalitäre Lesart des Islams mit all seinen unvorstellbar unfreiheitlichen praktischen Auswirkungen, beispielsweise in der Behandlung der Frauen, dazu führt, dass im zivilisierten

[33] Anlagekommentar Nr. 226 vom 1. Dezember 2003.
[34] Siehe Fussnote 20, S. 80.

Westen die lasche Wertevielfalt einem selbstbewussteren Denken in der abendländischen und aufgeklärten Tradition weicht. Der Irak-Krieg seinerseits dürfte als Langzeitfolge das Bemühen nach sich ziehen, das Machtmonopol der USA zu brechen. Reiner Multilateralismus wird dafür nicht genügen – neue Machtzentren, China, Russland zusammen mit Europa vielleicht, werden sich bilden müssen.

Mit anderen Worten sind «Katastrophen», abgesehen von ihren unmittelbaren Auswirkungen, in zweierlei Hinsicht alles andere als katastrophal. Erstens zeigen sie die effektive Stabilität eines Systems auf, testen sie sozusagen. Zweitens bewirken sie Veränderungen im Denken, die wegführen von allzu lange als Tatsachen hingenommenen Illusionen. Der Zustand danach ist ehrlicher, vorausgesetzt, man lebt noch.

Die Krux mit der Prävention

[...] Der Wunsch nach Prävention ist verständlich, aber nicht zwingend gerechtfertigt. Denn Prävention setzt voraus, dass man um die Kausalitäten weiss, die zur Krise oder zur Katastrophe geführt haben. Ein einfaches *post hoc, ergo propter hoc* genügt nicht – nur weil zwei Dinge zeitlich aufeinanderfolgen, ist noch längst kein ursächlicher Zusammenhang gegeben! Irrtümliche Annahmen einer Kausalität sind eher der Regel- als Ausnahmefall. Zudem wird häufig die Komplexität, ja die Zufälligkeit des Zusammentreffens von Ursachen unterschätzt, und es werden «einfache Zusammenhänge» angenommen. Der Fall «Enron» wurde und wird als Kausalitätskette von zu weitmaschigen Buchführungsregeln, unklarer Corporate Governance, der Privatisierung eines in die Hand der Öffentlichkeit gehörenden Service public und einer meilenweit von ethischen Standards entfernten Managermentalität in den USA beschrieben.[35] Niemand denkt daran, dass es unter jeglicher Art von Rahmenbedingungen, ob weit- oder engmaschig, ob staatlich oder privatwirtschaftlich organisiert, einen gewissen Prozentsatz an Kriminalität gibt. Würde man dies anerkennen, würde man also «Unfälle», kriminelle Machenschaften, Krisen, Katastrophen als Bestandteil der *condition humaine* akzeptieren, dann würde nur noch interessieren, unter welchen Bedingungen mehr und unter welchen weniger solche Ereignisse zu passieren pflegen. Enron und viele ähnliche Fälle aus dem Jahr 2002 kamen als kriminelle Machenschaften ans Tageslicht, weil durch den Zer-

[35] Das seinerzeit zu den grössten Konzernen der USA gehörende Energieunternehmen Enron beging während Jahren Bilanzfälschung und verschleierte seine Finanzlage über ausserhalb der Bilanz angesiedelte, sogenannte *special purpose vehicles*. 2001 meldete es Insolvenz an. Sein Management wurde wegen Betrugs angeklagt. Dieser Skandal bedeutete auch das Ende der Buchprüfer-Firma Arthur Andersen.

fall der Börsenkurse die geschaffenen Löcher nicht mehr halbwegs oder ganz verdeckt werden konnten. So gesehen hat aufgrund einer streng kausalen Argumentation die Aktienbaisse bedeutende «Mitschuld» am Fall Enron …

Mit *vision zero* wird in der Schweiz, nach schwedischem Vorbild, ein Konzept bezeichnet, mit welchem man künftig die Zahl der Verkehrsunfälle auf ein absolutes Minimum beschränken will. Nun sind im Strassenverkehr die Kausalitäten relativ einfach bestimmbar. Es *gibt* einen Zusammenhang zwischen der Geschwindigkeit von Fahrzeugen und der Zahl von Unfällen, und es *gibt* auch einen Zusammenhang zwischen toleriertem Alkohol und den Verkehrstoten. *Vision zero* wird dann erreicht sein, wenn man sämtliche Bürger einer dauernden Alkoholkontrolle unterworfen oder, noch besser, den ganzen Verkehr eliminiert hat. Ohne happige Nebenwirkungen geht es in Sachen Prävention eben nicht ab. Wie viel schwieriger verhält es sich dann aber, wenn die Prävention Sachgebiete betreffen soll, bei denen die Kausalitäten weit weniger klar sind als im Verkehr?

Ist Enron in Zukunft zu vermeiden, wenn die Buchhaltungsregeln noch engmaschiger werden, wenn die Tätigkeit der Revisionsgesellschaften zusätzlichen Kontrollen unterworfen sein wird, wenn mittels aller möglicher *committees* die Machtverhältnisse ausgeglichen werden und die Verantwortung damit sozialisiert wird? Sind Terroranschläge wie am 11. September 2001 tatsächlich vermeidbar, indem man, wie das der sogenannte *Patriot Act* festlegte, alle möglichen Finanz- und Gütertransaktionen strikten, zum Teil absurden Kontrollen unterzieht, indem man die Personenkontrollen an den Grenzen soweit treibt, dass man als Tourist die Vereinigten Staaten fortan meidet, oder indem man andere souveräne Staaten zur Anwendung amerikanischer Rechtsauffassungen drängt?

Prävention produziert Nebenwirkungen, die schnell einmal zu Haupteffekten werden können. Prävention kann zudem, wenn die Kausalitäten nicht ganz offensichtlich sind, in ihrer Hauptzielrichtung wirkungslos, ja kontraproduktiv sein. Aber: Präventive Massnahmen haben in der Folge von Katastrophen und Krisen den Vorteil, dass man «etwas» gemacht hat. Sie sind medienwirksam, wirken beruhigend und sind deshalb im politischen Sektor beliebt.

Was hat das mit der Küste von England zu tun?

Wenn wir es richtig sehen, dann glauben wir feststellen zu können, dass all die beschriebenen krisenhaften Entwicklungen der letzten Jahre eine Systemreaktion ausgelöst haben, die genau in Richtung vermehrter und verbesserter Prävention geht und die ihresgleichen sucht. Buchhaltungsstandards werden angepasst, Regelwerke zur Corporate Governance geschrieben, Zulassungsregeln für Börsen revidiert. [...]. Mit einer Verordnung von 39 Anhaltspunkten wird in der Schweiz versucht, dem Geldwäschereiproblem noch besser gerecht zu werden und der Deponierung unerwünschter Gelder in der Schweiz noch besser vorzubeugen. *Vision zero* ist nicht nur eine Zielvorstellung des hiesigen Verkehrsministers, sondern auch der Eidgenössischen Bankenkommission[36]. Man stellt sich vor, auf alle Zeiten hinaus einen «sauberen» Finanzplatz schaffen zu können. Terrorprävention durchzieht als Thema sämtliche Justizministerien der Welt, und unter dem Titel des Kriegs gegen den Terror werden riesige Datenbanken geäufnet und gepflegt, Datenbanken, in denen bald einmal jeder Lausbube, der eine Knallpetarde in einem Briefkasten deponiert hat, als «terrorverdächtig» fichiert wird.

[...]. Für viele, und darunter sind nicht wenige Schweizer Bankkunden, denen die Privatsphäre immer noch etwas bedeutet, sind solche Entwicklungen selbstverständlich ein Greuel. Im folgenden soll aber gezeigt werden, dass die beschriebenen Anstrengungen nicht nur in ihren Nebeneffekten des Verlustes der Privatsphäre bedenklich sind, sondern dass sie aus theoretischen Gründen in die Irre führen müssen und riesige volkswirtschaftliche Kosten nach sich ziehen.

Im Jahre 1967 veröffentlichte der Mathematiker Benoît Mandelbrot einen bahnbrechenden Artikel über die Frage, wie lange denn die Küste von England wirklich sei.[37] Eine einfache Frage? Mitnichten. Auf einer grossmassstäblichen Karte kann man die Küstenlinie mit einem Zirkel und einem Lineal einfach messen. Man übergeht dann aber wegen der Grossmassstäblichkeit viele Buchten und Riffe. Nimmt man genauere Karten der *Royal Geographical Society* zur Hand, dann kann man selbstverständlich die Feinheiten der englischen Küste viel besser berücksichtigen, allerdings mit dem Resultat, dass die Strecke bedeutend länger wird. Setzt man das Bemühen um mehr Genauigkeit fort, kurvt man also sozusagen um jedes Kieselsteinchen und um jedes Sandkorn herum, dann wird die englische Küste unendlich lang. Und noch etwas: Die Messfehler häufen sich derart, dass das Resultat unerheblich wird. [...].

36 Eidgenössische Bankenkommission (EBK) war die Bezeichnung der schweizerischen Bankenaufsicht vor deren Zusammenlegung mit der Aufsicht über die Versicherungsgesellschaften zur Finanzmarktaufsicht FINMA im Jahre 2009.

37 Benoît B. Mandelbrot, How Long Is the Coast of Britain? Statistical Self-Similarity and Fractional Dimension, in: *Science*, 5. Mai 1967 (156), S. 636 ff.

Die Kenntnis und die Regulierung im Detail versperren die Sicht aufs Ganze und verhindern dessen Kontrolle.

Seite 178

Die Mess-Euphorie als Teil des Wirtschaftswachstums?

[...]. Es ist gewiss kaum übertrieben, wenn man den Anteil der Datenerhebung, des Messens und der Datenauswertung an der gesamten wirtschaftlichen Tätigkeit in den westlichen Industrieländern auf mindestens 30 Prozent schätzt. Ganze Berufszweige, beispielsweise derjenige der Revisoren und der Aufsichtsbehörden, sind vollumfänglich damit beschäftigt. Wer seinen eigenen Tagesablauf und auch seine Tätigkeiten im Verlaufe eines Geschäftsjahrs analysiert, wird unschwer auf einen mindestens 30-prozentigen Anteil an Datenerheben, Messen und Datenauswertung kommen.

Das Resultat solcher Mühen sind Businesspläne mit Pseudogenauigkeiten in der dritten Stelle nach dem Komma, sind Finanzanalysen mit ganzen Datenfriedhöfen im Anhang, sind Quartals-, ja bald einmal Monatsberichterstattungen in Buchdicke, sind Regulative für Geschäftsvorgänge mit hunderten von Artikeln, sind Erhebungsbögen für alle möglichen und unmöglichen Verrichtungen, die in immer kürzeren Intervallen ausgefüllt werden müssen. Controlling, Corporate Governance, «Wirkungsorientierte Führung» im Staat, Qualitätsmanagement, Personalqualifikationen und so weiter und so fort: Alle diese Tätigkeiten laufen im wesentlichen darauf hinaus, die Küste von England bis aufs Sandkorn hinunter zu vermessen. Die Kosten sind enorm, das Resultat bedeutungslos. Die Kenntnis und die Regulierung im Detail versperrt die Sicht aufs Ganze und verhindert dessen Kontrolle.

[...] Im Bankwesen verspricht man sich [...] viel von der Einführung neuer Eigenmittelvorschriften. Unter dem Titel von «Basel II» soll ein Regelwerk die Bereitstellung von Reserven durch die Banken «risikogerecht» flexibler gestalten. Bis anhin galt gemäss dem Akkord von «Basel I» eine einheitliche Unterlegungspflicht von ausstehenden Krediten durch eigene Mittel der Bank in der Höhe von 8 Prozent. Das Ansinnen, von diesem einheitlichen und undifferenzierten Unterlegungssatz wegzukommen, ist an sich sehr ehrenwert und insgesamt auch sinnvoll. Nur: Wenn fortan «risikogerecht» unterlegt werden soll und darf – für bessere Schuldner also weniger, für schlechtere mehr Eigenmittel verlangt werden –, dann setzt dies voraus, dass man die Risiken im einzelnen definiert und, wie könnte es anders sein, misst. «Basel II» ist deshalb von einem Regelwerk von ursprünglich 30 Seiten zu einem über 600-seitigen Buch angeschwollen, und ein Ende der Normierungswut ist nicht absehbar. Die Auswirkungen und die volkswirtschaftlichen Kosten sind in diesem Falle bereits spürbar. In Vorwegnahme der vorgesehenen Einführung von «Basel II» im Jahre 2006 sind namentlich die Grossbanken darangegangen, ihr Kreditportefeuille zu überarbeiten. Die Schuldner wurden im Zuge dieser Arbeiten mit einer nach möglichst objektiven Kriterien gestalteten Kategorisierung konfrontiert, und selbstverständlich versuchten die Banken gleichzeitig, einen der Kategorie angepassten, «risikogerechten» Zinssatz durchzusetzen. Das alles ist ja nicht falsch. Aber es könnte sein, dass die Nebenwirkungen dieser Anstrengungen gravierender sein werden, als der ursprünglich anvisierte Zweck positiv wäre. Weshalb?

Erstens sind Kategorisierungen im Kreditgeschäft als solche problematisch. Man kann über den Schuldner noch so viele Daten erheben und Auswertungen durchführen – ob das Kreditverhältnis ein erfolgreiches sein wird oder nicht, ist dennoch schwierig vorauszusagen. Denn der Erfolg des Verhältnisses hängt nicht vom Schuldner allein ab. Wer Kredit (*credere* heisst auf deutsch glauben! Es leitet sich wiederum von *cor dare* ab – Herz geben) gewährt, eröffnet ein *zwei*seitiges Verhältnis, das idealerweise von gegenseitigem Vertrauen geprägt sein sollte.[38] Der Versuch zur Kategorisierung von Schuldnern nach objektivierbaren Kriterien ist deshalb etwa so untauglich, wie wenn man sich anschickte, sämtliche Frauen – aber nur sie, die Männer hingegen nicht – auf ihre Ehefähigkeit hin zu prüfen und Risikokategorien bezüglich künftiger Scheidungswahrscheinlichkeit zu bilden. Das ist absurd.

Zweitens führt die Kategorisierung nach möglichst objektivierbaren Kriterien dazu, dass sich die für einen Kreditentscheid Verantwortlichen hinter einem Datenberg verstecken können. Der letztlich notwendigerweise subjektive Entscheid wird durch pseudogenaues Datenmaterial verbrämt, dicke und perfekt gestaltete, von irgendwelchen Revisoren oder Controllern noch zusätzlich abgesegnete Dokumentationen stellen sicher, dass der Entscheid unangreifbar gemacht werden soll. Im Englischen gibt es für diesen Vorgang das schöne Wort *ass covering*, ein Sich-absichern-Wollen gegen den möglichen Vorwurf, eine Fehlbeurteilung oder einen Fehlentscheid getroffen zu haben.

[...] Der Kredit-Sachbearbeiter der Bank, seine Vorgesetzten, die Revisoren, die Aufsichtsbehörden – sie alle sind getrieben vom Bedürfnis des *ass covering* und erheben zu diesem Zwecke Daten, messen und kompilieren alles mögliche und unmögliche, stellen die Ergebnisse auf immer neue Art dar, zeigen auf, wie wichtig just diese Tätigkeit ist – und haben am Schluss immer weniger Zeit für ihren eigentlichen Auftrag. Was für [...] Banken gilt, trifft generell für Staat, Wirtschaft und Gesellschaft zu. Mehr Daten, mehr Details, mehr und mehr Information – sind wir am Ende gescheiter, oder sitzen wir nur

[38] Siehe auch S. 92–94.

einer gewaltigen Illusion auf? Und opfern wir allenfalls dieser Illusion einen wesentlichen Teil unseres Wachstumspotentials?

Die Verweigerung gegenüber der Unsicherheit

Prävention soll uns vor künftigen Krisen und Katastrophen bewahren. Das Bedürfnis ist, wie schon gesagt, begreiflich, und die diesbezüglichen Bemühungen sind ehrenwert, zum Teil gewiss auch erfolgversprechend. Das grosse Aber geht in zwei Richtungen: Erstens können die Kosten die Vorteile bei weitem übersteigen, zweitens besteht die Gefahr, just das Gegenteil zu erreichen. Weshalb? Weil hinter der Idee der Prävention eine gefährliche Gläubigkeit steckt. Die Illusion besteht darin, zu glauben, dass es wegen Prävention keine künftigen Krisen und Katastrophen mehr geben kann. Nichts könnte irriger sein.

Jegliche menschliche Tätigkeit ist von Unsicherheit geprägt. [...]. Auf Schritt und Tritt verfolgt uns die Möglichkeit, Fehler zu begehen. Auf Schritt und Tritt verfolgt uns die Möglichkeit, dass alles, aus Zufall, völlig anders herauskommen könnte. Sicherheit gibt es nicht. Dies deshalb, weil wir nie alles wissen können. [...].

Die Erkenntnis, dass man sich, grundsätzlich sehr wenig wissend und grundsätzlich noch weniger verstehend, immer damit abfinden muss, in Zukunft von Entwicklungen überrascht zu werden, die man so oder in dieser Stärke nicht erwartet hätte, hat weitestgehende Implikationen im Hinblick auf die eigene Tätigkeit – zum Beispiel als Anleger in den von Wahrscheinlichkeiten und keinerlei Sicherheiten geprägten Finanzmärkten. Nichts gegen die emsige Ameisentätigkeit von Finanzanalysten, nichts gegen noch so wohldokumentierte Strategiesitzungen, nichts gegen die immer dickeren Bücher, mit denen die vergangene Anlagetätigkeit erklärt und teilweise entschuldigt wird (man bezeichnet dies mit *performance review* und versieht einzelne Elemente detailbesessen mit *performance attribution*): Vor der widerlichen Erkenntnis, dass es keine Sicherheit geben kann in diesem Geschäft, gibt es kein Entrinnen, und sei es, dass die Papierberge ins Unendliche wüchsen. Und weil man es mit Wahrscheinlichkeiten zu tun hat, weil also Entwicklungen eintreten können, die man so nicht haben möchte, muss man dann eben dafür sorgen, dass solche einen nicht gerade an den Rand der Existenz bringen. Als Konsequenz hält man sich beispielsweise ein genügendes Reservepolster, oder man investiert nur Mittel, die man nicht wirklich nötig hat, in notorisch risikoreiche Anlagen wie Aktien. Das sind einfache Entscheide, die keine Papierberge erfordern. Das

Papier dient nur dem *ass covering* von Beratern, die keine Entscheidungsverantwortung tragen wollen.

Die Aufgabe der Verweigerungshaltung gegenüber Unsicherheit und fehlerhaften Entwicklungen würde selbstverständlich vor allem im staatlichen Bereich die Dinge auf den Kopf stellen. Hier sind es ja nicht nur die geschätzten 30 Prozent der Tätigkeit, die Datenerhebung, Messen, Kompilierung und Kontrolle betreffen, sondern bei weitem mehr. Kein Amt, das sich nicht sehr elegant durch diese Aktivitäten zu rechtfertigen versuchte. Durch das Ausufern des Staates in eigentlich privatwirtschaftliche Domänen, also in Bereiche, in denen grundsätzlich produziert und nicht nur verwaltet werden sollte, erweist sich das auf «Sicherheit», auf *ass covering* ausgelegte System als besonders verheerend. Und wenn dann – wie könnte dies auch anders sein? – dennoch Fehlentwicklungen passieren, dann kann sich jedermann hinter den sorgsam zusammengetragenen Datenbergen verstecken. Weil das System praktisch ausschliesslich auf *ass covering* ausgelegt ist, erweist es sich auch als besonders resistent gegenüber sich ankündigendem Unheil, weshalb es dann geschieht, dass Brücken an unsinnigen Orten gebaut werden, die Kosten von Tunnels völlig aus dem Ruder laufen oder kapitalvernichtende Fluggesellschaften unterstützt werden.[39]

Die klassischen staatlichen Aufgaben waren anders gemeint und deshalb auch anders organisiert. Die Feuerwehr war da, weil man mit der Wahrscheinlichkeit von Bränden rechnete und sich nicht auf präventive Massnahmen verliess. Die Polizei wurde im Wissen darum geschaffen, dass es immer wieder Mitbürger geben wird, die sich so verhalten, dass staatliche Gewaltanwendung notwendig wird. Das Militär hatte die Aufgabe, für den – wenig wahrscheinlichen – Fall einer drastischen Gefährdung der äusseren und inneren Sicherheit bereitzustehen. Der Zivilschutz hatte den Auftrag, im Falle einer Katastrophe – deren Eintreten man eine gewisse Wahrscheinlichkeit zuordnete – aufräumen zu können. Die Notenbank hatte die Aufgabe, die Konvertibilität der Landeswährung durch entsprechende Reservehaltung auch in Extremfällen sicherzustellen. Alle diese wichtigen, mit Wahrscheinlichkeiten rechnenden und auf Wahrscheinlichkeiten ausgerichteten Tätigkeiten machen heute aber nur noch einen Bruchteil der gesamten staatlichen Aktivitäten aus.

Die Verdrängung der Wahrscheinlichkeit, die Verweigerung gegenüber des Sich-abfinden-Müssens mit möglichen Krisen und Katastrophen, der Aufbau einer gigantischen Illusion von mehr Sicherheit durch mehr Datenerhe-

39 Angesprochen sind die Kostenüberschreitungen beim Bau des Gotthard- und des Lötschberg-Basistunnels. Zur Finanzierung der Swissair durch die öffentliche Hand siehe Fussnote 17, S. 250.

bungen und mehr Messungen ist einer der Megatrends unserer Zeit. […]. Man meint, alles im Griff zu haben, und wird eines Tages merken, dass man sich im Griff eines immer weiter um sich greifenden, lähmenden Ungeheuers befindet. […].

Die Welt ist nicht beherrschbar. Eine Einsicht (2006)[40]

Ausgerechnet demokratisch

Die Geschichte zeichnet die besten Karikaturen. Da schickt sich ein Staatspräsident, bei seiner ersten Wahl im Jahr 2000 nur ganz knapp oder vielleicht auch gar nicht von einer Mehrheit des amerikanischen Volkes gewählt, an, der ganzen Welt Demokratie zu predigen.[41] Im sechsten Jahr seiner Präsidentschaft holt ihn just die Demokratie auf zynische Weise wieder ein – in der Form einer von der Mehrheit des (palästinensischen) Volks unzweifelhaft gewählten Hamas-Regierung. Bei einer Stimmbeteiligung von 77 Prozent erreichte die militante Organisation rund 57 Prozent der Sitze im palästinensischen Parlament. Die Nahostpolitik sowohl der Amerikaner als auch der Europäer steht seither vor einem Scherbenhaufen. Die wenigstens halbwegs verlässliche und mit viel Geld verwöhnte Fatah-Regierung wurde vom eigenen Volk weggefegt, und man muss sich wohl oder übel damit abfinden, es in Zukunft mit einem Gegenüber zu tun zu haben, das in erster Linie die Sprache der Gewalt versteht.

[…]. Und ein amerikanischer Präsident – ausgerechnet ein amerikanischer! – hätte wissen müssen, dass mit der Verabsolutierung der Demokratie als Allheilmittel mehr verloren als gewonnen sein wird. Denn Amerika ist ja nicht zu dem geworden, was es ist, weil das Volk seinen Präsidenten demokratisch bestimmen darf, sondern weil es zum richtigen Zeitpunkt in seiner Geschichte eine Verfassung bekam, die unumstössliche Regeln über die Willkür des Zeitgeists stellt. Eine Verfassung, welche der Durchsetzung der unumstösslichen Regeln ein glaubwürdiges und erstaunlich nachhaltiges Gerüst rechtsstaatlicher Institutionen zur Verfügung stellte, ein Gerüst notabene, das auf den Ausgleich von Macht abzielt und deshalb selbst das Volk in Schranken weist.

40 Anlagekommentar 241 vom 13. März 2006.

41 Zur Wahl George W. Bushs siehe Fussnote 28, S. 164.

Ungleiche Waagschalen

Die Geschichte karikiert nicht nur, sondern sie erteilt auch Lektionen, und leider pflegen diese Lektionen blutig zu werden. Es ist absehbar, dass die Vernachlässigung übergeordneter Prinzipien und unumstösslicher Regeln gegenüber der Verabsolutierung der formalen Legalität zu *dem* grossen Thema der kommenden Jahre werden wird. Präsident Bush ist in die Falle der Inhaltsarmut von «Demokratie» getreten. Viel genereller und bei weitem belangreicher droht aber die ganze Auseinandersetzung zwischen der zivilisierten Welt und den sich immer aggressiver gebärdenden Herausforderern infolge Mangels an Werten auf der einen Seite und Überschusses an (vermeintlichen) Inhalten auf der anderen Seite existenzgefährdend zu werden. Der Fundamentalist wähnt sich im Auftrag einer übergeordneten Instanz, im heutigen konkreten Fall auf Geheiss von Allah, zu handeln. Er lässt sich im Glauben an diesen höheren Auftrag in die Luft sprengen, er nimmt, ohne mit der Wimper zu zucken, Geiseln und köpft diese nötigenfalls auch noch vor laufender Kamera [...]. Der Zweck heiligt buchstäblich alle Mittel.

Die Legitimierungskaskade besticht dermassen, dass ihr selbst Vertreter der aufgeklärten und zivilisierten Welt erliegen. Dass man aus Angst auf die Veröffentlichung von Mohammed-Karikaturen verzichtet, ist das eine. Angst ist ja durchaus berechtigt, wenn man an die Terroranschläge der letzten Jahre denkt. Man kann das Verhalten Pragmatismus nennen, allenfalls auch Feigheit. Etwas völlig, weil grundsätzlich, anderes ist es, wenn man damit beginnt, die Karikaturen als objektiv beleidigend zu bezeichnen, denn dann entspricht dies letztlich einer Anerkennung der Fiktion, auf welcher die Legitimierungskaskade beruht, der Fiktion nämlich, dass es Menschen geben könne, die in göttlichem Auftrag handeln. [...].

Inhaltsarme westliche Demokratien

Der Fundamentalist hat, lediglich subjektiv selbstverständlich, immer «recht». Er hat auch «recht», wenn er seine demokratischen Rechte wahrnimmt. Und er hätte selbst dann «recht», wenn er unter Ausnützen dieser demokratischen Rechte ganze Demokratien untergraben, ganze Zivilisationen gefährden, ganze Völkerscharen umbringen würde. Demokratie als Verfahren der Entscheidfindung durch Einbindung einer grossen Anzahl Betroffener nach vorbestimmten Spielregeln sei nicht hinreichend, haben wir festgestellt, da das Verfahren als solches das subjektive «Recht» haben nicht in Frage stellt.

Eines der existentiellen Probleme der aufgeklärten und zivilisierten Welt liegt nun darin, dass viele ihrer Vertreter mehr und mehr ebenfalls einer Fiktion erlegen sind, der Fiktion nämlich, die Demokratie habe eine eigene inhaltliche Wertigkeit und legitimiere die durch demokratische Verfahren getroffenen Entscheidungen aus sich selber heraus. Ja, es ist durchaus so, dass auch diese Fiktion da und dort fundamentalistische Züge angenommen hat und der Zweck der Demokratie fast alle Mittel zu rechtfertigen scheint.

So überzieht beispielsweise ein unablässig wachsendes Netz immer neuer, zusätzlicher Organisationen unsere zivilisierte Welt, alle perfekt demokratisch legitimiert. Neue, zusätzliche Verwaltungsebenen werden eingebaut, zusätzliche supranationale Gremien geschaffen, und alle diese Körperschaften legiferieren in perfekt demokratischer Manier vor sich hin, produzieren tonnenweise neue Weisungen und Regulierungen und glauben von sich selber, in hohem Masse nützlich zu sein. Was natürlich mit der Fiktion der eigenen inhaltlichen Wertigkeit des demokratisch abgestützten Verfahrens zusammenhängt. Eine typische Ausgeburt solchen technokratischen Glaubens an das Verfahren war der Entwurf für eine Verfassung der EU, welche über 448 Artikel, 36 Protokolle, 2 Anhänge und 50 Erklärungen auf 485 Seiten umfasste. Die erste amerikanische Verfassung kam mit sieben Artikeln aus.

Ganz offensichtlich ist es ja nicht so, dass uns die Fiktion der eigenen inhaltlichen Wertigkeit des demokratischen Verfahrens bei der Lösung schwieriger Probleme weiterbrächte. Ganz im Gegenteil. Sehr zu Recht wurde kürzlich in der «Neuen Zürcher Zeitung» auf die Problematik hingewiesen, dass aufgrund der demografischen Verschiebungen in unseren Sozialsystemen zunehmend eine empfangende Mehrheit einer zahlenden Minderheit gegenüberstehen wird.[42] [...].

An der Belastung künftiger, möglicherweise noch nicht einmal geborener Generationen durch demokratisch erfolgte Entscheide heutiger Stimmberechtigter kann sehr klar die Hauptproblematik der Demokratie aufgezeigt werden: die Asymmetrie ihrer Anreizmechanismen. Was ist damit gemeint? Demokratisch zustandegekommene Entscheide haben ja oft einen wirtschaftlichen Hintergrund. Das heisst, dass eine Gruppe von Menschen einen unmittelbaren wirtschaftlichen Nutzen erfährt, währenddem andere Gruppen durch den Entscheid belastet werden. Diese Belastung, oder anders gesagt, der wirtschaftliche «Schaden», kann nun oft sehr viel mittelbarer ausfallen als die Nutzenseite. Im vorliegenden Fall der Belastung künftiger Generationen ist das Eintreten dieser Belastung dermassen mittelbar ausgestaltet, dass sie nicht einmal junge

42 Wie die Alterung der Gesellschaft Reformen bremst, in: *Neue Zürcher Zeitung*, Nr. 55, 7. März 2006, S. 26.

Stimmberechtigte betrifft. Normalerweise treffen die spezifischen Interessen einiger weniger, gut organisierter Lobbyisten auf das allgemeine Desinteresse lediglich marginal «Geschädigter», die aber immerhin stimmen könnten. Die Neigung des Staates zur Schuldenwirtschaft ist ohne weiteres begründbar durch diese der Demokratie innewohnenden Asymmetrien. Nicht direkt finanziell sichtbare (oder sichtbar gemachte) Versprechungen gehören ebenfalls zum asymmetrischen Arsenal gelebter Demokratie.

Ausufernde Regeldichte, exzessive Überorganisation und hoffnungslos grosszügige Versprechungen prägen die westliche Zivilisation. Hohe laufende Kosten und noch höhere zu erwartende künftige Belastungen stehen einer globalen Konkurrenz ohne solche Nachteile gegenüber. Der Kreuzzug für mehr Demokratie wurde und wird von Kreuzrittern geführt, deren Burgen und Kirchen im Hinterland am Zerfallen sind. Das ist das wahre Problem im Kampf der Kulturen.

Keine Alternativen, aber …

[…]. Ganz offensichtlich ist es das Zusammenspiel zwischen (demokratischer) Organisationsform und einigen über die Jahrhunderte durch vielfach bittere Erfahrungen ermittelten bzw. von Staatsphilosophen wie Montesquieu oder Locke ersonnenen Grundsätzen und Regeln, welche in ihrer Gesamtheit die Struktur generieren, damit Wohlstand und Freiheit gedeihen können. Ein Zusammenspiel sich gegenseitig relativierender Prinzipien und überschiessende Machtanmassung immer wieder beschneidender Institutionen, das, wie schon angetönt, auch vor der Machtanmassung durch das Volk nicht Halt macht. Das Schutzobjekt dieses Zusammenspiels sind das Individuum und die auf Freiwilligkeit basierende Kooperation zwischen Individuen, also insbesondere die Familie und die wirtschaftliche Betätigung.

Dieses Zusammenspiel von Organisationsform und übergeordneten Regeln würde nach wie vor eine ins Gewicht fallende eigene Wertigkeit gegenüber den Herausforderungen durch den Fundamentalismus ergeben, denn immerhin haben die westlichen Zivilisationen bewiesen, dass sie zur grandiosen Steigerung des Wohlstands befähigt sind, was man von Gesellschaften, die nach Scharia-Recht organisiert sind, in keiner Weise sagen kann. Es wäre die Botschaft individueller Freiheit und Unversehrtheit, der Wahrung der Eigentumsrechte, des voraussehbaren staatlichen Handelns bei beschränktem Wachstum des Staatsapparats – oder mit anderen Worten: die klassischen Forderungen einer freiheitlichen Wirtschaftsordnung. […].

Grenzen der Machbarkeit

Zu [... den] Hausaufgaben würde gehören, einen grösseren Teil der Verwaltung des Wohlstands an die Individuen zurückzugeben. Es gibt in unseren westlichen Zivilisationen ja kaum mehr einen Bereich, in welchem nicht die kollektive Problemlösung der individuellen vorgezogen wurde. Ob es die Erziehung von Kindern betrifft, die Gesundheit, die Krankheit, die Kultur, die Produktion von gar nicht so öffentlichen Gütern wie Radio, Fernsehen, Post, Telefon, Personentransport, die Absicherung für Arbeitsplatzverluste, die Regulierung weiter Bereiche der sogenannt freien Wirtschaft, die Pensionierung, das immer länger werdende Alter, ja in zunehmendem Masse auch noch der Hinschied: Überall wird eine Kompetenz des Kollektivs vermutet; von Subsidiaritätsprinzip kann keine Rede sein. Die Überforderung, nicht nur die finanzielle, sondern mehr und mehr auch die sachlich-organisatorische Überforderung des Kollektivs ist mit den Händen greifbar. Dinosaurier sind an ihrer Grösse gescheitert, dasselbe droht den hochentwickelten westlichen Gesellschaften zu passieren. Die Zahl von Schnittstellen wächst in einem komplexen Organismus exponentiell, und die Gefahr, dass die Linke nicht weiss, was die Rechte tut, ist ungleich höher, wenn man anstatt zweier Hände tausende von Tentakeln hat.

Die Abkehr von der Kompetenzvermutung des (nach demokratischen Regeln bestimmten, sic!) Kollektivs würde zweierlei voraussetzen: Erstens die Einsicht, dass der Tatbestand der totalen Überforderung zutrifft. Bis weit in wirtschaftliche Kreise hinein tönt es bis anhin freilich völlig anders. Kaum wird ein Problem als relevant erkannt, wird die nächsthöhere Organisationsebene angerufen. Dass man es selber oder wenigstens auf einer subsidiären Stufe regeln könnte, kommt kaum jemandem in den Sinn. So kam aus wirtschaftlichen Kreisen die Forderung nach Kinderkrippen, und wer gefälligst sollte sich dieses existentiellen Bedürfnisses annehmen? Nicht die Quartiervereine und auch nicht die interessierten Unternehmungen oder deren Standesorganisationen, auch nicht die Munizipalgemeinden, sondern selbstverständlich die Eidgenossenschaft. Man hätte die Angelegenheit gleich auch noch der UNO vorlegen oder behaupten können, dazu müsse die Schweiz der EU beitreten ...

Zweitens und bei weitem wichtiger wäre aber die Bereitschaft, im Zuge der Re-Individualisierung nicht nur Verantwortung (die man als Kollektiv ja de facto gar nicht wahrnehmen kann bzw. nur unter Eingehen von leeren Versprechungen) zu delegieren, sondern auch die Möglichkeit des Scheiterns und des Versagens einzuräumen. Verantwortung ohne die Möglichkeit des Fiaskos ist bedeutungslos, Freiheit ohne Risiko inhaltsleer. Dies wäre gleichbedeutend mit einer Abkehr von der (vermeintlichen) Vollkasko-Gesellschaft hin zu einem Gemeinwesen, das nur dort kollektiv tätig ist, wo jede andere Form der Problemlösung unterlegen ist, beispielsweise im Polizeiwesen, der äusseren Sicherheit und gewissen Teilen der Infrastruktur, und dort solidarisch, wo es um die nackte Existenz von Mitbürgern geht. Darüber hinausgehende Besitzstandsgarantien, wie sie der moderne Sozialstaat kennt, sind ja in zweierlei Hinsicht des Teufels, da sie zum einen in aggregierter Form vom Gemeinwesen gar nicht eingehalten werden können und da sie zum andern auf individueller Ebene zu Wohlstandsverwahrlosung, verantwortungslosem Umgang mit der eigenen Gesundheit, Kiffermentalität bezüglich des eigenen Fortkommens führen. Die Lustlosigkeit, wie sie seit einigen Jahren beileibe nicht nur in wirtschaftlicher Hinsicht in weiten Teilen Europas herrscht, hat einen sehr realen Hintergrund!

Scheitern- und Versagenkönnen ist das Gegenteil von Machbarkeit. Die westlichen Gesellschaften haben die Machbarkeit zu ihrem Götzen erkoren, glauben daran, durch den Götzendienst demokratisch legitimierten und zelebrierten Administrierens so etwas wie einen Idealzustand erreichen zu können, in welchem Scheitern und Versagen auf immer gebannt ist. So wenig ein solcher «Idealzustand» überhaupt zu realisieren wäre, so real ist anderseits das Mass an Entmündigung, das unsere westliche Zivilisation heutzutage ausmacht.

Chance: Das Ordnungsprinzip der Wirtschaft

Es gibt einen weiten Bereich menschlicher Betätigung, in welchem das Scheitern und das Versagen explizit nicht ausgeschlossen ist: die Wirtschaft. Sie steht nicht vor dem Problem, die «nackte Existenz» gescheiterter Mitbewerber sichern zu müssen, wie es das politische Gemeinwesen von sich zu haben glaubt. Damit entfallen in einer Wirtschaft a priori irgendwelche Notwendigkeiten zur Umverteilung und zur Solidarität. […].

Es gibt wenig ökonomische Literatur, die sich mit dem Scheitern und Versagen beschäftigt. Im Vordergrund steht verständlicherweise der Erfolg, den alle wollen und von dem viele zu wissen glauben, wie man ihn erreicht. Scheitern und Versagen hat weniger Sex-Appeal. Der grosse ökonomische Denker Joseph Schumpeter (1883–1950) prägte für das Scheitern und Versagen, für das Obsoletwerden und Vergehen den Begriff der «kreativen Zerstörung». In seinem Buch «Capitalism, Socialism, and Democracy» zeigte er auf, dass jeglichem kleinen Fortschritt zwingend die Zerstörung einer Vielzahl alter

Konzepte, Strukturen und Produkte vorangehen muss und dass auch eine Vielzahl versuchter Innovationen immer weggespült werden, verdorren müssen.[43] Nicht ein (vielleicht demokratisch bestimmtes) Gremium übergescheiter Intellektueller bestimmt, wer oder was weggespült oder dem Verdorren preisgegeben werden soll. Vielmehr gibt der Fluss des Kapitals dem Nahrung, was am wahrscheinlichsten (aber nicht sicher!) Erfolg haben wird.

Das ist ein hauptsächlich von Unsicherheiten bzw. von sehr tiefen Wahrscheinlichkeiten gekennzeichneter Prozess. Er steht in schärfstem Gegensatz zum Machbarkeitsdenken, wie es den Mainstream heutigen westlichen Denkens prägt. Aber es ist evident, dass es genau das Prinzip der Unsicherheit ist, welches den Gang der Wirtschaft immer wieder bestimmt. Der Anleger kann davon ein ziemlich garstig Lied singen. Was brachte doch der Technologieboom der späten 90er-Jahre des letzten Jahrhunderts nicht an Gewächsen hervor, denen eine Weile lang (übermässig) Kapital zufloss, und von denen man heute nicht einmal mehr den Namen kennt? Und wer hätte im Rahmen der kreativen Zerstörung anlässlich der Finanzmarktbaisse zwischen 2002 und 2003 nicht in der einen oder anderen Form partizipiert und Federn gelassen?

[...]. Bereits Schumpeter, ein Anhänger der Kondratjewschen Wellentheorie, wies darauf hin, dass der Prozess von wirtschaftlichem Gedeihen und kreativer Zerstörung kein kontinuierlicher ist, sondern – eben – in Wellen vor sich geht. Es gibt so etwas wie Euphorie unter den Anlegern, und ebenso ist eine ausgesprochene Katerstimmung, ja ist Angst ein immer wieder feststellbarer Aggregatszustand der Finanzmärkte.

Im Rahmen der Über- und Untertreibungen kommt es dann auch immer zur Förderung «unberechtigter» Objekte und zur Zerstörung von Unternehmungen und Strukturen, die unter einem anderen Regime vielleicht ohne weiteres überlebensfähig gewesen wären. Kreative Zerstörung kennt keine objektivierbare Richtigkeit, sondern erfolgt nach dem Prinzip von *trial and error*, Versuch und Irrtum. Eine objektivierbare Richtigkeit ergibt sich erst aus der Vielzahl der Fälle und aus der Dauer, in welcher der kreative Prozess erfolgt. Die Einzelfälle können «falsch» sein, können unglaublich harte Tatsachen schaffen, und dennoch stimmt am Ende das Resultat.

Dieses vermeintliche Paradox ruft selbstverständlich all jene auf den Plan, die sich eher an einfacheren Kausalitäten orientieren. So stört es beispielsweise die französische Elite, dass «ihr» Stahlkonzern Arcelor in indische Hände übergehen soll. Dabei handelt es sich bei Firmenübernahmen doch um

[43] Joseph A. Schumpeter, *Capitalism, Socialism, and Democracy*, New York, Harper, 1942.

nichts anderes als eine (eigentlich recht zivilisierte) Form Schumpeterscher kreativer Zerstörung: Die Führungsmannschaft der Firma A muss jener von Firma B weichen, weil diese offenbar besser in der Lage ist, Kapital anzuziehen. Und dann geht die Führungsmannschaft von Firma B daran, zusammen mit Firma A die Erwartungen der Kapitalgeber zu erfüllen. Das kann gut herauskommen oder auch nicht, das kann für Teile der Betroffenen hart sein (weil zum Beispiel Produktionsstätten geschlossen werden müssen), das kann zu neuen, ungeahnten Horizonten führen (wie zum Beispiel der seinerzeitige Zusammenschluss von Ciba-Geigy und Sandoz zu Novartis eindeutig gezeigt hat) – sicher ist bei alledem aber nichts.

Genau diese Sicherheit monieren aber die Angehörigen der in einfachen Kausalitäten verhafteten Machbarkeitselite. Sie meinen, die Kontrolle haben zu müssen, sichern sich diese Kontrolle auch durch alle möglichen Vernetzungen mit der Wirtschaft noch ab – gerade die Franzosen sind in solchen Machenschaften ja Weltmeister – und greifen in den Prozess Schumpeterscher Zerstörung ein, was letztlich den Gang der Dinge natürlich nur verzögert, kaum aber zum Stillstand bringen kann. Was bleibend ist, sind allerdings teure Strukturerhaltungsobjekte, wie man sie überall beobachten kann, wo die Machbarkeitseliten zu stark das Sagen haben. In Italien pflegen sogar Notenbank-Präsidenten mitzumachen.[44]

Wenn auch ohne Zweifel derzeit eine Pendelbewegung in Richtung eines Versuchs zur Rückkehr zu mehr territorialer Kontrolle im Gange ist – man könnte dem auch Protektionismus und Dirigismus sagen und würde den Nagel ziemlich auf den Kopf treffen –, dann darf doch auch nicht übersehen werden, dass das Ordnungsprinzip der Wirtschaft alle anderen Ordnungen weit hinter sich gelassen hat. Die stupende Entwicklung in den Schwellenländern beruht zum allergrössten Teil auf nichts anderem als dem Prinzip Schumpeterscher Zerstörung. Wir sind hautnahe Zeugen vorab des zerstörerischen Elements, da obsolete Kapazitäten in unseren Breitengraden verschwinden. Gleichzeitig aber entsteht Neues und Produktiveres an anderem Orte, werden bislang ärmste Gegenden reicher, erfolgt ein Ausgleich zwischen dem entwickelten Norden und dem immer weniger unterentwickelten Süden.

Es bestehen unseres Erachtens durchaus Chancen, dass der offenkundige Erfolg des wirtschaftlichen Ordnungsprinzips zu einer deutlichen Entschärfung der oben beschriebenen Problemkreise beitragen wird. Der fundamentalistische Gedankenkerker des Islamismus wird nie und nimmer einen vom

44 Der Chef der italienischen Notenbank, Antonio Fazio, versuchte 2005 vergeblich, die Übernahme der Regionalbank Antonveneta durch ABN Amro zu verhindern, indem er italienische Interessenten unterstützte.

Erdöl unabhängigen wirtschaftlichen Erfolg erzielen können, denn alle Versuche, Gesellschaften gemäss fundamentalistischen Vorstellungen zu organisieren, müssen zwangsweise im wirtschaftlichen Fiasko enden. Das einzige Gebiet, wo solche Gebilde vorübergehend erfolgreich sein können, liegt in der Anwendung von Gewalt und Terror gegenüber Mitbürgern und, im Rahmen der globalen Mobilität, gegenüber der ganzen Welt, vorab der zivilisierten, weil sie sehr anfällig dafür ist. Das ist bedrohlich, darüber darf kein Zweifel bestehen. Nicht gefährlich ist aber der langfristige Erfolg, weil es den aus wirtschaftlichen Gründen gar nicht geben kann. Der jeglichem Fundamentalismus abholde Pragmatismus der neuen, immer gewichtigeren asiatischen Länder stützt diese These in entscheidender Weise. Der wirtschaftliche Erfolg Chinas, Indiens und der umliegenden Länder, die entweder nichtmuslimisch oder sehr gemässigt sind, wird dem Islamismus eher den Boden entziehen als die mehrheitlich ungeschickten Manöver der westlichen Zivilisation. [...].

Der Fluch der Garantie (2010)[45]

Von Bear Stearns zu Griechenland

[...]. Es wird absolut faszinierend sein, zusehen zu können, wie effizient die Finanzmärkte mit der Schuldenkrise des griechischen Staats und den weiteren Bemühungen der Europäischen Union, der Europäischen Zentralbank und des Internationalen Währungsfonds (IWF) umgehen werden. Bisher wurde nämlich noch gar nichts geglaubt. Über die letzten drei Monate wurde ein Rettungsplan nach dem anderen verhandelt und angekündigt, aber die Renditen der ausstehenden griechischen Obligationen erholten sich jeweils nur unwesentlich beziehungsweise lediglich für ganz kurze Zeit, um dann wieder neue und bedrohlichere Höhen zu erklimmen.

Bis kurz vor Drucklegung dieses Kommentars lagen die Sätze für eine Schuldverschreibung [Griechenlands] von zweijähriger Laufzeit bei rund 13 Prozent. Dies trotz der Zusage eines 45-Milliarden-Hilfspakets der Euro-Mitgliedsländer und des IWF zu Vorzugskonditionen. Die Versprechungen liessen die Marktkräfte offensichtlich kalt; angesichts der Höhe der Gesamtschulden obsiegte die Meinung, dass am Ende viel mehr Geld fliessen muss. Offensichtlich zu Recht, was die Erhöhung des Rettungspakets auf 110 Milliarden Euro soeben bewiesen hat.[46]

[...]. Die am Kapitalmarkt ausstehenden Gesamtschulden [Griechen-

45 Anlagekommentar Nr. 270 vom 3. Mai 2010.

lands] von rund 280 Milliarden Euro wiegen im Vergleich zum Bruttoinlandprodukt von 240 Milliarden Euro schlicht zu schwer, um eine Sanierung aus eigener Kraft als wahrscheinlich erscheinen zu lassen.

So wurde bis zum Eintreffen des erhöhten Hilfspakets auch an den Finanzmärkten gedacht – ganz offensichtlich ging man davon aus, dass es ohne Schuldenreduktion nicht abgehen wird. [...].

Illiquidität und/oder Insolvenz, das ist die eigentliche Frage. «Verlustbeteiligung der Gläubiger»: Dieses Gespenst soll um jeden Preis verscheucht werden. Mit den Begriffen «Rettung» und «Hilfe» unterstellt man, mit viel Liquidität und der Ankündigung von «glaubwürdigen» (was immer das auch heissen mag) Anstrengungen seitens der Griechen gehe die Krise vorbei. Illiquidität und/oder Insolvenz, das war auch die Frage während der ganzen Finanzkrise. Nur wenige Ökonomen, darunter aber beispielsweise die eminente Anna Schwartz, wagten es, von insolventen Banken zu sprechen und Zweifel am Sinn von Liquiditätsspritzen anzubringen. Oberflächlich gesehen bekamen solche Mahner nicht recht. Denn just mit Liquidität und nochmals Liquidität wurde ja die Finanzkrise letztlich abgewendet. Weshalb sollte diese Vorgehensweise jetzt nicht funktionieren?

Auf die engeren Zusammenhänge zwischen der Finanzkrise, der Episode mit Bear Stearns, der Eurokrise und der Episode Griechenland gilt es deshalb in der Folge näher einzutreten. Bear Stearns war bekanntlich im Zuge der Finanzkrise der erste wirkliche Ernstfall im System. Illiquid, aber eigentlich eher insolvent, hätte die Quasibank Mitte März 2008 eigentlich jenes Schicksal ereilen müssen, das Unternehmungen normalerweise trifft, wenn sie sich durch unvorsichtige Geschäftspraktiken, Intransparenz und fragwürdige Zukunftsaussichten in eine Sackgasse manövriert haben: die Pleite, der Konkurs, das Ende der Geschäftstätigkeit oder zumindest ein Totalverlust für die Aktionäre und gleichzeitig ein *haircut* für die Gläubiger. Stattdessen zogen die Aufsichtsbehörden, die Notenbanken und auch die Konkurrenten die Rettung vor, was im wesentlichen einer Rettung der Gläubiger beziehungsweise ihrer Guthaben

[46] Im Frühjahr 2010 spitzte sich Griechenlands Schuldenkrise zu und zog auch den Euro mit in den Strudel. Griechenland sah sich zur Sanierung seiner Finanzen gezwungen. Die Eurostaaten entschlossen sich zu Unterstützungsmassnahmen, obwohl das europäische Vertragswerk eine *no bailout*-Klausel enthält. All dies geschah unter dem Druck der Märkte in verschiedenen aufeinanderfolgenden und immer weiter gehenden Schritten. Schliesslich stellten die Eurostaaten mit Unterstützung des IWF ein Beistandspaket von 110 Milliarden Euro bereit und einigten sich kurze Zeit später auf die Schaffung einer befristeten Zweckgesellschaft *(European Financial Stability Facility)* zur Unterstützung strauchelnder Mitgliedsländer des Euroraums. Die Gesellschaft soll sich über den Anleihenmarkt refinanzieren; von den maximal 750 Milliarden Euro will der IWF bis zu 250 Milliarden Euro aufbringen. Überdies beschloss die Europäische Zentralbank, weiterhin griechische Staatsanleihen als Sicherheit für ihre Geschäfte zu akzeptieren, obwohl Griechenlands Rating inzwischen auf *junk bond*-Niveau gefallen war. Siehe auch Fussnote 16, S. 289.

entsprach. Ja, man schonte sogar den bisherigen Aktionär! Bear Stearns wurde per Dekret dem Konkurrenten J.P. Morgan einverleibt und verschwand als unabhängige Kraft. Ein im Vergleich zum Konkurs nur wenig schicklicheres Ende einer Unternehmung. An die «Rettung» von Banken und an die Rettung der Gläubiger wurde in der Folge aber für geraume Zeit geglaubt. An den Märkten trat für einige Zeit Ruhe ein; dies half dem Finanzsystem sozusagen, den Sommer 2008 zu überleben, um im September aber in eine bei weitem ernsthaftere Krise zu geraten. Das Ende der viel grösseren Investmentbank Lehman brachte das System dann wirklich an den Rand des Zusammenbruchs, und die darauf folgenden Rettungsmassnahmen für ähnlich verfuhrwerkte Banken wie Citigroup, RBS, UBS und die Mehrheit der deutschen Landesbanken haben die meisten Staatshaushalte bekanntlich insgesamt zwischen einer und zwei Billionen Dollar gekostet.

Unter Fachleuten ist man sich heute ziemlich einig: Der Konkurs von Bear Stearns wäre im Ergebnis wahrscheinlich für alle Seiten die bessere Lösung gewesen. Relativ gering im Ausmass, wären rechtzeitig die richtigen Signale an den Markt gesandt worden: dass es die Rettung, die Rückzahlungsgarantie für den Gläubiger nicht gibt. Stattdessen gab man nach allen Seiten zu verstehen, dass der ganze oder teilweise Schuldnerausfall völlig unwahrscheinlich sein werde, statuierte, als die Marktkräfte wieder ungläubig wurden, am falschen Objekt Lehman ein Exempel, um dann mit Staatsmitteln eine Generalgarantie für alle Gläubiger aller Banken ausstellen zu müssen.

Was für das Finanzsystem – wenigstens bis zum heutigen Zeitpunkt und, wie gesagt, mit desaströsen Folgen für die Staatshaushalte – einigermassen funktioniert hat, dürfte so für die Staatsschuldner nicht mehr zur Anwendung kommen können. Denn was fehlt, ist der unermesslich belastbare ultimative Gläubiger; dies die Erkenntnis an den Finanzmärkten. Sie haben sich auf den *haircut,* vielleicht auf Schlimmeres eingestellt. Anders sind die Renditeaufschläge trotz Ankündigung von Rettungspaketen nicht zu erklären.

Ein klassisches Dilemma

Jenseits des bisher durch Ungläubigkeit gekennzeichneten Markts gibt es natürlich vor allem in der Politik, aber auch vereinzelt unter Ökonomen Stimmen, die dem Bear-Stearns-Vorgehen das Wort reden. Ihr Hauptargument: die Ansteckungsgefahr. Es müsse dringend sichergestellt werden, dass nicht andere Länder mit angespannter Finanzlage in die Spiralbildung immer höherer Renditeaufschläge einbezogen würden. [...]. Die Erfahrung von 2008 lehrt, dass das nach relativ kurzer Zeit nicht nur nicht funktioniert hatte, sondern dass am Ende die grosse, dann explizite und extrem kostspielige Rettungsaktion stand.

So stehen sich zwei Argumentationslinien gegenüber: Gemäss der einen wäre es klug und sinnvoll, das Feuer im Keim zu ersticken. Die andere, skeptischere Linie zweifelt erstens an der mittelfristigen Wirksamkeit solcher Massnahmen, zweitens befürchtet man den Eintausch eines grossen gegen ein bei weitem grösseres, nicht mehr zu bewältigendes und damit alles und alle bedrohendes Problem.

Das Dilemma ist quälender Natur. Denn auch ein *haircut* für griechische Staatsschulden wäre alles andere als ein Sonntagsspaziergang. [...].

Die Gläubiger könnten ihrerseits in Schieflage geraten, darunter vornehmlich die Banken der betroffenen Länder, welche mit inländischen Staatstiteln ihre Liquiditätsbewirtschaftung bei der Notenbank vornehmen. Die EZB wäre in höchstem Masse gefordert, um diese Länder weiterhin mit Liquidität versorgen zu können. Über die Risikoexposition des gesamten internationalen Bankensystems kann nur gemutmasst werden, da nicht bekannt ist, inwieweit einzelne Bilanzpositionen mit *credit default swaps* (CDS) ihrerseits wiederum abgesichert sind und wer (bzw. von welcher wirtschaftlichen Standfestigkeit) die Gegenpartei solcher CDS ist. Zu vermuten ist leider durchaus, dass die vorbehaltlose Entgegennahme von griechischen und ähnlich gelagerten Staatstiteln als Hinterlage gegen Ausleihungen der EZB die eine oder andere unangenehme Überraschung im europäischen Bankensystem nach sich ziehen würde. Das «Geschäft» war ja allzu verlockend, als dass es nicht Anwender gefunden hätte ...

Kommen alle anderen Gläubiger hinzu: Pensionskassen, Versicherungen, Private. Sie hätten Abschreibungsbedarf, der sich, wenigstens vordergründig gesehen, nicht eben günstig auf die noch labile konjunkturelle Entwicklung auswirken könnte. [...].

Lediglich die – gesamthaft gesehen – geringen griechischen Risiken einzuberechnen, greift bei der Variante *haircut* gewiss zu kurz. In Mitleidenschaft würden ebenso die Schulden anderer fiskalisch wackliger Länder geraten; die Auswirkungen eines solchen Schocks wären gewiss substantiell. Die Vorteile des *haircut* liegen allerdings auch auf der Hand: Dank der Reduzierung des Schuldenbergs hätten die betroffenen Länder wenigstens eine reale Chance, sich mit glaubwürdigen Massnahmen aus dem Schlamassel herauszumanövrieren, die Dramatik der Reformen würde durch die Opfersymmetrie entschärft und die Durchsetzbarkeit auf diese Weise erhöht. Die Aussichten der betroffenen Bürger beschränkten sich nicht auf 10, 20 Jahre hoher Steuerbetreffnisse, sondern würden im Kern auch etwas Hoffnung auf bessere Umstände bergen. Weiter: Die Mitverantwortung des Gläubigers entspricht der Logik des Marktes. Das Euro-Regelkorsett von Maastricht verbietet bekanntlich den *bailout,* das heisst die Rettung fallierender Mitgliedsländer durch die Gemeinschaft. Weshalb sollte der Gläubiger, der um diese Bestimmung wissen musste, nun plötzlich mit seiner Rettung belohnt werden? […].

Die Nachteile der Rettung Griechenlands ohne Folgen für die Gläubiger, wie sie mit dem vorliegenden Paket der EU und des IWF stipuliert wird, liegen in erster Linie in der Unsicherheit, welche eine solche Kulanz nach sich ziehen wird. Denn über kurz oder lang wird man an den Finanzmärkten die Frage stellen müssen: Und *wer* wird nun die Retter retten? Dies zunächst einmal mit Blick auf jene schon heute angeschlagenen Länder wie Portugal, Irland oder Spanien, die ja ihrerseits ebenfalls zum Rettungspaket beitragen müssen – für Portugal beläuft sich das Betreffnis, wenn man die Beteiligungsverhältnisse an der EZB zugrundelegt, auf 1'400 Millionen Euro, für Spanien auf 6'500 Millionen. Die Gefahr ist evident, dass sich nach dem Fliessen der rettenden Milliarden nach Griechenland die Zweifel an der Sanierungsfähigkeit überschuldeter Haushalte allgemein einstellt. […].

Too big to rescue

[…]. Was war der Auslöser der Finanzkrise? Die Überschuldung der Banken. Weshalb waren sie überschuldet? Weil sie vermeintlich risikoloses Bilanzgeschäft betrieben. Weshalb wurde das Bilanzgeschäft als vermeintlich risikolos erachtet? Weil als Substrat vermeintlich risikolose Hypotheken bewirtschaftet wurden. Weshalb erachtete man die Hypotheken als risikolos? Weil sie von den staatsnahen Agenturen Fannie Mae und Freddie Mac «garantiert» waren und weil jede amerikanische Regierung, welcher Couleur auch immer, den Markt für private Immobilien dermassen gefördert hatte, dass ein scheinbar unaufhörlich stetiger Anstieg der Immobilienpreise als sicher, als «garantiert» galt.

Kam dazu, dass Banken als solche, das heisst die ganz grossen unter ihnen, ohnehin als unangreifbar «sicher» galten. […].

Die Anreize, ein logisch oder ökonomisch gesehen von zwar völlig unhaltbaren, sich gegenseitig aber unterstützenden «Garantien» getragenes System aufrechtzuerhalten, entfalten im Angesicht der «Ansteckungsgefahr» enorme Kräfte. Nach dem Beinahe-Kollaps des Finanzsystems im Gefolge des Lehman-Konkurses wurden sämtliche verfügbaren Register von Notenbanken und Staatshaushalten gezogen, um den Glauben an die Unangefochtenheit wiederherzustellen. Es gelang. Mit extrem hohen Beträgen wurde eine Garantie für das Nichtgarantierbare etabliert. Wenigstens vorläufig wird wieder geglaubt. Die Risikoprämien im Interbankgeschäft haben sich auf Vor-Krisen-Niveau reduziert. [...].

Das verstehen Politiker wie Frattini, Zapatero, Lagarde und Olli Rehn unter der «Rettung des Euro». Selbstverständlich mit allen Beteuerungen und Zusicherungen, genau gleich wie im Umgang mit dem Finanzsystem, dass nun alles besser werde. Was auf Seiten der Banken (vielleicht) höhere Eigenmittelerfordernisse, grössere Liquiditätspolster, Einschränkungen des Eigenhandels, Besteuerung von Boni, Zwangseinlagen in einen Sicherungsfonds des IWF sein werden, sind auf Seiten der Staaten (vielleicht) all die vielen Beschränkungen, welche man nun plötzlich den Griechen auferlegen möchte, nachdem man sie während Jahrzehnten vorbehaltlos hatte misswirtschaften lassen.

Wird die Beruhigung gelingen? [...]. Wir bezweifeln das lebhaft. Denn es gibt einen wesentlichen Unterschied zwischen der gehabten Finanzkrise und der Staatsfinanzkrise in der Eurozone: Im einen Fall gab es einen ultimativen Garanten, im vorliegenden Fall nicht. [...].

Man mag das folgende als pessimistische Stimmungsmache angreifen. Denn es ist gewiss zutreffend, dass die spezifische Konstellation der einzelnen Schuldnerländer eine sorgfältige Analyse bezüglich des Zinsendiensts, der Rückzahlungsfähigkeit und der Finanzierungsmöglichkeiten verlangen würde. So ist beispielsweise bekannt, dass Italien einen grossen Teil seiner Schulden (dank langjährigen Steuervorteilen für die Gläubiger) im Inland finanziert. Bei

Das Eine-Billion-Problem

	Griechenland	Portugal	Irland	Spanien	Italien	Total
Schulden	273'407	125'910	104'667	559'650	1'760'765	**2'824'399**
in % BIP	155%	77%	64%	53%	116%	**90%**
BIP	237'494	163'891	163'543	1'051'151	1'520'870	**3'136'949**
Hilfspaket	110'000	50'657	35'080	156'044	1'067'551	**1'419'339**

Bemerkung: Die Schätzungen basieren auf der Staatsverschuldung in Prozent des BIP Ende 2009; absolute Zahlen in Millionen Euro.
Quelle: Eurostat, eigene Berechnungen.

Spanien ist nicht die explizite Verschuldung das Problem, sondern sind es vielmehr die miserablen Wirtschaftsaussichten nach geplatzter Immobilienblase und bei rekordhoher Arbeitslosigkeit. Dennoch erachten wir es als legitim, das nun für Griechenland ins Auge gefasste Hilfspaket einmal abzuschätzen und das Betreffnis für die Eurozone zu totalisieren [siehe Tabelle S. 195]. [...].

Wir sind klar der Meinung, dass der kollektive Verstoss gegen den Vertrag von Maastricht, wie er mit dem Rettungspaket zugunsten von Griechenland und angeblich «zugunsten» der Eurozone vorbereitet worden ist, die insgesamt etwas stabileren Länder wie Deutschland und Holland zumindest mittelfristig in hohem Masse gefährden wird. Eine Billion Euro: Solidarität, auch die europäische, hat ihre ökonomischen und politischen Grenzen.

Vordringlich: Regeln für Konkurs oder Sanierung

[... Es gibt] im wesentlichen zwei Denkschulen zum Thema des Umgangs mit Grossschuldnern wie Banken und Versicherungen. Die einen möchten mit allen möglichen Massnahmen die Strukturen der Teilnehmer so gestalten, dass ein Kollaps gar nicht mehr denkbar sein sollte. Träfe er wider alles Erwarten dennoch ein, müsste mit einem bei einer ultimativen Instanz wie dem IWF beheimateten Rettungsfonds eingegriffen werden. Die andere Denkschule geht a priori davon aus, dass, aus welchen endogenen oder exogenen Gründen auch immer, der Kollaps gar nie auszuschliessen ist und dass man ihn deshalb nicht nur zulassen, sondern auch vorbereiten muss. Die Vertreter dieser Denkschule schlagen deshalb, nebst allen Ideen zur regulatorisch erwirkten Verstärkung der betrieblichen Strukturen, vor allem auch ein auf diese Unternehmungen zugeschnittenes Konkurs- und Sanierungsrecht vor. So möchte man beispielsweise die Möglichkeit schaffen, dass im Ernstfall eigens reserviertes Fremdkapital sozusagen per Federstrich und mit klaren Verwässerungsregeln für den Aktionär in Eigenkapital gewandelt werden kann respektive muss. [...].

Welche der zwei Denkschulen obsiegt – die technokratisch orientierten Systemperfektionierer oder die ordnungspolitisch denkenden Schadensminimierer – ist noch völlig offen. Die Vielfalt und Komplexität der vorhandenen Vorschläge und Initiativen macht deren Zuordnung oft schwierig. Die Frage ist aber unseres Erachtens von existentieller Wichtigkeit für Gedeih und Verderb der westlichen Marktstrukturen. Was die Systemperfektionierer letztlich anstreben, ist völlige Unfallfreiheit, totale Risikolosigkeit, herbeigeführt durch intelligentes Design und eine zentral verwaltete Rückversicherung für den (an sich undenkbaren) Extremfall. Es gibt drei Gründe, weshalb diese Denkschule in die Irre führen muss:

- Kein noch so intelligentes Design kann sämtliche künftig möglichen Vorfälle abdecken. Letztlich handelt es sich dabei selbstverständlich um die Frage des Determinismus des Weltbildes.
- Die Frage, welcher Natur die Anlagen des Risikofonds sein müssten, um im (an sich undenkbaren) Extremfall doch noch werthaltig zu sein, kann nicht beantwortet werden.
- Angebliche oder tatsächliche Unfallfreiheit löst dank inexistenter Risikoprämien verzerrende Verhältnisse in den Märkten aus – genau jene Anreize für Schuldner und Gläubiger, welche zu den die Krise auslösenden Übertreibungen geführt haben.

Die technokratische Denkschule beinhaltet eine paradigmatisch falsche Erwartung an das Funktionieren von Märkten. Ein Markt ist nicht dann ein gut funktionierender, wenn es keine Verluste, keine Risiken, keine Konkurse mehr geben kann, sondern wenn die Abwicklung von Risiken sauber geregelt ist und möglichst nur jene trifft, die sie verursacht haben. Das sind bei Schulden der Schuldner und der Gläubiger. Ein System, bei welchem Schuldner und Gläubiger einen Anspruch auf Rettung zu haben glauben, hat mit einem Markt wenig bis gar nichts zu tun. Vielmehr handelt es sich um ein mehr oder weniger verdecktes Umverteilungsschema zulasten einer mehr oder weniger ahnungs- und wehrlosen Allgemeinheit.

[…]. Das Maastricht-Regelwerk müsste um ein Verfahren ergänzt werden, wie mit fallierenden Teilnehmern im Eurosystem umzugehen ist. […]. Maastricht müsste aber auch um ultimative Massnahmen gegen ein die Gemeinschaft gefährdendes Land ergänzt werden. In der Schweizerischen Bundesverfassung kennt man die «Bundesexekution» oder die «Ersatzvornahme» durch den Bund, die Platz greifen kann, wenn Kantone nicht mehr in der Lage sind, ihren Aufgaben nachzukommen. So martialisch der Ausdruck ist, so notwendig ist das Instrumentarium, falls man einen Hinauswurf aus der Gemeinschaft ausschliessen möchte. Im Extremfall gilt es, zwischen Zwang und Zerfall zu wählen. Meistens genügt die Existenz eines ultimativen Instruments, dass man es nie braucht.

Weltanschauliche Frage

Es ist unseres Erachtens kein Zufall, dass die Grenzen technokratischen Denkens ausgerechnet in Europa und am Euro offenkundig werden. Denn nirgends auf der Welt verlegte sich der Zeitgeist dermassen auf die Idee der Machbarkeit wie auf dem Alten Kontinent. Das Gegenstück zur wie auch immer gearteten Garantie ist ja der «Anspruch». Europa ist ein Kontinent der Ansprüche. Von der Wiege bis zur Bahre ist man ein Anspruchsberechtigter. Wenn die Eltern nicht aufziehen können oder wollen, hat man Anspruch auf einen Platz in der selbstverständlich kostengünstigen oder kostenlosen Kinderkrippe. Als jugendlicher Arbeitsloser erhält man mehr Entschädigung, als wenn man, vielleicht nicht ganz im erlernten Beruf, arbeiten würde. Wenn man glücklicherweise eine Arbeitsstelle hat, dann allerdings mit Anspruch auf fünf und mehr Wochen Ferien, Mindestlohn, beschränkte Wochenarbeitszeit. Der immer weiter um sich greifende Konsumentenschutz hat sehr viel mit Anspruchsdenken zu tun: Mehr und mehr wird die sachliche oder rechtliche Gewährleistung nicht mehr als Angelegenheit zwischen Vertragspartnern gesehen, sondern als öffentliche Aufgabe. Selbstverständlich gibt es ein Recht auf Spitzenmedizin zum Nulltarif. In Griechenland gibt es gemäss «New York Times» mehr als 580 vom Gesetzgeber definierte «gefährliche Berufe», bei welchen man sich als Frau im Alter von 50, als Mann mit 55 Jahren pensionieren lassen kann. Zu den «gefährlichen Berufen» gehören unter anderem die Damencoiffeuse, weil sie mit Chemikalien zu tun hat, und der Blechbläser im Orchester, weil er vom vielen Humpa einen Reflux kriegen könnte.[47] [...]. Als in Ägypten eine schweizerische Reisegruppe wegen isländischer Vulkanasche strandete, verlangte sie lautstark, das heisst über die willfährigen Medien, nach Schadensvergütung durch den Staat.

Der Anspruch gegenüber dem Kollektiv ist zur europäischen Ersatzreligion geworden. Dass dieses Kollektiv nicht leistungsfähiger sein kann als die Summe der Leistungsfähigkeit der einzelnen Anspruchsnehmer, daran dachten bis vor kurzem offenbar nur wenige. Der europäische Zeitgeist will den Schicksalsschlag, das Pech, aber auch den Erfolg und das Glück nicht anerkennen. Dem Leistungswilligen und Leistungsfähigen wird mit Neid begegnet. Vergessen ist die hellenische Vergangenheit, in deren Mythologie eine Orestie die Unabwendbarkeit von Unglück stipulierte; vergessen ist die alttestamentarische Geschichte Hiobs, in welcher Unglück den Unschuldigen trifft und die Schuldigen triumphieren können. Europa hat seine geistesgeschichtlichen Wurzeln verloren, frönt der Hybris der Machbarkeit und scheitert nun an der Beschränktheit von Mensch und Institution.

47 Patchwork Pension Plan Adds to Greek Debt Woes, in: *The New York Times,* March 11th 2010.

Solchermassen ist man für den globalen Wettbewerb nicht gerüstet. Selbst wenn die gegenwärtige Eurokrise durch wundersame Wendungen noch einmal abgewendet würde – gegenüber Gesellschaften, welche die Anspruchsmentalität weniger oder gar nicht kennen, wird man bedenklich schlecht abschneiden. Die Chinesen wissen durch langjährige Erfahrung mit dem Kommunismus, dass auf das Kollektiv kein Verlass ist. Sie suchen ihre «Garantie», wenn es denn eine sein soll, in ihrer Familie. Moslems kennen den «Anspruch» nicht; das Zinsverbot ist nicht umsonst just in der moralischen Verwerflichkeit eines fixen Betreffnisses begründet. Man mag das als anachronistisch bezeichnen, sollte sich aber vor überheblichen Urteilen hüten, denn die gleichgewichtige Verantwortung zwischen Schuldner und Gläubiger wird im islamischen Bankgeschäft besser abgebildet als in unserem System. Ja, bei aller Skepsis gegenüber den USA muss man sehen, dass das dort selbstverständliche Muster von *hire and fire* oder von *boom and bust* der *condition humaine* von Gelingen und Versagen mehr entspricht als der europäische Anspruch auf garantierte *returns.* [...].

Wie man neues Vertrauen schafft. Oder auch nicht. (2002)[48]

So kämpft Eli Lilly gegen den Terrorismus

Laut einem Artikel im «Wall Street Journal» wurde einer langjährigen Mitarbeiterin einer Zulieferfirma des amerikanischen Pharmakonzerns Eli Lilly Ende Januar fristlos gekündigt.[49] Der Grund: Sie stelle für das Pharmaunternehmen ein besonderes Sicherheitsrisiko dar. Die betreffende Frau hatte vor rund zwei Jahren aus Versehen eine Rechnung über 60 Dollar (das heisst rund 100 Franken) mit einem Check auf eine Bankbeziehung beglichen, die sie infolge Wohnortwechsels schon saldiert hatte. Sie wurde in der Folge wegen eines Checkvergehens zu einer Busse von 179 Dollar (rund 300 Franken) und zur Übernahme der Gerichtskosten verurteilt. Die Frau teilt ihr Schicksal bei Eli Lilly mit über 100 Arbeitskolleginnen und -kollegen, bei denen anlässlich eines Sicherheitsaudits durch eine auf kriminologische Nachforschungen spezialisierte Firma eine problematische Vergangenheit nachgewiesen werden konnte. In den allermeisten Fällen handelt es sich bei den «Kriminaltaten» allerdings um völlig nebensächliche und zum Teil auch nicht einmal sauber abgeklärte Delikte.

48 Anlagekommentar Nr. 214 vom 18. März 2002.

49 Zero Tolerance: Employers Dig Deep Into Workers' Pasts, in: *Wall Street Journal,* March 12th 2002.

Eli Lilly entschloss sich zu diesem Sicherheitsaudit nach den Terroranschlägen vom 11. September 2001. Einer der weltweit grössten Hersteller von Insulin will unbedingt vermeiden, dass sich auf seinem Fabrikationsgelände unerkanntermassen potentielle Täter aufhalten, um später einmal zum Grossrisiko zu werden. Rund 7'000 Mitarbeiter von Zulieferern mussten in die Prozedur zur Überprüfung ihrer Vergangenheit einwilligen, sonst wäre ihnen a priori gekündigt worden. Das Resultat des Unterfangens erweist sich nun allerdings als so fragwürdig, dass selbst das in letzter Zeit überaus patriotisch und regierungsfreundlich gesinnte «Wall Street Journal» seine Fragezeichen setzt.

Man könnte die beschriebene Jagd nach vermeintlichen Terroristen als eine nebensächliche Folgeerscheinung des Schocks vom 11. September abtun, wenn das Vorgehen nicht absolut symptomatisch wäre für einen wesentlichen Teil der Aufarbeitung des Terrorproblems durch die USA. Und weil mit dem umfangreichen Gesetzeswerk des *Patriot Act* nicht nur inneramerikanische Verhältnisse betroffen werden, sondern ganz bewusst die ganze Welt in die amerikanischen Anstrengungen gegen den Terrorismus einbezogen wird, kann die Angelegenheit weder dem beobachtenden und analysierenden Wirtschaftskommentator noch dem auf bessere Zeiten hoffenden Investor gleichgültig sein. [...].

Zunächst sind es ganz praktische Gründe, die an der Richtigkeit des Vorgehens von Eli Lilly zweifeln lassen. Das Problem mit den Terroranschlägen vom 11. September liegt ja gerade darin, dass deren Verursacher weder Checks gefälscht hatten noch als Schüler in ihre Highschool eingebrochen waren noch Marihuana geraucht noch ihre vermeintliche Freundin unzüchtig berührt hatten. Vielmehr lebten sie unbescholten und unauffällig, bis ihr grosser Tag gekommen war. Untersuchungen bei amerikanischen Banken haben ergeben, dass der Kontoverkehr der mutmasslichen Täter kaum irgendwelche Besonderheiten aufwies, die eine frühzeitige Entdeckung der Absichten ermöglicht hätten. Die Frage, ob durch alle Massnahmen, die mit dem *Patriot Act* zur rigoroseren Kontrolle der gesamten finanziellen Transaktionstätigkeit in und um Amerika eingeführt worden sind, auch nur der Hauch einer Chance bestanden hätte, die Terroranschläge vom 11. September zu verhindern, musste ein hoher Beamter des Schatzamtes klar verneinen. Die nachfolgende Frage nach dem Sinn der neuen Bestimmungen wollte der Beamte dann nicht mehr beantworten.

Total control = no control

Es ist durchaus nachvollziehbar, dass Amerika nach dem 11. September gewahr wurde, wie ausserordentlich verletzlich es auch im eigenen Land ist und wie wenig Kontrolle faktisch ausgeübt wird, sei es an Flughäfen, sei es im gesamten öffentlichen Raum, sei es aber auch innerhalb von Unternehmungen. Die sehr weitgehende Niederlassungsfreiheit und die Abwesenheit von Einwohnerämtern gehörten zu den traditionellen Privilegien, deretwegen sich die Amerikaner freier fühlten als die Bürger anderer Staaten. Die Terroranschläge vom 11. September wollten just diesen besonderen *way of life* der Amerikaner treffen, und dies ist offensichtlich auch gelungen, wie das Beispiel von Eli Lilly zeigt. Das Land, das einen westwärts ziehen liess, wenn er am alten Ort pleitegegangen war oder etwas auf dem Kerbholz hatte, beginnt nun, über seine Bürger Fichen anzulegen. Die persönliche Vergangenheit droht nun im Land, das im Vergleich zu Europa so herrlich vergangenheitsfrei war, einen hohen Stellenwert einzunehmen.

Man mag dies als unausweichliche Folge des Geschehenen hinnehmen. Die Radikalität, mit der in den USA sowohl im öffentlichen wie anscheinend auch im privaten Sektor versucht wird, die Kontrolle zu erlangen, lässt nun aber aufhorchen [...].

Das Problem liegt [...] darin, dass, selbst wenn man sämtliche Nachteile zur Erreichung totaler Kontrolle in Kauf nähme, dieses Ansinnen denselben Gesetzmässigkeiten unterliegt wie alle anderen gesellschaftlichen Prozesse. Es gibt Unmöglichkeiten, es gibt Gegenläufiges, es gibt Kosten. Zunächst steht einmal ausser Frage, dass es das Konzept totaler Kontrolle gar nicht geben kann. Im Grunde genommen liefe es auf eine lückenlose Gehirnwäsche aller Bürger hinaus. Die Überprüfung des Kontoverkehrs reicht nicht, ebensowenig das Aufzeichnen der letzten Auslandreisen oder die Überwachung der Telefongespräche. Nicht einmal die allerärgsten totalitären Systeme der Geschichte erreichten je einen Zustand totaler Kontrolle der Bürger, weder Nazideutschland noch die stalinistische Sowjetunion noch Nordkorea.

Wenn man diese Unmöglichkeit totaler Kontrolle als gegeben anerkennt, dann bleibt nur noch die Optimierung der Kontrolle, das heisst die Optimierung von Informationsbeschaffung und -auswertung. Aber auch diese kennt Gesetzmässigkeiten. In der Informationswissenschaft spricht man von einem quasi axiomatischen Zielkonflikt zwischen der Informationsmenge und der Qualität der gefundenen Ergebnisse (Relevanz). Je höher die zu bewältigende Informationsmenge, desto tiefer die sogenannte Retrieval-Qualität, und umgekehrt: Je bessere Resultate von Recherchen man anstrebt, desto weniger Information darf man zur Verarbeitung bringen. […].

Moderne, computergestützte *screening*-Methoden haben diese axiomatische Gegebenheit scheinbar in den Hintergrund treten lassen. […]. Wirklich? Zwei Gründe sprechen dagegen. Erstens haben ja gerade die Terroristen vom 11. September gezeigt, dass sie durchaus in der Lage sind, die (damals schon vorhandenen!) Filter von CIA und FBI auszutricksen. Es wäre naiv zu glauben, dass solches nicht auch in Zukunft wieder geschehen würde. Zweitens unterliegen auch die besten und effizientesten Sicherheitsdienste Kapazitätsgrenzen. Und Sicherheitsdienste, die in der grossen Menge und über lange Zeit nur mit irrelevanter Information zu tun haben, erlahmen, werden unaufmerksam und verfallen dem Schlendrian. Und wäre der gesuchte Gegner noch so gefährlich.

Genau sechs Monate nach dem 11. September stellte die amerikanische Einwanderungsbehörde INS die Studentenvisa für Mohammed Atta und Marwan ash-Sheihi per Post an die Flugschule in Florida zu, wo sich die beiden mutmasslichen Terroristen hatten ausbilden lassen. Die Visa waren im Sommer 2000 beantragt und ein Jahr später erteilt worden. Weshalb sich die Zustellung so lange hinauszögerte bzw. noch ausgeführt wurde, ist unklar. Der Sprecher der Einwanderungsbehörde wies auf die hoffnungslose Überlastung seines Amtes hin. So viel zum Thema *total control.* […].

Master of the universe – calvinistisch

Die bedauernswerte Angestellte der Zulieferfirma von Eli Lilly wurde durch ihre absurde Einstufung als «Sicherheitsrisiko» de facto den Attentätern vom 11. September gleichgestellt. Oder sie muss es zumindest subjektiv so empfinden. Wenn alle Amerikaner, die in ihrem Leben einmal Haschisch konsumierten und dabei erwischt wurden, wegen dieser «Vortat» ebenfalls entlassen werden oder künftig, weil sie ein «Sicherheitsrisiko» darstellen, keine Stelle mehr finden, dann dürfen sich zwar die Saubermänner dieser Welt glücklich wähnen, dem Kampf gegen den Terrorismus hat man aber in entscheidender Weise geschadet. Versucht man dann zudem noch, die (amerikanischen) Vorstellungen von Moral und Ethik auf die ganze Welt zu übertragen, dann verliert man genau jene Freunde, die man für seinen Kampf so dringend benötigen würde.

Die Anstrengungen der amerikanischen Regierung laufen derzeit genau in diese Richtung. Man kämpft gegen Terrorismus, gegen den Drogenhandel, gegen die Pornografie, gegen die Kapitalflucht und gegen Steuervergehen, alles auf einmal und zusammen. Und gleichzeitig stellt man den ums Leben gekommenen Terroristen Atta und ash-Sheihi Einwanderungsvisa aus. Offenkundige Überheblichkeit und Machbarkeitsdenken paaren sich mit wenig überraschender Unfähigkeit.

Die Gefahr dieser Vorgehensweise ist eine zweifache. Erstens gefährdet man damit [...] mittel- und langfristig den Erfolg in der Auseinandersetzung, weil man der vielleicht wesentlichsten Koalitionspartner verlustig geht. Zweitens wird man sich, ob man es will oder nicht, bald einmal auf dem dünnen Eis der Doppelmoral befinden. Es mag zwar zum calvinistisch inspirierten amerikanischen Traum der sozialen Kontrolle gehören, dass man alles Unrechte und Unanständige aus der Welt verbannen will. Die tatsächlichen Verhältnisse holen einen aber immer wieder ein. So führen die USA einen blutigen und verheerenden Drogenkrieg in Lateinamerika und anderswo auf der Welt, bezichtigen alle möglichen Finanzplätze der Welt der Hehlerei und der Geldwäscherei – sind aber gleichzeitig die grössten Drogenkonsumenten der Welt überhaupt; und es gibt glaubwürdige Quellen, die behaupten, der Arm der Drogenmafia reiche bis weit unter die Kuppel des Capitols.

[...]. Nach dem 11. September wäre die Welt dringend auf einen Aufbau neuen Vertrauens angewiesen. So, wie die Sache sich heute präsentiert, sind wir davon nicht nur weit entfernt, sondern bewegen uns insgesamt vermutlich in die falsche Richtung. [...].

Optimismus allein genügt nicht (2001)[50]

[...].

Heikle mittelfristige Pendenzen

[...]. Wir sind in unserem strategischen Denken viel zu stark mit früheren Konflikten behaftet. Lokalisierbarkeit war ein Thema des Zweiten Weltkriegs, vielleicht auch noch des Kalten Kriegs. Internationaler Terror ist [hingegen] ubiquitär. Damit ist auch gesagt, dass die militärische Zerstörung bestimmter Basen des Terrors eine vielleicht notwendige, sicher aber nicht eine hinreichende Massnahme sein kann. Vielmehr muss es darum gehen, ganz allgemein und überall zu verhindern, dass einzelne Menschen oder irgendwelche Gruppierungen sich künftig in die Lage versetzen können, die zivilisierte Welt ernsthaft zu gefährden. Dass sie es können, haben sie mit dem 11. September bewiesen.

Die Chancen, dass uns, das heisst der zivilisierten Welt, dies gelingen wird, stehen nicht sehr gut. Das Problem liegt in der Asymmetrie von Macht

[50] Anlagekommentar Nr. 212 vom 3. Dezember 2001.

und Verletzlichkeit von Angreifern und Angegriffenen. Hierin liegt der Kern, um den sich die Strategiediskussionen in der nächsten Zeit drehen müssen. Die bisherigen grossen machtpolitischen oder kriegerischen Auseinandersetzungen, also zum Beispiel der Erste oder der Zweite Weltkrieg, im Grunde genommen aber auch der Kalte Krieg, liefen nach dem Prinzip mehr oder weniger symmetrischer Voraussetzungen auf beiden Seiten der Konfliktparteien ab. Beide Seiten verfügten über ein bestimmtes Bedrohungspotential und über ein bestimmtes Mass an eigener Verletzlichkeit. [...].

Terroristen verfügen über ein sehr namhaftes Bedrohungspotential, sind aber letztlich fast unbeschränkt *un*verletzlich. Die Gegenseite hat zwar ein bestimmtes Bedrohungspotential, ist aber gleichzeitig auch enorm verletzlich. Das ist der *calculus* des Kriegs gegen den Terror. Die Unverletzlichkeit der Terroristen liegt in ihrer Gleichgültigkeit, ja ihrer Bereitschaft, für ihre Sache zugrundezugehen, die enorme Verletzlichkeit der zivilisierten Welt liegt in ihren hochkomplexen Systemen, in ihrer Offenheit, ihrer Toleranz, aber auch ihrer geringen Bereitschaft, für ihre Sache zu leiden.

Das Problem der extremen Aktion

Wenn man den *calculus* des Kriegs gegen den Terror zu Ende denkt, dann kann er von der zivilisierten Welt eigentlich nur gewonnen werden, wenn man das Bedrohungspotential so schnell als möglich und danach nachhaltig *auf Null* setzt. Der amerikanische Präsident Bush hat dies vermutlich instinktiv erkannt; seine Rhetorik wird von der europäischen *intelligentsia* als «texanisch» und «cowboymässig» bezeichnet, trifft aber den Kern der Sache. Jede Halbheit, jegliches Dulden schafft wegen der Asymmetrie der relativen Verletzlichkeit eine für die zivilisierte Welt unerträglich gefährliche Situation. Es steht ausser Frage, dass dies gerade auch den Investor und den am Fortgang der wirtschaftlichen Entwicklung Interessierten besonders beschäftigen muss. Denn die Unsicherheiten, welche der internationale Terror nach sich zieht, treffen die Wirtschaft, den Austausch von Gütern, Dienstleistungen und Kapital, im Herzen. Auf die Dauer höhere Transaktionskosten, ja die physische Unmöglichkeit zum internationalen Tausch und Handel, würden sämtliche Börsenträume zunichte machen und eine weltweite Rezession auslösen, in deren Vergleich die gegenwärtige Abkühlung nur ein kühles Lüftchen gewesen wäre.

Die Frage ist nur, ob die zivilisierte Welt überhaupt in der Lage ist, in dieser Konsequenz den Kampf zu führen, und welches die Mittel sein könnten, die zum Erfolg führen, ohne dass man sich selber just in Frage stellt. Der Kampf gegen den Terror hat für die zivilisierte Welt ja offenkundig eine paradoxe Komponente. Die zivilisierte Welt ist zivilisiert, weil sie ihren Bürgern Eigenverantwortung und Freiheit zugesteht. Sie ist zivilisiert, weil sie nicht alles und jedes kontrollieren, sondern weil sie bewusst den Dingen freien Lauf geben will. Ihre gesellschaftspolitische und wirtschaftliche Stärke liegt gerade in dieser Bereitschaft, spontanen Entwicklungen Raum zu geben und Altes, Marodes durch Besseres, Neues verdrängen zu lassen. Die zivilisierte Welt ist zivilisiert, weil sie weiss, dass spontane Entwicklungen nur dann entstehen können, wenn eine genügende Privatsphäre den Querdenker vor dem Establishment und seinen Schutzmechanismen schützt.

Und genau bei dieser Privatsphäre muss nun unglücklicherweise die Terrorbekämpfung ansetzen! Nicht in Afghanistan oder im Irak, sondern auch in Zürich, in Frankfurt, in London und in Washington. Die Notwendigkeit, das Bedrohungspotential von Terroristen möglichst auf Null zu setzen, führt in der Konsequenz zur Notwendigkeit der lückenlosen Überwachung der ganzen Welt. Das sind ungemütliche Aussichten. Die Bekämpfung des Terrors durch die freie Welt wird auf einen weltweiten Polizeistaat erster Güte hinauslaufen. Womit sich die freie Welt selber abgeschafft hätte.

Hirngespinst des paranoiden Kommentators aus St. Gallen? – In Amerika wird allen Ernstes über die Wiedereinführung der Folter diskutiert. In England wurde die Jahrhunderte alte Regel des *habeas corpus,* also des Verbots unrechtmässiger Gefangennahme, im Falle von Terrorverdacht über Bord geworfen. In Afghanistan wird in völliger Missachtung des Völkerrechts mit militärischen Mitteln und ohne schlüssige Beweise die Auslieferung oder Vernichtung eines Verdächtigen erzwungen. Die westliche Welt schmiedete eine Allianz mit Regierungen fragwürdigster Legitimität zusammen. Bei allem Verständnis, ja der Einsicht, für die Notwendigkeit der Abwehrreflexe muss man sehen, dass das Paradox bereits am Laufen ist: Man will die *rule of law* retten und kann dies nicht tun, ohne dass man dessen Prinzipien selbst verrät.

Prioritäten setzen

Das Thema des Schutzes der freien Welt vor weiteren tödlichen Terroranschlägen, ohne am Ende einem unerträglichen Staatsterror anheimzufallen, müsste dringendst auf die Tagesordnung internationaler Konferenzen und Symposien gesetzt werden. Die Frage ist absolut existentiell. Und sie ist bereits konkret. Wenn nämlich unter dem Titel der Terrorbekämpfung nun eine staatliche Instanz nach der anderen ihren eigenen Interessenbereich auszubreiten beginnt, dann ist die Angelegenheit bereits teilweise verdorben. Weshalb?

Alle möglichen Themen sind ja denkbar: der Kampf gegen die Pornografie, der Kampf gegen den Drogenhandel, der Kampf gegen den Zigarettenschmuggel, der Kampf gegen das Vitamin- und gegen andere Kartelle, der Kampf gegen die Steuerhinterziehung und gegen die Kapitalflucht. Gewiss, alles wichtige Problemkomplexe, aber alles in allem eben doch nicht von der Qualität einer tödlichen Bedrohung für das System als Ganzes. Die Gefahr ist gross, dass bei einer extensiven Interpretation des Informationsbeschaffungs- und Verfolgungsauftrags zum einen viel zu viel letztlich irrelevante Information verarbeitet werden muss. Was aber viel schlimmer ist: Das System wird, je nebensächlicher die Delikte sind, sich immer mehr gegen die eigenen Bürger wenden. Heute verfolgt die Bundesrepublik Deutschland mit polizeistaatlichen Methoden Steuersünder.[51] Sie setzt dazu Mittel des Bundesnachrichtendienstes ein. Gleichzeitig, weil man ja nicht alles auf einmal tun kann, verpasst es derselbe Bundesnachrichtendienst, in Hamburg und in Frankfurt die wichtigsten Zellen von Al Kaida ausserhalb der USA aufzudecken.

Die staatlichen und überstaatlichen Instanzen werden im Kampf gegen den Terrorismus auf sehr eng definierte Prioritäten beschränkt werden müssen. Als Korrelat zu dieser engsten Beschränkung auf das eine und nur das eine Ziel werden sie mit dem höchsten denkbaren Anspruch auf Ausübung des Gewaltmonopols ausgestattet sein müssen, um überhaupt erfolgreich sein zu können. Ihr Auftrag wird ein Vernichtungsziel in militärischem Sinne sein. Der ganze Rest der «auch noch im öffentlichen Interesse» liegenden Themen, auch wenn es sich um strafrechtlich relevante Fragen geht, muss dringendst ausserhalb dieses Vollmachtsregimes gehalten werden.

Es geht also darum, im Handeln unserer Gesellschaft und ihrer Organe Prioritäten zu bilden. Diese Fähigkeit ist der zivilisierten Welt in den letzten Jahren zusehends abhanden gekommen. Prioritäten bilden heisst, darüber zu entscheiden, was wichtig ist und was weniger, und hat sehr viel mit der Wertefrage zu tun. Unsere pluralistische Gesellschaft bewegt sich weitgehend im wertfreien Nichts. Medienmässig orientierter Pragmatismus prägt das Verhalten unserer politischen Behörden. Einziges Kriterium ist letztlich der Eigennutz. Anstand, Prinzipientreue, Loyalität sind Schlagwörter, die man gerne benützt, wenn sie eine günstige Wirkung zeitigen, die man aber ohne weiteres verrät, wenn es sich als notwendig erweisen sollte. Kein bisschen besser in der Wirtschaft. Wo sind die Vorbilder, die zielgerichtet, aber dennoch bescheiden

[51] Siehe S. 277–278.

bleibend, ihre Aufgabe ausführen? Halbseidene Schlaumeier und bonusgeile Manager beherrschen die Szene. Sie kommen halt in den Hochglanzmagazinen auch am besten weg.

Diese Politiker und Wirtschaftsführer sind das Produkt einer Gesellschaft, die ihrerseits die Orientierung an Werten weitgehend verloren hat. Völlig unreflektiert wird der Wohlstand, dessen man sich erfreut, einfach hingenommen. So, wie man glaubt, der Strom käme einfach aus der Steckdose, wird die Rolle einer freien, marktwirtschaftlichen, am Rechtsstaat und an der Wahrung der Eigentumsrechte orientierten Ordnung völlig verkannt, ja verachtet. [...].

«Aussichten auf den Bürgerkrieg» hat der deutsche Schriftsteller Hans Magnus Enzensberger seine den obigen Rundumschlag noch bei weitem übertreffende Analyse des herrschenden Nihilismus betitelt.[52] Es lohnt sich, den Aufsatz genau zu studieren, bevor man zu definitiven Konzepten der westlichen Zivilisation gegen den Terrorismus gelangt. Aus unserer vorläufigen Sicht werden wir nicht um einen Paradigmenwechsel herumkommen, der endlich wieder Freiheit, Verantwortung und Rechtsstaatlichkeit als wichtigste Kriterien anerkennt. Nur so wird die zivilisierte Welt den Weg zur Prioritätsbildung finden. Und abgesehen davon wäre sie ja ganz allgemein weniger angreifbar gegenüber totalitären Ideen aller Art, wenn sie ein wenig mehr an das glauben würde, was sie stark gemacht hat.

Gurtenobligatorium für Anleger? (2006)[53]

Eignungsprüfung für Hundehalter

Von nun an wird alles besser werden. Denn wenn es nach dem Willen der Schweizer Regierung geht, der in dieser Sache fast alle wichtigen Meinungsmacher Applaus spendeten, dann wird sich unser Land zu einem besonders sicheren Platz auf der Welt wandeln, was die Begegnung mit Hunden anbelangt. Gemäss einer vorgeschlagenen Revision der Tierschutzverordnung werden nämlich sämtliche Hundehalter künftig einen eintägigen Kurs besuchen und sich über die erfolgreiche Absolvierung ausweisen müssen. Ob Pitbull, Pudel oder Mops: Vor dem Gesetz sind alle Hunde und Hundehalter gleich, und so wird es nun also kommen, dass Samstag für Samstag Karawanen von Frauchen und Herrchen zur Hundeschule pilgern, um am Ende einer hochstehenden kaninen Ausbildung die ersehnte staatliche Konzessionsurkunde überreicht zu erhalten.

[52] Hans Magnus Enzensberger, *Aussichten auf den Bürgerkrieg*, Frankfurt am Main, Suhrkamp, 1993.
[53] Anlagekommentar Nr. 246 vom 11. Dezember 2006.

Wir werden uns in den folgenden Kapiteln dieses Anlagekommentars nicht weiter beim gewiss nicht weltbewegenden Thema der Hundehaltung aufhalten – der regulatorische Vorgang ist bei diesem Beispiel indessen dermassen typisch, dass wir noch ein wenig ausholen wollen. Wie kam es denn zu diesem insgesamt ja eher als lächerlich einzustufenden Verordnungsentwurf? Am Anfang stand, ziemlich genau vor einem Jahr, ein furchtbarer Unfall, bei dem ein sechsjähriger Bube in einer Zürcher Vorortsgemeinde von drei aus einem offenbar ungenügend gesicherten Käfig ausgebrochenen Pitbull-Terriern totgebissen wurde. Das Geschehen erschütterte verständlicherweise die Öffentlichkeit und beherrschte während einigen Wochen die Schlagzeilen der Medien. Das Thema fand mit einer von 170'000 Bürgern und 147 eidgenössischen Parlamentariern unterzeichneten Hunde-Petition Eingang in die Politik, und es war offenbar undenkbar, dass man angesichts solchen Drucks von der Strasse und vom Parkett her die ohnehin anstehende Revision der Tierschutzverordnung nicht auch dieser Problematik widmen würde.

Der Konsens darüber, dass die Hundehalter sozusagen an die Leine des Staats zu nehmen sind, hält offensichtlich an, obschon, wie die «Weltwoche» kürzlich richtig bemerkte, dem tragischen Einzelfall ja keine Massenattacken von wild gewordenen Pitbulls gefolgt sind und man mithin weit entfernt von einem nationalen Hundenotstand ist.[54] Einmal angeworfen, ist die Regulationsmaschine nicht mehr zu stoppen. Denn für wen würde es sich überhaupt lohnen, den gesetzgeberischen Overkill zu beenden? Für den Politiker sicher nicht. Denn erstens ist der Verzicht auf konkrete Taten, der Nichtaktivismus, ganz generell kein erfolgversprechendes Rezept in der Politik, und zweitens könnte dies auch konkret ins Auge gehen, wenn dann doch wieder einmal ein Pitbull-Terrier zubeisst. Für die Verwaltung? Ganz sicher nicht. Die Aussicht, mit einem neuzuschaffenden Bundesamt für Hundehaltung (BaHuha) mittels Oberaufsicht die gleichmässige Ausführung der Verordnung durch die Kantone sicherstellen und die Schweiz in internationalen Hundehaltungsgremien vertreten zu dürfen, ist allzu verlockend. Für die Organisationen der Hundefreunde? Ganz sicher auch nicht. Denn diese wittern die Chance, ihre gesellschaftliche Relevanz für immer in Stein gemeisselt zu sehen, ja für die obligatorischen Hundehalterkurse entschädigt zu werden. Nichts Schöneres für einen Vereinsobmann, als endlich einmal ernst genommen zu werden, staatlich zertifiziert sozusagen, und mit der Aussicht versehen, dereinst alle Hundehalter per Zwangsmitgliedschaft in der Innung zu wissen. Und was mit der armen Hundehalterin und ihrem Dackel? Wohl auch nicht, denn der Aufwand, sich für ihre Freiheit zur

[54] Medien: Das Gesetz der unbedingten Serie, in: *Die Weltwoche*, Nr. 48, 30. November 2006, S. 31.

Die Verwischung der Verantwortlichkeiten ist das Hauptproblem, das sich bei einer Erhöhung der Regelungsdichte immer stellt.

Seite 210

Wehr zu setzen, wäre dann doch unverhältnismässig im Vergleich zum zwar lästigen, aber halbwegs hinnehmbaren Gang in die Hundehalterschule.

Im ökonomischen Zweig der Politikwissenschaft bezeichnet man solche Konstellationen mit «Asymmetrie der Anreizsituation» und kann damit die unaufhaltbare Tendenz zu mehr und dichterer Regulierung erklären. Es gibt in unserem (sich durchaus immer wieder demokratisch legitimierenden!) System keine Instanz, die darauf hinweisen würde, dass bestehende Gesetze eigentlich genügen würden, um immer wieder entstehende oder passierende Fehlleistungen zu korrigieren. Wie nötig wäre eine solche Stimme, wie sinnvoll ihre Ausstattung mit politischem Gewicht! So verfügt beispielsweise das schweizerische Strafgesetzbuch mit den Artikeln zur fahrlässigen Tötung und zur fahrlässigen Körperverletzung (StGB Art. 117 bzw. 122) exakt über die richtigen Bestimmungen, um die für die drei Pitbull-Terrier verantwortlichen Hundehalter der gerechten Strafe zuzuführen. Mit etwas richterlichem Mut liesse sich sogar Eventualvorsatz und damit ein sehr hohes Strafmass begründen. Eine solche Strafandrohung müsste eigentlich in genügender Weise general-präventive Wirkung zeitigen, so dass es weiterhin bei Einzelfällen bleibt und auch künftig keine Massenattacken von Pitbulls drohen. Stattdessen wird nun aber der Weg der Veradministrierung gewählt, und letztlich werden auch die (im Extremfall strafrechtlich relevanten!) Verantwortlichkeiten verwischt, denn künftig wird es ja so sein, dass zur Unverantwortlichkeit eines Hundehalters das allfällige Ungenügen seiner Hundehalter-Ausbildner und die ungenügende Aufsicht derer Hundehaltervereinsorgane und eine ungenügende Oberaufsicht durch das BaHuha hinzukämen. Worauf man nach einem nächsten Einzelfall die Tierschutzverordnung erneut verschärfen und mit spezifischen Strafnormen versehen «müsste». In der Fachsprache nennt man diesen Vorgang *downscaling.*

Mit MiFID gegen Pitbulls

Die Verwischung der Verantwortlichkeiten ist das Hauptproblem, das sich bei einer Erhöhung der Regelungsdichte immer stellt. Am Beispiel der auf Anfang 2007 im EU-Raum Gültigkeit erlangenden MiFID-Richtlinie kann dies ohne weiteres gezeigt werden, darüber hinaus und vielleicht ebenso gravierend auch alle indirekten Implikationen. MiFID steht für «*Markets in Financial Instruments Directive*» oder «Richtlinie des Europäischen Parlaments und des Rates über Märkte für Finanzinstrumente». Sie wurde im Jahr 2004, also noch unter dem Eindruck des Kurszerfalls nach Platzen der Technologieblase und des Desasters am (deutschen) «Neuen Markt»,[55] verabschiedet. Ihr Hauptanliegen

[55] Dazu siehe Fussnote 11, S. 66.

ist der Schutz des Anlegers vor allen möglichen Unbilden, welche die Finanzmärkte, ähnlich wie der Schulweg von unschuldigen Kindern, mit sich bringen können.

Nun ist es ja durchaus so, dass an den Finanzmärkten Unfälle und Verbrechen passieren. Wenn wir es richtig sehen, gibt es sogar fast so etwas wie eine gewisse Regelmässigkeit im Auftreten von Finanzskandalen, bei welchen Anleger zu Schaden kommen – über die letzten 30 Jahre im Durchschnitt etwa alle fünf bis acht Jahre. War es in den 70er-Jahren der famose Bernie Cornfeld mit seinem IOS-Fonds, dann war es später der unscheinbare Werner K. Rey, dann der *European Kings Club* mit seinen Ablegern nach Deutschland und Österreich, schliesslich vor kurzem der seltsame Chemielaborant Behring aus Basel. Alles in allem haben sie mehrere Milliarden Franken anvertrauter Gelder versenkt.

Die zeitliche Regelmässigkeit lässt auf das Erinnerungsvermögen der Anleger schliessen. Es ist nicht übermässig lang und taugt offenbar auch nicht allzu viel. Denn die Schemen, nach denen jeweils gehandelt wurde, und die involvierten Charaktere weisen durchs Band wiedererkennbare Gemeinsamkeiten auf, die es erlauben würden, das nächste Mal nicht wieder auf den Leim zu kriechen. So wurden immer weit überdurchschnittliche und bei weitem zu stetige Renditen versprochen. Immer landeten die Anlagegelder in verschachtelten, letztlich völlig intransparenten, über mehrere Jurisdiktionen verteilten Rechtskonstrukten. Selten, oder nur in wenig relevanten Nebengesellschaften, waren seriöse Buchprüfer engagiert. Nie war klar, aus welchen Quellen die überdurchschnittlichen Renditen wirklich gespiesen werden sollten. Und immer mussten dann, weil es diese Quellen eben gar nicht oder nur in krass mangelndem Ausmass gab, Löcher mit dem Geld immer neuer Anleger gestopft werden, weshalb denn auch dem Marketing (und den zu diesem Behuf notwendigerweise hohen Kommissionen) grosse Bedeutung zukam. Am Ende entpuppten sich die meisten Schemen als reine Schneeball-Konstrukte, die darauf beruhen, dass immer mehr neue Zahler die früheren befriedigen. Man kennt das Prinzip von den Kettenbriefen her. Auch dort funktioniert es nicht *ad libitum*. Die letzten beissen die Hunde.

Bei den involvierten Personen fallen als gemeinsame Merkmale fehlende Ausbildung und mangelnder beruflicher Hintergrund, daneben aber auch ein diesen Defekt kompensierendes gewisses Charisma auf. Bernard Cornfeld war Tür-zu-Tür-Verkäufer, Hausierer also, für amerikanische Aktienfonds, bevor er sein europäisches Imperium errichtete. Ab 1968, also bereits fünf Jahre vor dem Untergang der IOS, befasste er sich kaum mehr mit geschäftlichen Belangen, sondern als Jet-Setter eher mit schönen Frauen. Damara Bertges, bar jeglicher finanzieller Vorkenntnisse, wird auch heute noch, nach ihrer Verurteilung durch das Strafgericht, als eine Art weiblicher Robin Hood im Kampf gegen die «Hochfinanz» gefeiert. Behring fiel in Basel durch seine exorbitant teuren Renovationen von Altstadthäusern auf und kleidete sich in unnahbarem Schwarz. Dass eine Laborantenlehre kaum genügt, um mit hunderten von Millionen fremden Geldes umzugehen, störte während langer Zeit niemanden, obschon die Vorstellung darüber etwa so absurd ist, wie wenn ein Bankier plötzlich damit anfinge, mit Zyankali und Polonium zu hantieren …

Das Faszinosum der wunderbaren Geldvermehrer zieht regelmässig auch eine gewisse Pseudoprominenz in den Bann. Im Falle von Werner K. Rey zogen sich die Kreise bis weit in die Schweizer Bankenwelt hinein, aber auch auf Behring fiel eine erstaunliche Anzahl von Persönlichkeiten aus Politik und Wirtschaft herein. Das Tragische daran ist, dass ihr Engagement oft als Referenz für «einfachere» Anleger dient und dass oft erst dadurch ein Fall von gewisser Tragweite entsteht.

Keine Frage: Es gibt immer wieder Pitbulls an den Finanzmärkten, und totgebissen werden oft die Unschuldigsten. Dennoch: Sind es mehr als Einzelfälle? Besteht tatsächlich eine Gefahr für Massenattacken? Die Zahlen sprechen das Gegenteil. Behring soll, um den letzten Fall zu nehmen, einen Schaden von vielleicht 500 Millionen Franken verursacht haben. Gemessen am Schweizer Anlagevolumen von mehr als 4'000 Milliarden Franken geht es also um rund ein Zehntel Promille, und wenn man annimmt, dass es bis zum nächsten grossen Fall wieder fünf Jahre geht, dann befindet man sich sozusagen im Nano-Bereich der Relevanz für den Schweizer Finanzplatz. Dasselbe gilt für die grösseren Fälle im EU-Raum. Von Systemgefährdung oder Epidemie konnte und kann nie die Rede sein.

Das Ausmass des Verschuldens der Täter hat mit dieser Feststellung nichts zu tun, und es sollen damit auch nicht die zum Teil happigen Verluste der unvorsichtigen Anleger verniedlicht werden. Aber aus Finanzskandalen, verursacht durch insgesamt eigentlich erstaunlich seltene Pitbulls, ein generelles Schutzbedürfnis für Anleger ableiten zu wollen, das über die bereits schon vorhandenen Regelmechanismen und Strafnormen hinausginge, ist unverhältnismässig. Just auf der Vermutung, dass sämtliche Anbieter in den Finanzmärkten Pitbulls seien, dass es also weder Pinscher, Pudel noch Möpse gebe, basiert nun aber die neue EU-Richtlinie MiFID.

Was will MiFID?

Gemäss Artikel 19, Absätze 4 bis 6, der 44 engbedruckte Seiten umfassenden Richtlinie werden die Anbieter von Finanzdienstleistungen der sogenannten «*suitability*-Doktrin» verpflichtet. Konkret heisst das zweierlei. Einerseits muss ein Anbieter prüfen, ob und inwieweit ein Empfänger «geeignet» sei für diese oder jene Dienstleistung oder dieses oder jenes Produkt. Er muss die Kenntnisse und Erfahrungen seines Kunden in Bezug auf die spezifische Dienstleistung und das spezifische Produkt kennen, er muss Angaben haben über die finanzielle Tragbarkeit eines Vorhabens, und er muss die persönlichen Ziele seines Kunden (Anlagehorizont, Risikoneigung, Risikoprofil, Investmentstil) eruieren (und selbstverständlich dokumentieren; doch über das Problem der Beweislast weiter unten mehr). Falls der Finanzdienstleister diese Angaben nicht erhält oder nur in ungenügendem Umfange, muss er auf das Geschäft oder gegebenenfalls auch die ganze Beziehung verzichten. Anderseits muss der Anbieter von Finanzdienstleistungen die Risiken eines fraglichen Finanzinstruments kennen und mitteilen, die Merkmale eines Auftrages eruieren sowie die Häufigkeit solcher Geschäfte und die Auswirkungen eines Geschäfts auf das (Gesamt-) Portfolio seines Kunden kennen (und alles selbstverständlich dokumentieren […]). Ausnahmen sind in relativ engem Rahmen gegenüber sogenannt professionellen Anlegern möglich.

In den Ausführungserlassen zu MiFID wird in extenso dargestellt, wie diese Eignungsprüfungen sowohl auf der Anleger- wie auch auf der Produkteseite durchzuführen sind. Insgesamt, und das muss bei aller Skepsis ohne weiteres attestiert werden, findet sich nichts grundsätzlich Falsches darunter. Im Gegenteil – man könnte meinen, in Teilen sei das Weisungshandbuch, wie wir es als ISO-zertifizierte Vermögensverwaltungsbank seit dem Jahr 1998 verwenden, fast wörtlich in den MiFID-Text und in die Ausführungserlasse eingeflossen. […].

Zwischen den Regeln, denen sich zum Beispiel unsere Bank seit Jahren in ihrer Geschäftstätigkeit freiwillig unterzieht, und der Erhebung solcher Regeln zu allgemeingültigen Gesetzesnormen besteht insofern ein Unterschied, als im letzteren Fall ein Klagegrund resultiert, wenn die Regeln vermeintlich nicht eingehalten wurden oder nicht werden konnten. Aus einer relativen Norm des Gebots mit höchstens internen Sanktionen entsteht auf diese Art eine absolute Norm mit allen Konsequenzen, die der Gesetzgeber bezüglich Sanktionen zu bieten hat. Die Erhebung von *best practice*-Regeln zur Gesetzesnorm, wie dies MiFID stipuliert, birgt eine immense rechtspolitische Problematik: Die Regeln haben, so sinnvoll ihre Anwendung auch gerade aus unserer langjährigen Erfahrung sind, keine eindeutigen und damit gesetzesfähigen Eigenschaften. Es ist, als würde man Knigges Anstandsregeln ins Eherecht einführen. Darauf ein Klagerecht mit allen Konsequenzen aufzubauen, würde in die Irre führen. Man würde nämlich kaum mehr zu heiraten wagen, und man müsste seine zwischenmenschlichen Bedürfnisse vermehrt offshore befriedigen.

Know your customer versus Privatsphäre

Es steht ausser Frage, dass eine qualitativ einwandfreie Beratung in Finanzfragen die persönliche Situation des Kunden miteinbeziehen sollte. Denn jegliches Finanzinstrument, ob «langweilige» Obligation, hochinteressante Aktie oder hochkomplexer Hedgefonds, hat mutmassliche spezifische Charakteristika, die entweder ins Gesamtbild passen oder eben auch nicht. Unter «Gesamtbild» sind möglichst alle objektiv feststellbaren Elemente und alle subjektiven Befindlichkeiten zu verstehen, welche die Person des Kunden und Geschäftspartners ausmachen. In unserem ISO-Prozesshandbuch nennen wir den Vorgang, wie wir den Kunden kennenlernen wollen, mit Absicht «Anamnese». Wir verwenden also einen Begriff aus der Medizin, und von dort her ist auch bekannt, dass jegliche Diagnose fehlschlagen muss, wenn bei der Anamnese schludrig vorgegangen worden ist.

Nun war es in unserem Verständnis von freier Geschäftsbeziehung aber immer so, dass es Sache des Kunden war, inwiefern er sich uns gegenüber öffnen will oder nicht. Viele Leute verfügen ja nicht über eine einzige Bankbeziehung, sondern über mehrere, und wollen aus verständlichen Gründen auch nicht unbedingt, dass die eine von den Guthaben bei der anderen Bank etwas weiss. Wenn man MiFID Art. 19 ernst nimmt, dann wird das so in Zukunft nicht mehr gehen. Jeder Dienstleister wird alles wissen müssen, denn wenn er das nicht tut, dann läuft er Gefahr, falsche Rückschlüsse über die persönlichen Verhältnisse zu ziehen und gegebenenfalls die falschen Ratschläge zu geben oder die falschen («ungeeigneten») Produkte zu verkaufen. Schon hier zeigt sich, wie schwierig in der Praxis die gesetzeskonforme Anwendung nicht eindeutiger «Anstands»regeln sein wird: Wie weit soll denn der Nachrichtendienst von Finanzdienstleistern gegenüber ihren Kunden gehen müssen, dass sie keine (einklagbaren) Fehler begehen? Wo hört *know your customer* auf, und wo beginnt ein unerträgliches Bevormundungsregime?

Nebst dieser offensichtlichen Konkurrenz der neuen EU-Finanzmarktnorm zur Privatsphäre und zum Selbstbestimmungsrecht des Individuums liegt ein weiterer Schwachpunkt im faktischen Zwang zur Kategorisierung der Kunden durch die Banken. Eine – eigentlich ziemlich diskriminierende – Unterscheidung gibt die Norm ja bereits vor, nämlich die Unterteilung in «professionelle» und folgerichtig dann eben auch unprofessionelle Kunden. Innerhalb dieser letzteren Kategorie werden die Banken nicht darum herumkommen, weitere Einteilungen vorzunehmen: *retail* als euphemistische Bezeichnung für risikounfähige Habenichtse, «risikoavers» für Angsthasen, «risikoorientiert» für Spekulanten und dergleichen. Nebst der bereits genannten Problematik der Diskriminierung – und dies im Zeitalter von Antirassismus-Strafnormen! – wird eine solche Einteilung weder der wahren ökonomischen Situation noch der subjektiven Befindlichkeit der Anleger gerecht. Vielmehr ist es doch so, dass die meisten Leute für verschiedene Teile ihres Vermögens durchaus verschiedene objektive Rahmenbedingungen als auch subjektive Empfindungen haben: Die ersten 50 Prozent, beispielsweise, kann und möchte man keinesfalls aufs Spiel setzen. Auf die nächsten 30 Prozent könnte man notfalls verzichten, aber subjektiv eigentlich lieber doch nicht, und die letzten 20 Prozent sieht man durchaus als eine Art «Spielgeld» an. In welche Kategorie würde nun ein solcher Kunde nach MiFID-Vorstellungen gehören? Jegliche Kategorisierung ist falsch! Sogar der *retail*-Habenichts hat nämlich meistens einen Teil seines Vermögens, den er aufs Spiel setzen kann und vielleicht auch will. Weshalb sollte er nicht ein paar brandgefährliche Optionen kaufen dürfen?

Kommt dazu, dass die Kundensituation weder im objektiven Bereich noch bei der subjektiven Befindlichkeit je stabil ist, sondern sich durchaus dynamisch und manchmal sehr rasch verändert. Wer hat es zwischen 2001 und 2002 nicht erlebt, wie aus wagemutigen Grossinvestoren am «Neuen Markt» innert kurzer Zeit zurückhaltende Liebhaber mündelsicherer (was immer das auch heisst) Papiere wurden? Und wie oft musste man als Bankier hören, die gefährlichen Dinger vom «Neuen Markt» gar nie gewollt zu haben?

Durch die Erhebung der *best practice*-Regel zur Gesetzesnorm wird die Verantwortlichkeit zwischen Berater und Kunde letztlich verwischt. War es bisher so, dass dem Berater innerhalb der relativ weiten Bandbreite, wie sie das Gesetz mit der «groben Fahrlässigkeit» vorgibt, ein Spielraum zur Verfügung steht, dessen extensive Ausnützung keinen Klagegrund bewirken kann, so wird er in Zukunft nachzuweisen haben, dass er nicht gegen eine der bedeutend engeren und nur vermeintlich eindeutigen MiFID-Regeln verstossen hat. Insofern wird sich eine sich gegen den Berater gewandte Umkehr der Beweislast im Verlustfall ergeben.

Problematischer Umgang mit der Wahrscheinlichkeit

Unbestrittenermassen ist es richtig, den Kunden soweit als möglich über die Eigenschaften von Finanzprodukten ins Bild zu setzen. Nicht umsonst hat unser Bankhaus hohe Summen und noch viel mehr intellektuelle Eigenleistung in Software gesteckt, die es erlaubt, den Risikoaspekten von Portefeuilles und ihrer Bestandteile gerecht zu werden. Überschätzen sollte man die Möglichkeiten, das Risiko auf diese Weise zu steuern, aber dennoch nicht.

Denn wir beziehen die Information, welche wir zur Einteilung von Finanzinstrumenten benötigen, aus vergangenen Datenreihen und schliessen aus diesem früheren Verhalten meistens ziemlich direkt auf die Zukunft. So nehmen wir von einer Aktie, die mit einem relativ tiefen Kurs-Gewinn-Verhältnis bei relativ tiefer Volatilität an der Börse vor sich hintuckert, an, dass sie das auch in Zukunft so ähnlich tun werde. Und bei einem Hightechtitel, dessen Kurs bereits das zehnfache Gewinnwachstum vorweggenommen hat und den es täglich in einer Bandbreite von mehreren Prozentpunkten an den Märkten rauf- und runterschletzt, gehen wir nicht davon aus, dass er sich über Nacht zum gemässigten Bluechip mausert. Die Zuteilung von Finanzinstrumenten in sogenannte Risikoklassen macht zwar insofern Sinn, als normalerweise die definierten Bandbreiten nicht verlassen werden und die Zuteilung somit ziemlich stabil ist. Auf dieser Annahme basiert auch MiFID.

Das Problem liegt nur darin, dass man es eben doch lediglich mit Wahrscheinlichkeiten und nicht mit Gewissheiten zu tun hat. Das heisst, es ist nur bis zu einem gewissen Grad wahrscheinlich, dass die Zuteilung eines Finanzinstruments zu einer Risikoklasse auch künftig zutreffend sein wird, und wenn der Wechsel erfolgt, dann ist es auch bereits zu spät. Dies sei anhand von ein paar seinerzeit unbestrittenen Schweizer Bluechiptiteln gezeigt. Wer hätte vor 2001 die Aktien von ABB, Swiss Life und Zurich Financial Services denn nicht zu den stabilen Werten gezählt, und wer hätte nicht, wenigstens bis etwa 1999, dasselbe von Swissair gesagt? Quasi über Nacht wurde aus diesen sogenannten Qualitätstiteln veritable Hochvolatilitätsmonster, deren Kurse sich in der Zwischenzeit zwar stabilisiert haben, aber auf deutlich tieferem Niveau, im Fall von Swissair bei Null.

[...]. Darin liegt auch die Gefahr der geforderten Risikokategorisierung bei MiFID: dass man meint, in der Kategorisierung selbst liege keine Wahrscheinlichkeitsannahme, dass man sich mithin auf die «normalen» Schwankungsbreiten innerhalb der verschiedenen Risikokategorien verlassen könne. Nichts könnte falscher, verheerender sein.

Die wahren Risiken liegen eben just nicht in den zu erwartenden Volatilitäten und ihren Konfidenzintervallen, sondern in der Überraschung, dass es dann doch anders kommt, als man es hätte erwarten können. [...]. Der Mathematiker Benoît Mandelbrot weist in seinem jüngsten Buch darauf hin, dass die Häufigkeitsverteilung von Renditen mit der Gaussschen Normalverteilung alles andere als korrekt beschrieben werden kann und vor allem: dass viel häufiger, als es erwartet werden könnte, negative und auch positive Extremereignisse stattfinden.[56] Ausserdem scheinen sich solche Extremereignisse auch um relativ kurze Zeiträume zu ballen *(clustering)*.

Eine Risikokategorisierung von Finanzinstrumenten liefert deshalb bestenfalls Anhaltspunkte darüber, was passieren könnte, aber gewiss nicht mehr, vor allem nichts Eindeutiges. Selbst im Bereich von als «risikoarm» veranschlagten festverzinslichen Anlagen müsste man ja eigentlich vorsichtig sein mit den Aussagen. Wer sagt uns denn zum Beispiel, dass gewisse Staatsanleihen überhaupt einmal zurückbezahlt werden? Inwiefern unterscheidet sich denn das Schneeball-System eines *European Kings Club* vom Schuldenberg eines total maroden Staats wie, sagen wir, Italien?[57] Darin, dass Professor Prodi weniger Charisma hat als Damara Bertges? [...].

Unterversorgung und Flucht

Es ist absehbar, wohin der durch MiFID statuierte vermeintliche Anleger-/Konsumentenschutz führen wird. Aufgrund der sachlogisch bedingten Nichteindeutigkeit der Regeln werden sich erstens die Verantwortlichkeiten zwischen dem Anleger und seinem Finanzdienstleister, das heisst seinem Broker, seinem Berater oder seinem Vermögensverwalter verwischen. Wenn es an den Börsen dann wieder einmal so richtig Kursverluste hagelt, wird die Versuchung gross sein, einen Teil des Risikos auf den Finanzdienstleister zu überwälzen. Es wird sich eine diesbezügliche Gerichtspraxis einpendeln, die gegenüber dem «armen» Anlegeropfer genauso asymmetrisch freundlich sein wird, wie es die Mietgerichte gegenüber Mietern sind. Spielraum für Asymmetrie gibt es aufgrund der Nichteindeutigkeit der Regeln mehr als genug. De facto spielt MiFID den Anlegern eine *put option*, eine Art Versicherung gegen Extremverluste, in die Hand.

Bei Lichte besehen stehen die Karten für den Anbieter von Finanzdienstleistungen sogar noch schlechter als für den Vermieter in Mietprozessen. Denn er agiert bei seinem Angebot ja immer aus der Situation von Wahrscheinlichkeiten heraus, der Kläger hingegen immer aus der Sicherheit des historisch

56 Siehe Fussnote 24, S. 156.
57 Zur Staatsverschuldung in Europa siehe S. 272–273.

belegbaren Geschehens und der vermeintlich feststellbaren Kausalitäten. Wer je in den letzten Jahren miterlebt hat, mit welch überheblicher Selbstsicherheit Historikerkommissionen und Buchprüfer den Stab gebrochen haben über eine Generation, die sich vor Unsicherheiten gestellt sah, von denen die heutigen Schreibtischtäter nicht einmal träumen können, der kann ermessen, wie ungleich gegebenenfalls die Gewichte verteilt sein werden.[58] Die *put option* ist deshalb potentiell sehr werthaltig.[59]

Ist solcherlei aber umsonst zu haben? Hierin liegt der grosse Irrtum, dem der Gesetzgeber nicht nur im Bereich des Anlegerschutzes unterliegt. Selbstverständlich werden sich, und darin liegt die zweite Auswirkung, die Finanzdienstleister davor zu schützen suchen, Risiken für Extremverluste einfach *tel quel* übernehmen zu müssen. Einerseits wird man mit allen möglichen und unmöglichen bürokratischen Massnahmen dafür sorgen, nachweisen zu können, dass man zu jedem Zeitpunkt jeglichen Sorgfaltspflichten nachgekommen ist. Man wird die Anlageprofile so oft als möglich von den Kunden unterschreiben lassen, man wird jeder Börsenabrechnung auch gleich noch den Giftschein beilegen, man wird, soweit es MiFID überhaupt zulässt, die Haftung in den allgemeinen Geschäftsbedingungen und in anderen Vertragswerken wegzubedingen versuchen. Die Folge davon ist eine weitere Veradministrierung des Verhältnisses zwischen dem Anleger und seinem Finanzdienstleister und die definitive Elimination dessen, was man früher als «Vertrauen» bezeichnet hatte. Anderseits wird man noch mehr als bis anhin danach trachten, sich für das durch den Gesetzgeber zugewiesene Risiko entschädigen zu lassen. Dadurch, dass die einzuhaltenden Regeln hochkomplex und die zur Einhaltung notwendigen Systeme und Kontrollmechanismen (*compliance officers*, Revisoren usw.) sehr teuer sind, erfolgt ein natürlicher Marktausschluss kleiner und marginaler Anbieter. Was resultiert, ist ein Anbieterkartell, das sich über erhöhte Gebühren für die auferlegten Risiken, für den zur Bewältigung notwendigen Apparat und weit darüber hinaus entschädigen lassen wird.

Die dritte Auswirkung besteht darin, dass einmal mehr eine Flucht in den unregulierten Sektor stattfinden wird. Es wird genau das passieren, was wir in anderen Bereichen bereits erlebt haben. Weshalb denn erlebten Hedgefonds in den letzten Jahren einen dermassen ausgeprägten Aufschwung? In erster Linie deshalb, weil sich offshore die Assetmanager völlig frei vom engen Korsett, wie es die hochregulierten Anlagefondsgesetze bis vor sehr kurzer Zeit vorgaben, bewegen können. Weshalb sind in den letzten Jahren *private equity*-Gesell-

58 Dazu siehe S. 326–330.

59 Siehe auch S. 253–254.

schaften wie Pilze aus dem Boden geschossen? In erster Linie, um die immer mühsamer einzuhaltenden Übernahmeregeln von Börsen und die immer schwieriger zu interpretierenden Corporate-Governance-Regeln zu umgehen. Die Gefahr, im öffentlichen Kapitalmarkt einklagbare Fehler zu begehen, die Unsummen Geld kosten könnten, ist schlicht zu hoch.

Kapital ist flüssiger als Wasser. Wenn ein unglückliches Regulierungsregime Aufpreise für überwälzte Risiken generiert und über die damit verbundene Kartellisierung der Angebotsseite eine strukturell bedingte Unterversorgung herbeiführt, dann wird innert kurzer Frist an anderem Ort und in unvorhergesehenen Gefässen das angeboten werden, was der Markt eben sucht: unverfälschtes Risiko mit einer unverfälschten Rendite.

Verantwortung ist nicht teilbar

MiFID ist in seinen Bestimmungen zum Anlegerschutz klar vom Gedanken des Vorsorgestaats geprägt, dessen Aufgabe man darin zu sehen glaubt, seinen Bürgern ein möglichst schmerzfreies Dasein von der Wiege bis zur Bahre zu gewährleisten. Dieser Gedanke beisst sich vollends mit den Prinzipien, die in der Ökonomie axiomatisch gelten. Wirtschaft muss entstehen, florieren, aber auch serbeln und verschwinden können. Der Schmerz, und sei es der Schmerz über das Verschwinden einer nationalen Airline, ist ebenso wesentlich wie der Erfolg. Man kann Schumpeter nicht einfach zur Seite schieben! Kreative Zerstörung tut weh, und es gibt nicht einfach ein anonymisierbares Ding «Wirtschaft», das diesen Prozess zu ertragen hätte. Vielmehr sind es aus Fleisch und Blut bestehende Risikoträger, deren letztliche Verantwortung für sich selber nicht folgenlos weggewischt werden kann.

Wirtschaftliches Entstehen und Vergehen unterliegt zudem keinen einfachen und leicht eruierbaren Kausalitäten, sondern ist bei weitem mehr geprägt von Zufall, Glück oder auch Pech. Wir wissen nur im Ausnahmefall und zuallermeist erst nach mühevoller Analyse, wieso das oder jenes genau so und nicht anders geschehen ist. […].

Die Kombination des Willens, eine schmerzfreie Gesellschaft schaffen zu wollen, mit der Vorstellung, in der Wirtschaft gehe es im wesentlichen um nachvollziehbare und damit auch weitgehend planbare Kausalitäten, führt zur unseligen Idee, es müsse nur die richtige gesetzgeberische Lösung gefunden werden, mit der dann nicht nur Pitbull-Unfälle à la *Kings Club* oder Behring verhindert, sondern auch die Folgen spekulativen Nachlaufens wie beim «Neuen Markt»[60] entschärft würden. Das wird so leider nicht funktionieren.

[60] Siehe Fussnote 11, S. 66.

Die Gesetze der Ökonomie lauten anders. Auch Mandelbrot weist darauf hin, dass Börsenblasen immer nur im nachhinein als solche erkennbar waren.

[...]. Eine Rechtsordnung kann, ja muss sowohl den Anleger/Konsumenten als auch den Finanzdienstleister/Anbieter vor allem Möglichen schützen: vor Betrug, vor Übervorteilung, vor Diebstahl, vor Konfiskation – nur eines darf sie nicht: den Risikoträger vor sich selber schützen, denn Risiko zu tragen ist ja just seine Absicht und seine volkswirtschaftliche Aufgabe! So gut auch die Absichten gewesen sein mögen, die hinter MiFID standen: Gut gemeint ist selten gut. Wer einen erfolgreichen Binnenmarkt für Finanzdienstleistungen schaffen wollte, und das gehört ja zum *ceterum censeo* geäusserten Bekenntnis der europäischen Behörden, der müsste dem Wettbewerb und seiner immens wohlstandsfördernden Effizienz mehr trauen.

«Nachwort» für den Finanzplatz Schweiz

Als Nichtmitglied der EU steht es der Schweiz grundsätzlich frei, ob oder allenfalls inwieweit sie sich den gesetzgeberischen Vorstellungen von MiFID anpassen will. Zum Studium dieser Frage wurde vor kurzem eine Arbeitsgruppe mit Vertretern aus dem Finanzdepartement, der Eidgenössischen Bankenkommission[61], der Schweizerischen Bankiervereinigung, der Schweizer Börse SWX und dem Anlagefondsverband gebildet. Dieser Umzug lässt a priori eher Ungutes erwarten. Wer von den genannten Instanzen wäre denn wirklich an der Beibehaltung oder gar der Vereinfachung der bestehenden Rechtslage interessiert? Das Bundesamt für Hundehaltung (BaHuha) existiert in Form der mächtigen Bankenkommission ja schon, die Hundehaltervereinigung ebenso. Und im Hintergrund reiben sich selbstverständlich die Revisionsgesellschaften bereits die Hände, denn die Kontrolle der Kundenprofile und der Einteilung der Produkte in die «richtigen» Risikoklassen wird ja eine erneute Ausweitung der ohnehin schon überschweren Mandate erlauben. Einzig die Schweizer Börse könnte, wenn sie ihre strategischen Hausaufgaben richtig gemacht hat, an einer gegenüber dem Rest von Europa kapitalmarktfreundlicheren (und damit letztlich ja auch anlegerfreundlicheren) Lösung interessiert sein.

Wenn die Schweiz und ihr Finanzplatz weiterhin und mit zunehmendem Erfolg eine globale Plattform sein wollen, dann müssen sie sich um ihre möglichen Wettbewerbsvorteile kümmern und unter anderem die schwindende Bedeutung des Bankgeheimnisses zu kompensieren versuchen. Das könnte, beispielsweise, dadurch geschehen, dass man nicht jeden vom Gedankengut sozialmarktwirtschaftlicher Vorsorgementalität geprägten regulatorischen Irr-

[61] Siehe Fussnote 36, S. 176.

weg mitmacht. Auf diesem Gebiet besteht mit Sicherheit keinerlei Harmonisierungsbedarf, im Gegenteil: Es wäre durchaus attraktiv, wenn die Anleger künftig zwischen der vermeintlich anlegerfreundlichen MiFID-Welt und einer deutlich kapitalmarktfreundlicheren Schweizer Lösung wählen könnten. Mal sehen, wo das globale Geld eher hinfliesst. Für einmal gilt es, das sonst kaum stillbare Harmoniebedürfnis gegenüber dem Kontinent beiseite zu legen und stattdessen die globale Wettbewerbsfähigkeit zum Benchmark zu erheben.

Überlegungen zu unternehmerischer Wertschöpfung und Anlageerfolg

Die tiefgreifenden Umwälzungen der letzten 20 Jahre eröffneten klug geführten Firmen neue Chancen. Aber es gab genügend Gelegenheit, Fehler zu begehen. Nichts widerspiegelt dies eindrücklicher als die Zusammenstellung der jeweils 20 grössten Schweizer Firmen im Swiss Market Index *(SMI): Von den dort 1990 aufgeführten Gesellschaften gehörten 20 Jahre später nur noch sechs dazu; neun wurden übernommen oder gingen in Fusionen auf, aus denen fünf neue SMI-Unternehmen entstanden; eine Gesellschaft machte Bankrott; den Rest verdrängten erfolgreichere Firmen aus dem Index.*

Von den Universitäten gelangten neue Konzepte in die Unternehmensleitungen: So bezweifelte man nun die wirtschaftliche Berechtigung von Konglomeratskonzernen und zerlegte manchen von ihnen in seine Bestandteile, denn die Risikodiversifikation war im wissenschaftlichen Diskurs zur Sache des Anlegers geworden und gehörte nicht mehr zu den Aufgaben des Unternehmers (s. S. 223–238).

Vermehrt Beachtung fand auch das Problem von Prinzipal und Agent[1]*: Unterstellt man dem Management Eigennutz, so kann nicht mehr davon ausgegangen werden, dass dieses ohne weiteres im Sinne des Eigentümers handelt. Das Problem, dass der Beauftragte andere Interessen wahrnimmt als die des Auftraggebers, stellt sich übrigens auch zwischen Wähler, Parlament und*

Regierung. Mit Blick auf dieses Problem wurde für die Wirtschaft empfohlen, die Unternehmenspolitik am Shareholder-Value auszurichten, einem Konzept, das weitherum missverstanden und zu Unrecht denunziert wurde. Aus der Sicht des Kommentators drehte sich die Diskussion demgegenüber zu sehr um die Corporate Governance, denn disziplinierend auf das Management wirkt letztlich nur das Damoklesschwert der Firmenübernahme. Deshalb ist es wichtig, dass eine Firma stets dem Markt ausgesetzt bleibt und nicht auf staatlichen Schutz zählen kann (s. S. 238–256). Sinnvoller als Corporate Governance scheint dem Autor, Unternehmungen über die Residualgrösse «Eigenkapital» zu steuern, und er postuliert in Analogie dazu eine individual *und eine* social governance *(s. S. 256–261). Wo die* social governance *ungenügend funktioniert, droht eine Überdehnung des Staatshaushalts. Die Gefahren, die sich daraus für den Vermögensbesitzer ergeben, werden unter anderem im letzten Teil thematisiert.*

Von Rendite-Risiko-Paarung und Elefantenhochzeiten (1996)[2]

[...].

Was Stakeholders mit dem Strukturwandel zu tun haben

[...]. Die Unternehmen machen sich daran, ihr Überleben zu sichern. Ciba-Geigy und Sandoz sehen dies im Zusammenlegen ihrer profitabelsten Aktivitäten im Bereich des Pharmageschäfts. Gleichzeitig sollen die problematischeren Zweige «abgestossen» und Arbeitskräfte eingespart werden.[3] Unverblümt stellt sich mit anderen Worten die Unternehmensleitung auf den Standpunkt, dass es das Ausmass des Strukturwandels verbiete, Rücksicht auf irgendwelche andere Interessen als diejenigen der Firma zu nehmen. Etwa zur gleichen Zeit beruft sich die Unternehmensleitung der Schweizerischen Bankgesellschaft (SBG) just auf ebendiese «anderen Interessen» und verschliesst sich einerseits dem ungestümen Annäherungsversuch vom Paradeplatz her[4] wie auch den Anläufen ihres Hauptaktionärs, die bestehenden Strukturen aufzu-

[1] Etwa: Joseph E. Stiglitz, Principal and agent, in: Steven N. Durlauf and Lawrence E. Blume (Eds.), *The New Palgrave Dictionary of Economics,* Second Edition, Palgrave Macmillan, Houndmills, 2008, Bd. 3, S. 966ff.

[2] Anlagekommentar Nr. 173 vom 21. Mai 1996.

[3] Durch Zusammenlegen der *life science*-Segmente von Ciba-Geigy und Sandoz entstand 1996 Novartis. Ein Jahr zuvor hatte Sandoz durch Ausgliederung seiner Chemiesparte Clariant geschaffen, und 1997 führte ein *spin-off* aus Novartis zu Ciba Spezialitätenchemie, die 2008 von BASF übernommen wurde.

[4] Angesprochen sind das Fusionsangebot der Credit Suisse Group (vormals CS Holding mit der Schweizerischen Kreditanstalt, SKA, als wichtigstem Teil) an die Schweizerische Bankgesellschaft (SBG) und die Bemühungen des Financiers Martin Ebner, über seine BZ-Gruppe Einfluss auf die Bankgesellschaft zu nehmen. Mitte 1998 ging die Schweizerische Bankgesellschaft durch Fusion mit dem Schweizerischen Bankverein in der UBS auf.

brechen. Solche Divergenz ist bemerkenswert, zumal wenn sie in einem kleinen Land wie der Schweiz zu gleichem Zeitpunkte erfolgt. Worin liegt denn die wirkliche Problematik der Situation? Wenn ein Strukturwandel im Gange ist [...], dann werden eben vor allem auch Strukturen in Frage gestellt, die bisher mehr oder weniger problemlos mitexistieren und mitprofitieren konnten. Die Krux der Situation liegt darin, dass der Bankenbereich der Schweiz besonders reich an solchen symbiotischen Gebilden ist und dass es deshalb aufgrund der Faktenlage nicht ganz falsch ist, wenn das volkswirtschaftliche Gesamtinteresse in den Zeugenstand gerufen wird im Angesichte der angesetzten Brecheisen.

Es sind namentlich zwei Bereiche, die untrennbar mit der Art von Banking verbunden sind, wie es bis heute in der Schweiz betrieben wurde. Das eine ist das gesamte Immobilienwesen, also der Immobilienbesitz, der Immobilienhandel, das Bauwesen, das Bau-Nebengewerbe. Während Jahrzehnten gaben die Schweizer Banken das vorab aus Gründen der Währungsstärke billige Geld zu günstigen Bedingungen an den Schweizer Immobilienmarkt weiter und sorgten so für eine Fehlallokation volkswirtschaftlicher Mittel. Unter reinen (nachhaltigen) Rendite-Gesichtspunkten wäre eine solche einseitige Begünstigung eines Stakeholders und damit eine derartige Klumpenrisiko-Bildung kaum zu rechtfertigen gewesen. [...].

Ein zweiter Stakeholder im Schweizer Bankwesen sind die Angestellten der Banken. Im Vorfeld zur Generalversammlung der Schweizerischen Bankgesellschaft wurde damit gedroht, eine Machtübernahme Ebners hätte die Streichung von mehreren tausend Arbeitsplätzen zur Folge. Dabei mag natürlich auch Taktik mit im Spiel gewesen sein, um das (an der GV mitstimmende) Personal schön bei der Stange zu halten. Ganz aus der Luft gegriffen ist die Argumentation aber insofern nicht, als im Vergleich zu anderen global tätigen Banken das Niveau der Bezüge, namentlich im Bereich des mittleren, hohen und höchsten Kaders, so hoch ist, dass es einer Rentabilitätssteigerung tatsächlich entgegensteht. Der Strukturwandel, kommt er einmal in Gang, kann vor solchen Disproportionen nicht Halt machen. [...].

Am Ende bleiben Shareholder-Value – und Shareholder-Risk

Im Grunde genommen kann am Beispiel des schweizerischen Bankwesens exemplarisch gezeigt werden, was passieren kann, wenn allzu lange der Shareholder-Value als Richtschnur für die Unternehmenspolitik vernachlässigt wird. Dass dies mit Blick auf die drei Schweizer Grossbanken zutrifft, steht ausser

Zweifel. Wer vor etwa 15 Jahren in Aktien der SBG, der SKA oder des Bankvereins investiert hatte, konnte in der Zwischenzeit durchschnittlich 6,5 bzw. 2,2 Prozent Rendite real einstreichen – inklusive Dividenden. Das ist mager. Ein Sparheft oder eine Obligation hätte etwa gleich viel gebracht. Rechtfertigen liess sich eine solche Geschäftspolitik, von der, wie oben beschrieben, dafür andere Instanzen profitierten, solange der Schweizer Kapitalmarkt ein international einmaliges Nischendasein pflegen konnte.

Die Zeiten sind vorbei, man hat ja auch kräftig dazu beigetragen, und man muss sich, ob man will oder nicht, nach und nach den internationalen Gegebenheiten anpassen. Dazu gehört, dass der globale Finanzmarkt für bestimmte Geschäftsarten bestimmte Renditen verlangt. Wenn internationale Investmentbanken im gleichen Zeitraum real zwischen 15 und 25 Prozent rentieren, dann kann das bei aller Sympathie für besondere schweizerische Verhältnisse und bei aller Achtung vor den «gesamtwirtschaftlichen Leistungen» nicht völlig ausser Acht gelassen werden.

Novartis hie, SBG da – der Trend ist jedenfalls ziemlich deutlich: Was beim einen mit schnellem Schnitt und überraschend vollzogen wird, ist beim anderen trotz allen vorsichtigen Manövern nicht zu umgehen. Man muss sich dem Strukturwandel stellen. Das heisst konkret:

- Man muss die Gegebenheiten eines globalen Finanzmarktes akzeptieren. Die Schweiz führt kein Nischendasein mehr. Es ist keineswegs gesagt, dass der Kurs des Schweizerfrankens auf die Länge mangelhafte Rendite kompensiert. Folglich muss man sich auf die global gültigen Refinanzierungsregeln ausrichten.
- International im Übermass vorhandene Arbeitskraft wird auch Schweizer Bezüge unter Druck bringen. Entsprechend kommt man nicht darum herum, die Unternehmung so zu strukturieren, dass Wertschöpfung und Salär allerorts einigermassen korrelieren. Das Universalbankprinzip auf globaler Basis ist unter diesem Gesichtspunkt nur schwerlich aufrechtzuerhalten.
- Die geschäftliche Ausrichtung hat sich nach den neuen Rahmenbedingungen auszurichten. Weg vom Banking für substanzschwere Gebilde, hin zum Banking für Ertragspotentiale, das müsste die Devise sein.

Für den Investor ist selbstverständlich besonders interessant, welches denn die «global gültigen Refinanzierungsregeln» sind, auf die sich immer mehr auch die Schweizer Unternehmungen auszurichten haben. Unglücklicherweise gibt der Begriff des Shareholder-Values nur die Hälfte der Wahrheit wieder. Was am Finanzmarkt nämlich verlangt wird, ist nicht einfach maximale Rendite – und nichts mehr. Wäre das so, dann gäbe es auf die Länge nur noch Investitionen in Casinos und in vermutete Goldvorkommen. Dies trifft aber in keiner Weise zu. Der Finanzmarkt refinanziert auch ausgesprochen «langweilige» Unternehmungen mit tiefer Rendite.

Zu jedem Risiko die richtige Rendite

Im Hintergrund steht das ökonomische Grundprinzip, dass Rendite und Risiko in einem *trade-off*-Verhältnis stehen. Je mehr Risiko, desto mehr Rendite wird verlangt. Risiko ist die Wahrscheinlichkeit, mit der eine Rendite während einem bestimmten Zeitraum eintritt. Unternehmungen mit sehr geringen Ertragsschwankungen müssen deshalb weniger stolze Resultate ausweisen als solche, bei denen hohe Gewinne in der Regel gefolgt werden von Durststrecken. Wer himmelhoch jauchzt und hin und wieder zu Tode betrübt ist, muss für Eigenkapital mehr geben als der Mann ohne Eigenschaften.

Daran ist nichts Neues. Neu ist hingegen, dass der Finanzmarkt immer mehr dazu tendiert, möglichst klare Verhältnisse zu haben. Das heisst, dass Unternehmungen mit klaren Risikostrukturen vor schwammigen Konglomeraten den Vorzug finden. Weshalb? Es ist davon auszugehen, dass sich jedes Portfolio, das heisst jeder Investor, grundsätzlich seine eigene Rendite-Risiko-Struktur sucht. Die Portfoliostruktur gehört, als Aktivseite einer Bilanz, ja auch zu einer Passivseite mit mehr oder weniger klaren Verpflichtungen. In nationalen oder regionalen Märkten mit beschränkter Auswahl an Anlageinstrumenten mag es für den Anleger reizvoll sein, in breit diversifizierte Konglomerate zu investieren. Der höchst effiziente globale Finanzmarkt lässt es heute aber zu, diese Diversifikation höchst kostengünstig selber vorzunehmen. Dieses von Miller und Modigliani vorausgesagte Phänomen stellt sich nun im Sinne eines Grundtrends der «Entbündelung von Risiken» ein, und es wird schwer sein, sich der Entwicklung entgegenzustemmen.

Unschwer können Ereignisse der letzten Jahre unter den Titel «Entbündelung» eingeordnet werden. Wenn etwa ATT sich anschickt, vorher mühsam akquirierte Unternehmensteile wieder loszuwerden und sich selber zu entschlacken, wenn Chrysler Corp. sich bemüht, Teile der Produktion anderen zu überlassen, die billiger arbeiten können, wenn Sandoz seinen Nichtpharma-Anteil an Clariant abgibt, dann sind dies Beispiele, bei denen spezifische Risiken spezifischen Renditen zugeordnet werden.

Unternehmensinterne Diversifikation hat ja zwar den unbestreitbaren Vorteil, dass die Resultate in der Mehrzahl der Fälle etwas ausgeglichener daherkommen. Sie hat aber auch den gewichtigen Nachteil, dass die unternehmensinterne Mittelallokation eine kaum zu lösende Führungsaufgabe wird. Soll auf Kosten des renditestarken in den renditeschwachen Bereich investiert werden, oder soll umgekehrt das schwach vor sich hintuckernde, aber zuverlässige Basisgeschäft die ebenso aussichts- wie risikoreichen Investitionen finanzieren? Grundproblem jeder Chefetage, häufig Ursache interner Reibungsverluste, dann und wann aber auch Stolperstein auf dem Weg in die Zukunft.

In der Tendenz wird man auf dem globalen Finanzmarkt deshalb in Zukunft eine Zunahme eindeutig zuzuordnender Rendite-Risiko-Paarungen und eine Abnahme der Konglomerate beobachten. Der Strukturwandel schlägt also letztlich auf die innerste und eigentlichste Unternehmensstruktur durch.

Freigesetzte Energien

Der Novartis-Zusammenschluss von Ciba-Geigy und Sandoz hat es gezeigt: Solche Entbündelungsaktionen hin zu eindeutigen Rendite-Risiko-Strukturen können beträchtliche Energien freisetzen. Dies ist am Kurssprung [...] sichtbar geworden. Aber nicht nur der starke Teil profitiert. Auch die abgekoppelten Unternehmensteile können zu neuer Blüte gelangen. Clariant ist seit ihrer Lancierung [...] zu einem gesuchten Titel für Basis-Chemie geworden. Abgespaltete ATT-Töchter gehen ihre eigenen Wege und finden ihre eigene Funktion in den Portfolios der Anleger.

Deshalb wäre es auch völlig verfehlt, wenn der Strukturwandel nur in negativem Lichte gesehen würde. Wenn etwa der Zentralsekretär des Schweizerischen Bankpersonal-Verbands von einem apokalyptischen Abbau von bis zu 60'000 Stellen bis zum Jahr 2010 spricht, dann übersieht er, dass in einem Strukturwandel nie nur abgebaut wird, sondern dass auch neues Leben entsteht – allenfalls halt ausserhalb der Strukturen eines Personalverbandes, was aber auch nicht weiter beklagenswert wäre.

So sehr uns in fast allen Branchen und beileibe nicht nur in der Schweiz der Druck zur Erneuerung veralteter Unternehmensformen schmerzt, so sehr wir uns über die sozialen und politischen Folgen Sorgen machen müssen, so sehr muss mit allem Nachdruck darauf hingewiesen werden, dass es den Gesetzen der wirtschaftlichen Entwicklung entspricht, wenn Neues marod Gewordenes ablöst. Undurchschaubare, schwer zu beherrschende und kostspielige

Woll-Milch-Schweine gehen schlechten Zeiten entgegen. Hochzeiten, Elefantenhochzeiten ja, aber bitte nur in der richtigen Paarung.

Vom Wert der Handlungsfreiheit (2000)[5]

[...].

Irrt Ebner?

Vor Wochenfrist hat die BZ-Gruppe[6] die Aufspaltung des Pharmakonzerns Roche und der von ihr beherrschten amerikanischen Firma Genentech gefordert. Als namhafte Aktionärin von Roche stört sich die BZ-Gruppe am Umstand, dass unter dem Dach des nach wie vor stimmenmässig von einer Familie beherrschten Konzerns ein an vorderster (biotechnologischer) Front tätiges Unternehmen eine hohe wirtschaftliche Leistungsfähigkeit erarbeitet, die sich dann in Kombination mit dem Pharma-Unternehmen nicht in einem entsprechenden Börsenerfolg niederschlägt. Beide Teile für sich wären vermutlich mehr wert, wird argumentiert, bzw. es würde sich möglicherweise herausstellen, dass sich der auf Pharma ausgerichtete Teil als zu klein und zu wenig ertragreich erweist. Rein rechnerisch dürfte diese Annahme stimmen. Denn wenn man von der gesamten Börsenkapitalisierung von Roche in der Höhe von rund 139 Milliarden Franken die 59-prozentige Beteiligung an Genentech abzieht, dann verbleiben noch ganze 93 Milliarden Franken, und Roche wäre damit nur noch an 15. Stelle unter den weltgrössten Pharma-Unternehmungen. Zusammen mit Genentech liegt man derzeit auf Platz acht. [...].

Die reine Lehre

Roche mit Genentech ist ein Konglomerat, bestehend aus einem mit starken Markennamen versehenen, infrastrukturschweren Pharmateil und einem primär als Forschungsstelle arbeitenden biotechnologischen Teil. Nach reiner Lehre der Portfoliotheorie ein suboptimales Gebilde, da letztlich nicht klar ist, von welchem Teil des Konglomerats welche Rendite beigesteuert wird und welcher Teil welche Risiken erzeugt. Und weil diese wesentlichen ökonomischen Grössen nicht klar zugeordnet werden können, ist die Wahrscheinlichkeit auch gross, dass die konglomeratsinternen Anreize nicht auf das Wohl des Ganzen ausgerichtet sind, sondern ein nach innenpolitischen Gesichtspunkten funktionierender Allokationsprozess die Interessen des Eigentümers der Unternehmung, den Aktionär, verrät.

[5] Anlagekommentar Nr. 204 vom 9. Oktober 2000.

[6] Siehe Fussnote 4, S. 223.

Wie wahr. Im Rahmen des Strukturwandels der 90er-Jahre musste ein Konglomerat nach dem anderen genau aus dem genannten Grunde der Verschleierung von Rendite- und Risikobeiträgen und der damit verbundenen suboptimalen Anreizstruktur aufgebrochen werden. Das waren die grossen Zeiten der BZ-Gruppe und eines Martin Ebner. Und noch gibt es viele mögliche Zielobjekte, ja, man ist versucht zu sagen, dass selbst im Hauptjagdrevier Ebners, bei den Grossbanken, konglomeratsähnliche Unternehmensstrukturen noch längst nicht ausgeräumt sind.

Die Portfoliotheorie und mithin das Management all der Millionen Portefeuilles weltweit verlangt nach eindeutig zuordnungsfähigen Rendite- und Risikocharakteristiken der verwendeten Finanzinstrumente. Die Optimierung von Rendite und Risiko kann innerhalb der einzelnen Portefeuilles effizienter erfolgen als in einer Unternehmung, und vor allem geschieht es ohne verzerrende Anreizsituationen. Daran ist nicht zu rütteln. Idealtypisch aus Sicht der Portfoliotheorie wären im Grunde genommen atomisierte Ein-Themen-Firmen in betriebswirtschaftlich optimaler Grösse und wenn möglich mit eindeutig zuordnungsfähigem regionalem Schwergewicht.

Nur: Ist eine solch atomisiert-fokussierte Unternehmung im Lichte des technologischen Wandels überlebensfähig? Oder anders gefragt: Gibt es spezifische Gründe, die für eine volkswirtschaftliche Phase mit hohen Veränderungs- und Entwicklungsraten andere Unternehmensmodelle als ratsam erscheinen lassen? [...].

Was ist neu, und was ist alt?

Es gibt bis anhin keine allgemein anerkannte Definition für die vielzitierten *new* und *old economies*. Die Anknüpfung an neuere oder ältere technische Standards führt insofern nicht weiter, als sich das definitorische Problem einfach in den technischen Bereich verschiebt. Ist Internet neu oder alt? (Immerhin stammt die Technik ja aus den 60er-Jahren!) Häufig wird der *new economy* einfach alles zugeordnet, was ein wenig nach *dotcom* aussieht oder sonst modern tönt. Solche begriffliche Unschärfen führen dann zu wenig aussagekräftigen Folgerungen, was allerdings nicht heisst, dass die Finanzgazetten nicht voll davon wären. Wir bevorzugen eine ökonomische Sichtweise und definieren *new economy*-Firmen durch die Abwesenheit positiver Cashflows auf absehbare Zeit und durch potentiell hohe Gewinne in ferner Zukunft. Dementsprechend sind *old economy*-Firmen laufend und mehr oder weniger stetig gewinnbringende Gebilde mit fraglichem Potential in ferner Zukunft. […].

Die Definition aufgrund der Struktur der Cashflows weist besondere Vorzüge auf. Zum einen kann die Typisierung einfach und unabhängig von einer Wertung der technischen Anwendung vorgenommen werden, zum andern ist es auch möglich, ökonomisch konsistente Bewertungsmodelle anzuwenden. Für die *old economy*-Unternehmung steht die Bewertung anhand des Gegenwartswerts aller künftigen Cashflows, diskontiert auf den gegenwärtigen Zeitpunkt, im Vordergrund. […].

Mit der Typisierung der *new economy*-Firma als gewinnloses Gebilde mit allenfalls hohem Zukunftspotential ist gleichzeitig gesagt, dass eine Gegenwartswert-Betrachtung im engeren Sinne kaum brauchbare Resultate liefern wird. Im Diskontierungsvorgang sind ja die unmittelbar nächsten Cashflows am einflussreichsten; je ferner etwas in der Zukunft liegt, umso tiefer der Gegenwartswert. Wenn nun in unmittelbarer Zukunft überhaupt nichts verdient wird, aber in fernerer Zukunft grosse Chancen winken, dann wäre der Gegenwartswert nahe Null.

[…]. Der *new economy* ist am ehesten mit Optionsmodellen beizukommen. Es lohnt sich, in die Thematik ein wenig tiefer einzudringen.

Der Wert der Handlungsfreiheit

Der technologische Schub, oder vielleicht treffender, die technologische Revolution, die die Volkswirtschaften und die Gesellschaften weltweit ergriffen hat, produziert eine unendliche Menge möglicher künftiger Opportunitäten. Welche dieser möglichen Opportunitäten sich dann zu wahrnehmbaren Chancen durchmausern und welche dieser Chancen schliesslich in ökonomischen Gewinnen enden werden, ist völlig unabsehbar.

Der eigentliche Wert, mit dabei zu sein, liegt nicht (oder fast nicht) in der Aussicht auf den ökonomischen Gewinn als schliesslichen Erfolg, sondern in der Möglichkeit, auf dem Wege dahin immer wieder Entscheide treffen zu können. Oder anders gesagt: Dass am Ende irgendeinmal Geld winkt, ist zwar auslösendes Element, weshalb eine Idee überhaupt aufgenommen und verfolgt wird. Da aber ziemlich komplette Unsicherheit darüber besteht, ob zu jenem Zeitpunkt die Angelegenheit überhaupt noch einen ökonomischen Wert hat, ist es ziemlich unwahrscheinlich, dass dafür viel bezahlt würde. Je höher aber die Unsicherheit über die letztendlich siegreichen Technologien ist, desto wertvoller ist die Möglichkeit, auf dem Weg in die Zukunft mit dabei zu sein. Der Weg wird somit sozusagen zum Ziel.

Mit dabei zu sein, die Entscheidungsfreiheit in Bezug auf die weitere technologische Entwicklung jederzeit in der Hand zu haben: In der Ökonomie nennt man diese Art von Optionen «Realoptionen». Mit dem Begriff «Option» ist immer eine «Berechtigung für etwas» verbunden. Es gibt Realoptionen, die sich nahe an der rechtlichen Thematik im engeren Sinn bewegen, zum Beispiel Schürfrechte für Öl oder andere Rohstoffe. Ihr Wert bemisst sich nicht in erster Linie am künftigen ökonomischen Gewinn aus der Schürfaktivität, sondern aus der Möglichkeit, irgendwann einmal mit Schürfen beginnen zu können. Deshalb sind Schürfrechte auch dann etwas wert, wenn das Schürfen im momentanen Zeitpunkt ausserhalb jeglicher betriebswirtschaftlicher Vernunft liegt.

Dann gibt es aber auch Realoptionen mit eher faktischem Charakter. Wer als Besitzer eines Schürfrechts zusätzlich noch Bohreinrichtungen bereithält, um im Falle eines Falles mit Schürfen beginnen zu können, hat eine solche faktische Realoption in seiner Hand.

New economy hat sehr viel gemeinsam mit Schürfrechten und mit faktischen Realoptionen. Ohne das Konzept von Realoptionen lässt sich die Attraktivität der Gewinnlosigkeit nicht erklären. Nehmen wir zum Beispiel den von männiglich landauf, landab gepflegten Internetauftritt. Niemand, der ihm nicht hohe strategische Bedeutung zumessen würde. Auch wenn man nicht weiss, ob ein Internetauftritt je profitabel sein wird (welcher ist es schon?) – man macht trotzdem mit und erbringt hohe geldwerte Leistungen dafür. Weshalb in aller Welt? Weil man sich die Handlungsfreiheit in Bezug auf künftige Entwicklungen offenhalten möchte. Die Handlungsfreiheit hat einen bezifferbaren ökonomischen Wert.

Was für die Homepage gilt, trifft noch in viel höherem Masse für die vielen anderen Bereiche der technologischen Revolution zu. Breitbandtechnologie, UMTS-Lizenzen[7], *voice-over-IP*, biologische Computer: Eine technologische Revolution mit so vielen möglichen künftigen Opportunitäten ruft förmlich nach Realoptionen. Denn wer sie nicht hat, wird bald einmal alt aussehen. *Old* im wahrsten Sinne des Wortes.

[7] Siehe Fussnote 15, S. 37.

Das Problem des fünfmaligen Todes

Wir sind der Meinung, dass auch bei vielen *new economy*-Firmen, seien sie nun im Telekommunikations- oder im Internet- oder im Softwarebereich tätig oder forschen sie an irgendwelchen Protein-Strukturen von Genen herum, nicht in erster Linie die exorbitanten und in ferner Zukunft liegenden Gewinne relevant sind, sondern die Realoptionen, die sie im Verlaufe des technologischen Wandels vermitteln. *New economy*-Firmen stellen als lebendige faktische Realoptionen sicher, dass, was auch immer weiter passieren wird und welche neuen Opportunitäten sich auch immer wieder eröffnen, der Anschluss nicht verpasst wird. So gesehen sind sie so etwas wie eine Versicherung gegen künftige Innovation. Die Unsicherheit über das Eintreffen der zukünftigen Profitabilität und der lange Zeitraum bis dahin würden eigentlich verbieten, Kapital in solche Firmen zu stecken. Die durch die Firmen sich erschliessende Möglichkeit zu immer wieder neuen und sich den jeweiligen Gegebenheiten anpassenden Entscheiden verleiht ihnen jedoch den ökonomischen Wert, über den man bei Börsengängen dann und wann staunt. Es handelt sich um Prämien. [...].

Nun stellt sich allerdings das Problem, dass ein gewinnloses Dasein eine besondere ökonomische Herausforderung darstellt. [...]. Grosse Ideen – wenig oder gar keine Einkünfte. In den ersten Phasen des Lebenszyklus braucht's periodisch neues Kapital. Ob aber Kapital zu jedem Zeitpunkt zur Verfügung gestellt wird, hängt von vielerlei internen und externen Faktoren ab. So stellen nicht jede Idee und nicht jeder Businessplan, mögen sie noch so überzeugend dargestellt sein, für die Wirtschaft jenen Mehrwert sicher, den sie als Realoption auch zu finanzieren bereit sind. Und nicht jede gute Idee wird mit entsprechender Qualität umgesetzt. Aus einer Vision kann schnell einmal eine Illusion werden. Im Zuge der Nasdaq- und *new market*-Euphorie kam viel Wertloses in den Genuss von neuem Kapital. Die letzten Monate haben diesbezüglich Spreu vom Weizen zu scheiden begonnen. Es kann aber auch sein, dass sich durchaus interessant erscheinende Opportunitäten plötzlich als nutzlos entpuppen, weil der technologische Wandel schon die übernächste Innovation ankündigt. Die Realoption erweist sich als wertlos. Beispiel: Was ist die WAP-Technologie im Angesicht von UMTS noch wert?

Das grösste Problem im Umgang mit gewinnlosen Firmen stellt aber zweifelsohne die Liquiditätsfrage dar. Sehr viel deutet darauf hin, dass die Zurverfügungstellung von Kapital kein kontinuierlicher Vorgang ist. Es gibt Zeiten, in denen Geld geradezu nachgeworfen wird, und es gibt Zeiten absoluter

Wer Geld verdient, überlebt besser und vermutlich länger.

Seite 234

Trockenheit. Dann kann zwar in grosser Ferne die hellste Zukunft leuchten – Geld gibt es aber keines. Nicht umsonst ist die Kredittätigkeit der Banken von hoher Zyklik gekennzeichnet. Die Hingabe von Eigenkapital wird nicht sehr viel anders verlaufen.

Hierin liegt also die Schwäche der *new economy*-Firma: dass sie, allen möglichen künftigen Chancen zum Trotz, auf dem Wege dahin fünfmal ausgetrocknet und gestorben sein kann. Nicht ohne Grund wird mit Sorge auf die *cash burn ratio* (zu deutsch etwa: «Liquiditätsverschleiss») nicht nur kleiner Start-ups, sondern auch grosser und grösster *new economy*-Firmen geschaut. Wenn sie am Liquiditätsproblem scheitern, dann ist auch die durch sie verkörperte Realoption dahin. Ein Bewertungsproblem stellt sich dann nicht mehr.

Der leise Charme des Konglomerätchens

Mit der Einsicht, dass in der Liquiditätsfrage die grösste Achillesferse der *new economy* liegt, muss auch die Überlegung einhergehen, dass die Vorsorge für Liquidität einen ökonomischen Wert haben muss. Denn wenn die Liquidität nicht kontinuierlich zufliesst, dann kann es ja sein, dass durchaus lebenswerte Gebilde absterben, die überlebt hätten, wenn die Zeiten gerade gebefreudiger gewesen wären. Seit dem Nasdaq-Crash von Ende Februar stehen wir in einer solchen Phase skeptischer Zurückhaltung.

Wir sind der Frage, ob Liquiditätsvorsorge für *new economy*-Firmen einen ökonomischen Wert hat, empirisch nachgegangen und haben die Börsenbewertung von Firmen, die einen positiven Cashflow (und damit Liquiditätszuflüsse) zu erwirtschaften imstande sind, mit solchen verglichen, die noch in der Verlustzone arbeiten oder deren Erträge rückläufig sind. Das Resultat spricht für sich. Wer Geld verdient, überlebt besser und vermutlich länger. Seit dem Nasdaq-Crash unterscheiden die Märkte sehr sorgfältig, wie es um die Überlebenschancen der faktischen Realoptionen steht. […].

Stellt sich nun aber die Frage, auf welche Art es *new economy*-Firmen möglich ist, Liquiditätsvorsorge zu betreiben. Genügen ausgezeichnete Beziehungen zu Banken oder ein Netzwerk grosszügiger Investoren?

Die nächstliegende Lösung des Problems besteht selbstverständlich darin, möglichst rasch positive Erträge zu erwirtschaften und die Liquiditätsvorsorge sozusagen von innen her anzugehen. Das bedeutet aber Produktion, Marketing, Vertrieb – oft nicht die Stärken eines *new economy*-Teams. […].

Wer nicht selber für Liquidität sorgen kann, muss sich anders organisieren. Venture-Capital-Gesellschaften sind im Grunde nichts anderes als Strukturen, die zur rechten Zeit den von ihnen betreuten Unternehmen wieder Liquidität zufliessen lassen. Wenn sie seriös geführt sind, dann erwirtschaften sie als solche durch ihre Funktion als Liquiditätsspender einen Mehrwert. Die von ihnen betreuten Realoptionen haben eine höhere Überlebenswahrscheinlichkeit.

Die dritte Möglichkeit liegt in der Kombination von *old* und *new economy*. Produktion, Marketing, Vertrieb, Administration: alles *old economy*-Eigenschaften, die Voraussetzung dafür sind, dass mit hoher Wahrscheinlichkeit in Zukunft Liquidität zur Verfügung stehen wird. Es gibt eine Unzahl solcher Kombinationen im Kleinen, aber auch grosse *players* haben diesen Weg gewählt. Die Kombination des Medienkonzerns Time Warner mit dem Internetprovider AOL ist das Paradebeispiel für ein gelungenes Zusammengehen von *old* und *new economy*. Time Warner bringt die stetigen Erträge, AOL die Innovation.[8] Die Kombination von Roche und Genentech ist nicht eine völlig andere.

Grautöne

Zugegeben, es wäre schön und einfach, wenn die von der Portfoliotheorie geforderte atomisiert-fokussierte Firma mit optimaler Betriebsgrösse und eindeutiger regionaler Verankerung auch unumstritten die wirtschaftlich erfolgreichste wäre. Wir haben nachzuweisen versucht, dass in Bezug auf die häufig über längere Zeit ertragslosen Innovationen die Fokussierungsidee nicht wirklich funktioniert. Ein Technologieschub, wie er sich seit geraumer Zeit abspielt, ruft nach Möglichkeiten, je nach weiterem Verlauf der Entwicklung immer wieder neue und andere Chancen wahrnehmen zu können. Dazu braucht es die Vielzahl von so innovativen wie ertragsarmen Unternehmungen. Deren ökonomischer Wert liegt weitestgehend in ihrer Funktion, dass sie die Handlungsfreiheit für künftige Entwicklungen offenhalten. Das ist gleichzeitig aber eine magere Basis fürs tägliche Überleben. Darin besteht das Problem der *new economy*, und dieses Problem hat in diesem Jahr die grossen Unsicherheiten an den Börsen herbeigeführt. [...].

Ein grosses Postskriptum

Die Beschäftigung mit dem Konzept der Realoptionen hat beim Verfasser einige weitere Gedanken ausgelöst, die zum Schluss dieses Anlagekommentars wiedergegeben seien. Die Frage der Sicherstellung einer genügenden Handlungsfreiheit über den Lauf der Zeit stellt sich ja nicht nur im Umgang mit dem

8 Vergleiche Fussnote 14, S. 71.

mächtigen Innovationsschub, der uns und die Finanzmärkte dermassen in Atem hält. Handlungsfreiheit ist beispielsweise auch ein Thema in der Gestaltung der persönlichen Lebensumstände.

Dem in der Vermögensverwaltung und Anlageberatung Beschäftigten fällt immer wieder auf, dass erfolgreiche Unternehmer in ihrem persönlichen Portefeuille oft erstaunliche Mengen an liquiden Mitteln vor sich herschieben. Liquide Mittel sind synonym mit einer minimalen Rendite, was den Berater selbstverständlich stört. Er unternimmt immer wieder Vorstösse, die brachliegenden Beträge endlich einmal investieren zu dürfen. Nach gängigem *asset and liability management* werden ja die Beträge auf absehbare Zeit nicht gebraucht, folglich kann der Anlagehorizont als «lang» veranschlagt werden, und konsequenterweise empfiehlt der Berater Aktienanlagen. Recht hat er. Aber der Unternehmer bleibt trotzdem bei seiner Liquidität. Weshalb?

Weil er – vermutlich implizit oder instinktiv – weiss, dass Liquidität für den Unternehmer die Funktion einer Realoption hat, die es ihm erlaubt, über den Lauf der Zeit hinweg bei welchen Umständen auch immer die unternehmerische Handlungsfreiheit zu wahren. Insofern hat seine Liquiditätshaltung Versicherungscharakter für künftig notwendige Entscheidungen. Es ist ökonomisch absolut rational, das Polster mit flüssigen Mitteln vor sich herzuschieben. Denn der Nutzen, den die liquiden Mittel in Form von Handlungsfreiheit abwerfen, übersteigt die Opportunitätserträge einer Aktienanlage. In diesem Sinne müsste man über allzu einfache Rezepte zur Allokation von Anlagevermögen nochmals nachdenken.

Ein zweiter Gedanke betrifft die Goldreserven der Notenbank. Brachliegendes Kapital, wurde allenthalben vorgeworfen. Man könne diese Mittel renditeträchtiger anlegen, und in der Folge ging man daran, einen Teil der Goldreserven zu veräussern.[9] Unter Einbezug des Konzepts der Realoption sieht die Beurteilung der Goldreserven vielleicht etwas differenzierter aus. Es sind ja durchaus Umstände im Zusammenhang mit dem globalen Finanzsystem denkbar, in denen nur noch Gold die Handlungsfreiheit der Notenbank eines kleinen und unabhängigen Landes ausmachen würde. Gold ist im Gegensatz zu Devisenreserven auch ausserhalb des Finanzsystems fungibel. Nicht, dass wir jetzt einer Wiederaufstockung der Goldreserven durch die Schweizerische Nationalbank das Wort reden würden. Alles ist eine Frage des Masses. Aber es

[9] Nachdem im Zuge der Verfassungsrevision von 1999 die gesetzliche Goldparität des Frankens aufgehoben worden war, gab das Direktorium der Schweizerischen Nationalbank den Verkauf von 1'300 Tonnen Gold bekannt. Diesem Entscheid waren in den 90er-Jahren verschiedene politische Vorstösse und Studien zur ertragreicheren Bewirtschaftung der Goldreserven vorausgegangen. 2007 informierte die Nationalbank über den Verkauf von weiteren 250 Tonnen Gold. Zur Vorgeschichte der ersten Verkaufsaktion siehe S. 320–324 mit Fussnote 45.

Der Gedanke, dass einmal ein Notfall eintreffen könnte, bei dem man um ein genügendes Mass an Handlungsfreiheit dankbar wäre, ging in letzter Zeit vielerorts verloren.

Seite 238

trifft gewiss nicht zu, dass man Goldreserven allein an ihrer (in den letzten Jahren negativen) Rendite messen darf. Vielmehr haben die durch sie vermittelten Realoptionen durchaus einen ökonomischen Wert.

Der Gedanke, dass einmal ein Notfall eintreffen könnte, bei dem man um ein genügendes Mass an Handlungsfreiheit dankbar wäre, ging in letzter Zeit vielerorts verloren. Das trifft auch zu für die Ultima Ratio in Sachen Handlungsfreiheit eines Landes, die Möglichkeit des Einsatzes seiner Verteidigungskräfte. Das Denken in der Realoption Landesverteidigung bereitet vermutlich deshalb Mühe, weil die Sicherheit in Westeuropa in den letzten 50 Jahren nur noch zugenommen hat. Realoptionen, das haben wir weiter oben festgestellt, sinken in ihrem Wert, je sicherer die Situation wird. Soll man deswegen auf sie verzichten? Wenn der Vergleich zum Unternehmer zulässig ist – er würde die Realoption niemals aus der Hand geben. Fragt sich halt einfach, wie unternehmerisch (im weitesten Sinne des Wortes) sich Staat und Gesellschaft noch fühlen. […].

Theorie der Firma (1994)[10]

[…].

Unternehmungen mit mehr oder weniger «Agenten»

Die *Theory of the Firm* befasst sich namentlich mit einem der Hauptprobleme jeder Firma, nämlich dem Auseinanderklaffen von Eigeninteressen ihrer Mitarbeiter und den Gesamtinteressen der Unternehmung. Dabei geht sie von einem völlig illusionslosen Verhaltensmodell der Mitarbeiter aus, das besagt, dass jeder als Individuum oder auch in der Gruppe zunächst einmal seine ureigensten Interessen verfolgt. Die Kunst der Unternehmungsführung bestehe darin, die interne Organisation, die internen *checks and controls* und die verschiedenen Motivationsinstrumente (Lohn, Gratifikationen, *fringe benefits* etc.) so zu legen, dass die unvermeidbaren Eigeninteressen möglichst in Einklang geführt werden mit den Interessen der Gesamtunternehmung.

Als interessantestes Forschungsobjekt erweist sich dabei die Divergenz zwischen den Eigeninteressen des Managements und denjenigen der Gesamtunternehmung. Die *Theory of the Firm* geht unverblümt von der These aus, dass auch und gerade das Management in erster Linie einmal Eigeninteressen verfolge und nur, soweit unvermeidbar, diejenigen der Gesamtunternehmung. Dies mag beleidigend tönen und übertrieben sein, denn wer möchte leugnen, dass Manager anständige Leute seien. Zur Erklärung häufiger Erscheinungen und Probleme in Unternehmungen und – eben – auch zur Prognostizierung

[10] Anlagekommentar Nr. 159 vom 21. März 1994 (Titel nachträglich gesetzt).

des künftigen Unternehmungserfolgs ist das Modell aber alleweil sehr brauchbar. Die *Theory of the Firm* bezeichnet das Management als von den Aktionären eingesetzte «Agenten», und deshalb spricht man vom *agency problem* und meint damit das nicht im Unternehmensinteresse stehende Verhalten des Managements.

Je nachdem, wie es einer Unternehmung gelingt, das *agency problem* besser oder schlechter in den Griff zu bekommen, wird sie auch mehr oder weniger erfolgreich sein. Dabei müssen *agency problems* beileibe nicht nur dort geortet werden, wo das Management hemmungslos absahnt, indem Löhne, Gratifikationen, Bonusauszahlungen, Firmenautos und -jets jegliche Proportionen sprengen. [...]. *Agency problems* bestehen auch in verkrusteten Strukturen, wo unfähige, unflexible, kurzsichtige Personen sich an ihre Macht klammern und sie häufig auch noch zur Schau stellen. Gerade Firmen, die durch irgendwelche Marktabsprachen oder Staatsgarantien geschützt sind, weisen oft solche Symptome auf.

Wo blüht der Unternehmergeist?

Es liegt auf der Hand, dass ein Mehr oder Weniger an *agency problems* davon abhängt, wie nah oder weniger nah das Management beim Eigentümer der Unternehmung steht. Wie stark ist der Einfluss des Aktionariats auf die Firma? Wie gut ist das Aktionariat durch den Verwaltungsrat vertreten? Wie setzt sich der Wille des Verwaltungsrats durch? Über welche Kontrollmechanismen verfügt die Unternehmung? Welche Anzahl von Verwaltungsräten ist optimal? Welchen Anreizen ist das Management bezüglich Wohlverhalten ausgesetzt? Wie wird Kreativität belohnt und Verwaltungsmentalität geächtet? Das sind Fragen, die zur Prognostizierung des längerfristigen Unternehmenserfolgs relevant sind.

Breitgestreuter Publikumsbesitz muss in diesem Zusammenhang als Problem angesehen werden, weil es dem Aktionariat nur schwer gelingen wird, sich adäquat im Verwaltungsrat vertreten zu lassen. Umgekehrt müsste die prägende Kraft des Eigentümers als Unternehmer für die längerfristigen Perspektiven der Firma sprechen. Damit sei nichts gegen breiten Publikumsbesitz gesagt, sondern nur darauf hingewiesen, dass sich daraus ein immanentes Problem ergibt, das gelöst werden muss. Und es sei auch nicht behauptet, dass ein in der Unternehmungsführung aktiver Eigentümer per se schon den Erfolg garantiere. Eine solche Regel wäre schon allzu oft gründlich desavouiert worden!

Immerhin: Es ist wahrscheinlich angebracht, dem aktiven Eigentümer etwas mehr Beachtung zu schenken. Im Idealfall verkörpert der Eigentümer als Unternehmer das Gesamtinteresse der Firma [...].

Keimfreie Schweine. Ein Beitrag zu Corporate Governance (2005)[11]

[...].

Der «Defekt» des Kapitalismus

[...]. Im Modell sind die ökonomischen Interessen des Aktionärs einfach zu definieren: Ihm geht es um die Maximierung des ökonomischen Werts seiner (ins Risiko gestellten) Kapitalhingabe. Der ökonomische Wert bemisst sich nach dem Gegenwartswert der künftigen durch die Unternehmung generierten Cashflows und unterliegt, wie alles, was in der Zukunft liegt, einer bestimmten Wahrscheinlichkeit. Aufgrund der äusseren Rahmenbedingungen wie auch der Führung und der Tätigkeit innerhalb der Unternehmung kann die Wahrscheinlichkeit des Eintretens und der Höhe der künftigen Geldströme erheblich schwanken. Wir kennen dieses Phänomen bestens: Es widerspiegelt sich in den Schwankungen der Aktienkurse, wobei diese wiederum selbstverständlich nicht dem effektiven Gegenwartswert der künftigen Cashflows entsprechen, sondern lediglich die aggregierte Ansicht der Marktteilnehmer über die Wahrscheinlichkeiten wiedergeben. Zwischen dieser aggregierten Meinung und einer individuellen, möglicherweise durch ausgeklügelte Analysemethoden errechneten Sicht können erhebliche Unterschiede bestehen.

Der Aktionär handelt nicht a priori «kurzfristig» oder «spekulativ», wie es ihm oft unterstellt wird. Bei einigermassen stabilem Geldwert und damit tiefen Zinsen zur Bestimmung des Gegenwartswerts künftiger Cashflows kann auch der ziemlich fern in der Zukunft liegende Unternehmenserfolg relevant sein. Allerdings stehen die Wahrscheinlichkeiten in Abhängigkeit zur Zeit. So wertvoll deshalb eine Investition in, sagen wir, junge Mitarbeiter objektiv auch erscheinen mag, so unmassgeblich kann sie für den Gegenwartswert bzw. den Aktienkurs sein, weil es ja noch alles andere als sicher ist, dass dereinst einmal die Unternehmung vom geschaffenen Wert der *human resources* auch tatsächlich profitieren kann. Eine gewisse Tendenz zum «Handfest-Greifbaren» und gleichzeitig relativ Wahrscheinlicheren wohnt deshalb dem Shareholder-Value gewiss inne.

Das ökonomische Kalkül des vom Kapitalgeber eingesetzten Agenten, das heisst des Managers oder des Managements, ist ähnlich einfach zu defi-

[11] Anlagekommentar Nr. 233 vom 17. Januar 2005.

Im Idealfall verkörpert der Eigentümer als Unternehmer das Gesamtinteresse der Firma.

Seite 240

nieren. Der Agent maximiert die ihm zustehenden Cashflows über die ihm voraussichtlich zur Verfügung stehende Zeit in der Unternehmung. Auch diese Geldflüsse unterliegen Wahrscheinlichkeiten, und weil er unter Umständen auch einmal entlassen werden könnte, ist das Kalkül des Agenten deutlich kurzfristiger als jenes des Shareholders. Der Nutzen des Agenten steht demjenigen des Shareholders insofern entgegen, als des einen Cashflow des anderen Verzicht bedeutet. Hohe Bonuszahlungen oder kurzfristig orientierte Optionsprogramme mit starkem Verwässerungscharakter bringen den Kapitalgeber um einen Teil seines Renditeanspruchs oder vielleicht auch einmal um das ganze Kapital. Der Agent wird mit seiner Nutzenmaximierung in seinem ökonomischen Kalkül im Extremfall just so weit gehen, als seine Präsenz gerade noch toleriert wird. Er wird aber noch ein weiteres tun: Er wird einen (gerade noch tolerierten) Teil seiner Arbeitskraft darauf ausrichten, die Wahrscheinlichkeit seines persönlichen Misserfolgs, das heisst der Entlassung, zu minimieren. Ja, er wird versuchen, sich so unentbehrlich zu machen, dass er anstelle eines ihm aufgrund von Ausbildung, Erfahrung und Fähigkeiten zustehenden, unter Wettbewerbsbedingungen bestimmten Gehalts eine Monopolrente abschöpfen kann. Die ganze Diskussion um hohe Managerlöhne, wie sie immer wieder durch die Presse geistert, würde sich erübrigen, wenn man diese einfachen Zusammenhänge berücksichtigen würde. «Unethisch» hohe Bezüge von Managern lassen sich auf diese Art relativ einfach bestimmen: Sie liegen dort vor, wo das Wettbewerbslohnniveau eindeutig verlassen worden ist, wobei zu bedenken ist, dass entgegen allen Beteuerungen betroffener Topmanager niemand unersetzlich ist, es sei denn, er wäre wirklich genial (was aber ziemlich unwahrscheinlich ist) oder er habe – eben – seine ganze Organisation um ihn herum so gestaltet, dass es ohne ihn tatsächlich kaum gehen würde.

Der Mittel und Wege zur Erzielung einer Monopolrente durch das Management sind natürlich Legion. Die Strategien reichen von einem auf die Unerreichbarkeit des Chefs ausgerichteten Sekretariat über die systematische Bevorzugung von zur eigenen «Seilschaft» gehörenden Mitarbeitern bis hin zu Freundschaften der Manager mit Verwaltungsräten, was durch das gerade in der Schweiz häufig zu beobachtende Kooptationsmodell von Verwaltungsräten natürlich gefördert wird. Der Informationsvorsprung und die Machtfülle des obersten Managements sind häufig derart hoch, dass alle anderen «Mitspieler» in einer Unternehmung kaum Chancen haben, sich gegen die strukturelle Gewalt des Systems zur Wehr zu setzen.

Vielfältig sind auch die Formen, in den Genuss der Monopolrente zu gelangen. Relativ plump und direkt sind hohe Salär- und Bonuszahlungen, etwas raffinierter dann schon Optionsprogramme, bedeutend sophistizierter jedoch nichtpekuniäre Leistungen zu Nutz und Frommen des obersten Managements: *fringe benefits,* Kulturprogramme, pompöse Bauten und was alles sonst noch der *corporate reputation* zuträglich zu sein scheint.

Darin liegt ganz generell eine der grössten Gefahren der Nutzenvernichtung für den Shareholder: dass der Agent unter Vorspiegelung wie immer gearteter Stakeholderinteressen (als Stakeholder gelten die Arbeitnehmer, deren Familien, die Kunden, das gesellschaftliche Umfeld, ja, gelegentlich sogar die Mitbewerber) letztlich seinen eigenen Nutzen optimiert. Manche Mitgliedschaft in den Organen von Verbänden und anderen Institutionen würde sich in diesem Lichte als deutlich weniger uneigennützig herausstellen, als dies üblicherweise dargestellt wird. Ein gesundes Misstrauen gegenüber Unternehmungs- und Managementmodellen, die allzu penetrant «übergeordnete» oder «gesamtheitliche» Interessen predigen, ist deshalb mehr als angebracht.

Der Kapitalgeber kommt aber ohne den Agenten nicht aus, es sei denn, er nehme sich der Führungsarbeit, wie dies etwa für unser Bankhaus zutrifft, selber an. In grösseren Unternehmungen mit einem Kapitalbedarf, der nicht anders als über den Markt gedeckt werden kann, findet das Modell des Kapitaleigners und Managers in einer Person aber kaum Anwendung. Deshalb ist es entscheidend, dass der Kapitalgeber Strategien entwickelt, welche das Prinzipal/Agenten-Problem zwar nicht zum Verschwinden bringen, aber erträglich machen. Und die Finanzanalyse muss Methoden entwickeln, die jene entscheidende Information generieren, in welcher Unternehmung besser und in welcher schlechter für den den Shareholder interessierenden Unternehmenswert gesorgt wird. Diese Information wird über den Verlauf des Aktienkurses bestimmen, mehr als der Zahlensalat von hundert Halbjahresergebnissen zusammen. Über den Markt mit seinem effizienten Preisbildungsmechanismus wird die Information in den jeweiligen Wert der Unternehmung umgelegt. Falls die Information krasses Fehlverhalten beinhaltet, wird ein Kurssturz der Aktie die Folge sein, und die Tage des Managements sind gezählt. […].

Die Täuschung als Prinzip

Wenn man einmal erkannt hat, nach welchen Gesetzmässigkeiten sich das Verhalten des vom Kapitalgeber eingesetzten Agenten im wesentlichen und im Durchschnitt bestimmt, dann wird bald einmal klar, wie der Fluss von Informationen, welche aus der Unternehmung an die Öffentlichkeit bzw. zum Shareholder gelangen, zustandekommt und von welcher Qualität diese Information in der Regel sein wird. Ganz einfach: in der Tendenz immer zu positiv, aber gleichzeitig auch so, als wäre die gute Situation alles andere als selbstverständlich. [...].

Die Art der Darstellung und mit ihr verbundene kleinere oder grössere Halbwahrheiten, Täuschungen, Vertuschungen, Verheimlichungen sind das eine, das Erkaufen des kurzfristigen Erfolgs durch den Verzicht auf künftiges Potential bzw. durch die Verschreibung künftiger Risiken das andere. Viele der später dann brutal an den Tag getretenen Finanzskandale zu Beginn dieses Jahrhunderts waren von genau dieser Eigenschaft. Aus braven Versorgungsunternehmungen machte man Hochrisiko-Shootingstars, indem man die zunächst meist hochkapitalisierten Firmen um einen Teil ihres Eigenkapitals brachte und unter Eingehen von Schulden teure Akquisitionen tätigte, deren Goodwill selbstverständlich so lange niemand in Frage stellte, als noch niemand die Zukunftsträchtigkeit alles Neuen und Teuren bezweifelte. [...].

Zwischen dem systemimmanenten Euphemismus und den betrügerischen Machenschaften, wie sie gerade beschrieben wurden, verläuft die Grenze der Kriminalität. Aber eines muss man sich bewusst sein: Das kapitalistische System ist so beschaffen, dass es diese Konstellation der Anreizsituation fortlaufend generiert und deshalb auch mit ihr leben muss. Und es ist ja, ganz abgesehen davon, keineswegs nur das kapitalistische System, das euphemistische bis betrügerische Agenten im Einsatz hat: Die Verschuldung der öffentlichen Hand, das Nichterwähnen künftiger Verpflichtungen aus dem Sozialversicherungssystem in den Haushaltsrechnungen der meisten europäischen Staaten und die zunehmende Vernachlässigung der Infrastruktur sind alles Akte der Verschreibung künftigen Potentials und das Eingehen hoher künftiger Risiken zugunsten des heutigen Erfolgs. Und leider, leider verfügt die Demokratie nicht über wirksame Sanktionsmechanismen, die solchem Handeln rechtzeitig einen Riegel schöben.

Täuschung als Evolutionsvorteil

[...]. Zunächst gilt es in Rechnung zu stellen, dass das biologische Funktionieren des Menschen in seinem wichtigsten Bereich, der Fortpflanzung, alles andere als auf Transparenz ausgerichtet ist. Das menschliche Männchen muss nicht über eine allseits sichtbare Brunft seiner Umwelt zeigen, dass es fortpflanzungswillig ist, und es muss auch nicht über ein prächtiges Geweih oder andere

Täuschen und getäuscht zu werden: Das ist ganz offensichtlich eine ständige Begleiterin der Menschheit.

Seite 246

Insignien hoher Potenz zur Schau stellen, wie fortpflanzungsfähig es ist. Nicht vorzustellen übrigens, wenn uns die Natur anders ausgerüstet hätte. In der Regel ist es auch nicht nötig, dass das menschliche Männchen offen um seine Fortpflanzungschancen kämpfen muss. Vielmehr können die Gene durchaus im Verborgenen und zeitlich ziemlich unbeschränkt bei durchaus mehreren menschlichen Weibchen platziert werden. Dieses Weibchen wiederum ist nicht so ausgerüstet, dass es seine Fortpflanzungsfähigkeit zeitlich eindeutig und feststellbar zur Schau stellen müsste oder könnte. Vielmehr wird die Ovulation biologisch vertuscht, was dazu führt, dass das menschliche Weibchen durchaus in der Lage ist, sich die Gene mehrerer Verehrer «auszusuchen».

So wie die Evolution vor sich geht, hätte die Natur nicht diesen Verlauf genommen, wenn daraus für das Geschlecht des Menschen nicht ein Vorteil erwachsen wäre. Täuschen und getäuscht zu werden: Das ist ganz offensichtlich eine ständige Begleiterin der Menschheit. [...].

Weniger dramatisch zwar, aber ebenso wirksam erscheint der Einsatz von Tarnung und Täuschung im wirtschaftlichen Treiben. Transparente Produktepipelines wären verheerend, ab Beginn offengelegte Übernahmeabsichten kämen teuer zu stehen, und manche Patentanmeldung erfolgt nicht, weil man die mit ihr verbundene Veröffentlichung der Verfahren vermeiden will. Grosse wirtschaftliche Erfolge wie etwa die Erfindung der Kraftbrühe durch Justus Liebig oder die Entwicklung einer dauerhaften Glühlampe durch Thomas Alva Edison oder der Siegeszug von Microsoft hatten allesamt ein klandestines Element. Weder Liebigs Küche noch Edisons Werkstatt noch Bill Gates' Computerlabor entsprachen in irgendeiner Weise den Vorstellungen von Transparenz, ja, in allen drei Fällen war durchaus auch fremdes Know-how konkurrierender Erfinder und Entwickler mit im Spiel. Ohne die visionären Konzepte von Apple wäre «Windows» nie geboren. Nun waren dies aber alles zum entscheidenden Zeitpunkt kleine Unternehmungen, die den Rigiditäten aufsichtsrechtlich festgelegter Rechnungslegungspflichten weit weniger ausgesetzt sind als grosse. Wenn Innovation ursächlich mit Klandestinität, sprich Geheimhaltung, Tarnung, Täuschung und gegebenenfalls schamlosem Kopieren zusammenhängt, dann würde das im Umkehrschluss aber auch bedeuten, dass es grosse Unternehmungen mit hohen Auflagen zur Offenlegung bei weitem schwerer haben, innovativ zu sein.

Wie wird Unternehmenswert geschöpft?

Damit nähern wir uns dem Kernpunkt dieses Anlagekommentars. Wir haben weiter oben festgestellt, dass der Kapitalgeber das höchste Interesse am Unternehmenswert haben muss, dass er aber, weil er in der Regel einen Agenten in Form eines Managements dazu [braucht, ... auch] sehr auf Transparenz erpicht sein muss. In Vertretung des Kapitalgebers bemühen sich die Organe des Finanzmarktes, diese Transparenz herzustellen und die Ergebnisse zu interpretieren. Nun haben wir aber festgestellt, dass es einen Zusammenhang zwischen Nichttransparenz und Innovation gibt, und wir haben überdies dargelegt, wie wichtig Tarnung und Täuschung in allen menschlichen Verrichtungen überhaupt sind.

Mit anderen Worten besteht ein Zielkonflikt, und wenn nicht alles täuscht, ist er unüberbrückbar. Totale Transparenz und Kontrolle, Wahrhaftigkeit nicht nur als ethische Grösse, sondern als praktisch zu erreichender Benchmark: Das kann aus drei Gründen nicht die Lösung des Problems sein. Denn erstens ist solches bei weitem zu aufwendig – die konstitutive Veranlagung des Menschen in Richtung Täuschung verlangt nach mehr Kontrolle, je mehr Kontrolle bereits vorhanden ist. Zweitens führt totale Transparenz und Kontrolle zu einem bornierten, innovationsfeindlichen Klima, und drittens kann es Transparenz und Kontrolle wohl gar nicht geben, weil die zu beschreibenden Gegenstände in abschliessender, eindeutiger Weise gar nicht beschreibbar sind. Vor gut einem Jahr wiesen wir [...] auf die Erkenntnis des Mathematikers Benoît Mandelbrot hin, dass die Küste von England immer länger wird, je genauer man sie vermisst, und dass die Messgenauigkeit im Gleichschritt sinkt.[12] Wir stipulierten damals, dass das, was für die Küste Englands stimmt, wohl auch Gültigkeit für wirtschaftliche Belange und Vorgänge haben muss. [...].

Und noch mehr zu denken gibt, dass die Transparenz und Kontrolle ja mehr und mehr nicht nur Bilanzpositionen und Ausgabeposten umfasst, sondern auch den jeweiligen Prozess, wie sie zustandegekommen sind. Kein Ablauf in einer nach Corporate-Governance-Gesichtspunkten geführten Unternehmung, der nicht genauestens protokolliert wird. Weshalb? Weil man für jeden Vorgang einen sogenannten *audit trail* haben möchte, oder anders ausgedrückt: im Notfall einen Schuldigen finden will. Und weil jedermann um diesen Umstand weiss, entsprechen denn auch die meisten dieser Protokolle nichts anderem als einer antizipierten Schadloserklärung. Im Titel [...] wurde die Frage gestellt, wie Unternehmenswert geschöpft werden kann. Die Antwort lautet: So jedenfalls nicht. [...].

12 Siehe Fussnote 37, S. 176.

Checks and balances, trial and error

Die Situation ist mit anderen Worten unbefriedigend. Das Streben nach totaler Transparenz und nach totaler Kontrolle wird nach den Exzessen der späten 90er-Jahre des letzten Jahrhunderts unter der Führung, wie könnte es anders sein, der Amerikaner, in den westlichen Industrieländern mit viel Energie betrieben. Der *Sarbanes-Oxley Act*[13], ein typisch amerikanisches Regelwerk aus viel gutem Willen, wenig Zielgenauigkeit und unermesslichen Nebenwirkungen, dreht die Schraube interner und externer Kontrollen noch um ein gutes Stück weiter, wohlgemerkt in einem Umfeld, das durch die für börsenkotierte Unternehmungen vorgeschriebene Rechnungslegungsrichtlinie US-GAAP bereits volumenfüllende Berichterstattungen generiert. Die regulatorische Flutwelle hat Europa selbstverständlich bereits überspült, und bewährte eidgenössische Einfachheit, wie sie beispielsweise bis anhin im schweizerischen Bankenrecht gepflegt wurde – entweder sah die Eidgenössische Bankenkommission (EBK)[14] die Voraussetzungen für den Betrieb einer Bank gewährleistet oder dann halt eben nicht –, weicht nun einem komplexen Sanktionenregime mit der Möglichkeit, Banken für ihre Unregelmässigkeiten zu büssen. Was zur Folge hat, dass die Kontrollinstanz sich künftig nicht mehr nur auf den (meist kriminellen) Ausnahmefall konzentrieren kann, sondern sich um die vielen Grautöne des Bankalltags kümmern muss. Und, falls sie es dann einmal doch nicht tut oder kann, mitschuldig wird.

Die Kosten für den regulatorischen Overkill sind hoch. Bereits sind europäische Unternehmungen, welche ihre Aktien im Zuge der Globalisierungseuphorie in den USA kotiert hatten, daran, diesen Schritt wieder rückgängig zu machen, um so der amerikanischen Gesetzgebung, Rechtsprechung und Haftungsusanz zu entgehen. Der europäische Kontext ist aber nicht viel besser bzw. verschlechtert sich derzeit massiv. Das Pendel wird wohl erst zurückschwingen, wenn die Märkte in Asien definitiv jene Reife erlangt haben, dass sie zur glaubwürdigen Alternative im Wettbewerb um Kapital geworden sind. Der asiatische Umgang mit vielen Dingen, auf welche der Westen mit zusätzlichen Restriktionen reagiert, ist ungleich pragmatischer. Das hat nicht zuletzt damit zu tun, dass die asiatische Lebenseinstellung nicht gleich nach Kausalitäten und damit nach Schuldigen verlangt. Im Umgang mit Eigentum und Recht kippt dieser Vorteil dann aber bald auch einmal in einen Nachteil um,

[13] Mit dem *Sarbanes-Oxley Act* haben die USA 2002 auf Bilanzskandale von Unternehmen (Enron, Worldcom) reagiert. Das Gesetz sollte die Verlässlichkeit der Berichterstattung und des internen Kontrollsystems von Unternehmen verbessern, die den öffentlichen Kapitalmarkt in Anspruch nehmen.

[14] Siehe Fussnote 36, S. 176.

indem das Über-den-Tisch-Ziehen zwar nicht erlaubt, aber üblich ist, und korruptive Praktiken zum selbstverständlichen Alltag gehören. Dass da dem am Unternehmenswert interessierten Aktionär dann von Seiten solchen Pragmatismus ebenfalls wieder Gefahr dräut, braucht nach den obigen Ausführungen nicht betont zu werden.

Was bleibt? Man kommt wohl um eine ziemlich abgeklärt-realistische Beurteilung der Sachlage nicht herum. [...]. Die Agenten verfügen gegenüber dem Prinzipal über einen Informationsvorsprung, und da der Prinzipal in der Regel nicht allein ist, steht seiner Aktivität die Gesetzmässigkeit des aus der politischen Ökonomie bekannten Trittbrettfahrertums des Untätigen gegenüber. Bis das korrigierende Handeln eintritt, braucht es deshalb in der Regel viel. Der Vorteil aus dem Handeln muss gross und einigermassen individualisierbar sein. Die Agenten dürfen sich deshalb einer ziemlich wohl bemessenen Handlungsfreiheit erfreuen; entsprechend hoch können sie deshalb ihre Kompensationen ansetzen. Zusätzliche Regulationen helfen tendenziell eher wenig oder sind kontraproduktiv, weil sich die Asymmetrie zugunsten der Agenten noch verschärft.

Nüchternerweise wird man wohl feststellen müssen, dass somit eigentlich nur ein Spiel von Versuch und Irrtum, von *trial and error,* erfolgversprechend ist; und dieses Spiel muss das generieren, was keine Berichterstattung und kein Audit der Welt zu leisten imstande ist: die Information liefern, ob, wann und wo, das heisst in welcher Weltregion und in welcher der einzelnen Unternehmungen, die Verhältnisse einigermassen in Ordnung sind. «In Ordnung» will heissen, dass der Interessenkonflikt zwischen Prinzipal und Agent und der Zielkonflikt zwischen Transparenz, Kontrolle und innovativem Spielraum ohne viel Kollateralschäden vor sich geht. Im wesentlichen gilt es, die *checks and balances* in den Unternehmungen dauernd zu überprüfen und zu überdenken. Formalisierbar ist solcherlei nicht [...].

Anfangs der 70er-Jahre führte man in der Schweinezucht, vor allem in der Absicht, die damals grassierende enzootische Pneumonie (EP, eine Lungenkrankheit) zu eliminieren, die Aufzucht sogenannter «keimfreier Ferkel» ein. Sie wurden möglichst ohne Kontakt zur weiteren Umwelt der Gebärmutter der Muttersau entnommen und dann getrennt von ihr aufgezüchtet. Die Methode findet heute noch Verwendung in Hochzuchtbetrieben und für Labortiere. Im Normalfall ist sie aber zu aufwendig und produziert natürlich Tiere, welche dem normalen, nicht keimfreien Leben nicht gewachsen wären.

Keimfreiheit kann nicht eine Methode der Wirtschaft sein, weder als Ziel für die Regulation noch als Wegweiser für den Investor. *Zero tolerance* ist nicht einmal theoretisch schön. Viel schöner ist die Vorstellung, dass sowohl die Natur mit ihrem ausgeklügelten Immunsystem und ihren langfristig höchst erfolgreichen Mechanismen der Evolution als auch die vom Menschen betriebene Wirtschaft sich sehr weitgehend selber regulieren können. Die Selbstreinigungskraft wird systematisch unterschätzt. Im Gegensatz zu allen aseptischen Konzepten lassen *checks and balances, trial and error* das zu, was Natur und Wirtschaft beide brauchen: ab und zu auch wieder einmal einen neuen, erfolgversprechenden Keim.

Die nächste Illusion: Corporate Governance (2002)[15]

[…].

Back trading und Wahrscheinlichkeit

Bei der seinerzeitigen Beurteilung des Umgangs von Historikern mit der Geschichte der Schweiz im Zweiten Weltkrieg stiessen wir uns ganz besonders an dem an Überheblichkeit grenzenden Gehabe, mit dem man aus der heutigen Warte der Sicherheit heraus ein früheres Verhalten in völliger und gravierender Unsicherheit anging.[16] Es ist absolut unrichtig zu behaupten, dass dies bei der Geschichtswissenschaft sozusagen in der Natur der Sache liegt. Es wäre auch einem Historiker unbenommen, mit angemessenem Respekt vor den Vorfahren ans Werk zu gehen. Die lediglich durch Unsicherheiten und Wahrscheinlichkeiten gekennzeichnete frühere Situation müsste mit höchstem Gewicht in die historische Beurteilung einfliessen, wenn überhaupt eine Beurteilung angemessen wäre.

Es ist doch beinahe unmöglich, die früheren Entscheidungssituationen so zu simulieren, dass die jeweiligen Dilemmas noch einmal, wiedererlebbar, nachvollzogen werden können! In der Schweiz wurde, aus verständlichen Gründen, in letzter Zeit viel über das Versagen des früheren Swissair-Verwaltungsrats gesagt und geschrieben.[17] Auch hier gibt es sicherlich nichts zu

15 Anlagekommentar Nr. 215 vom 6. Mai 2002.

16 Siehe auch S. 326–330.

17 Die Schweizer Fluggesellschaft Swissair begann nach dem Nein des Volks zum Europäischen Wirtschaftsraum (EWR) vom 6. Dezember 1992 und angesichts des Drucks, unter den die Fluggesellschaften durch die Liberalisierung des Flugverkehrs geraten waren, kleinere europäische Fluggesellschaften aufzukaufen. Damit wollte sie sich im europäischen Markt besser verankern. Die meisten dieser Gesellschaften waren jedoch sanierungsbedürftig und belasteten die Swissair stark. Im Oktober 2001 musste sie wegen Illiquidität die Flüge einstellen. Nachdem Bund, einzelne Kantone und Teile der Wirtschaft Mittel in Milliardenhöhe bereitgestellt hatten, wurde der Betrieb wieder aufgenommen und die Flugzeugflotte auf die Nachfolgegesellschaft Swiss übertragen; die Swissair stellte 2002 den Betrieb ein und ging in Liquidation. 2007 wurde die Swiss von der Lufthansa übernommen.

Die Selbstreinigungskraft wird systematisch unterschätzt.

Seite 250

beschönigen. Aber ist denn jeder, der nun so locker ein Urteil über das Gremium und seine Exponenten ausspricht, so sicher, in jener, damaligen Situation ganz anders und viel besser gehandelt zu haben? Konkret: War denn nach dem Volksnein zum Beitritt der Schweiz zum Europäischen Wirtschaftsraum (EWR) im Jahre 1992 so klar, wie es mit der Swissair weiterzugehen hätte? War der aggressive Ausbau des Zürcher *hub* in jener Zeit (nicht heute!) wirklich so abwegig und so kontrovers? [...].

Damit nähern wir uns dem Kern der Problematik in der heutigen Diskussion um Corporate Governance: Es gilt zu unterscheiden zwischen wirklich unkorrektem, allenfalls kriminellem Verhalten einerseits und aus nachträglicher Sicht zwar falschem, schwer verständlichem, vielleicht auch kurzsichtigem «Handeln in Unsicherheit» anderseits![18] Bei weitem nicht alles, was sich heute als verhängnisvoll erweist, hat seine Ursache in damaligen Verstössen gegen irgendwelche Corporate-Governance-Grundsätze. Und umgekehrt entstand möglicherweise vieles, was heute als gelungen und unbedenklich erscheint, unter Gegebenheiten, die jeglichen *codes of best practice* widersprochen hätten. [...].

Teilbare Verantwortung?

So, wie die Diskussion um Corporate Governance momentan in Europa und in Amerika verläuft, deutet nun aber alles auf einen nächsten Regulierungsschub hin. Es werden alle möglichen *codes of best practice* erfunden. Deren Inhalt ist nicht falsch, beileibe nicht. [...].

Es gibt allerdings ein gewichtiges Aber. Viele Corporate-Governance-Regeln laufen nämlich, im Bestreben um höchstmögliche Vermeidung von Interessenkonflikten, auf eine Aufteilung unternehmerischer Verantwortung hinaus. Und solcherlei funktioniert in der Praxis leider fast nie. Beispielsweise hängen die Gesamtstrategie und die Salärpolitik für das oberste Kader untrennbar zusammen, denn die meisten Strategien kann man nicht ohne die Leute zum Rollen bringen, die es dazu eben braucht – und diese pflegen das auch zu wissen, was sich dann in den Bezügen niederschlägt. [...].

Darüber hinaus stelle man sich einmal vor, welche gruppendynamischen Vorgänge zwischen Geschäftsleitung und einem dieser *committees* ablaufen werden. Es ist doch naheliegend, dass jene, die für die «heiklen» Bereiche der Saläre und die Art und Weise der Rechnungslegung zuständig sind, alles daran setzen werden, für alle Zukunft irgendeiner möglicherweise drohenden Haftbarkeit für unprofessionelles Verhalten auszuweichen. Auch *committees* unter-

[18] Siehe auch S. 216–218.

liegen Anreizen. Der höchste Anreiz für ein von der Unternehmungsleitung abgekoppeltes *committee* liegt in der Vermeidung von (letztlich persönlichen) Risiken. [...]. Das wird seinen Preis haben: Man wird unter diesen Gegebenheiten vieles verpassen. Der Ökonom spricht von Opportunitätsverlusten.

Corporate Governance: Künftig einklagbar

Was weiter folgen wird, liegt auf der Hand: Die von *nongovernmental organizations* wie der «Economie Suisse» entworfenen *codes of best practice* werden irgendwann einmal allgemein anerkanntes «Recht» (im Sinne von *soft law,* also nicht von einem Gesetzgeber erlassenem Recht) und als solches Grundlage für Klagen aller Art. Es wird fast immer ein leichtes sein, Verstösse gegen die *best practices* nachzuweisen. Und dann sind Tür und Tor geöffnet für eine bisher unbekannte Art von *back trading:* dass der Anleger sich auf dem Rechtswege schadlos zu halten versucht für Risiken, die mit dem Betreiben von wirtschaftlichen Unternehmungen notwendigerweise verbunden sind. Man wird strategische Fehlentscheide einklagen, man wird versuchen, unprognostizierbare Entwicklungen im nachhinein als absehbar zu apostrophieren. Nach den absurden und wachstumsfeindlichen Produktehaftpflicht-Regeln wäre dann ein neues Haftpflichtrecht entstanden: die «Strategiehaftpflicht». Aus der Illusion der Corporate Governance wird auf diese Art ein Albtraum. Die ersten Anzeichen für eine Entwicklung in diese Richtung sind unseres Erachtens bereits Tatsache. Kein unternehmerischer Flop, der nicht eine Myriade von Klagen nach sich ziehen würde. Und noch viel schlimmer: Kein Tag, an welchem bei Verwaltungsräten nicht Post von irgendwelchen Beratern eingehen würde, wie man sich in Zukunft vor Übertretungen von Regeln der Corporate Governance schützen kann. Eine weitgehende Immobilisierung der obersten Führungsgremien von Unternehmungen durch Juristen und Berater ist ohne Zweifel in Sicht. Viel Vergnügen!

Wenn rückwärtsgerichtete Corporate Governance, wie sie heute, das heisst nach den dramatischen Entwicklungen der letzten zwei Jahre, geübt wird, offensichtlich in die Irre führt, dann bedeutet dies nicht, dass das Konzept als solches oder als Ganzes wertlos wäre. Benjamin Graham hat uns das ja schon vor 70 Jahren gesagt![19] Und wir haben in den letzten zwei [... Kapiteln] festgestellt, dass unternehmerische Verantwortung nicht teilbar ist. Wenn das so zutrifft: Wer ist dann aber der wirkliche Verantwortungsträger? Der Manager? Oder der Verwaltungsratspräsident? Sicher nicht. Der Manager trägt Füh-

[19] Benjamin Graham und David L. Dodd, *Security Analysis: Principles and Technique: The Classic 1934 Edition,* Reprint, New York, McGraw-Hill, 1994.

rungsverantwortung, gewiss. Der Verwaltungsratspräsident trägt Verantwortung als Sachwalter, als Treuhänder des Aktionärs. Aber die unternehmerische Verantwortung? Sie kann nur beim Eigentümer liegen, und dieser Eigentümer ist im kapitalistischen System der Aktionär. Jegliche Anstrengungen, diese Verantwortung, sprich: das Risiko, dem Eigentümer abzunehmen und über die Einklagbarkeit von Corporate-Governance-Regeln auf Dritte umzuverteilen, resultiert in einer Verwässerung nicht nur des Risikos, sondern auch des künftigen wirtschaftlichen Erfolgs. Verantwortung wahrnehmen heisst: Einfluss ausüben. [...].

Aufstand der Aktionäre – mitnichten!

Als Eigentümer Einfluss ausüben: Funktioniert das? Die jüngste Geschichte lässt einen da schon zweifeln. Bei aller geübten Rücksichtnahme auf die schwierige Entscheidungssituation [...] stellt sich nach dem Zusammenbruch einer Swissair und einer Enron und der Megakrise von ABB trotz allem die Frage, weshalb bestimmte personelle Konstellationen, die man schon früh als unheilvoll erkannt hatte, jeweils nicht früher bereinigt werden (können?). [...]. Die Aktionärsdemokratie heutiger Ausprägung ist bestenfalls ein formelles Sanktionsorgan. Eine Plattform für Corporate Governance ist sie nicht. [...].

Das mächtigste Instrument, das der Aktionär bezüglich Durchsetzung seiner Vorstellungen zur Unternehmensführung in der Hand hält, ist die Möglichkeit zum Kauf oder zum Verkauf der Aktie. Damit beeinflusst er den Aktienkurs. Grosse Unzufriedenheit führt zu vielen Verkäufen und damit zu tieferen Kursen. Fällt der Kurs einer Aktie auf ein bestimmtes Niveau, dann kommt irgendwo der Punkt, an welchem eine Übernahme der Unternehmung durch einen Dritten interessant wird. Und dann wird das Management, welches die Unzufriedenheit der Aktionäre bewirkt hatte, ausgewechselt. Die Sorge, dass solches passieren könnte, entfaltet ihre Vorwirkung. Mit der stetig vorhandenen Angst im Nacken, übernommen werden zu können, wird man sich wohl eher zu Transparenz, Anstand, Nachhaltigkeit drängen lassen als ohne diese Bedrohung. Rein theoretisch müsste das doch genau so funktionieren, nicht wahr?

Tut es aber nicht. Die Aktionäre, die aufgrund einer sauberen Analyse des Leistungsausweises einer Firmenleitung ihre Aktien kaufen oder verkaufen, sind nämlich in der absoluten Minderheit. [...].

Wo ein wirkliches Corporate-Governance-Problem besteht

[...]. Im Grunde genommen verhielt sich die BZ-Gruppe unter Martin Ebner in den 90er-Jahren genau so, wie man es von einem gewichtigen, seine ureigensten Interessen verfolgenden institutionellen Aktionär erwarten würde: Man bringt ab und zu sein Gewicht in gestaltender Art und Weise ein.[20]

Problematischer sieht die Situation im Bereich der durch Zwangssparen angehäuften Mittel aus, also im Pensionskassenbereich. Pensionskassen unterliegen in der Schweiz keinerlei Wettbewerbsdruck. Der Arbeitnehmer hat keine andere Wahl als diejenige Pensionskasse, die ihm sein Arbeitgeber zur Verfügung stellt. Das System basiert auf der Fiktion der paritätischen Beitragszahlungen von Arbeitnehmern und Arbeitgebern, als ob Pensionskassenleistungen ökonomisch kein Lohnbestandteil wären. Die Interessen der Destinatäre werden durch einen paritätisch gebildeten Stiftungsrat sichergestellt, wobei dies nur sehr theoretisch der Fall ist, denn die Interessenlage ist für Pensionierte und für Beitragszahler ja eine sehr unterschiedliche, und insbesondere bestehen immense Interessenkonflikte zwischen älteren und jüngeren Destinatären. Ausserdem hapert es recht häufig an den Sachkenntnissen, welche zur Wahrnehmung eines Stiftungsratsmandats notwendig wären. Schweizer Pensionskassen haben in den letzten 15 Jahren für ihre Versicherten eine traurige Rendite erwirtschaftet.[21] [...].

Es ist offensichtlich, dass ein wesentlicher Grund in der völligen Passivität von Pensionskassen bezüglich Durchsetzung von Aktionärsrechten liegt. [...]. Aber es müsste ja nicht einmal aktives Eingreifen sein. Kaufen und verkaufen würde genügen. Genau da liegt der Hase im Pfeffer. Es findet im wesentlichen nicht statt. Pensionskassen orientieren ihre *asset allocation* weitestgehend an Indizes und Benchmarks und müssen deshalb fast zwangsläufig bestimmte Titel halten. [...]. Indexing und Benchmarking macht nur dann Sinn, wenn es am Markt von einer genügenden Menge von aktivem Assetmanagement begleitet ist, von Anlegern also, die besser als der Benchmark oder der Index sein wollen und dies durch aktives Kaufen und Verkaufen auch laufend manifestieren. Solcherlei fehlte bis vor kurzem in der Schweiz weitgehend. Mit gravierenden Folgen. Der institutionelle Teil der schweizerischen Anlegerschaft war dermassen immobil, dass sich jegliche Unternehmensleitung, von ABB bis zu Swisscom, in völliger Sicherheit wiegen konnte. Durch das vermehrte Auftreten von Hedgefonds, also aktiv gemanagten Anlagevehikeln, die nicht nur kaufen und verkaufen können, sondern darüber hinaus

[20] Siehe Fussnote 4, S. 223.

[21] 4,9 Prozent im Vergleich zu 9,6 Prozent in den Niederlanden, 10,4 Prozent in Grossbritannien, 10,5 Prozent in den USA und 12,5 Prozent in Irland (Quelle: Europäische Kommission, 1999).

auch *short selling* und *leveraging* betreiben dürfen, hat sich die Situation unseres Erachtens möglicherweise entschärft. [...].

Vorwärtsgerichtete Corporate Governance

Wir glauben nicht, dass die derzeitige Diskussion um Corporate Governance die Welt besser machen wird. Im Gegenteil: Es ist zu befürchten, dass erstens nur Hoffnungen geweckt werden, die sich später als illusorisch erweisen werden, und dass sich zweitens aus den allerorts vorgeschlagenen *codes of best practice* einklagbares *soft law* ergeben wird. Mit rückwärtsgerichteter Corporate Governance wird sich ein Gemetzel um Schadenersatzklagen ergeben, das künftig die Unternehmensführung erschweren und verteuern wird und das eindeutig negative Wachstumsfolgen zeitigen wird.

Umso dezidierter vertreten wir den Standpunkt, dass vorwärtsgerichtete Corporate Governance Sinn, sehr viel Sinn macht. Der Aktionär kann sich um die Wahrnehmung seiner Interessen nicht drücken. Genauso wenig darf sich der Berater des Aktionärs, also zum Beispiel sein Bankier, um diese Aufgabe drücken. Wenn Anstand, Ehrlichkeit, massvolles Verhalten Eigenschaften sind, die auf die lange Frist hin einer Unternehmung mehr Nutzen bringen als auf kurzfristigen Erfolg ausgerichtetes Raidertum und Blenderei, dann müsste letztlich das Kalkül auch finanziell aufgehen. [...].

Die Ökonomie der Restgrösse (2005)[22]

[...].

«Genügend Zeit» und «Freizeit»

[...]. Die Residualgrösse «Freizeit», im Leben geschäftiger Manager auch häufig gleichbedeutend mit «Zeit für die Familie», hat einen schweren Stand. Die Ansprüche sind immer konkret und vordergründig wichtig, ja scheinbar unvermeidbar. Die Residualgrösse repräsentiert dagegen lediglich das allgemeine, wenig konkrete Interesse; für sie gibt es kaum Notwendigkeiten, und sie wird deshalb angeknabbert, ja oft gänzlich verraten. Nun gibt es natürlich Strategien, um sich vor anderen und vor sich selbst zu schützen. Die fixe «Aus-Zeit» wurde vor tausenden von Jahren in Form der Sonntagsruhe verschrieben; die moderne Lebenseinstellung unterhöhlt diesen wöchentlichen Unterbruch aber zusehends. An seine Stelle müssen analoge Terminblockierungen treten, deren Akzeptanz allerdings darunter leidet, dass der Rest der Gesellschaft sie nicht zur selben Zeit, wenn überhaupt, wahrnimmt. [...].

[22] Anlagekommentar Nr. 238 vom 10. Oktober 2005.

Der Aktionär kann sich um die Wahrnehmung seiner Interessen nicht drücken.

Seite 256

Die *individual governance* steht und fällt mit der Fähigkeit, die Interessen des generellen Wohlbefindens gegenüber den Anfechtungen konkreter Anliegen verteidigen zu können. Es genügt mit anderen Worten nicht, mittels sozusagen betriebswirtschaftlich orientierten Massnahmen die Anspruchsseite einfach optimal zu bewirtschaften. Das wäre die technokratische Variante der Zeitbewirtschaftung. Chaotisch dahinzuwursteln in der Hoffnung, es hätte zu jedem Zeitpunkt dann schon noch genügend von der Residualgrösse Zeit, ist aber gleich verderblich. Eine gekonnte *individual governance* kommt nicht darum herum, Regeln zu definieren, wann und in welchem Masse die Reserven einzusetzen sind. Residualgrössen sind nicht unendlich.

In der Bilanz an letzter Stelle

Der Leser errät vermutlich, worauf wir hinauswollen. Was für die Residualgrösse «Freizeit» im täglichen Leben jedes einzelnen gilt, ist *cum grano salis* auch gültig für die Restgrösse in der Unternehmung, das Eigenkapital. In jeder Unternehmung hat man es zunächst ja einmal mit einer Unmenge von Anspruchsvertretern, internen und externen, zu tun. In Bälde werden in den Vorstandsetagen die Budgets für das kommende Jahr zu verabschieden sein, und überall wird sich das Bild gleichen: Der Vielzahl von mehr oder weniger gerechtfertigten Anliegen steht das Bedürfnis gegenüber, eine rentierende Unternehmung betreiben zu wollen. «Rentieren» ist gleichbedeutend mit dem Einstreichen dessen, was nach Befriedigung der Anliegen nach einer bestimmten Periode übrigbleibt – eine Restgrösse also. Und die aggregierten Restgrössen dieses Rentierens heissen Eigenkapital.

Die Problematik der *governance* bleibt dieselbe, ob es sich um individuelles Zeitmanagement oder um die Sorge des Rentierens handle: Die mehr oder weniger gerechtfertigten Anliegen präsentieren sich als konkrete Projekte und Begehren, das Rentierensollen hingegen ist reichlich abstrakt und mutmasslich. Die Restgrösse hat deshalb wenige Anwälte und obsiegt häufig nicht. Was im nächsten, vielleicht im übernächsten Quartal Erfolg bringt, findet Anklang. Wenig konkrete Ideen für die weitere Unternehmungsentwicklung im Bereich der Forschung oder des Aufbaus interessanter Persönlichkeiten innerhalb der Unternehmung *(human resources)* haben einen bedeutend schwereren Stand, obwohl gerade diese zum längerfristigen Erfolg, dem Gedeihen, der Restgrösse am meisten beitragen würden. Operative Hektik obsiegt über ruhige Denkweise, gruppenspezifische Interessen, zum Beispiel eines hungrigen Managements, finden eher Gehör als die insgesamt schwache Stimme des Kapitaleig-

Die Bewirtschaftung der Residualgrösse Eigenkapital entspricht einer laufenden Bewältigung von grösseren und kleineren Dilemmas.

Seite 260

ners, zumal dieser ja oft nur mangelhaft in den durch Kooptation durch das Management zusammengesetzten Verwaltungsräten vertreten ist. [...].

Im Idealfall von Corporate Governance werden die wesentlichen Prozesse in der Unternehmung hingegen von der Residualgrösse Eigenkapital und in deren Interesse gesteuert. Nicht die vordergründig «notwendigen» Ansprüche obsiegen, auch nicht die durch irgendwelche Impulse hierarchisch wichtiger Personen induzierten Zufallsideen, vielmehr wird in einem oft schwierigen, ja quälenden Prozess nach dem höchsten ökonomischen Nutzen für den Einsatz des knappen Guts Kapital gesucht. Quälend deshalb, weil auch die beste Unternehmensführung oft zwischen kurzfristigen Notwendigkeiten und langfristigen Interessen wählen muss und weil sich die Befriedigung beider Ansprüche häufig ausschliesst. Man nennt dies Dilemma. Die Bewirtschaftung der Residualgrösse Eigenkapital entspricht einer laufenden Bewältigung von grösseren und kleineren Dilemmas. [...].

Social governance

Führen wir die Analogie zwischen dem individuellen Zeitmanagement und der *governance* von Kollektiven noch etwas weiter. Was in der persönlichen Agenda die erdrückende Zahl von ach so wichtigen einzelnen Terminen ist, sind auf der gesellschaftlichen Ebene die vielen verschiedenen Anspruchnehmer, die glauben, von der Gesellschaft die Befriedigung ihrer Bedürfnisse verlangen zu dürfen. Der moderne Sozialstaat ist geradezu charakterisiert durch das [...] Management von Ansprüchen aller Art – nebeneinander, nacheinander und zuweilen auch gegeneinander. Die Ansprüche werden zu gesetzlich verordneten oder gewährten Privilegien einzelner oder von Gruppen gegenüber dem Kollektiv. Die Ansprüche sind stets schön konkret, rational begründbar, «notwendig».

Und das Eigenkapital? Wenn wir es richtig sehen, dann liegt im Umstand, dass die Residualgrösse der Gesellschaft oder des die Gesellschaft repräsentierenden Gemeinwesens nicht wirklich definiert ist, die Ursache für die Überlastung der staatlichen Strukturen, für die Defizitwirtschaft sowie für die Wachstumsschwäche in den meisten (zu) weit entwickelten modernen Staatsgebilden. «Eigenkapital» hat zunächst einmal eine durchaus finanzielle Seite. Das Eigenkapital eines Staates setzt sich zusammen aus den tatsächlich freien Aktiven sowie aus dem Substrat, das der Staat für seine Finanzierung noch zusätzlich beibringen könnte – aus dem Teil, den er in Form von zusätzlichen Steuern künftig aus seiner Bürgerschaft herauspressen könnte, ohne dass diese ihm davonläuft. Wenn staatliche Aktivitäten über Schulden finanziert werden, dann wird so definiertes Eigenkapital reduziert. Es werden laufende Ausgaben zulasten künftiger, mutmasslicher Einkünfte verrechnet. [...]. Schuldenmacherei und unterlassenes Verbuchen künftiger Verpflichtungen sind gängige Praxis, selbst in einem scheinbar so vorbildlichen Land wie der Schweiz. [...]. Unter Einschluss der nicht verbuchten Verpflichtungen, bestehend aus den Deckungslücken der öffentlichen Pensionskassen und aus den ungedeckten Leistungsverpflichtungen der Sozialversicherungen, hätte die schweizerische Staatsverschuldung im Jahr 2001 nicht «lediglich» 50 Prozent, sondern fast 90 Prozent des Bruttoinlandprodukts ausgemacht. Das ist kein Klacks.

Demokratische Strukturen sind wundervolle Instrumente zur Verwaltung von Ansprüchen, weisen aber offensichtlich einen entscheidenden Mangel bei der Interessenvertretung des Eigentums, des *bonum commune,* auf. [...].

Es ist die Asymmetrie zwischen dem Konkret-Zweckbestimmten (Wohneigentum) der Ansprüche und Privilegien und dem Abstrakt-Mutmasslichen (Steuerfuss, künftige Steuerlast) des *bonum commune,* der Residualgrösse des Staates, die uns trotz und teilweise auch wegen demokratischer Strukturen übermässiges Ausgaben- und Schuldenwachstum beschert hat. Im Gegensatz zu den Unternehmungen, die bei allzu krassen und allzu langandauernden Verstössen gegen die Interessen des Eigentums vom Markt abgestraft werden, gibt es in den Demokratien keine Instanz, welche die Residualgrösse verteidigt. [...].

Rendite und Risiko sind nicht alles

Aus der heutigen Vermögensverwaltung ist die moderne Portfolioanalyse nicht mehr wegzudenken. Sie macht die Beobachtung und Beurteilung der anlagepolitischen Grosswetterlage jedoch nicht überflüssig, den Blick also auf die mittel- und längerfristigen gesellschaftlichen, politischen und wirtschaftspolitischen Strömungen sowie auf die «Themen», welche die Finanzmärkte über längere Zeit hinweg in Bann schlagen. In den 90er-Jahren beispielsweise verhiess das «Thema» der new economy[1] *eine Wirtschaft jenseits des Diktats von Kosten und Ertrag und bescherte jenen Anlegern herbe Enttäuschungen, die sich unkritisch darauf eingelassen hatten. Solche «Themen» können ebenso Anzeichen bevorstehenden Ungemachs sein wie der manifeste Mangel an Professionalität oder Integrität in ganzen Segmenten des Finanzmarkts – wie etwa die eklatante Missachtung der Gegenparteirisiken vor Ausbruch der Finanzmarktkrise von 2007 bis 2009.*

Es lohnt sich deshalb, den Blick ab und zu vom hektischen Finanzmarkt-Alltag zu lösen und auf das Umfeld der Finanzmärkte zu richten. Die Geschichte lehrt, dass die Bewahrung des Vermögens mitunter wichtiger ist als Optimierung und Bilanzanalyse. Unter diesem Blickwinkel – sowie unter dem Eindruck der Finanzmarktkrise und der anschliessenden Krise der Staatsfinanzen – thematisiert dieser letzte Teil das Risiko, das ein hochverschuldeter

1 Dazu siehe S. 229–230.

Staat nicht nur für seine eigenen Bürger, sondern auch für ausländische Anleger darstellen kann (s. S. 263–313). Er gibt ferner einen Beitrag zum schweizerischen Bankgeheimnis und zur Zinsbesteuerung aus der Zeit wieder, als die Schweiz bei der Amtshilfe noch zwischen Steuerhinterziehung und -betrug unterschied (s. S. 313–320). Die letzten Kommentare skizzieren Bedrohungs-Szenarien für den Bürger und sein Vermögen auch ausserhalb des staatlichen Bereichs (s. S. 320–346).

Wie Europa spart (2001)[2]

Notenschwemme ab Ende Jahr

In einem halben Jahr beginnt eine der grössten logistischen Übungen in der Geschichte des Finanzwesens. Das Bargeld der zwölf Länder der Europäischen Währungsunion wird durch Euronoten und -münzen ersetzt. Das Zeitfenster zum Umtausch ist knapp bemessen: Innerhalb von zwei kurzen Monaten kann getauscht werden; danach sind die alten Münzen und Noten nur noch unter erschwerten Bedingungen loszubringen. [...].

Der Bargeldverkehr, das Halten und Tauschen fremder Valuten, das Führen von Konten in anderen Ländern und Steuersystemen – das alles hat in Europa eine lange und nachhaltige Tradition; es war wichtiger Teil dessen, wie das «System Europa» funktionierte. Es war auch Teil dessen, wie sich die Individuen gegen alle möglichen Unwägbarkeiten auf dem in geschichtlichen Dimensionen gesehen unerhört gefährlichen Kontinent schützten. Mit der Umtauschaktion von nächstem Winter wird ein Schlusspunkt unter diese Tradition gesetzt. An ihre Stelle tritt ein konstruktivistisches System, das eigentlich diese Schutzfunktion für das Individuum auffangen, verbessern sollte. Die Schwäche des Euro seit seiner Einführung lässt jedoch bezweifeln, ob solches Vertrauen überhaupt je aufgekommen sei. [...].

Irland als Fanal

[...]. Die Konstruktion der EU als Zusammenschluss von Staaten mit parlamentarischen Regierungssystemen verbietet praktisch eine direktdemokratische Einflussnahme und führt fast zwangsläufig zu der oft beklagten Bürgerferne. Kommt dazu, dass die Triade von Europäischem Parlament, Ministerrat und EU-Kommission nur ein sehr unvollständiges Abbild der parlamentarischen Systeme der Einzelstaaten darstellt. Was resultiert, ist eine Art von Kabi-

2 Anlagekommentar Nr. 209 vom 2. Juli 2001.

nettspolitik mit vielen Möglichkeiten zu bilateralen, geheimen oder halbgeheimen Absprachen. Das System Europa gewinnt dadurch nicht an Vertrauen.

Umso schlimmer, wenn dann doch einmal ein Referendum stattfindet, weil es gemäss Verfassung eines einzelnen EU-Mitgliedstaats stattfinden muss. Das passt dann gar nicht ins Konzept. Hat man sich doch mit Müh und Not in Nizza auf die Spielregeln zur (Ost-)Erweiterung der Union geeinigt und den kleineren Mitgliedstaaten einen Machtverzicht abgerungen – und dann kommt so ein direktdemokratischer Störfaktor, der alles zunichte zu machen droht. So geschehen vor ein paar Wochen mit der Abstimmung in Irland über die Nizza-Verträge.[3] [...].

Man kann sich dazu stellen, wie man will, und man kann die EU-Osterweiterung auch wichtig und begrüssenswert finden oder nicht – relevant für unsere Frage, weshalb es in Europa an Vertrauen mangelt, sind nicht diese Themen, sondern der bemerkenswerte Umstand, dass man offenbar in der gesamten EU davon ausgeht, Irland werde seine Haltung schon noch korrigieren. In dieser Richtung und recht unverhohlen äusserten sich jedenfalls unmittelbar nach der störenden Abstimmung der französische Premier und der deutsche Bundeskanzler, als ob ihnen das Recht zustände, gegebenenfalls sogar die Machtmittel zur Verfügung stünden, verfassungsmässig zustandegekommene Volksentscheide einfach zu stornieren.

[...]. Für jeden EU-Bürger muss doch überdeutlich sein: Was hier an Missachtung gegenüber einem kleinen Mitgliedstaat geschieht, kann jederzeit und in noch viel verletzenderer Weise gegenüber den Individuen und Bürgern dieser Union geschehen. [...].

Arabesken und Filigrane

Eines der Probleme rund um das mangelnde Vertrauen liegt darin, dass sich die Europäer unter dem alten Regime der Vielstaatlichkeit einigermassen zu arrangieren wussten und dass diese Arrangements im neuen System nun keinen Platz mehr haben dürfen bzw. auch vom neuen System aktiv bekämpft werden. Und, dass gerade deshalb und zusätzlich das neue System auf wenig Gegenliebe, Glaubwürdigkeit und letztlich Vertrauen stösst. Wir haben eingangs die grosse Notenumtauschübung erwähnt. Das feine Netzwerk von grösseren und kleineren Absicherungen der Europäer ausserhalb ihres eigenen Wirtschafts-, Rechts- und Steuerraums entfällt dadurch teilweise. Rigorose fiskalpolizeiliche Kontrollen machen das Bankkonto des Deutschen in Luxem-

[3] In Nizza beschloss der Europäische Rat mit Blick auf die Osterweiterung 2001 eine Reform der EU-Institutionen, unter anderem eine Änderung von Grösse und Zusammensetzung der Kommission sowie die vermehrte Anwendung der qualifizierten Mehrheit zu Lasten von Einstimmigkeit.

Die Existenz einer so gewichtigen Grauwirtschaft ist zum Teil erklärbar mit den in den meisten Ländern Europas vorherrschenden sehr hohen Steuerlasten.

Seite 266

burg zum Grossrisiko. Mit der Absicht, für Zinszahlungen grenzüberschreitend ein Meldeverfahren zwischen den Steuerbehörden einzuführen, bezweckt die EU, das über das 20. Jahrhundert gewachsene feine Netzwerk der individuellen Absicherung, sprich Vorsorge, im jeweils anderen Wirtschafts-, Rechts- und Steuerraum zu zerstören.

Das System der für das traditionelle Europa so typischen wirtschaftlichen Seitensprünge in andere Länder bzw. das filigrane Netzwerk einer teilweise im Schattenbereich operierenden Wirtschaft hat bis heute wenig Attraktion für ökonomische Analysen ausgeübt. Es liegt in der Natur der Sache, dass kaum Zahlen vorliegen und dass man deshalb auf Schätzungen angewiesen ist. Man geht, je nach Land, von einem Anteil von etwa 10 bis 25 Prozent der im grauen Bereich operierenden Wirtschaft am Bruttosozialprodukt aus.[4] Oder anders ausgedrückt: Der Anteil der nicht durchwegs in fiskalischer Legalität arbeitenden Wertschöpfung ist in hohem Masse wohlstandsrelevant. Es besteht kein Zweifel, dass zeitweise in Ländern wie Italien die wirtschaftliche Tätigkeit völlig zum Erliegen gekommen wäre, hätten sich die Bürger nur in ihrem «offiziellen» Beruf betätigt und nicht frühmorgens und nach Feierabend «richtig» zu arbeiten begonnen.

Die Existenz einer so gewichtigen Grauwirtschaft ist zum Teil erklärbar mit den in den meisten Ländern Europas vorherrschenden sehr hohen Steuerlasten. Wer 50 und mehr Prozent seines Einkommens an den Fiskus zurückgeben muss, dem fehlt jeglicher Anreiz zum Arbeiten, und vor allem, er kann kaum etwas zur Seite legen; es ist ihm das Sparen praktisch verwehrt.

Die Mikroökonomie des Schwarzgeldes

Hohe Steuerlasten allein erscheinen uns für die Erklärung des massiven Aufbaus von Vermögensanlagen ausserhalb des eigenen Systems allerdings nicht hinreichend. Denn den offenkundigen Vorteilen tiefer oder völlig abwesender Steuerbelastung auf den Kapitalien und auf den daraus fliessenden Einkünften stehen ja gravierende Nachteile gegenüber. Die Vermögensverwaltungskosten im Offshore-Bereich sind typischerweise höher als im Onshore-Bereich, denn die damit beschäftigten Institute verfügen aufgrund der besonderen Konstellation über eine (beschränkte) Monopolsituation, das heisst, sie können den Spielraum zwischen dem marginalen Steuersatz, den ein Kapitalflüchtling im Heimatland zu entrichten hätte, und den im Offshore-Bereich auferlegten Gebühren weidlich ausnützen. Selbstverständlich teilen sich dann Anwälte, Treuhänder und weitere Instanzen die sich anbietende Marge. Doch nicht nur Gebühren

4 Für eine spätere Studie siehe Fussnote 12, S. 281.

drücken: Vielfach ist auch das Zinsniveau im Offshore-Geschäft leicht tiefer, da es sich an den abwesenden Quellensteuern orientiert.

Ein weiterer, gewichtiger Nachteil des Offshore-Sparens liegt in der erschwerten Rückführbarkeit des Ersparten, sollte man es denn einmal brauchen. Oder anders gesagt: Im Normalfall sind ausserhalb des heimischen Systems gebrachte Vermögensteile richtiggehend unbrauchbar. Sie stehen zwar als gebildetes Kapital den Volkswirtschaften über die Institutionen wie den Euromarkt, gegebenenfalls auch ziemlich direkt durch Portfolioinvestitionen in Aktien zur Verfügung. (Nebenbei bemerkt, zeigt sich in diesem Sachverhalt auch die Doppelmoral der Fisken: Während sie auf der einen Seite jeder Mark und jeden Pfennigs an Steuersubstrat habhaft zu werden versuchen, bedienen sie sich auf ihrer Kapitalsuche völlig unbesehen der Offshore-Märkte.) Für den Vermögensaufbau stehen dem Offshore-Kunden mit anderen Worten alle Türen offen. Der allfällige Entsparungsvorgang geht hingegen durch ein Nadelöhr, wenn überhaupt.

Kommt dazu, dass die Gefahr, mit den Strafverfolgungsinstanzen irgendwann einmal in Konflikt zu geraten, in den letzten Jahren drastisch gestiegen ist. Der immer grösser gewordene Geldhunger der Staatskassen wurde durch eine Tendenz zur Kriminalisierung des Steuervergehens begleitet. Aus der demokratischen Legitimation der Steuergesetze wird eine entsprechende Gleichschaltung von Steuerdelikten mit anderen strafrechtlich relevanten Tatbeständen wie Betrug, Diebstahl und dergleichen abgeleitet. Der Kapitalflüchtling sieht sich dadurch in dieselbe Kategorie von Menschen eingeteilt wie der Drogenkriminelle und der Mafioso. Geldwäscherei für alle, sozusagen.

Man kann es drehen, wie man will: Die mikroökonomische Rechnung geht nicht auf, wenn nicht ein zusätzliches, gewichtiges Argument für das Offshore-Sparen sprechen würde. Denn die finanziellen wie die sachbezogenen Nachteile der Vermögensbildung ausserhalb des heimischen Systems überwiegen die Vorteile der Abwesenheit fiskalischer Lasten bei weitem. Was könnte aber ein anderes, zusätzliches, gewichtiges Argument sein?

Bei scheinbar verlustbringendem Verhalten von Individuen bewährt es sich in mikroökonomischen Überlegungen immer, den Versicherungsgedanken ins Spiel zu bringen. Eine Versicherung definiert sich ökonomisch durch den Umstand, dass aus einem wahrscheinlichen Verlust ein sicherer Verlust gemacht wird. Beziehungsweise, dass die Individuen bereit sind, Kosten (= sichere Verluste) auf sich zu nehmen, um sich in Bezug auf gewisse Wahrscheinlichkeiten besserzustellen. Jede Feuer- und jede Unfallversicherung funktioniert so. Man zahlt Prämien und erleidet damit sichere Verluste, dafür hat man im unwahrscheinlichen Fall eines Schadeneintritts finanzielle Sicherheit.

Das Rätsel der Vermögensbildung im Offshore-Bereich löst sich damit auf: Offshore-Geld hat wenig, zumindest viel weniger als allgemein angenommen, mit steuerlichen Vorteilen zu tun, sondern kommt einer Versicherung der Individuen gegen den Organismus, dem sie als Bürger angehören, gleich. Für den Fall, dass sich dieser einmal gegen sie wenden könnte. Schon hier sei vorweggenommen, dass gerade deshalb die Absicht der EU, ihr unbestritten immenses Offshore-Problem unter dem Titel der aus ihrer Sicht notwendigen Steuerharmonisierung anzugehen, einer Operation am falschen Objekt und mit den falschen Instrumenten entspricht. Es geht nicht um Steuern, es geht um sehr viel mehr.

Gute Gründe für Misstrauen

[...]. Die Deutschen haben bei zwei Währungsschnitten ihr ganzes Vermögen verloren und beim Zusammenschluss mit der DDR eine deutliche Verwässerung ihrer Währung erlitten.[5] Es steht ausser Frage, dass sich der Organismus, dem sie angehörten, mehrfach gegen sie gewendet hat. Für die Franzosen und die Italiener sieht die Bilanz nicht viel besser aus. Italien litt noch bis vor wenigen Jahren unter periodischen Inflationsschüben, wie man sie heute vielleicht in der Türkei noch kennt.[6] Inflation ist eine typische endogene Autoimmunerkrankung. Die Widerwärtigkeiten können noch weitgehender sein: Aus der subtilen strukturellen Gewalt der Entwertung und der Inflationierung kann unter bestimmten Umständen durchaus auch manifeste Gewaltanwendung werden. So wurden noch in den 70er-Jahren in Portugal ganze Familien ins Gefängnis geworfen, nicht weil sie irgendetwas verbrochen hatten, sondern allein deshalb, weil sie wohlhabend waren. Das war die Zeit der kommunisti-

[5] Nach der Grossen Inflation von 1923 wurde die Rentenmark (später Reichsmark genannt) im Verhältnis von eins zu einer Billion (alte) Mark eingeführt. Auf den Zusammenbruch des Naziregimes folgte die Währungsreform von 1948, bei der durchschnittlich 15 Reichsmark mit einer (neuen) Deutschen Mark entgolten wurden. Im Zuge der Wiedervereinigung der beiden deutschen Staaten übernahm Ostdeutschland 1990 die D-Mark im Verhältnis von eins zu zwei Ost-Mark, in gewissen Fällen sogar von eins zu eins (Löhne, Mieten etc.), obwohl der Umtauschkurs zuvor offiziell bei eins zu drei und am Schwarzmarkt noch tiefer gelegen hatte («Verwässerung» der Mark für Westdeutsche).

[6] Während der Lateinischen Münzunion wurden die Währungen Belgiens, Frankreichs, Griechenlands, Italiens und der Schweiz im Verhältnis von eins zu eins getauscht. Die Union zerbrach an den Währungsproblemen im Gefolge des Ersten Weltkriegs. Nach Perioden hoher Inflation führte Griechenland zwei Währungsreformen durch; danach gab es Mitte der 50er-Jahre für 50 Billionen alte noch eine neue Drachme. Bei Einführung des Euros hatte diese neue Drachme gegenüber dem Schweizerfranken lediglich einen Kurs von knapp einem halben Rappen, der französische Franken (unter Berücksichtigung der Währungsreform von 1960) von einem viertel Rappen, der belgische Franken von knapp vier Rappen und die italienische Lira von einem zwölftel Rappen. Der Schweizerfranken verlor bis 2000 neun Zehntel seiner Kaufkraft von 1914, was einer Teuerung von knapp 3 Prozent pro Jahr entspricht.

schen Regierung. Wenn solche Leute Geld auf Banken ausserhalb ihres Organismus angelegt haben – wer kann ihnen das verdenken? Fiskalische Gründe hat dieses Vorsorgesparen sicherlich nicht!

Nun wird man einwenden, dass eben anstelle und gerade zur Verhinderung solcher und ähnlicher Entwicklungen in einzelnen Mitgliedsländern die EU mit ihren Garantien der Freiheiten, den Regeln des Binnenmarktes und dem Währungsvertrag von Maastricht getreten sei. Die Geschichte sei Geschichte und solle es auch bleiben. Selbstverständlich ist man weit davon entfernt, sich etwas anderes zu wünschen. Nur: Um jede Spur von Misstrauen auszuräumen, müssten auch die wesentlichsten Probleme, gerade in dem für jedes Individuum so sensitiven Vorsorgebereich, gelöst sein.

Sie sind es nicht.

Die demografische Zeitbombe

Wenn ein Element wirtschaftlicher Zusammenhänge relativ einfach zu prognostizieren ist, dann ist es die Zusammensetzung der Bevölkerungsstruktur. [...] Für die OECD schätzt man bis ins Jahr 2050 die durchschnittliche Lebenserwartung auf 82 Jahre; für Teile Europas tendieren die Werte heute schon in diese Richtung. Der Anteil der Übersechzigjährigen an der Gesamtbevölkerung steigt demnach ziemlich dramatisch an. [...].

Mittlerweile gibt es einige Vorstellungen zur Lösung des Überalterungsproblems. Die einen zielen in Richtung Einwanderungspolitik, die anderen in Richtung Verlängerung der Arbeitszeit. Beide scheinen ziemlich illusionär zu sein. [...].

Die Frage der Finanzierung

Die Länder Europas mit ihrer hauptsächlich sozialistischen Tradition weisen im Vorsorgebereich zumeist Systeme auf, die das Umlageverfahren vor den Systemen mit Kapitaldeckung bevorzugen. Beim Umlageverfahren finanziert der «aktive» Teil der Bevölkerung die inaktiven Generationen der Kinder und Jugendlichen sowie der Rentner. Mittels Abzügen beim Bruttolohn werden die Mittel für die Transferzahlungen an die Pensionierten geäufnet; die Versorgung der Jugendlichen obliegt (vorderhand noch?) eher innerfamiliären Transferleistungen.

Systeme mit Kapitaldeckung beruhen auf dem individuellen oder auch mehr oder weniger kollektiv organisierten Konsumverzicht zugunsten einer Kapitalbildung. [...].

Die Kernländer Europas, also Deutschland, Frankreich und Italien, neigen in extremer Weise zum Umlageverfahren. [...]. In Deutschland stammen 82 Prozent des Alterseinkommens aus [...] transferfinanzierten Quellen. [...].

Die Kapitalbildung fehlt

Wir vermuten, dass der EU-Bürger um die Aussichtslosigkeit der bestehenden Alterssicherungssysteme in der EU weiss oder sie zumindest erahnt. Darin liegt der Grund, weshalb es eine so grosse Zahl derer gibt, die sich trotz Steuerlast oder an dieser vorbei eine Absicherung ausserhalb des Organismus leisten. [...].

Die Übermacht von transferorientierten Vorsorgesystemen ist unseres Erachtens die Ursache für eine weitere strukturelle Schwäche des Alten Kontinents gerade gegenüber den Vereinigten Staaten: Europa bildet zu wenig Kapital. Indem ein grosser Teil des nicht für den Konsum bestimmten privaten Einkommens nicht in den Spartopf, sondern in (steuerähnliche) Transferleistungen wandert, verringert sich das Sparpotential und damit die Möglichkeit zur Kapitaläufnung markant. Zwischen Sparen, Kapitaläufnung, Investitionen und Wirtschaftswachstum gibt es einen engen Zusammenhang. Je höher das aus Sparanstrengungen fliessende Kapital, desto investitionsfreudiger kann eine Volkswirtschaft gedeihen. [...].

Unsere Voraussagen in der Sache sind eher pessimistischer Natur. Zunächst glauben wir aufgrund politökonomischer Überlegungen kaum daran, dass dem politischen System in der EU und in bestimmten Mitgliedsländern wirklich daran gelegen ist, vom Umlageverfahren konsequent wegzukommen. Das Umlageverfahren schafft Untertanen. Das in 10, 20 und mehr Jahren notwendige Aushandeln von Umverteilungsbedingungen zwischen den Generationen erweitert den Spielraum und die Macht des politischen Systems. Für Leute, denen es um die Maximierung von politischer Macht geht, bestehen keinerlei Anreize, an den Strukturen zu rütteln. Selbst wenn offenkundig das Desaster droht, und das tut es, dann erweisen sich solche Strukturen als erstaunlich persistent. Kapitaldeckung und privat gehaltenes Eigenkapital dagegen schüfe freie und mündige Bürger. Alle Erkenntnisse der politischen Theorie weisen darauf hin, dass darin keine Zielsetzung der an der Politik beteiligten Kräfte besteht (leider sogar unbesehen der politischen Couleur ...).

Die Differenzen zwischen den vorhandenen Pensionsvermögen in den EU-Kernländern und beispielsweise England oder den Niederlanden weisen darüber hinaus eher in eine andere Richtung: Es würde nicht verwundern,

Für Leute, denen es um die Maximierung von politischer Macht geht, bestehen keinerlei Anreize, an den Strukturen zu rütteln.

Seite 270

wenn bald einmal von Brüssel aus eine Initiative zu einer «Rentenharmonisierung» gestartet würde. Das Ziel wäre, wie immer, innerhalb des EU-Binnenmarktes «gleich lange Spiesse» zu schaffen; der Effekt liefe auf einen Raubzug der einen bei den anderen hinaus. [...].

Zwischen Vermögensvermehrung und Vermögenserhaltung (2006)[7]

[...].

Die Versprechensinflation

Abseits der atemberaubenden Strukturveränderungen im Finanzsystem hat sich im gesellschaftlichen Bereich ebenfalls eine Konstellation ergeben, die den gesamtwirtschaftlichen *leverage* erhöht – möglicherweise in noch gefährlicherer Weise. Gefährlicher insofern, als die Anreize zur Korrektur und zur Selbstheilung extrem gering sind. Wir haben schon verschiedentlich auf die implizite Verschuldung der Vorsorgesysteme in den westlichen Wohlfahrtsstaaten hingewiesen und wollen dies an dieser Stelle noch einmal mit Insistenz tun. Im Gegensatz zu der im Finanzsystem immerhin doch freiwillig und wissentlich eingegangenen Verschuldung mit weitgehend individuell zu tragenden Konsequenzen handelt es sich bei der Verschuldung der Sozialsysteme um Zwangsmechanismen, denen sich niemand zu entziehen vermag, es sei denn, er wandere aus. Die nachfolgende Grafik zeigt [links] die Schuldenberge, welche die europäischen Wohlfahrtssysteme in den letzten Jahrzehnten aufgebaut haben. Die Zahlen wurden, wie man uns bei den zuständigen Stellen mitteilte, nach 1995 nicht mehr aufdatiert, «weil man das nicht mehr wollte». Das sagt genug aus über die Brisanz der Angelegenheit.

Als Hinweis für die Dramatik der Situation mag die Schätzung der Deutschen Bundesbank aus dem Jahr 2005 für die explizite und implizite Verschuldung der Bundesrepublik dienen. Die Zahl beträgt 270 Prozent des Bruttoinlandprodukts. Unter impliziter Verschuldung eines Vorsorgesystems ist die Lücke zu verstehen zwischen den Versprechungen für künftige Zahlungen und den aufgrund der (überwiegend im Umlageverfahren organisierten) Finanzierungsmechanismen anzunehmenden künftigen Einnahmen der Wohlfahrtssysteme. Politökonomisch handelt es sich bei den aufgebauten Schuldenbergen um die Ausgabe von Vorsorgeschecks an existierende Wählergenerationen zulasten von noch nicht geborenen künftigen Generationen. Ein eklatanter Mangel im verfassungsrechtlichen Schutz der Ungeborenen hat den Aufbau eines solchen *Schneeball-Systems* erlaubt, das so lange weiterfunktionieren

[7] Anlagekommentar Nr. 243 vom 10. Juli 2006.

Explizite und implizite Staatsverschuldung in % des BIP (1995)

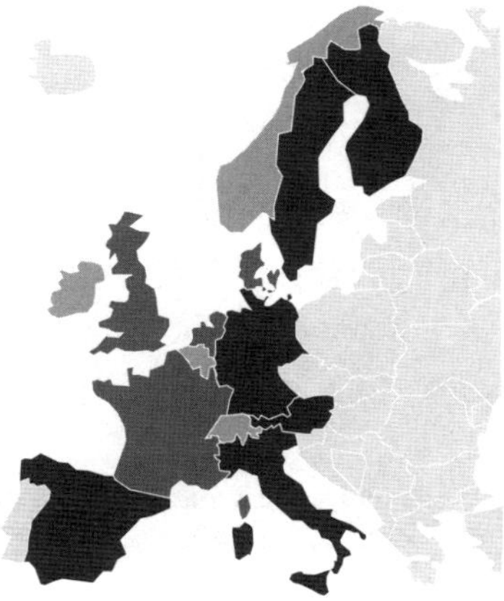

■ < 50% ■ 50–100% ■ > 100%

Vorsorgevermögen in % des BIP (2005)

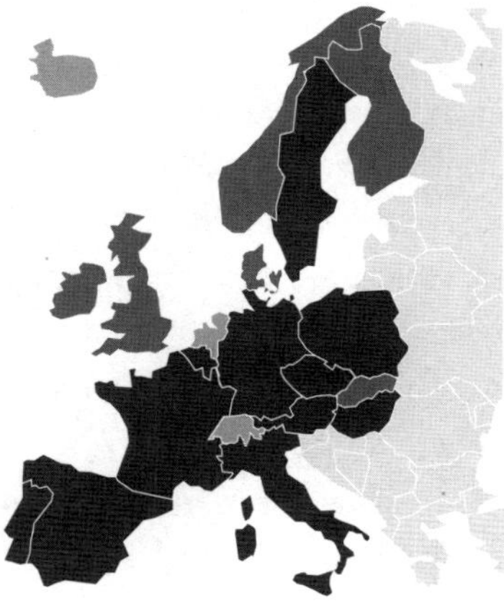

■ > 100% ■ 20–100% ■ < 20%

Quelle: SECO, Die Volkswirtschaft (1995); OECD (2005), eigene Darstellung.

kann, als nicht den Letzten die Hunde beissen bzw. die immer spärlicher werdenden Nachkommen sich der Zahlungspflicht entziehen.

Wie schlecht die europäischen Wohlfahrtssysteme für die sich abzeichnende Systemkrise gerüstet sind, zeigt die [... rechte] Karte. Sie gibt das vorhandene Vorsorgevermögen der verschiedenen Länder Europas im Verhältnis zur jeweiligen Wertschöpfung wieder. [... Man sieht], dass nur ganz wenige Länder Europas kein oder nur ein geringfügiges Problem haben: Island, Irland, Grossbritannien, Holland, Dänemark und die Schweiz, allenfalls auch noch Norwegen dank seines Erdölreichtums.

Es ist hier nicht die Stelle, aus dieser etwas besonderen Geografielektion politische Schlüsse zu ziehen. Für die Tätigkeit der Vermögensvermehrung und Vermögensverwaltung muss jedoch klar darauf hingewiesen werden, dass diese Blase abgegebener und kaum zu haltender Versprechungen kaum ohne gröbere Wirkungen und Nebenwirkungen in sich zusammenfallen wird. Ja, noch mehr: Vermögen wäre in dieser Konstellation in hohem Masse gefährdet, entweder durch Geldentwertung oder durch Konfiskation.

Geldentwertung als mögliches Szenario

Die beiden beschriebenen gesamtwirtschaftlichen Entwicklungen zu höherer Verschuldung – die sich durch die Strukturveränderung im Finanzsystem ergebende und auch wahrgenommene Möglichkeit zu mehr *leverage* und die sich durch den Mangel an verfassungsrechtlichen Schranken ergebende und auch wahrgenommene Möglichkeit zur Überwälzung von gesellschaftlichen Zahlungsverpflichtungen auf künftige Generationen – haben beide das Potential, vom System nicht mehr bewältigt werden zu können. Es ist sehr schwierig, sich solche Systemkrisen im einzelnen auszumalen. Zahlungsunfähigkeit einer oder mehrerer grosser Investmentbanken [...]? Zahlungsunfähigkeit eines so hoffnungslos überschuldeten europäischen Staats wie Italien? Wir wissen es nicht.

Falls es aber dazu käme, dann wäre der Versuch relativ naheliegend, das entstandene Loch durch eine Hilfestellung der Notenbanken, ein *bailing out,* und damit einhergehend eine massive Ausweitung der Geldmenge, auszuebnen. Eine nachfolgende Teuerung wäre unvermeidlich, ebenso ein massiver Kursverlust in den davon betroffenen Währungen, von den Obligationen nicht zu reden. Zweifellos ein besorgniserregendes, gefährliches Szenario, dem man sich als Anleger kaum entziehen könnte, Diversifikationsstrategien hin oder her. Gleichzeitig aber auch ein insgesamt wenig wahrscheinliches Szenario, und vor allem: bezüglich des Zeitpunkts seines möglichen Eintretens ein völlig unabschätzbares.

Für die Vermögensvermehrung und die Vermögenserhaltung entsteht daraus ein Zielkonflikt. Vernünftigerweise muss man sich ja auf das Eintreten der wahrscheinlicheren Fälle einrichten. Sie laufen darauf hinaus, dass eben doch Mittel und Wege gefunden werden (oder sich irgendwie ergeben), mit welchen sich die Übertreibungen mehr oder weniger gnädig «von selbst» auflösen. Innerhalb dieses Normalszenarios der wahrscheinlicheren Fälle muss man dann der Vermögensvermehrung nachgehen; so, wie man das nach allen Regeln der Kunst eben tun soll, das heisst unter Inanspruchnahme aller denkbaren Segnungen des modernen Finanzsystems und unter weiser Diversifikation innerhalb dieses Systems.

Gleichzeitig darf man aber, da wir ja gewisse endogene Systemrisiken geortet und beschrieben haben, den unwahrscheinlichen, aber sehr gefährlichen Fall einer Systemkrise nicht ausser Acht lassen. Es gilt, Mittel zur Vermögenserhaltung zu suchen. Darüber haben wir in den vergangenen Monaten in unserem Bankhaus eine ausführliche Diskussion abgehalten. Das Resultat besteht darin, dass wir unseren Kunden raten, sich für den unwahrscheinlichen, aber gefährlichen Fall eines Systemrisikos und der auf der Hand liegenden nachfolgenden Inflationierung mit einer Portion physischen Goldes zu schützen. Gold würde aller Voraussicht nach im Fall einer Krise des Finanzsystems dramatisch an Wert gewinnen, da das Edelmetall nicht inflationierbar und dem Zugriff der Politik weitgehend entzogen ist. Gold lässt sich zudem gut transportieren und ist in der Krise, falls man nicht gleich mit 10-Kilo-Barren aufwartet, auch als Zahlungsmittel geeignet. [...].

Dateneinsicht und Konfiskation

Performance sei alles, wird vom modernen Private Banking behauptet. Ja, die Vermögensvermehrung ist gewiss wichtig und gehört zu den Hauptaufgaben unseres Berufsstandes. Man muss aber aufpassen, bei allem Eifer auf der Suche nach Alpha- und Beta-Performance-Beiträgen die viel schwierigere Frage nach der Vermögenserhaltung nicht ausser Acht zu lassen. Sie ist nicht nur schwieriger, sondern auch unangenehmer, denn wer spricht schon gerne über Katastrophenszenarien oder über mit Kostenfolgen versehene Massnahmen, um sich gegen solche lediglich möglichen und zumeist auch noch relativ unwahrscheinlichen Fälle zu schützen? Eine in geschichtlichen Dimensionen gehaltene Blickweise auf das Wesen der Vermögensverwaltung zeigt allerdings, dass die meisten Vermögen im Laufe der Zeit verjubelt, verwässert, vernichtet oder schlicht entzogen wurden. Welche Anwesen adliger Geschlechter überstanden die Französische Revolution? Welche Privatvermögen wurden während der Hyperinflation von 1923 in Deutschland nicht völlig entwertet? Wer konnte sich in den 30er- und 40er-Jahren den Währungsschnitten entziehen? Welcher Kunstraub wurde jüdischen Familien gegenüber wirklich restituiert, welche Museen sitzen noch stets still und leise auf geraubtem Gut? Welcher Amerikaner verlor nicht einen Teil seiner Kaufkraft beim Wertzerfall des Dollars nach der Auflösung des *Bretton-Woods*-Systems von 1973?

Die Wahrscheinlichkeit, auf die eine oder andere Weise im Laufe der Zeit um sein Vermögen gebracht zu werden, ist objektiv gesehen ziemlich gross. Schuldenberge, wie wir sie [... weiter oben] dargestellt haben, sind selbstverständlich prädestiniert, um eine Art Legitimation für einen konfiskatorischen Zugriff zurechtzuschneidern. Unter dem Titel eines «Rentensicherungsgesetzes» würde man dann zur «Vermögensharmonisierung» zwischen habenden und nichthabenden Ländern und Individuen aufrufen. Oder so ähnlich.

Gegenwärtig wird in der Schweiz heftig der Datenzugriff des amerikanischen Geheimdienstes CIA auf die Transaktionsdatenbank Swift diskutiert.[8] Abgesehen davon, dass wir unsere Kunden schon sehr frühzeitig, nämlich unmittelbar nach den Terroranschlägen vom September 2001, auf die Gefahr solcher Aktionen aufmerksam gemacht haben, stört uns dieser Zugriff nicht so sehr. Geheimdienste pflegen nämlich auf ihren Datenbeständen zu sitzen und geben sie kaum an andere Instanzen, zum Beispiel Steuerbehörden, weiter. [...].

Längerfristig viel gefährlicher sind die Zugriffsmöglichkeiten aller übrigen staatlichen Instanzen. Aus Brüssel wird berichtet, der EU-Justizkommissar Franco Frattini verlange im Rahmen des «Haager Programms» einen automatischen Informationsaustausch sensibler Daten von DNS-Profilen über Fingerabdrücke und Telefonnummern bis hin zu Bankdaten.[9] Wenn auch einige Hindernisse des Datenschutzes oder, im spezifisch schweizerischen Kontext, des hiesigen Bankgeheimnisses, dem Ansinnen entgegenstehen, so muss man doch völlig illusionslos sehen, dass es einen Megatrend in Richtung Kontrolle des Finanzsystems durch den politischen Sektor gibt. Die moderne IT macht eben auch das möglich: dass sämtliche Positions- und Transaktionsdaten sämtlicher Teilnehmer an den Finanzmärkten fein säuberlich gespeichert und ausgewertet werden können. Man tut dies unter dem honorigen und scheinbar alles legitimierenden Titel der Bekämpfung des internationalen Terrorismus, der Wirtschaftskriminalität, des Insiderhandels, der Kinderpornografie, der Waffenproliferation, des Steuerbetrugs und schliesslich auch der Steuerhinterziehung, und nennt im gleichen Atemzug dann alles auch noch «Geldwäscherei». Es wäre höchst blauäugig zu meinen, damit habe es sein Bewenden. Das politische System funktioniert anders. Es will kraft seiner Macht umverteilen. Wer die Daten hat, weiss auch, wo etwas zu holen ist.

Performance ist viel, aber nicht alles. Der Anleger tut gut daran, seinem Vermögensvermehrer auch einmal bezüglich Konzepten und Strategien für die Vermögens*erhaltung* auf den Zahn zu fühlen.

8 Das europäische Verarbeitungszentrum der *Society for the Worldwide Interbank Financial Telecommunication* (Swift) spiegelte seine Daten seit den 70er-Jahren in einem Zentrum in den USA. Nach den Terroranschlägen von 2001 griff der amerikanische Geheimdienst auf die Daten dieses Zentrums zu, worauf Swift entschied, ein zusätzliches Verarbeitungszentrum in der Schweiz zu bauen.

9 Brüssel will mehr sensible Daten, in: *Handelszeitung*, Nr. 26, 28. Juni 2006, S. 11.

Der Kampf ums Eingemachte (2008)[10]

Geheimdienste auf Schatzsuche

Nicht zum ersten Mal in der Geschichte hat sich ein Geheimdienst der Sache des Fiskus angenommen, um mit seinen besonderen personellen, finanziellen und technischen Möglichkeiten das Durchsetzungsvermögen der Steuereintreiber zu erhöhen. [...].

Der Geheimdienst ist ein, wohl eher ultimatives, Mittel aus der Palette von Instrumenten, mit denen eine Fiskalbehörde versuchen kann, die Steuersubjekte zur Entrichtung ihrer Betreffnisse zu treiben. Näherliegend sind selbstverständlich die «gewöhnlichen» polizeilichen Möglichkeiten wie das Abhören des Telefons, die Überwachung des Schrift- und insbesondere des E-Mail-Verkehrs, Data-Mining bei Kreditkarten-Unternehmungen, der Einsatz von Spitzeln im persönlichen Umfeld von Verdächtigen und dergleichen mehr. Geheimdienstliche Tätigkeiten kollidieren fast zwingend mit hoheitlichen Rechten anderer Staaten, die polizeilichen Instrumentarien dagegen «nur» mit anderen Rechtsgütern, deren Schutz eigentlich auch Sache des Staates wäre.

Was [...] auffällt, ist die Unverhältnismässigkeit zwischen dem Einsatz von Mitteln, wozu die Überschreitung bzw. Tangierung rechtsstaatlicher Güter durch die Behörden gewiss auch gehört, und dem materiellen Erfolg der Aktionen. Eigentlich blieb dieser immer im Bereich des Anekdotischen. Aus dieser geschichtlichen Erfahrung heraus stellt sich deshalb durchaus die Frage, ob es sich lohnt, den neuerlichen Fall «Zumwinkel» ausführlich und grundsätzlich anzugehen.[11] Denn die Chance ist durchaus gegeben, dass es sich auch diesmal lediglich um ein Strohfeuer handelt, das bedrängten Politikern und um Themen ringenden Medien zupass kommt, dass sich aber am grossen Bild von Steuererbringung, Steuervermeidung, Steuerumgehung, Kapitalflucht und physischer Flucht in Europa nicht viel ändern wird. Auf dass wir uns erneut dem – nicht wirklich erquicklicheren – Thema der Kreditmarktkrise widmen könnten.

So einfach wollen wir es uns aber nicht machen. «Zumwinkel» hat unseres Erachtens nämlich durchaus das Potential, den Beginn einer neuen Phase

[10] Anlagekommentar Nr. 255 vom 17. März 2008.

[11] Klaus Zumwinkel, deutscher Unternehmensberater, Vorstandsvorsitzender der Deutschen Post und Träger des Grossen Bundesverdienstkreuzes, wurde nach einem beispiellosen, im Beisein der Massenmedien durchgeführten Ermittlungsverfahren 2009 wegen Steuerhinterziehung verurteilt. Die Hinweise stammten vom Bundesnachrichtendienst, der von einem ehemaligen Mitarbeiter der liechtensteinischen LGT Treuhand für über vier Millionen Euro mehrere DVDs mit gestohlenen Kundendaten erworben hatte und den Informanten mit einer neuen Identität und falschen Ausweisen ausgestattet haben soll, weil die DVDs offenbar auch Informationen über das organisierte Verbrechen enthielten.

in der Auseinandersetzung bestimmter Staaten mit ihren abgabepflichtigen Bürgern und im Umgang mit kooperationsunwilligen ausländischen Strukturen zu markieren. Die Aggressivität, die derzeit in dieser Sache zur Schau gestellt wird, lässt Ungutes erahnen. Während im Fall von Italien letztlich immer administrative Unfähigkeit und Kapitulation vor der schieren Grösse des Problems die bisherigen Anläufe im Keim ersticken liessen, und während im Fall von Frankreich die Selbstverständlichkeit der Existenz von Mätressen einer moralischen Rigidität ohnehin seit je Grenzen gesetzt hat, droht die deutsche «Attitüde des Unbedingten» (Hans Magnus Enzensberger) eine Bewegung in Gang zu setzen, die (selbst-)zerstörerisches Ausmass anzunehmen in der Lage ist.

Staatsverständnis versus Staatswirklichkeit

Am Anfang allen Übels steht zumeist der Idealismus, im vorliegenden Fall ein idealistisches Staatsverständnis, das darauf hinausläuft, dass ein von unbescholten demokratisch denkenden und handelnden Bürgern gewähltes Parlament, das Grundgesetz peinlichst berücksichtigend, rechtsstaatlich völlig unbedenkliche Erlasse produziert, die von einer nach allen Regeln der Gewaltenteilung sorgsam agierenden Exekutive vollzogen und im Streitfall von einer unabhängigen Justiz interpretiert werden. Gegenstand dieser unbedenklichen Tätigkeit sei alles, worum sich der Staat vernünftigerweise zu kümmern hat, angefangen bei den klassischen Aufgaben wie Sicherheit, Infrastruktur und Ausbildung über die weise Regelung wirtschaftlicher Tätigkeiten bis hin zur Vorsorge für alle möglichen Sachverhalte, die das Leben von Bürgern mit sich bringen kann. In dieses Bild gehören auch die territorial bedingten Ansprüche des Staates, die darauf hinauslaufen, dass – qua Wohnsitz, Aufenthalt oder zumindest Steuerdomizil – sich niemand der umfassenden Unterwerfung unter dieses ideale Gebilde entziehen kann, es sei denn, er wanderte physisch aus.

Da in dieser Vorstellung alles rechtens zugeht und, was nicht bestens bestellt wäre, Gegenstand eines ideal definierten Erneuerungsprozesses in der demokratisch geregelten Auseinandersetzung von Bürgern, Parlament, Verwaltung und Justiz ist, gibt es in diesem Denken keine auch nur entfernt denkbaren Gründe, dass diese Unterwerfung sich nicht auch auf die Totalität des Materiellen beziehen soll. Der im Zusammenhang mit dem Fall «Zumwinkel» oft gehörte Hinweis auf den demokratischen und legalen Hintergrund von Steuergesetzen beziehungsweise auf die Notwendigkeit, dass diese auch konsequent durchgesetzt werden, hat seine innere Logik, wobei allerdings die auch im deutschen Grundgesetz verankerte Forderung nach Angemessenheit staatlichen Handelns die Frage nach den erlaubten Mitteln zur Durchsetzung dennoch aufkommen lassen müsste. Für Aussenstehende und geschichtliche Erfahrungen nicht ganz verdrängende Zeitgenossen sind jedenfalls die Brutalität des Umgangs mit Herrn Zumwinkel und die Bereitschaft der Behörden, sich den durch die Massenmedien aufgehetzten Mob zunutze zu machen, auch und nachgerade unter dem Titel eines idealistischen Staatsverständnisses mehr als fragwürdig.

Dies selbstverständlich umso mehr, wenn man das idealistische Staatsverständnis verwirft und eine realistischere Sicht der Verhältnisse einnimmt. Diese zeigt ein ungleich ungünstigeres Bild von Deutschland beziehungsweise von den meisten Ländern Kontinentaleuropas. Eine zunehmend sichtbare Vernachlässigung der klassischen staatlichen Aufgaben steht einer nicht mehr zu bewältigenden und vor allem nicht mehr finanzierbaren Privilegienwirtschaft gegenüber. So ist de facto die Kontrolle in bestimmten Quartieren wichtiger Städte wie Berlin, Hamburg, ja selbst Frankfurt, den Behörden entglitten, und wenn auch nicht dauernd Unrast droht wie in den Pariser Vorstädten, dann herrschen doch vielerorts anstelle rechtsstaatlich beaufsichtigter Polizeikräfte mafiaähnliche Einwandererkartelle. Öffentliche Plätze, Bahnhöfe, Unterführungen können nur noch zu bestimmten Tageszeiten ohne Angst im Nacken benützt werden, und dies alles trotz den immer ausgeklügelteren und die Bürger immer mehr bedrängenden Fahndungs- und Überwachungsmethoden.

Die deutsche Infrastruktur, lange Zeit vorbildlich für den ganzen Kontinent, leidet wegen unklaren politischen Vorgaben unter einer zu geringen Investitionsquote. Am augenscheinlichsten ist dies bei den Atomkraftwerken: Die mangelnde Entschlossenheit zur laufenden Erneuerung bestehender oder gar zum Bau neuer AKWs treibt Deutschland in eine noch höhere Abhängigkeit von russischen Gaslieferungen. Die längerfristigen Aussichten auf eine (namentlich für die Industrie unabdingbare) Energiesicherheit verdüstern sich zusehends. In anderen infrastrukturellen Bereichen gewinnen aggressive Gewerkschaften Terrain zurück und stürzen das Land alle paar Wochen in einen volkswirtschaftlich verheerenden Ausnahmezustand.

An vielen Schulen des Landes herrscht ebenfalls eine Art Ausnahmezustand, hervorgerufen durch eine übertriebene (ideologisch induzierte) Willfährigkeit gegenüber Ansprüchen von ethnischen Minderheiten. Es gibt deutsche Schulen, in denen der Kiosk – auch für nichtislamische Schüler – während des Ramadans geschlossen bleibt. Das abendländische Erbe, Grundlage einer funktionierenden Zivilgesellschaft, wird im Unterricht marginalisiert; humanistische Bildung droht zum Fremdwort zu werden.

Die offensichtliche und auch weitgehend unbestrittene Abnahme der Leistungsfähigkeit der öffentlichen Hand steht einer Zunahme der expliziten oder impliziten Ausgaben gegenüber. Ökonomisch gesprochen nimmt die Effizienz der staatlichen Leistungen laufend ab. Das ist bei einem Anteil des Staates von mehr als 50 Prozent an der Bruttowertschöpfung eines Landes natürlich dramatisch, vor allem wenn man bedenkt, dass es inzwischen auf der ganzen Welt aufstrebende Volkswirtschaften gibt, die ihre Effizienz laufend erhöhen! Der Grund für diesen Leistungsverlust liegt in einer hoffnungslosen politisch-gesellschaftlichen Verstrickung in einen Umverteilungsprozess, bei welchem völlig unklar ist, wer am Ende an wen bezahlt und wer von wem bezieht.

Die deutsche Privilegienwirtschaft hat mittlerweile dazu geführt, dass etwa 60 Prozent der Wahlberechtigten direkt oder indirekt vom Staat leben: Sozialhilfebezüger, Rentner, Arbeitslose, Bafög-Bezieher, der Bergbau, die Land- und Forstwirtschaft, die Fischerei, die Politiker, die Parteifunktionäre sowie selbstverständlich der ganze Beamtenapparat. Bezahlt wird diese gigantische Maschine aus zwei Quellen, nämlich zum einen von den heute lebenden Besserverdienenden, zum andern von den heute noch nicht lebenden künftigen Generationen. 10 Prozent der am besten verdienenden Steuerpflichtigen bestreiten 55 Prozent der Einkommenssteuereinnahmen. Die unteren 50 Prozent auf der Einkommensskala zahlen blosse 5 Prozent, die untersten 20 Prozent praktisch gar nichts. Der (noch) arbeitende untere Mittelstand wird dafür mit hohen Sozialabgaben und einer kürzlich noch einmal erhöhten Mehrwertsteuer bedrängt; vermutlich musste der deutsche Durchschnittshaushalt in den letzten Jahren eine echte Einkommenseinbusse hinnehmen. [...].

Defraudanten auf allen Ebenen

Im Zusammenhang mit dem Fall «Zumwinkel» schwappte eine Welle der Empörung durch die deutschen Lande, der Empörung über bestsituierte Manager, die trotz ihrer schon satten Einkommens- und Vermögenslage offenbar nicht genug bekommen können und den Staat um einen Teil seiner gesetzlich festgelegten Einnahmen bringen. Hochgestellte Persönlichkeiten hätten Vorbilder zu sein, hiess es, denn es könne doch nicht angehen, dass man vom einfachen Lohnbezüger Ehrlichkeit abverlangt, währenddem der Bessergestellte dem Staat auf der Nase herumtanzen kann.

Idealistisch gesehen eine stringente Argumentation, im Licht der Wirklichkeit aber relativierungsbedürftig. Denn diese einfachen, ehrlichen Lohnbezüger gibt es in Deutschland gar nicht, oder wenigstens nicht in der Zahl, dass dies eine Empörungswelle in der Form einer *levée en masse* als berechtigt erscheinen liesse. Nach wissenschaftlich untermauerten Schätzungen arbeiten nämlich rund 25 Prozent der Deutschen regelmässig in der Schattenwirtschaft, und 54 Prozent der Deutschen fragen regelmässig Leistungen aus der Schattenwirtschaft nach.[12] «Schattenwirtschaft» ist gleichbedeutend mit der Umgehung von Sozialabgaben und der Mehrwertsteuerpflicht. Die Schattenwirtschaft hat einen Anteil von rund einem Sechstel am offiziellen Bruttoinlandprodukt und gehört somit zu einem der bedeutendsten Wirtschaftszweige in unserem nördlichen Nachbarland. Die vom Staat stark subventionierte Landwirtschaft belegt demgegenüber lediglich 0,8 Prozent des deutschen BIP.

Interessant auch die Einstellung der so empörten Deutschen zu dieser Art von Steuerhinterziehung: Zwei Drittel aller Deutschen betrachten den Bezug von Leistungen aus der Schattenwirtschaft als strafrechtlich vernachlässigbares Delikt, und immerhin knapp 40 Prozent erachten die aktive Erbringung als Kavaliersdelikt. Die Unehrlichkeit beim Ausfüllen einer Steuererklärung ist demgegenüber nur bei 18 Prozent der Deutschen lässlich, was mit der tiefen Quote derer, die überhaupt relevante Einkommensteuern bezahlen müssen, zusammenhängen dürfte. […].

Man mag einzelne Erkenntnisse über die Schattenwirtschaft in Frage stellen, am grossen Bild ändert sich aber wohl nicht viel: Neben der offiziellen idealtypischen «Wirklichkeit» gibt es eine zweite Realität, die weit weniger günstig aussieht. Zur Schattenwirtschaft kommt ja auch noch jener Graubereich dazu, in welchem sozusagen Steuerdefraudation mit umgekehrtem Vorzeichen vorgenommen wird: die Erschleichung von Sozialleistungen, zum Teil selbstverständlich von denselben Leuten bezogen, die sich dann auch noch aktiv in der Schattenwirtschaft betätigen. Rechnet man bis zu einem gewissen Prozentsatz auch noch einen Teil der herrschenden politischen Klasse, die sich in Deutschland ja weit mehr als beispielsweise in der Schweiz verselbständigt, das heisst vom Bürger entkoppelt hat, zum Anteil der ungerechtfertigten Bezüger hinzu, und addiert man zudem noch die Erbringung von subventionierten Leistungen, die nie jemand nachgefragt hatte, zu dieser Kategorie, dann erscheint diese «zweite Realität» Deutschlands als Gebilde, das seine Bürger auf allen Ebenen in eine Grauzone drängt.

12 Friedrich Schneider, Shadow Economies and Corruption All Over the World: New Estimates for 145 Countries, in: *Economics, The Open Access, Open Assessment e-Journal,* Nr. 2007 (9).

Der Hinweis auf das demokratische Zustandekommen der diesen hohlen Strukturen zugrundeliegenden Gesetze, ja der Hinweis auf die Rechtsstaatlichkeit generell ist wenig hilfreich. Denn offensichtlich kann ein demokratischer Rechtsstaat, wie sich am Beispiel Deutschland deutlich zeigt, mangels tauglicher Begrenzung von Besteuerung und Schuldenwirtschaft in einen Modus kippen, in welchem es aussichtslos erscheint, demokratische Mehrheiten für eine Rückkehr zum Masshalten zu finden. Das sorglose Eingehen überdimensionierter Vorsorgeleistungen für bestehende Rentnergenerationen zulasten künftiger, noch nicht einmal geborener Bürger weist darauf hin, wie wenig das demokratische Argument taugt beziehungsweise in welche amoralischen Verstrickungen eine durch nichts begrenzte Demokratie führen kann.

Ebenso unbehelflich ist das Legalitätsargument. Der unheilvolle Gesinnungswandel des Rechtstheoretikers Carl Schmitt (1888–1985) von der säuberlichen Unterscheidung von Legalität und Legitimität hin zu einem bedingungslosen, auf allein formell begründeter Legalität beruhenden Totalitarismus sollte nicht so rasch vergessen gehen. Ein System, so demokratisch und so legal es auch operieren mag, das sich der finanziellen Selbstzerstörung preisgegeben hat, hat den Anspruch auf Legitimität verspielt. Der Unterschied zwischen der physischen Zerstörung, den der Totalitarismus hinterlassen hat, und der Zerstörung der materiellen Basis, welche die demokratische soziale Marktwirtschaft hinterlassen wird, ist lediglich ein gradueller.

Notwehr

Die Dekonstruktion des deutschen Sozialstaatmodells (und selbstverständlich nicht nur des deutschen, sondern *cum grano salis* auch des französischen, des italienischen und vieler anderer Modelle mehr) als bürgerfeindliches, selbstzerstörerisches, in der letzten Konsequenz illegitimes Gebilde bildet die Basis zu einer Argumentation, die weit über das Hickhack zwischen Legalisten hie und Legalisten da hinausführt. [...].

Legalität versus Legalität hat seine Tücke. In der Rechtsgeschichte hat zumeist derjenige Standpunkt obsiegt, dem das Sagen zukam – Legalität ist eng mit Macht korreliert. Deshalb sind die auf legalistischem Denken beruhenden Anstrengungen kaum hinreichend. Der deutsche Vorwurf der «Hehlerei» gegenüber Liechtenstein bleibt bestehen, wie gut es den Vaduzer Rechtsgelehrten auch gelingen mag, die liechtensteinische Legalität nachzuweisen. Analoges gilt auch für den traditionellen schweizerischen Standpunkt. Die deutsche

Fiskalobrigkeit kümmert es wenig, dass wir mit der Unterscheidung von Steuerhinterziehung und Steuerbetrug hervorragende (fiskalische!) Erfahrungen machen – aus ihrer Sicht gibt es im Zusammenhang mit Steuern nur die total richtige Entrichtung oder den total strafbaren Betrug. Wer legalistisch denkt, neigt eben zur «Attitüde des Unbedingten» …

Zielführender ist es, das Entrichten von Abgaben an Gebilde wie den deutschen Staat a priori der Kategorie von leider weitgehend unumgänglichen Zahlungen an realexistierende, kaum wegzudenkende, aber durch keine tiefere Berechtigung begründete «Organisationen» sui generis zu betrachten. Durch diese Argumentationslinie erst verliert der Versuch, dieses Entrichten des Obolus mittels Auslassungen einigermassen erträglich zu halten, das Stigma der Widerrechtlichkeit. Darauf ist zurückzukommen. Zuvor gilt es, einen möglichen Einwand einer anderen Kategorie von Realisten zu entkräften. Der Einwand könnte etwa so lauten: Zwar ist durchaus zuzugeben, dass sich Deutschland und eine Anzahl weiterer kontinentaleuropäischer Staaten in eine schwierige sozialstaatliche und finanzpolitische Situation gebracht haben. Aber das Ziel, dass auf diesem kriegerischen Kontinent endlich einmal Frieden herrscht, ist dermassen viel wichtiger als der Zustand einzelner Staaten, dass sich alles, und unter anderem halt auch der Steuerzahler, der bestehenden (bezüglich Friedensordnung erfolgreichen!) Struktur zu unterwerfen hat. Marode Sozialstaaten sind sozusagen als *second best* hinzunehmen und mithin zu finanzieren; es gibt keine Alternativen dazu – ausser das aus der Geschichte hinlänglich bekannte gegenseitige Einschlagen der Köpfe. Dieser Argumentation folgen insbesondere die Verfechter und Vertreter der europäischen Integration, was auch deren offene oder verdeckte Gegnerschaft zu Konzepten wie dem schweizerischen Bankgeheimnis erklärt.

Dass zweitbeste Lösungen oft unumgänglich sind, muss der Pragmatiker zwar durchaus attestieren. Indessen fällt die Argumentation in sich zusammen, wenn es sein könnte, dass just das hohe Ziel des friedlichen Zusammenlebens auf dem europäischen Kontinent durch die hoffnungslosen sozialstaatlichen Verstrickungen und den finanzpolitischen Irrlauf einzelner Staaten mittelfristig ebenfalls gefährdet ist. Der Blick auf zwei etwas spezielle Europakarten mag den Gedankengang erhellen.[13] […].

Es braucht schon einen an blinden Idealismus grenzenden Glauben, eine solche Konstellation als nachhaltig zu erachten. Viel wahrscheinlicher ist doch, dass der überschuldete Teil Europas – mit Deutschland, Frankreich und Italien ausgerechnet der historische Kern der EU! – versuchen wird, mit dem

[13] Siehe Grafiken auf S. 273.

Ziel der Struktur- und Machterhaltung seiner politischen Eliten den Rest Europas zu einer finanzpolitischen Harmonisierung zu zwingen. Was heute aggressive linkspopulistische Politik gegen Steueroasen ist, wird morgen eine kontinentale Auseinandersetzung um das Eingemachte sein. Das könnte rascher passieren, als es gegenwärtig scheint, denn die Konkurrenz von aufstrebenden Volkswirtschaften ausserhalb des europäischen Sozialmodells nagt in zunehmendem Masse an den obsoleten Strukturen. Der in Deutschland zu beobachtende Linksrutsch ausser- und innerhalb der Regierung kann als erstes Zeichen eines solchen Paradigmawechsels im europäischen Zusammenleben gedeutet werden.

Somit kann man es drehen und wenden, wie man will: Unter diesen Voraussetzungen ist der materielle Gehalt der Eigentumsfreiheit, eines der wichtigsten individuellen Grundrechte, mittel- und längerfristig aufs höchste gefährdet. Die Wahrscheinlichkeit für konfiskatorische Vorgänge gegen jene, die (noch) über Vermögen verfügen werden, muss für die heutige und insbesondere für die nächste Generation als hoch veranschlagt werden. Das europäische Sozialmodell verpflichtet einerseits den Bürger zur kollektiven Lösung des Vorsorgeproblems, anderseits ist es aber so konstruiert, dass es dieses Ziel nicht nur verfehlen wird, sondern dass es darüber hinaus auch noch das dannzumal bestehende Eigentum gefährden muss. Ist es wirklich so abwegig, so unmoralisch, wenn der einzelne Bürger versucht, dieses desaströse Zwangsmodell wenigstens teilweise zu umgehen? Die Idee der Legitimität kennt das Konzept von Notrecht und Notwehr. Wir ordnen nach all dem Gesagten die Bemühung, sich dem aktuellen und potentiellen Zugriff der Verwalter eines sozialstaatlichen und finanzpolitischen Desasters teilweise zu entziehen, diesem Konzept zu. Das Vorgehen ist aus übergeordneter Warte legitim.

Entziehungsstrategien

Wer, mit etwas Vernunft und Weitsicht bestückt, die voraussehbare Auseinandersetzung zwischen dem kollektiven generationenüberschreitenden Verschuldungsdesaster und dem Bedürfnis nach individueller generationenüberschreitender Vermögenserhaltung für sich entscheiden möchte, muss sein Vorgehen genau überlegen. Es bieten sich Möglichkeiten, die selbst nach geltendem deutschem Recht unproblematisch sind. Daneben gibt es Wege, die geltendes deutsches Recht verletzen, jedoch nach anderen Rechtsordnungen legal sind – im Sinne von «Legalität versus Legalität» –, und es gibt auch Vorgehensweisen, die unter jedem Gesichtspunkt unhaltbar sind. Wir versuchen im folgenden, die verschiedenen Strategien etwas zu systematisieren und deren Vor- und Nachteile aufzuzeigen.

Zunächst kann man unterscheiden zwischen den physischen Entziehungsstrategien und den virtuellen. Das eindeutigste und seit dem Fall der Berliner Mauer auch bundesweit legalisierte Verfahren, sich aus dem deutschen Sozialmodell zu verabschieden, ist gewiss der Wegzug. Er wird gegenwärtig reihenweise praktiziert. Eines der wichtigsten Zielländer für den Wegzug aus Deutschland ist die Schweiz. Sie profitiert einerseits von der Einwanderung hochqualifizierter Arbeitskräfte, denen die Aussichten auf deutsche Steuerprogressionssätze schlicht inakzeptabel erscheinen, anderseits von der Niederlassung vermögender Pensionäre, denen das Alpenland in bestimmten Kantonen die Wohltat einer aufwandorientierten Pauschalbesteuerung gewährt. Nicht nur Pensionären, sondern auch aktiven Arbeitskräften steht das englische Steuerregime der *resident but non domiciled* zur Verfügung, wobei der derzeit amtierende Premier Gordon Brown einen ersten Schritt unternahm, den britischen Fiskus (auch er ist notleidend …) an diesen Topf von Eingemachtem vermehrt herankommen zu lassen. Das weist auch gleich auf die generelle Problematik des Wegzugs in Zonen mit besonderen Steuerregimes hin: Man wird vom Goodwill der jeweiligen Behörden abhängig; das Vermögen wird, gerade wegen der Vorzugsbehandlung, auch immer Objekt von Begehrlichkeiten sein.

Als Alternative gibt es den Wegzug in Länder, in welchen keine besonderen Privilegien gewährt werden, sondern generell tiefe bzw. gar keine Steuern erhoben werden. Die Palette reicht von Russland (*flat tax rate* von 13 Prozent!) über Dubai und Monaco bis nach Bermuda. Den offensichtlichen finanziellen Vorteilen stehen allerdings gewichtige Nachteile gegenüber: Einwanderungsbeschränkungen, hohe Bodenpreise, Fragezeichen bezüglich politischer Stabilität, Probleme hinsichtlich Lebensqualität und dergleichen mehr. Auffallend ist, dass in regelrechten Steueroasen domizilierte Personen oft eine Art Nomadenleben, auf höchstem Niveau zwar, fristen, indem sie Zusatzdomizile an allen möglichen, meist ebenfalls sehr kostspieligen Destinationen unterhalten. Weshalb? Weil in Steuerparadiesen zumeist eine beelendende Langeweile herrscht und fremdländisch gesprochen wird. Die reale Welt zieht einen zurück. Aus der Steuerersparnis wird damit aber oft eine vermögensverzehrende Hofhaltung mit allen negativen Konsequenzen, von devoten Hofschranzen im *family office* bis zur exzessiven Palastwache.

Wer unternehmerisch tätig ist, kann seine physische Flucht sozusagen häppchenweise organisieren, indem er nach und nach Teile seiner Unternehmung in Weltgegenden verlagert, die aktuell und voraussichtlich auch künftig günstigere Rahmenbedingungen aufweisen als der alte Standort in Deutschland. Das ist wohl die intelligenteste Form, wie man das Systemrisiko des eigenen Standorts wegdiversifizieren kann, denn der globale Wettbewerb um Produktionskapazitäten wird mit Sicherheit auch in 50 Jahren noch funktionieren, mithin sämtliche gegenläufigen Anstrengungen von Hochsteuerkartell-Organisationen wie der OECD überstehen. Wir nehmen an, dass ein gewichtiger Teil der Arbeitplatzverlagerungen von europäischen Firmen in Schwellenländer nicht zuletzt aus diesen Erwägungen und nicht nur wegen der Lohndifferenzen erfolgt ist. [...].

Die Vermögensverlagerung

Da Geld und Kapital die Möglichkeit zur relativ einfachen Trennung zwischen physischer, persönlich wahrzunehmender Präsenz und der Vermögensanlage schaffen, kommt den virtuellen Entziehungsstrategien zahlenmässig eine bei weitem grössere Bedeutung zu als dem Wegzug. Die Strafbarkeit solchen Tuns steht in direktem Zusammenhang mit der Effizienz von Geld und Kapital, Vermögen praktisch unbeschränkt zu verschieben. Während bezüglich physischer Mobilität die Berliner Mauer gefallen ist, hat der deutsche und mit ihm der europäische Gesetzgeber bezüglich freiem Geld- und Kapitalverkehr neue Zäune hochgezogen. Wer mit mehr als 10'000 Euro erwischt wird, hat hochnotpeinlichen Erklärungsbedarf.

Die Vorteile aller Varianten von virtuellem Mittelentzug liegen auf der Hand: Man braucht selber nicht wegzuziehen. Für den Fall des Systemkollapses, das heisst der schockartigen Beendigung des sozialstaatlichen und finanzpolitischen Desasters, hat man «ausserhalb des Systems» eine Art Versicherungssumme im Trockenen, für sich selber oder generationenüberschreitend für seine Nachkommen. Vorausgesetzt, dieses «ausserhalb des Systems» gebe es in jenem Fall dann noch tatsächlich, und vorausgesetzt, die getätigten Anlagen seien dann auch noch werthaltig, und vorausgesetzt, man sei bis dahin noch nicht der Gesetzesverletzung überführt worden. Eine risikoreiche Angelegenheit also. Dass sie dennoch von so vielen Europäern als Weg zur individuellen, systemexternen Ersparnisbildung gewählt worden ist und immer noch gewählt wird, weist auf das tiefe Misstrauen hin, das den bestehenden heimischen Institutionen (zu Recht) entgegengebracht wird. [...].

Was sind die praktischen Möglichkeiten, was deren Vor- und Nachteile? Beginnen wir beim Klumpen Gold, den man im Keller versteckt. Bezüglich

Während bezüglich physischer Mobilität die Berliner Mauer gefallen ist, hat der deutsche und mit ihm der europäische Gesetzgeber bezüglich freiem Geld- und Kapitalverkehr neue Zäune hochgezogen.

Seite 286

potentieller Werthaltigkeit: gar nicht so dumm. Denn beim Kollaps von Geldsystemen pflegt Gold im Preis schlagartig zu steigen, wie die gegenwärtige Kreditmarktkrise ja einmal mehr zeigt. Die Gefahr aber, dass der eigene Keller dereinst vom System inkorporiert wird, die Pogromgefahr also, ist unseres Erachtens zu hoch, ganz abgesehen von den «gewöhnlichen» Risiken der Wertaufbewahrung zuhause. Da ist das Schrankfach im Ausland eindeutig vorzuziehen.

Eine attraktive Möglichkeit bestände grundsätzlich darin, Vermögensteile in jeder Hinsicht, das heisst ohne jeglichen rechtlichen Vorbehalt, ins Eigentum einer Drittperson (ausserhalb des eigenen Fiskalsystems) zu übergeben, mit der Aussicht, in der Not wieder darauf zugreifen zu können. Das wäre die echte Treuhandvariante. Das islamische *Hawala*-Zahlungssystem funktioniert nach diesem Muster der reinen Vertrauensbeziehung. Sobald das Treuhandverhältnis in irgendeiner Form strukturiert wird, sei es als liechtensteinische Stiftung, sei es als angelsächsischer Trust, verliert diese Lösung den Reiz der völligen Entfremdung vom ursprünglichen Eigentümer, und genau darin liegt auch die Achillesferse, die sich im Fall Liechtenstein nun als Falle für die Kunden von Treuhandanstalten erweist: Die industrialisierte Form des Treuhandverhältnisses braucht Listen und Computereinträge und generiert viele Mitwisser. Ein Eldorado für Geheimdienste.

Die schweizerische Lösung ist an sich die schlankste und – für sich gesehen – rechtsstaatlich auch unbedenklichste Form der Mittelaufbewahrung ausserhalb des eigenen Fiskalsystems. Die schweizerische Seite kümmert sich lediglich um die Anwendung des eigenen Rechts, weist ab, was nach diesem Recht kriminellem Ursprung entsprechen würde, stellt darüber hinaus auch sicher, dass keine aktive Beihilfe zur Verletzung ausländischen Rechts geleistet wird – und das wäre es dann auch schon. Es braucht keine Hilfskonstrukte wie Stiftungen und Trusts, der Eigentümer bleibt Eigentümer, und das nach schweizerischer Lesart völlig legal. [...].

Hält die Schweiz durch?

Dennoch: Die Kollision von Rechtsvorstellungen ist unter anderem eine Machtfrage. Das Schweizer Bankgeheimnis ist, salopp gesagt, so gut, wie der Schweizer Gesetzgeber – das Parlament und dahinter das Volk als Referendumsinstanz – und vorgelagert die Regierung und die Bundesverwaltung das auch wollen beziehungsweise auch bereit sind, Nachteile in Kauf zu nehmen.

Diesbezüglich sollte man keine Illusionen haben. Zum einen ist das Erpressungspotential seitens von Europa beträchtlich.[14] [...]. Zum andern muss man sehen, dass ein beträchtlicher Teil der eidgenössischen Verwaltung und der politischen Elite ideell nicht weit entfernt ist von dem, was weiter oben als «sozialstaatliches und finanzpolitisches Desaster» genannt wurde. [...].

Wohlbefinden unter dem Damoklesschwert (2010)[15]

Erstaunliche Gleichzeitigkeit

[... Wir haben] drei Zukunftsvorstellungen [...] konstruiert [...]: Die erste der drei Zukunftsvorstellungen läuft darauf hinaus, dass sich die Welt nach und trotz dem Einbruch an den Finanzmärkten und in der globalen Handelstätigkeit, trotz der ganzen oder teilweisen Verstaatlichung wichtiger Banken, trotz der namhaften Zusatzverschuldung westlicher Industrienationen mehr oder weniger ähnlich weiterentwickelt wie zuvor – auf tieferem Niveau und in langsamerem Tempo zwar, aber immerhin. Wir nannten diese Vorstellung «schräges L» und wiesen auf die Vorzüge dieser sanften Entwicklung hin, weil dann nämlich die Zinsen infolge ausbleibenden Inflationsdrucks tief bleiben und mithin die Staatsverschuldung nicht die erdrückende Bedeutung erlangen würde, wie das in den anderen Szenarien zwingend der Fall ist. Wenn wir die Daten aus den ersten drei Monaten dieses Jahres richtig interpretieren, dann gibt es viel Evidenz für genau diesen Verlauf, und die bisher ganz nette Entwicklung an den Aktienmärkten würde dies sogar widerspiegeln.

Allerdings haben wir in der Zwischenzeit auch in den «roten Abgrund», unser zweites Szenario, schauen müssen. Die enorm hohe Staatsverschuldung Griechenlands, beileibe keine Folge der Finanzkrise, sondern vielmehr einer auf Vertuschung und Schönfärberei ausgelegten Strukturproblematik des Euroraums, hat durch den aktuellen Anlass der Finanzierungsnotwendigkeit einiger weniger Milliarden Euro völlig neue Einsichten und Verhältnisse an den internationalen Kapitalmärkten geschaffen:[16] Staaten, nicht nur marginale,

14 Im Frühjahr 2009 entschied der Bundesrat unter dem in beispielloser Weise von der OECD orchestrierten massiven Druck der G20, künftig Art. 26 des OECD-Musterabkommens zur Amtshilfe in die Doppelbesteuerungsabkommen zu übernehmen. Damit verpflichtet sich die Schweiz, im Einzelfall auf konkrete und begründete Anfrage hin ihren Partnerstaaten Informationen für steuerliche Zwecke zu liefern, und zwar unabhängig vom Vorliegen eines Steuerdelikts. Mit anderen Worten unterscheidet sie in solchen Fällen nicht mehr zwischen Steuerhinterziehung und Steuerbetrug.

15 Anlagekommentar Nr. 269 vom 22. März 2010.

16 Griechenland war mit gefälschten Zahlen für die Konvergenzkriterien dem Euroraum beigetreten und hatte danach während Jahren seine finanzielle Lage geschönt. In den ersten Wochen des Jahres 2010 spitzte sich seine Lage mit einer Staatsverschuldung und einem Budgetdefizit von deutlich über 100 bzw. 10 Prozent des BIP zu. Im Frühjahr fragte das Land um die Unterstützung nach, welche die Staaten des Euroraums und der Internationale Währungsfonds unter Schonung der Gläubiger – worunter viele europäische Banken – vorbereitet hatten. Siehe auch Fussnote 46, S. 191.

sondern auch etablierte, von einer Solidargemeinschaft getragene und halbwegs kontrollierte, können pleitegehen. Griechenland ist nur eine Episode; das wahre Problem liegt tiefer und ist von unüberschätzbarer Tragweite: Der Schuldner Staat, ultimativer Ankerpunkt der Systemstabilität (bzw. dessen, was wir als Stabilität bisher angenommen hatten), ist grundsätzlich in Frage gestellt. Der risikolose Zinssatz ist eine Fiktion. In Tat und Wahrheit könnte just die sogenannt risikolose Anlage beim Staat jene Falle werden, in welche sich die Anlegerherde hineintreiben lässt, um irgendwann Opfer der ultimativen Gesamtabschreibung überrissener Staatsschulden zu werden. Zum Zeitpunkt des Verfassens dieses Kommentars scheint das Schlimmste nun zwar abgewendet zu sein. Die Risikoprämien für griechische Staatsschulden, gemessen an den Preisen für *credit default swaps* (CDS) haben sich wieder einigermassen normalisiert. Aber allein die Tatsache, dass sie sich vor ganz kurzer Zeit in einer Höhe bewegt haben, welche implizit auf eine hohe Konkurswahrscheinlichkeit Griechenlands innert weniger Monate hinwies, und der Umstand, dass der Euro erneut unter Druck geraten ist, sind Beweis genug, dass das Szenario «roter Abgrund» nicht an den Haaren herbeigezogen war, sondern als Damoklesschwert, inkompatibel mit dem «schrägen L», weiterhin über unseren Köpfen schwebt.

Evidenz gibt es schliesslich auch für das dritte Szenario, nämlich die Vorstellung, das wirtschaftliche Wachstum im Fernen Osten werde, kombiniert mit den Vorteilen der vergleichbar tiefen fiskalischen Lasten und einem durch realwirtschaftlichen Nachholbedarf genährten *momentum* zu Produktivitätssteigerungen, die Gewichte in der Welt rasch und unumkehrbar von den westlichen Industrienationen weg in Richtung Asien bewegen. Zunächst sprechen die Wachstumszahlen für China wie auch für Indien eine klare Sprache; dort kann von Krise längst keine Rede mehr sein. In China rechnet man derzeit mit einer Wachstumsrate von 10 Prozent (real, über das Jahr gerechnet), in Indien immerhin von knapp 8 Prozent (Schätzungen des IWF[17]). Was dem auch in sicherheitspolitischen Kategorien denkenden Beobachter ins Auge sticht, ist die unverkennbar gezielte Investitionstätigkeit der Chinesen in Afrika und rund um den Indischen Ozean. Wenn die Chinesen den Indern wichtige Hafenanlagen in Sri Lanka vor der Nase wegschnappen, dann ist das von strategischer Bedeutung. Offenbar will man durch eine «Perlenkette» von befreundeten Standorten (die Chinesen sind Weltmeister im Erfinden euphemistischer Bezeichnungen – bei uns würde so etwas «maritime Stützpunkt-Doktrin» heis-

[17] Internationaler Währungsfonds, *World Economic Outlook Database,* http://www.imf.org/external/pubs/ft/weo/2009/02/weodata/index.aspx.

sen) die Abhängigkeit von den USA auch in diesem Bereich rasch reduzieren. Das Problem von Szenario 3 für den Westen (und für eine lediglich westlich orientierte, auf die Staatsschuldner abgestützte Anlagepolitik) liegt in den komparativen Nachteilen, die sich aus den hoffnungslosen sozialpolitischen Verstrickungen ergeben und damit die Wettbewerbsfähigkeit akut und langfristig gefährden. Ein relativer Wohlstandsverlust ist ohnehin, ein absoluter wahrscheinlich, vorprogrammiert. Das «schräge L» würde mit Szenario 3 nicht lange halbwegs schräg nach oben zeigen, sondern zügig an Männlichkeit verlieren.

Leben mit Talebs «viertem Quadranten»

[...]. Wie oft waren wir doch in den letzten Wochen mit der Frage konfrontiert, in welchem Ausmass sich Euroanlagen überhaupt noch rechtfertigen, und wie oft mussten wir doch dann auch die Gegenfrage stellen, ob denn Dollaranlagen soviel besser wären, wenn wir an die schlimmsten unserer Vorahnungen denken? Regelmässig kam man zum Schluss, dass unter den Blinden der Einäugige König sei, dass das Problem aber darin bestehe, nicht zu wissen, wer nun eigentlich blind und wer einäugig ist ... Und wie oft wurde dann umgehend auch die Frage nach dem Schweizerfranken beziehungsweise dessen offenkundiger Ausrichtung auf den Eurokurs gestellt, nämlich: Kann man mit Frankenanlagen überhaupt ein gravierendes Europroblem absichern oder wenigstens reduzieren? [...].

Die gedankliche Vorgehensweise wollen wir aber an einem zwar etwas anderen, in den Grundzügen aber verwandten Problem exemplifizieren. Die Behandlung des Problems ist ohnehin überfällig und drängt sich deshalb beinahe auf: Strategische Optionen für einen wohlhabenden Kleinstaat inmitten eines Kontinents, der Gefahr läuft, sich in einer Verkettung von Misserfolgen wirtschaftlich, politisch und moralisch selber zu zerstören. Die Rede ist von der Schweiz und von Europa.

Zunächst wollen wir uns der Denkmethode erinnern, wie der Verfasser des bekannten Buches *The Black Swan*, Nassim Taleb, mit dem relativen Normalfall, das heisst Risiken mit überblickbaren Folgen, und mit den kaum kontrollierbaren Katastrophen umgeht.[18] Dazu bildet er in einem seiner neueren Aufsätze eine Matrix mit vier Quadranten.[19] Die Matrix unterscheidet einerseits nach dem Grad an Kalkulierbarkeit des Eintretens, anderseits nach dem

[18] Nassim Nicholas Taleb, *The Black Swan: The Impact of the Highly Improbable,* Random House, New York, 2007.
[19] Nassim Nicholas Taleb, Errors, Robustness and the Fourth Quadrant, 2009, in: *International Journal of Forecasting,* Vol. 25 (4), 2009, S. 744 ff.

Grad an Komplexität der Zusammenhänge. Während der «Normalfall» (einfache Kalkulierbarkeit/unkomplexe Struktur) für sehr viele tägliche Vorgänge zutrifft und wir uns zum Glück darauf verlassen beziehungsweise darauf einrichten können, ist dem «Desaster» (weder zeitlich noch sachlich berechenbar/hoch komplex bezüglich Ursachen und Auswirkungen) nur schwer beizukommen. Die zwar ebenfalls unangenehmen, aber letztlich beherrschbaren Zwischenquadranten (gut kalkulierbar/komplex sowie unberechenbar/unkomplex) können durch Risikoverteilung, sprich Diversifikation einigermassen abgefangen werden. Für den vierten Quadranten, den *black swan*, gilt das nicht. Es macht gerade das Wesen des «Schwarzen Schwans» aus, dass sein Auftauchen alles andere in Frage stellt: Die Krise der Grossbankenkonglomerate liess das gesamte Finanzsystem wanken, die Finanzierungskrise Griechenlands lässt den Euro erzittern. Gegen eine Krise im Finanzsystem hilft Diversifikation unter verschiedenen Banken nur wenig (de facto war bekanntlich der ganze Interbankenmarkt während Monaten völlig illiquid); wenn Griechenland pleitegeht, hilft auch ein gut diversifiziertes Portefeuille von Portugal-, Italien-, Irland- und Spanienanleihen wenig, ja sind möglicherweise sogar Obligationen angeblich stabilerer Länder keine Rettung mehr.

Selbst wenn unterstellt wird, dass solche *black swans* häufiger sind als allgemein gedacht (das heisst, wenn man, vermutlich richtigerweise, den Aussagen von Benoît Mandelbrot Glauben schenkt[20]), ja, wenn man mit Blick auf die Weltgeschichte zum Schluss gelangt, dass es kaum je relevante lineare Entwicklungen gab, sondern alles Wesentliche eine Abfolge von desaströsen Strukturbrüchen war, dann kann doch kaum ausserhalb der kalkulierbaren und meist wenig komplexen Normalität gelebt werden. Darin liegt das Dilemma: Wir wissen um die Damoklesschwerter und müssen trotzdem weiterleben, wenn möglich ziemlich normal, unaufwendig und sogar noch einigermassen wohlig. Die Frage ist, wie das gehen soll.

Eurozone: Strukturmängel offengelegt

Zum Exempel. Bekanntlich zeichnet sich Westeuropa seit über 60 Jahren, der ganz grosse Rest des Alten Kontinents seit nunmehr immerhin 20 Jahren durch eine geschichtlich gesehen selten lange und relativ unproblematische Periode friedlichen Einvernehmens aus. Den Hintergrund dazu bildete gewiss der Schulterschluss zwischen Frankreich und Deutschland, und selbst Skeptiker der Europäischen Union werden zugeben müssen, dass diese Organisation einen wesentlichen Anteil an dieser für alle Länder Europas äusserst günstigen

[20] Siehe Fussnote 24, S. 156.

Situation hatte. In der europäischen Normalität war und ist der Gradualismus, das heisst eine besonders gemächliche Art der Fortbewegung, sozusagen institutionell eingebaut. Das Einstimmigkeitsprinzip verlangt viel aufwendige Taktiererei im Hintergrund und dann und wann eine starke Hand der unter den Gleichen nicht ganz gleichen Führungsnationen Europas.

Der Preis für die mit Absicht mit so viel Unbestimmtheit versehene *governance* war und ist eine Vormachtstellung von Technokraten in Brüssel mit deutlich erkennbarem elitärem Machbarkeitsdenken einerseits, anderseits und als Folge davon Bürgerferne, tiefe Akzeptanz im Volk und ein Demokratiedefizit, das mehr und mehr auch auf die Mitgliedsländer ausstrahlt. Denn längst ist klar geworden, dass es sich lohnt, das, was man auf demokratischem Weg im Heimatland nicht zu bekommen vermag, durch intensives Lobbyieren in Brüssel zu erstreiten. Brüssel ist sozusagen der *hub* für Begehrlichkeiten aller Art geworden; Technokraten sind besonders empfänglich dafür, weil sie ohnehin in spezifischen Zwecksetzungen zu denken pflegen und die Nähe von Ursache und Wirkung der generellen Regel ohne spezifische Zwecksetzung vorziehen.

Diese besondere institutionelle Gegebenheit der EU allein wäre jedoch nicht hinreichend, um ernsthaft von einem «vierten Quadranten» sprechen zu müssen. Denn bei aller kolossalen Trägheit Europas muss doch auch berücksichtigt werden, dass andere, vergleichbare Strukturen im Endeffekt kaum effizienter sind. Ein Blick nach Washington genügt, um diese Vermutung zu bestätigen, und bei aller Sympathie für chinesische Zielstrebigkeit können wir uns nicht vorstellen, dass die von Funktionären durchsetzte Führung Chinas wesentliche Vorzüge hätte gegenüber einer noch so komplexen Realität Europas. Alles ist relativ. Ja, selbst wenn man von einer etwas nach unten gerichteten schiefen Ebene ausginge, auf der sich Europa mit den vorliegenden Strukturen bezüglich globaler Wettbewerbsfähigkeit bewegt, dann wäre es abwegig, einen echten, gefährlichen Strukturbruch vorauszusagen, der die Geschichte in Europa verändern könnte, und dies dann leider nicht zum besseren.

Die Gründe für echte Sorgen liegen nicht darin, was mit viel technokratischem Aufwand geschieht, sondern in dem, was vermieden, verschwiegen, schöngeredet oder vertuscht wird. Das Problem Europas besteht in der Setzung von Anreizen zu unsolidarischer, kurzfristig orientierter Nutzenoptimierung durch die Mitgliedsländer und im Mangel von Anreizen zur Wahrnehmung von Eigenverantwortlichkeit; das vielgepriesene Subsidiaritätsprinzip ist Illusion geblieben. Die Finanzierungsprobleme Griechenlands für seine Schulden überraschen niemanden mit einigermassen intaktem ökonomischem Sachverstand. Der Euro war von Anbeginn ein technokratisches Konstrukt. Lediglich idealtypisch verstandene und konstruierte Solidarität kann nicht von Bestand sein. Die *classe politique* Europas hatte den Euro als zusätzliche Klammer für die innere Kohärenz und als kostenvermindernden Treiber für den Binnenmarkt erdacht. Äusseren Druck gab es nicht. Der Warschauer Pakt war längst schon Geschichte. Innere Bindung? Die Flächenexpansion der Europäischen Union wurde immer mehr zur Flucht nach vorne, um den vielen Fragezeichen der inneren *governance* auszuweichen. Im Wissen um die Defizite innerer Kohärenz errichtete man mit «Maastricht» ein Regelkorsett, das aber mehr Schein als Sein bedeutete, weil Regeln ohne Sanktionsmechanismus keinen Sinn ergeben. So liess man bekanntermassen zu, dass neue Mitglieder – wie zum Beispiel Griechenland – nicht nur beim Eintritt in die Währungsunion gegen die Regeln verstiessen, sondern darüber hinaus diesen Verstoss über die ganze Zeit fortsetzen konnten. Der Eintritt in die Solidargemeinschaft Euro wurde zudem durch unrealistische Konversionsbedingungen versüsst; danach genossen die marginalen Mitgliedsländer Finanzierungsbedingungen an den Kapitalmärkten, wie sie zuvor nur den solidesten Ländern wie Deutschland oder Holland offengestanden waren. Der Irrwitz dieser impliziten Solidaritätsleistung lag (und liegt immer noch) im Anreiz für schwachbrüstige Länder, noch mehr Schulden anzuhäufen.

Ein kohärentes und hinreichendes Regelwerk würde als ultimative Sanktion auch den Ausschluss aus der Solidargemeinschaft umfassen. Und die Prozesse für einen solchen Ausschluss müssten – für den oder die Auszuschliessenden wie auch für den verbleibenden Rest – kristallklar formuliert sein. Weshalb? Weil alles andere Unsicherheiten erzeugt, die für den Kapitalmarkt inakzeptabel sind. Die heutige Perzeption im Markt schwankt zwischen «Rettung für alle inbegriffen» mit entsprechender Belastung der Gesamtheit und «Rettung völlig ausgeschlossen» mit daraus resultierenden Risikoprämien für marginale Mitgliedsländer. Das ist unhaltbar. Es ist nicht ohne Grund, dass der Euro auch zehn Jahre nach seiner Einführung weit davon entfernt ist, eine ernstzunehmende Weltreservewährung zu werden.

Wenn man, nun einmal abgesehen vom eher marginalen Mitglied Griechenland, den Blickwinkel auf die wesentlicheren Länder der EU ausweitet, dann zeigt sich, dass «Maastricht» auch für sie bestenfalls eine Fiktion, eher aber ein auf Aussenwirkung an den Kapitalmärkten ausgerichtetes Propagandawerk für vermeintliche Stabilität war. [...].

Vieles spricht dafür, dass das Thema der Staatspleite nicht nur Griechenland betrifft.[21] Die Gefahr ist gross, dass die Kapitalmärkte den illusionären Gehalt von «Maastricht» – eher früher als später – in der ganzen Tragweite begreifen, und dann ist die Krise des Euro als Währung perfekt.

Der vierte Quadrant Europas

Das allein wäre aber auch noch nicht «viertquadrantfähig». Erst die unabsehbaren Folgen dieser Feststellung sind es. Die EU könnte unter dem Druck der Ereignisse, in Abweichung von ihrem normalen Modus, vom Gradualismus zum hektischen Aktivismus übergehen. Die ersten Anzeichen sind bereits sichtbar. So spricht man in Deutschland von einem Europäischen Währungsfonds (EWF), in Frankreich von der Notwendigkeit einer europäischen Wirtschaftsregierung. Anstatt sich auf die Vielfalt Europas und die dezentrale Wahrnehmung von Verantwortung zurückzubesinnen und falsche Solidarität durch föderale Subsidiarität zu ersetzen, sieht alles nach einem Übergang von der gespielten Idylle zur echten Zwangsgemeinschaft aus. Man will den Euro und die EU in der vorliegenden Form um jeden Preis retten und den Schaden des breitangelegten und fortgesetzten Missbrauchs begrenzen.

Manchmal lohnt es sich, bestimmte Zeitungsartikel genau zu lesen. So den von Mario Monti, dem ehemaligen Binnenmarkt- und späteren Wettbewerbskommissar, in der «Financial Times» verfassten Aufsatz.[22] Monti beklagt darin die Schwierigkeiten der Länder Europas, unter dem Druck des Steuerwettbewerbs die wohlfahrtsstaatlichen Programme noch finanzieren zu können und plädiert für eine umfassende EU-weite Steuerharmonisierung sowie für eine Steuerpolitik, die nicht «nur» sogenannte Steueroasen austrocknet, sondern auch die legale Steueroptimierung unterbindet. Nun muss man wissen, dass dieser «Retter der Marktwirtschaft» vom EU-Kommissionspräsidenten Barroso mit dem Auftrag versehen wurde, einen Vorschlag für die Wiederaufnahme der Idee des einheitlichen Binnenmarkts zu präsentieren. Das Projekt dürfte in den kommenden Monaten zum Abschluss gelangen. Der Inhalt ist unschwer vorauszusehen: Monti wird Europa zu einer Festung der sozialen Wohlfahrt mit marktwirtschaftlichen Einschlüssen ausbauen wollen. Infolge des Zusammentreffens von akuten Finanzierungsproblemen bestimmter EU-Staaten, der Krise der Eurozone und der nach der Krise allgemein markt- und wirtschaftsfeindlichen Stimmung stehen diesen Bemühungen weit weniger Hindernisse im Weg als beim letzten Anlauf im Jahre 1992. Bis vor ein

21 Siehe Grafik S. 273 sowie S. 301–313.

22 Mario Monti, How to save the market economy in Europe, in: *Financial Times,* April 5th, 2009.

paar Jahren war das Risiko einer europäischen Steuerharmonisierung kalkulierbar: Die Angelsachsen hätten jeden Anlauf dazu entweder im Keim erstickt oder die Reformprojekte zu nominellen Übungen ohne viel Wirkung dezimiert. Die nach der Finanzkrise ebenfalls dramatische Finanznot Londons und Dublins lässt mehr und mehr an deren steuerpolitischen Standhaftigkeit zweifeln, zumal das grosse Vorbild jenseits des Atlantiks, die USA, ohnehin zum umfassenden neokolonialistischen Fiskalangriff auf die Welt ausgeholt hat.[23] Was droht, sind wirtschafts- und steuerpolitische Festungen dies- und jenseits des Atlantiks.

Das Problem: Europa wird diesen Umbau nicht überstehen. Die demokratischen Strukturen für den politischen Ausgleich, die *checks and balances* zwischen den Gewalten, die rechtsstaatliche Gewähr, namentlich für das private Eigentum, die Möglichkeiten zur Zähmung des staatlichen Einflusses und des fiskalischen Hungers sind zu schwach, als dass eine solche Einheitsgemeinschaft von Bestand sein könnte. Zerfall oder Zwang werden die Folge sein. Taleb sagt in seinem Buch, man müsse fähig sein, das Undenkbare zu denken. Aus unserer Sicht wäre schon viel gewonnen, wenn man willens wäre, das Denkbare zu denken.

Der Misserfolg ist deshalb vorprogrammiert, weil Harmonisierungen noch nie in der Geschichte zu tieferen Durchschnittsbelastungen geführt haben. Das ist lediglich ein technokratischer Wunschtraum, geträumt abseits jeglicher politikwissenschaftlicher Erkenntnisse. Die Anreizsituation ist völlig asymmetrisch: Der Finanzbedarf und Fiskalhunger ist drohend und konkret, die Vorzüge tieferer Belastungen sind lediglich hypothetischer Natur und dienen gegebenenfalls mittels Wohlstandsvermehrung der breiten Allgemeinheit, die sich im Harmonisierungsprozess aber kaum politisch organisieren kann.[24] Was resultiert, sind ein wachstumsfeindliches Steuerniveau und eine Erosion der Wettbewerbskraft auf globalem Niveau. Der weitere Schritt ist dann vorprogrammiert: Abschottung der europäischen Märkte gegen angebliche Dumpingpreise aus dem Rest der Welt. Ohne ein starkes Element des Zwangs ist eine solche Europäische Union nicht vorstellbar. [...].

Der vierte Quadrant Europas wäre eine Katastrophe für den produktiven Mittelstand, weil die höhere Steuerlast die Anreize zu unternehmerischer Betätigung noch weiter als bis anhin beschneiden würde, derweil ein noch grösserer Teil der Bevölkerung in direkte oder indirekte Abhängigkeit des Wohlfahrtsstaates geriete. Im vierten Quadranten ist darüber hinaus selbst-

23 Siehe S. 301–313.

24 Siehe S. 151–152 und 260–261.

verständlich das private Vermögen in hohem Masse gefährdet, weil die Verbindung von fiskalischer Not, Staatsräson und Neid der Begehrlichen ein toxisches Gemisch gegen den rechtlichen und ökonomischen Bestand von Eigentum ergibt. [...].

Die Achillesferse einer Benchmark-Nation

Die offensichtliche Not vieler Bürger Europas, simultan in einem nicht sonderlich erfreulichen Normalzustand und unter dem Damoklesschwert eines Strukturbruchs in Richtung einer EU-Zwangsgemeinschaft oder eines Zerfalls leben zu müssen, könnte, sehr oberflächlich gesehen, Anlass zur Freude in der Schweiz sein.

Denn erstens deutet die Tatsache einer klar ersichtlichen Zuwanderung darauf hin, dass man hierzulande nicht alles falsch macht; im Gegenteil, dass man sich viele Vorzüge bewahrt hat. Das trifft gewiss zu. Fast alle Aggregate und Indikatoren deuten auf besonders günstige, wachstumsfreundliche, optimistisch stimmende Verhältnisse in der Schweiz hin. So dürfte sich gemäss Prognosen des Eidgenössischen Finanzdepartements (EFD) die Gesamtverschuldung der öffentlichen Hand, das heisst von Bund, Kantonen und Gemeinden, im 2010 auf lediglich 43 Prozent des Bruttoinlandprodukts belaufen. Im vergangenen Jahr verzeichnete die Eidgenossenschaft einen Einnahmenüberschuss von über 2'000 Millionen Franken (ohne Berücksichtigung der Ausgaben für die öffentlichen Sozialversicherungen) [...]. Die durchschnittliche Besteuerung von juristischen Personen gemäss KPMG in der Schweiz beläuft sich auf gut 21 Prozent des ausgewiesenen Gewinns. Im Vergleich dazu zahlt man in Deutschland etwa 29, in Frankreich 33 und in UK 28 Prozent. [...]. Die schweizerische Mehrwertsteuer liegt derzeit bei 7,6 Prozent. Deutschland schöpft 19, Italien 20 und Frankreich 19,6 Prozent ab.[25]

Die Schweiz ist zusammen mit Holland und Norwegen auch deutlich besser als praktisch alle andern Länder Europas für die demografische Herausforderung des Älterwerdens der Gesellschaft gerüstet, baut sie doch nicht allein auf Sozialversicherungen mit Umlageverfahren, sondern verfügt über im Kapitaldeckungsverfahren finanzierte Pensionskassen. Das Gesundheitssystem in der Schweiz ist zwar relativ teuer, aber auch enorm komfortabel. Obwohl immer wieder politischem Druck ausgesetzt, konnte sich ein relativ freier Arbeitsmarkt erhalten, weshalb die Arbeitslosenrate lediglich 4,4 Prozent beträgt (im Vergleich dazu: Deutschland 7,5, Frankreich 10,0, Spanien 19,5 Prozent). [...].

[25] KPMG International (Hrsg.), *KPMG's Corporate and Indirect Tax Rate Survey 2009*, [o. O.], [o. J. (2010)], S. 11 ff.

Man könnte auch noch eine Menge von *soft factors* nennen wie die innere Sicherheit, die Partizipation der Bürger am öffentlichen Leben, die hohe Steuerdisziplin, die Fähigkeit, einen prozentual hohen Anteil von Ausländern mehr oder weniger reibungslos zu integrieren – aber lassen wir das. Denn es zeigen sich ja zwei Probleme ziemlich deutlich: Erstens sind die Vorzüge der Schweiz wirklich nur relativ. Absolut gesehen, geschehen auch in unserem Land Fehler, die nur schwer wiedergutzumachen sind. So hat das Schweizervolk anfangs März einer systematischen Aushöhlung ihres Pensionskassensystems durch zu hohe Rentenbezüge zugestimmt.[26] Die im Umlageverfahren organisierte erste Vorsorgesäule weist eine hohe implizite Schuld auf. Im Rahmen der Personenfreizügigkeit konzedierte man den Gewerkschaften wesentliche Einschränkungen des freien Arbeitsmarkts. In allen Politikbereichen findet offenkundig eine Zentralisierung beim Bund statt; die Kantone betreiben derweil eine stille Zentralisierung durch demokratisch wenig abgestützte Syndikate («Konkordate»). [...].

Zweitens, und viel wichtiger: Der zwar relative, aber dennoch eklatante Erfolg der Schweiz wird mehr und mehr zur strategischen Achillesferse des Alpenlands. Denn es ist sehr unwahrscheinlich, dass sich die Schweiz einer europäischen Harmonisierungswelle, wenn sie denn durch Herrn Monti tatsächlich vorgeschlagen und die EU seinen Ratschlägen folgen wird, gänzlich entziehen kann. Im Gegenteil: Die Schweiz könnte und würde zur idealen Zielscheibe des gesamten europäischen Neides und Unmuts über die *deplorable* eigene (und selbstverschuldete) Situation werden.

Ins Visier geraten würden (bzw. sind bereits) das grenzüberschreitende Vermögensverwaltungsgeschäft, die Pauschalbesteuerung vermögender Ausländer, die Holdingbesteuerung, die Mehrwertsteuer, schliesslich aber vermutlich auch die Unternehmenssteuer und die Einkommenssteuer. Ferner geraten im zwischenstaatlichen Handel die Transferpreise für Güter und die Royalties unter Druck. Die Auseinandersetzung um das schweizerische Bankgeheimnis wäre dann nur das Vorspiel gewesen zu einem viel weiterreichenden Eliminationsversuch des lästigen Benchmarks inmitten eines Europas, das zur Steuerharmonisierung auf bedeutend höherem Niveau ansetzt. Man kann das als unstatthafte und unsere europäischen Kollegen beleidigende Schwarzmalerei bezeichnen. Dem steht indessen die Logik der Konstellation entgegen.

[26] Damals lehnten die Stimmbürger die (über mehrere Jahre verteilte) Herabsetzung des Umwandlungssatzes von 6,8 auf 6,4 Prozent ab. Dieser Satz gibt an, wieviel Prozent des angesparten Kapitals jährlich als Rente ausbezahlt wird. Mit der BVG-Revision von 2005 war eine Herabsetzung von 7,2 auf 6,8 Prozent verbunden gewesen. Mit den Reduktionen sollten die höhere Lebenserwartung und die tieferen Zinsen berücksichtigt werden.

Strategische Optionen für den Klassenersten

Allerdings ist diese Konstellation auch noch nicht hinreichend beschrieben. Es fehlt nämlich noch ein wesentliches Element: der fast vollständige Mangel an Macht auf schweizerischer Seite. Der Klassenerste hat alle Vorzüge, aber kräftig ist er nicht (eine Konstellation, die auch auf manche Schulklasse zutrifft). Im Gegenteil: Das Alpenland ist in hohem Masse abhängig von der Umgebung. Ein wesentlicher Teil der Infrastruktur wird gemeinsam betrieben und genutzt, es herrschen grosse Interdependenzen, was den Handel mit Gütern und die Erbringung von Dienstleistungen betrifft, schliesslich ist man auch im kleinen Grenzverkehr so eng verzahnt, dass oft kaum auszumachen ist, auf welcher Seite der Grenze man sich befindet. Diese (gegenseitige) Abhängigkeit ist auf den kooperativen Spielmodus angewiesen; Machtausübung würde das fragile Gebilde rasch zum Einsturz bringen.

Nun, welche Möglichkeiten stehen dem schmächtigen, etwas bleichgesichtigen Klassenersten zur Verfügung, wenn er nicht Gefahr laufen will, eines Tages in einer dunklen Ecke des Schulwegs zusammengeschlagen zu werden? Wir sehen etwa die folgenden Optionen:

- Die «Grosser-Bruder-Strategie». Die Drohung mit einer höheren Instanz ist nützlich – die Schweiz hat namentlich während des Kalten Kriegs im Sinne eines *don't move* extensiv davon gezehrt. Sie setzt allerdings voraus, dass es einen solchen Bruder auch gibt und dass er, wenigstens theoretisch, auch kommen könnte. In der gegenwärtigen Situation, nicht zuletzt wegen den unseligen Problemen der UBS mit den USA,[27] steht diese Strategievariante für die Schweiz nicht mehr zur Verfügung, zumal anlässlich des G20-Gipfels von letztem Jahr eine gewisse Gemeinsamkeit der Interessenwahrnehmung dies- und jenseits des Atlantiks festgelegt wurde.[28]
- Die «*join them*-Strategie». Der Vollbeitritt zur EU (im vermutlich ungünstigsten Zeitpunkt) würde eine völlige Änderung des bisherigen Lebensstils bedeuten, zum Beispiel die direkte Demokratie kosten, die ausgesprochen starken Volksrechte, den landesinternen Steuerwettbewerb, die eigene Währung und so weiter. Der Wohlstandsverlust wäre angesichts des grossen Gefälles, insbesondere im vierten Quadranten «Monti», vorprogrammiert.
- «Die Schule wechseln». Dies findet bei unglücklichen Klassenersten oft und mit Erfolg statt, ist für ein Land inmitten eines Kontinents insgesamt aber ausgeschlossen. Gewiss, die Aussenhandelsstruktur der Schweiz hat

[27] Siehe Fussnote 32, S. 301.
[28] Vergleiche auch Fussnote 14, S. 289.

sich in den letzten Jahren stark den asiatischen Ländern zugewandt. Die Schweiz ist insofern eine der globalsten Nationen der Welt. Die Virtualisierung der wirtschaftlichen Vorgänge über das Internet akzentuiert noch die Möglichkeiten zur territorialen Loslösung. Dennoch müssen wir uns realistischerweise doch auch für die fernere Zukunft damit abfinden, dass wir in Europa sind und bleiben.

- «Intelligente Verzahnung». Entspricht dem Versuch des Klassenersten, seine komplementären Vorteile ins Spiel zu bringen. Stellt aber auch eine sehr aufwendige Methode dar, denn man muss dauernd darauf bedacht sein, einerseits allen genug zu geben, ohne ihnen anderseits einen Grund zu geben, sich mit den anderen zu verbinden und mehr zu erpressen. Die Methode setzt mithin voraus, dass alle unnötigen Abhängigkeiten des Klassenersten laufend eliminiert werden beziehungsweise dass der Unangreifbarkeit des eigenen Verhaltens höchste Priorität zukommt. Der Klassenprimus sollte nicht um seine Kollegen froh sein müssen, er darf nicht deren Sklave werden. Am besten gestellt ist er, wenn er notfalls doch noch von Strategie 3 «Schule wechseln» Gebrauch machen könnte.

Wer die Materie ein wenig kennt, dem wird bewusst, dass die Anstrengungen unseres Bankhauses, das sich seit 2001 [...] für einen gewissen Ausgleich mit den wichtigsten Nachbarländern im Problembereich der grenzüberschreitenden Vermögensverwaltung und dabei sehr für die Idee einer abgeltenden Quellenbesteuerung eingesetzt hat,[29] genau dieser vierten Option «intelligente Verzahnung» entsprechen. Es geht um Unangreifbarkeit beziehungsweise um die Etablierung einer Win-win-Situation. Allerdings, und das sei hier deutlich gesagt, dürften die Grenzen dieser Option leider just beim vierten Quadranten «Monti» liegen. Zwangsgemeinschaft oder Zerfall würden nichtkooperative Umgangsformen in Europa zur Folge haben. Deshalb kommt die Schweiz nicht darum herum, simultan eine dezidierte Globalisierungsstrategie zu verfolgen. «Eigenständig global», wie es der Volkswirt Zeno Staub in der jüngsten Ausgabe der «Schweizer Monatshefte» ausgedrückt hat.[30] [...].

[29] Siehe S. 317–320.

[30] Zeno Staub, Eigenständig global, in: *Schweizer Monatshefte*, Nr. 976, März 2010, S. 14f.

Abschied von Amerika (2009)[31]

Eine Frage der Moral?

Das Abkommen zwischen den USA und der Schweiz, nach welchem für 4'450 Kundennamen der Grossbank UBS Amtshilfe wegen Verdachts auf Steuerbetrug geleistet wird, ist unseres Erachtens in dreierlei Hinsicht bemerkenswert.[32] Zunächst zu erwähnen wäre da einmal, sozusagen anekdotisch, die Schönfärberei, deren sich die involvierten Parteien nach geschlagener Schlacht befleissigten. Alle sprachen von «Erfolg». Die amerikanische Steuerbehörde IRS ganz gewiss zu Recht, denn sie hat das bekommen, was sie wollte, nämlich den Zugriff auf eine grosse Anzahl spezifischer Kundennamen einerseits als auch anderseits eine fortdauernde Unsicherheit bei allen anderen, ob sie wohl ebenfalls dazugehören würden. Die UBS ihrerseits ist froh, keine weitere Busse bezahlen zu müssen und das schwer belastende Gerichtsverfahren los zu sein. Und die schweizerische Regierung sprach insofern von Erfolg, als aus ihrer Sicht mit dem Abkommen die Rechtsstaatlichkeit gewahrt bleibt und den betroffenen Kunden sogar eine Rekursmöglichkeit ans Bundesverwaltungsgericht offensteht.

Verlierer gibt es aber selbstverständlich ebenfalls. Das sind die betroffenen Personen, die als mutmassliche Steuerbetrüger nun die Verfolgung gewärtigen müssen und denen «man» bis vor relativ kurzer Zeit versprochen hatte, dass just dies nicht eintreffen würde. «Man»: die betreffende Bank (und nicht nur sie), welche eine explizite Lücke im sogenannten *Qualified Intermediary*-Abkommen (QI) aus dem Jahr 2001 extensiv ausgelegt und intensiv für ihr Geschäft ausgenützt hatte; die Aufsichtsbehörden, welche diesem Treiben mit vollem Wissen zugesehen hatten, ohne dass je die Gewährsfrage gestellt worden wäre; die schweizerische Regierung, welche noch vor wenigen Monaten von «Granit» gesprochen hatte, auf welchen ausländische Behörden beissen würden, wenn das schweizerische Bankgeheimnis – beispielsweise durch Fischzüge, worum es sich zweifelsohne bei einem Amtshilfebegehren gegen

[31] Anlagekommentar Nr. 265 vom 24. August 2009.

[32] Die amerikanischen Behörden beschuldigten die UBS 2008, Kunden aktiv beim Betrug des amerikanischen Fiskus unterstützt zu haben, und drohten mit einer folgenschweren formellen Anklage. Um diese abzuwenden, handelte die UBS mit den amerikanischen Behörden einen Vergleich aus und erklärte sich bereit, Kundendaten herauszugeben, der Bundesrat schloss mit den amerikanischen Behörden einen Vertrag, welcher der Auslieferung solcher Daten den Weg ebnete, und die Finanzmarktaufsicht ordnete mit dem Plazet des Bundesrats die sofortige Übergabe einer begrenzten Zahl von Kundendaten an. In einem Urteil vom Frühjahr 2010 erklärte das Bundesverwaltungsgericht den Vertrag mit den amerikanischen Behörden jedoch als rechtswidrig, worauf der Bundesrat ihn dem Parlament vorlegte. Dieses stimmte ihm nach beispiellosen Druckversuchen einzelner Parteien im Juni zu, und die Einigungskonferenz beider Räte entschied, den Vertrag nicht dem Referendum zu unterstellen.

mehrere tausend Kunden handelt – angegriffen würde. «Man» hatte versprochen, geduldet, Standfestigkeit gemimt – und ist nun umgefallen. Unter dem Schein des Erfolgs verbirgt sich der Misserfolg eines Treuebruchs.

Treue: Kann man davon sprechen, wenn es um so etwas Schändliches wie Steuerhinterziehung oder gar Steuerbetrug geht? [...]. Es ist, und das wäre die zweite bemerkenswerte Beobachtung, erstaunlich, wie selbstverständlich jene, die «das Gute» zu vertreten vorgeben, sich vorschnell auf die Seite der Obrigkeit und ihrer finanziellen Bedürfnisse schlagen [...:] Die USA haben mit Abstand am meisten kriegerische Handlungen, einmal mit, meistens ohne UNO-Mandat vom Zaun gerissen. Kriegsvölkerrecht wurde verletzt, geheime Gefängnisse unterhalten, fragwürdige Regimes werden gestützt, ein absurder Krieg gegen Drogen geführt mit gravierenden Auswirkungen im Ausland (Kolumbien, Afghanistan) und im Inland (nach glaubwürdigen Quellen reichen die Tentakel der Drogenmafia bis weit in politische Kreise hinein). In geradezu atemberaubender Doppelmoral unterhalten die USA Offshore-Oasen riesigen Ausmasses in Florida, Delaware und anderen Teilstaaten. [...].

Wer die Moralkeule gegen Steuerhinterzieher schwingt, müsste sich kritische Fragen bezüglich der Moral der Mittelverwendung gefallen lassen. Würde man sie ausklammern, dann bliebe allenfalls noch die Frage der Steuergerechtigkeit übrig, die sich aber bekanntlich auch dann stellt, wenn in Sizilien ein Bäcker Zuwendungen an die Ehrenwerte Gesellschaft leisten muss und der andere nicht ... Es ist wohl zielführender, wenn man die Moral, gerade in Steuersachen, aus dem Spiel lässt und stattdessen Steuerpflicht, Pflichterfüllung und gegebenenfalls auch die verschiedenen Formen der Vermeidung wertfrei als Gegebenheit, als Resultat gesetzten Rechts und dessen Durchsetzbarkeit betrachtet.

Womit wir beim dritten Punkt sind, der unseres Erachtens bemerkenswert ist. Was genau war das «gesetzte Recht»? Und wie verhält es sich mit dessen Durchsetzbarkeit? Im Jahr 1996 hatten die USA mit der Schweiz ein neues Doppelbesteuerungsabkommen abgeschlossen, in welchem unter anderem auch die Bedingungen für die Amtshilfe in Steuerangelegenheiten neu geregelt wurden. Die Schweiz willigte damals ein, bei *tax fraud and the like* (Steuerbetrug und dergleichen) behilflich zu sein. Die Ausweitung des Begriffs «Steuerbetrug» war mit anderen Worten schon lange vorprogrammiert; die USA mussten auf die Durchsetzung nur so lange warten, bis die Schweiz wegen ihrer verunfallten Grossbank UBS angeblich oder vielleicht auch objektiv in die Ecke getrieben war. […]. In der nächsten Runde der von den Amerikanern inszenierten fiskalischen Durchsetzung wird es nicht mehr um halb- und ganzseidene amerikanische Reiche gehen, sondern auch um Nichtamerikaner, die nie im Leben daran dächten, Steuern hinterziehen zu wollen.

Hans Rüdisühli und Muhammad Abdullah: Erbschaftssteuerpflichtig?

Um einigermassen nachvollziehen zu können, weshalb die Erbschaftssteuer eines ausländischen Staates für Dritte zu einem ernsthaften Problem werden kann, setzt man am besten bei einem grundlegenden Unterschied zwischen dem kontinentalen und dem angelsächsischen Erbrecht an. Auf dem Kontinent herrscht die Vorstellung vor, dass die natürlichen Nachkommen die logischen Destinatäre für hinterlassene Vermögenswerte eines Verstorbenen darstellen. Das kontinentale Erbrecht kennt deshalb die Pflichtteile für nahe Verwandte, und wegen dieser Pflichtteile ist es auch unproblematisch, wo eine allfällige Besteuerung der Erbschaft anzuknüpfen hat: nämlich bei diesen logischen Erben.

Im angelsächsischen Recht sieht die Sachlage anders aus. Es kennt keine Pflichtteile, und in der Konsequenz knüpft denn die amerikanische Erbschaftssteuer beim *estate* an, das heisst konkret bei den physisch vorhandenen Sachen wie Liegenschaften, Fahrhabe und bei den Wertschriften, für die unabhängig vom letzten Domizil oder vom steuerlich relevanten Lebensmittelpunkt des Verstorbenen eine Steuerpflicht besteht, falls es sich um US-Wertschriften handelt. Unter US-Wertschrift wird im wesentlichen ein in den Vereinigten Staaten emittierter Titel verstanden, also Aktien von amerikanischen Unternehmungen wie Apple, General Electric und Pfizer, US-Fonds, Obligationen von amerikanischen Schuldnern, darunter insbesondere auch *treasury bills*. Das amerikanische Erbschaftssteuerrecht nennt explizit den *US-citizen* (also insbesondere auch US-Bürger mit Wohnsitz im Ausland) als auch den *nonresident alien*. Darunter ist ein Ausländer ohne festen Wohnsitz in den Vereinigten Staaten zu verstehen, was nichts anderes bedeuten kann als sämtliche Nichtamerikaner, die über US-Wertschriften verfügen.

Die amerikanische Erbschaftssteuer ist variabel, der Höchststeuersatz liegt bei 45 Prozent. Für US-Bürger gelten beachtliche Freibeträge in der Höhe von einer Million Dollar und mehr; für Nichtamerikaner liegt die Freigrenze bei 60'000 Dollar, falls nicht ein Doppelbesteuerungsabkommen (DBA) vorliegt, das eine höhere Freigrenze festlegt. Für Schweizer wird der Freibetrag aufgrund des DBA von 1951 basierend auf dem Verhältnis der in den USA gelegenen Vermögensteile zum Gesamtnachlass berechnet. Um die Freigrenze zu beanspruchen, muss der *estate,* das heisst müssen, kontinentaleuropäisch gesprochen, die Erben gegenüber dem IRS die gesamte, weltweite Hinterlassenschaft offenlegen. Die Kinder von Hans Rüdisühli sel. aus Melchnau müssen wegen den paar IBM-Aktien, die Hans so innigst geliebt hatte, beim IRS vorstellig werden und dabei eine Bewertung ihres Heimetli vorlegen. Auffallend ist gewiss das Fehlen von Doppelbesteuerungsabkommen mit Ländern Lateinamerikas, Asiens und des Mittleren Ostens. Herr Abdullah aus, sagen wir, Dubai, typischer Besitzer von *treasuries, industrial bonds* und GM-Aktien, Kunde von Citibank oder Morgan Stanley, schuldet bei seinem Ableben gegenüber dem amerikanischen Fiskus Erbschaftssteuer. [...].

Oder doch nicht? Er hat doch seine Wertschriften in einer institutionellen Struktur, einem Trust oder einer Domizilgesellschaft auf einer der karibischen Inseln untergebracht, und eine Institution kann doch nicht sterben, nicht wahr? Stimmt. Aber die Amerikaner gehen immer mehr dazu über, solche Strukturen als *look-through entities* zu behandeln, also auf die wirklich Begünstigten bzw. deren Steuerpflicht zurückgreifen zu wollen.

Weiterer Einwand: Ist doch gar nicht möglich; wie in aller Welt soll die IRS denn die Verknüpfung zwischen der US-Wertschrift und dem ausländischen Verstorbenen herstellen? Wenn die USA nicht einmal über eine Einwohnerkontrolle für ihre eigenen Bürger verfügen – wie sollen sie dann die Welt kontrollieren wollen? Antwort: Müssen sie gar nicht. Vielmehr nimmt das amerikanische Erbschaftssteuerrecht den Testamentsvollstrecker, den *executor,* in die Pflicht. Wenn er fehlt, tritt an seine Stelle die Depotbank. Sie ist für die geschuldete Steuer *haftbar*. Um diese Haftung wegbedingen zu können, werden die amerikanischen Depotstellen ausländischer Banken dazu übergehen, von ihren Partnern in Übersee eine Sperrung der Hinterlassenschaft im Todesfall eines Kunden zu verlangen.

Letzter Einwand: War doch bisher für die Ausländer alles toter Buchstabe! Ja, stimmt ebenfalls. Aber mit der revidierten Auflage des *Qualified Intermediary*-Abkommens wird seitens der USA aller Voraussicht nach von den Banken verlangt werden, dass ein amerikanischer Rechnungsprüfer die Einhaltung der Vereinbarung bei den unterzeichnenden Banken kontrollieren kann. Dadurch wird der direkte und unmittelbare Zugang verschafft zur Verknüpfung der US-Wertschrift mit dem nichtamerikanischen Eigentümer. Wer glaubt, dass dieser Zugang nicht bald einmal in einer Meldepflicht des US-Auditors enden wird, ist so naiv wie jene, die nicht ahnten, dass *fraud and the like* dereinst einmal in einer den Fiskus fast schrankenlos begünstigenden Weise ausgelegt werden würde.

Ein vom früheren Präsidenten Bush unterzeichnetes Gesetz von 2001 sah eine sogenannte *sunset clause* für die damals umstrittene, jedoch wieder neu aufgelegte Erbschaftssteuer vor, was mit «Auslaufdatum» übersetzt werden könnte. Ohne Verlängerung würde die *estate tax* im Jahr 2010 dahinfallen und ohne neuen Reformakt ab dem 1. Januar 2011 wieder in Kraft treten. Gegenwärtig arbeitet die Administration Obama nicht nur an einer Verlängerung, sondern auch an einer Verschärfung des Gesetzes in Bezug auf erkannte Schlupflöcher. Zusätzliche unangenehme Überraschungen sind keinesfalls auszuschliessen.

Verlängerter Arm, qualifiziert

Als zweites gilt es nun, das bereits erwähnte *Qualified Intermediary*-Abkommen genauer anzuschauen. Die USA führten im Jahr 2001 ein neues Quellensteuersystem mit dem Ziel ein, einerseits die komplizierte und kostspielige Rückerstattung erhobener Steuern gegenüber Nichtsteuerpflichtigen künftig zu vermeiden und damit den Zugang zum amerikanischen Kapitalmarkt für Ausländer zu erleichtern, anderseits US-Personen mit Wertschriftendepots bei Intermediären, deren Länder über keinen automatischen Informationsaustausch mit den USA verfügen, zu zwingen, sämtliche US-Beteiligungen in ihrer Steuererklärung zu deklarieren. Die Umsetzung erfolgte mittels einer Quellensteuer in der Höhe von 30 Prozent, von der sich die US-Personen durch Offenlegung ganz, Nicht-US-Personen durch Selbstdeklaration gegenüber dem *Qualified Intermediary* (QI) teilweise oder, je nach DBA, ganz befreien konnten. [...].

Entscheidend in diesem QI-Abkommen sind im wesentlichen drei Definitionen, nämlich jene der US-Person, jene der US-Wertschrift sowie jene der juristischen Person, welche ganz oder teilweise einer US-Person gehört. Währenddem der Begriff US-Wertschrift insofern keine wesentlichen Abgrenzungsprobleme schuf, als er sich durch den faktischen Rückbehalt der Quellensteuer durch die Depotstelle von selbst definierte, stellten und stellen die zwei anderen Begriffe die QI vor beinahe unüberwindliche Probleme und sorgen insofern für erhebliche Rechtsunsicherheit.

So ist es leider völlig unklar, wer wirklich zum Kreis von US-Personen gehört und wer nicht. Neben dem klar und eindeutig in den USA lebenden US-Bürger gilt nach amerikanischen Vorstellungen auch der in den USA lebende Ausländer, der Besitzer eines Sozialversicherungsausweises oder einer Aufenthaltsbewilligung (Greencard), der nicht in den USA lebende US-Bürger sowie derjenige, der einen sogenannten *substantial physical presence test* erfüllt hat, als US-Person. Der «Präsenztest» verfügt über eine besonders reizvolle Ausgestaltung: Er ist nämlich dann erfüllt, wenn sich jemand im aktuellen Jahr mindestens 31 Tage und über die gesamte Periode von drei Jahren insgesamt 183 Tage in den USA aufgehalten hat, wobei im ersten Jahr die Tage zu einem Sechstel, im zweiten zu einem Drittel und im dritten Jahr voll gezählt werden. Ein Student, sagen wir Muhammad Abdullahs Sohn Omar, der in Harvard ein MBA absolviert, ist nach dieser Definition mit grosser Wahrscheinlichkeit US-Person. Das Problem: Der QI müsste es wissen. Denn das Abkommen macht ihn zu einer Art verlängertem Arm der amerikanischen Steuerbehörde.

Noch trickreicher ist die Frage, inwieweit Begünstigte von juristischen Personen von der Quellensteuerpflicht erfasst sind oder nicht. Nach dem Wortlaut eindeutig steuerpflichtig sind wirtschaftlich tätige Unternehmungen, also zum Beispiel eine amerikanische Firma mit Wertschriftenbesitz in der Schweiz. Vom QI-Abkommen ausgenommen waren hingegen Trusts, Anstalten und Stiftungen, insoweit sie bestimmten und selbstverständlich auch sehr komplexen Bedingungen genügten. Das war mutmasslich die Reuse, in welche die UBS-Kunden geschleust wurden. Als die Falle voll war, rief die amerikanische Steuerbehörde: Missbrauch, Betrug *(and the like …)*! Die Reuse hatte sie selber gesetzt.

Vollends heikel wird die Geschichte, wenn eine an sich einwandfrei nichtamerikanische juristische Struktur sich plötzlich von einer US-Person «vergiftet» sieht. Nehmen wir an, Herr Abdullah habe seinen Sohn Omar nebst einigen ebenfalls schon erwachsenen Söhnen als Begünstigten in seinem Trust eingesetzt. Omar, durch das amerikanische Steuerrecht zur US-Person geworden, wird für den Trust eine Steuerpflicht generieren, und wenn Herr Abdullah stirbt, wird auf diese Weise vielleicht der ganze Nachlass steuerpflichtig, mutmasslich zu 45 Prozent auf die Masse, weil Herr Abdullah sehr reich war. Vielleicht, vielleicht aber auch nicht. Aber das interessiert auch nicht weiter – der QI hätte es einfach wissen müssen. […].

Grünes Buch mit rotem Inhalt

In einem Dokument [...] gab die Regierung Obama im Mai 2009 ihre Absichten zu verschiedenen Steuerfragen bekannt.[33] Neben der Idee, die amerikanischen Unternehmungen, welche im Ausland tätig sind, vermehrt zur Bezahlung von Steuern in den USA zu zwingen, stehen die Verlängerung der *estate tax* und die Verschärfung des QI-Regimes im Vordergrund. Im wesentlichen versucht die Regierung Obama, den Geltungsbereich des QI-Regimes auszudehnen und sämtliche vorhandenen und denkbaren Schlupflöcher zu stopfen. Im einzelnen sind sieben wesentliche Änderungen zu erwähnen:

- Die Definition der «US-Wertschrift» wird ausgedehnt. Unter das QI-Regime werden künftig auch *equity swaps* auf US-Wertschriften und die Wertschriftenleihe fallen. Damit soll ausgeschlossen werden, dass *US-persons* ganz und *non-US-persons* teilweise die Quellensteuer auf dem Wege eines OTC-Kontraktes umgehen können. Gemäss *Greenbook* verzichtet man jedoch (vorläufig?) auf die Erweiterung des QI-Abkommens auf Fonds oder Derivate, welche amerikanische Wertschriften replizieren.
- Für US-Personen wird neu verlangt, dass auch Erträge und Bruttoerlöse aus nichtamerikanischen Quellen rapportiert werden. Damit soll das QI-Abkommen auf das gesamte übrige weltweite Finanzuniversum ausgedehnt und die Offenlegung sämtlicher US-Personen, also namentlich solcher, die sich infolge Verzichts auf US-Wertschriftenvermögens bisher ausserhalb des QI-Rahmens bewegt haben, erzwungen werden. Falls sich ein Intermediär dem QI-Regime entziehen möchte, erfolgt zwingend ein Quellensteuerabzug von 30 Prozent, die nur der Begünstigte, nicht aber der Intermediär zurückfordern kann.
- Das *Greenbook* strebt die zwingende Auferlegung der Quellensteuer von 30 Prozent auf amerikanischen Wertschriftenbesitz von nichtamerikanischen Gesellschaften an. Die allfällige Rückforderung muss durch die Gesellschaft selbst unter Offenlegung ihrer Besitzerstruktur erfolgen. Ausnahmen für Pensionskassen, kotierte Publikumsgesellschaften usw. sind laut *Greenbook* möglich.
- Ferner wird die Einführung einer Quellensteuer von 20 Prozent auf allen Bruttoverkaufserlösen bei Vermittlung einer Transaktion an einen Intermediär ohne QI-Abkommen und in einem Land ohne Doppelbesteuerungsabkommen bzw. ungenügendem Informationsaustausch stipuliert.

[33] Department of the Treasury, *General Explanations of the Administration's Fiscal Year 2010 Revenue Proposals (Greenbook)*, Washington DC, May 2009.

- Das *Greenbook* sieht eine Deklarationspflicht vor für Transaktionen grösser als 10'000 Dollar von beziehungsweise an US-Personen bei einem Intermediär ohne QI-Abkommen.
- Neu wird auch die Erfassung oder Meldung des Erwerbs oder der Gründung einer *offshore entity* im Auftrag einer US-Person an die IRS vorgeschrieben.
- Schliesslich ist der Beizug eines amerikanischen Revisors für die Überprüfung der Einhaltung des QI-Abkommens vorgesehen. Der Prüfungsbericht muss von dieser amerikanischen Prüfperson mitunterzeichnet werden.

Diese Aufzählung von vorgesehenen Neuerungen ist nicht zwingend vollständig und kann auch kleinere Ungenauigkeiten enthalten, denn die angelsächsische Rechtssprache entzieht sich bekanntlich dem hier üblichen gesunden Menschenverstand. Klar ist aber, dass die USA versuchen, aufgrund ihrer fast uneingeschränkten Machtposition in Bezug auf die internationalen Transaktionssysteme (Swift, Clearingsysteme, Depotstellen) und aufgrund der grundsätzlich gegebenen Attraktivität ihres Kapitalmarkts der Welt ihre Vorstellungen aufzuzwingen. Es steht ausser Frage, dass für die Unterzeichner dieser neuen Version des QI-Abkommens das Geschäftsmodell der grenzüberschreitenden Vermögensverwaltung, zumindest was die *US-persons* betrifft, revidiert werden muss. Sowohl das schweizerische Bankgeheimnis als auch die österreichische oder luxemburgische Lesart, eigentlich aber auch sämtliche angelsächsisch geprägten Strukturen, wie sie von London, Dubai, Singapur und Hongkong aus betrieben werden, stehen zur Debatte. Die USA wollen, was die *US-persons* betrifft, das grenzüberschreitende Geschäft ausradieren.

[...]. Das *Greenbook* ist ausserordentlich intelligent konzipiert worden. *No escape*, kein Schlupfloch, so muss die Zielsetzung geheissen haben. Allein, zu Ende gedacht wurde die Angelegenheit leider nicht. Das wahre Problem liegt nicht in der Schärfe des Gesetzes für die Amerikaner, sondern in der Unschärfe der effektiven Steuerpflicht und dem daraus resultierenden unverhältnismässigen Kontroll- und Verwaltungsaufwand. Die enorm expansive Sicht auf alles, was *US-persons* sein könnte, und die potentiell geradezu imperialistische Ausdehnung der Erbschaftssteuerpflicht auf die ganze Welt erhöht die Risiken, auf dem amerikanischen Kontinent und damit im US-Kapitalmarkt zu investieren, erheblich. Dies einerseits für die Investoren an sich, ernsthafter aber eigentlich für die Intermediäre, denen das bisherige QI-

Abkommen bereits Daumenschrauben angelegt hatte, welche das vorgesehene Abkommen aber in den Schraubstock klemmen wird. Es zeichnet sich ab, dass es schlicht zu gefährlich werden wird, amerikanische Wertschriften zu besitzen, als Depotstelle für Dritte zu halten oder als Bank zu handeln.

Die Achillesferse der USA

Die Befindlichkeit des eigenen Kapitalmarkts: Daran haben die cleveren Geister aus der amerikanischen Steuerbehörde IRS mit grosser Wahrscheinlichkeit nicht gedacht. Ihre einseitig auf Maximierung des Steuereinkommens ausgerichteten Regulierungsvorschläge gehen von einer völlig problemlosen, unangefochtenen Attraktivität der USA als Zielland für Investoren weltweit aus. Diese Annahme ist unseres Erachtens kreuzfalsch. Weshalb?

Ein Blick auf die Verschuldungssituation der Vereinigten Staaten genügt, um zu erkennen, dass es nebst Erdöl sozusagen nur *ein* als strategisch zu bezeichnendes Element gibt, das die USA in den kommenden Jahren brauchen werden: Kapital. Die (ausgewiesene) Verschuldung der öffentlichen Hand, das heisst von Bund, Teilstaaten und Kommunen zusammen, betrug im Jahr 2008 rund 70 Prozent des Bruttoinlandprodukts. Durch die Übernahme von Schulden im Zuge der Finanzkrise dürfte der explizite Verschuldungsgrad bis ins Jahr 2014 deutlich über 100 Prozent des BIP zu liegen kommen. Die Zinslast wird sich bis dahin, mit moderaten Annahmen gerechnet, von heute etwa 10 Prozent der gesamten Staatseinnahmen auf rund 20 Prozent verdoppeln.

Soweit das allgemein Bekannte. Weniger bewusst ist dem Publikum, dass diese explizite Sicht natürlich auch in den USA, genau so wie in vielen maroden Staaten Europas, nicht einmal die Hälfte der Wahrheit dessen wiedergibt, was implizit eigentlich vom Staat alles an künftigen Leistungen versprochen worden ist. Korrekt verbucht, das heisst als wahrscheinliche künftige Zahlungsströme auf den gegenwärtigen Zeitpunkt diskontiert, würde sich das Bild deutlich verdüstern. Es gibt Studien [...], die von einer Totalverschuldung der USA von bis zu 600 Prozent (!) des Bruttoinlandprodukts ausgehen.[34]

Doch auch das ist nur ein Teil der Wahrheit. Wenn man nämlich einen Blick darauf wirft, wer zu den wesentlichen Gläubigern der hochverschuldeten öffentlichen Hand Amerikas gehört, dann zeigt sich etwas sehr Erstaunliches: Es ist die öffentliche Hand selber! Gemäss einer Studie von Sprott Asset Management, einer durch intelligente makroökonomische Analysen bekannten kanadischen Vermögensverwaltungsfirma, befanden sich im Jahr 2008 von

[34] Bernd Raffelhüschen et al., Ehrbare Staaten? Die deutsche Generationenbilanz im internationalen Vergleich, in: *Argumente zu Marktwirtschaft und Politik der Stiftung Marktwirtschaft, Frankfurter Institut*, Nr. 107 (Januar 2009), S. 8 f.

total rund 10 Billionen Dollar ausstehenden öffentlichen Schulden mehr als vier Billionen Dollar oder etwa 40 Prozent in der Hand von sogenannten *intragovernmental holdings.*[35] Zu diesen Holdings gehören Institutionen der sozialen Wohlfahrt, deren Vermögen – das gebildet wurde, um (halbwegs) den künftigen Verpflichtungen nachzukommen – in speziellen Schuldpapieren des Schatzamts angelegt ist. Diese Schuldpapiere heissen *intragovernmental bonds.* Der zahlungspflichtige Destinatär von, beispielsweise, *Medicare,* der amerikanischen Gesundheitsvorsorge, ist mit anderen Worten indirekte Finanzquelle für das Schatzamt. Seltsam, bemerkenswert, oder eher: erschreckend. Der Schuldner ist zugleich Gläubiger. [...]. Um Aktiva mit realer Werthaltigkeit handelt es sich bei den betreffenden *intragovernmental bonds* mit Gewissheit nicht. [...].

Gemäss besagter kanadischer Studie musste das amerikanische Schatzamt im Jahr 2008 eine Neuverschuldung in der Höhe von 705 Milliarden Dollar finanzieren. Sie wurden zur Deckung des Budgetdefizits von 455 Milliarden sowie eines Spezialdefizits für den Irak- und den Afghanistankrieg von 250 Milliarden Dollar gebraucht. Im Jahr 2009 wird die Neuverschuldung etwas mehr als 2'000 Milliarden Dollar betragen, wobei die mittelöstliche Kriegskasse mit rund 200, das «ordentliche» Budgetdefizit mit 1'845 Milliarden Dollar zu Buche schlagen. Jemand muss diese Schulden kaufen, finanzieren. [... Die] ausländischen Gläubiger wie Notenbanken, Staatsfonds, Privatinvestoren und dergleichen kauften im Jahr 2008 rund 560, in diesem Jahr aber insgesamt erst 460 Milliarden Dollar. In den Monaten März und April waren sie Nettoverkäufer von US-Staatspapieren. Andere Kategorien wie Pensionskassen, Staaten und Kommunen und Anlagefonds scheinen sich in diesem Jahr ebenfalls tendenziell eher der Staatspapiere zu entledigen. Das bedeutet, dass die üblichen Finanzierungsquellen des amerikanischen Staats schlicht am Versiegen sind; die letzte Rettung kommt von der amerikanischen Notenbank, welche mit ihrem *quantitative easing* genannten Programm zum Drucken von Neugeld derzeit Monat für Monat bis zur Hälfte aller neu emittierten Schuldpapiere aufkaufen muss.

Das geht so lange gut, als es gut geht. Ein Ponzi-Schema[36], darum handelt es sich zweifelsohne, funktioniert so lange, als das Wachstum der Überschuldung keine Zweifel an der fortgesetzten Leistungsfähigkeit des Schemas im Publikum aufkommen lässt oder der Mittelfluss zum Schema durch andere

[35] Eric Sprott und David Franklin, The Solution is the Problem, *Sprott Asset Management,* May/June 2009 (Special Issue), S. 1 ff.

[36] Schneeball-System, benannt nach dem Italoamerikaner Charles Ponzi, dessen Betrug 1920 aufflog.

Einflüsse nicht wesentlich gestört wird. Das Madoff-Schema brach bekanntlich erst und nur zusammen, weil einzelne Gläubiger in Liquiditätsschwierigkeiten geraten waren und Gelder abziehen mussten. [...].[37]

Wir sind nun der Meinung, die Kombination der kapitalmarktfeindlichen Pläne der US-Steuerbehörden mit der spezifischen Finanzierungsnot des Schatzamtes könnte zu einer solchen Situation führen. [...]. Es ist offensichtlich, dass seit etwa 30 Jahren zusätzliches Wachstum nur unter Inkaufnahme einer immer höher werdenden Verschuldung generiert werden konnte. Pro Dollar Wachstum entsteht heute etwa vier Dollar zusätzliche Verschuldung.

Und wohlgemerkt: Von der Qualität des Wachstums haben wir noch gar nicht gesprochen – bekanntlich fand es über die letzten 15 Jahre in zunehmendem Masse primär im Konsum und bei den Staatsausgaben statt; die USA sind ausserordentlich investitionsschwach. Es wird bei weitem zu wenig Zukunftspotential aufgebaut.

Die Ratten verlassen den Kahn

Es kann kein Zufall sein, dass just zum selben Zeitpunkt zwei der prominentesten und auch erfolgreichsten amerikanischen Investoren, Warren Buffett und Bill Gross, sich in sehr deutlichen Worten gegen ihre Heimwährung und gegen Anlagen in US-Staatspapieren gewendet haben.[38] [...].

Weit davon entfernt, die Dinge überbewerten oder dramatisieren zu wollen, müssen unseres Erachtens solche Signale ernstgenommen werden. Genauso, wie man den Exodus der Ratten aus einem Schiff nicht auf die leichte Schulter nehmen darf. Denn sie kennen das Schiff an seinen entscheidenden Stellen oft deutlich besser als der Kapitän und seine Offiziere. Das mindeste, was wir an Garstigkeiten für die USA und insbesondere für die *Treasury* erwarten, sind in Zukunft deutlich höhere Finanzierungskosten für die ausgegebenen Schulden. Den Beitrag der amerikanischen Steuerbehörden zu dieser Verteuerung durch die beschriebene Fernhaltestrategie gegenüber Ausländern schätzen wir mittelfristig auf etwa 50 Basispunkte. Und genau hierin liegt der Rechenfehler der Administration Obama: Zwar wird die aggressive Gangart gegenüber Steuerflüchtlingen zusätzliche Mittel, möglicherweise in Milliardenhöhe, einspielen – der Preis dafür wird aber exorbitant hoch sein. 50 Basis-

[37] Der Amerikaner Bernard Madoff betrieb während Jahrzehnten einen Investmentfonds nach dem Schneeball-System und betrog die Anleger um etwa 50 Milliarden Dollar, ohne dass die amerikanischen Aufsichtsbehörden dahinter gekommen wären. Nach Auffliegen des Betrugs wurde Madoff Ende 2008 verhaftet.

[38] Warren Buffett, The Greenback Effect, in: *New York Times,* 19. August 2009, S. A27 (New Yorker Ausgabe); Dakin Campbell, Gross Says Diversify From Dollar as Deficits Surge, in: *Bloomberg*, 3. Juni 2009, http://www.bloomberg.com/apps/news?pid=20670001&sid=aKNFgoTAf39s.

punkte Zinsaufschlag auf eine Gesamtschuld des öffentlichen Haushalts von mehr als 10 Billionen US-Dollar macht 50 Milliarden Mehrkosten per annum aus. Die Rechnung wird nicht aufgehen: Um das wettzumachen, bräuchte es zusätzliches Steuersubstrat in der Höhe von etwa zwei Billionen US-Dollar.

Ohnehin unattraktiv

Kommt dazu, dass die stupende amerikanische Mehrverschuldung ja keineswegs nur ein Problem des Schatzamtes ist, sondern darüber hinaus der gesamten Wirtschaft als solcher. Der gefrässige Schuldner Staat verdrängt den privaten Schuldner von den Finanzierungstöpfen. Man nennt dies den *crowding out*-Effekt. Mit der *quantitative easing*-Politik der Notenbank will man diesem Effekt entgegenwirken. Gleichzeitig subventioniert man gestrauchelte Banken und ganze Industriegruppen wie die Automobilhersteller mit enormen Beiträgen, was im Endeffekt selbstverständlich zu einer zusätzlichen Verzerrung beziehungsweise zu einer krassen Benachteiligung des nichtsubventionierten Teils der Wirtschaft führt. [...].

Die Administration Obama tappt in der gegenwärtigen Wirtschaftskrise in dieselbe Falle, in die ihr grosses Idol, Franklin D. Roosevelt, im Zuge des völlig zu Unrecht als vorbildlich taxierten *New Deal* geraten war. Roosevelt, getrieben von keynesianischem Gedankengut und vom Glauben an die Machbarkeit eines Aufschwungs durch geeignete staatliche Interventionen, nahm im Verlaufe der 30er-Jahre den Unternehmern jegliche Hoffnung, durch eigene Leistung wieder einmal zu Geld zu kommen. Wer zu billig produzierte, wurde gerichtlich verfolgt, die Grosskonzerne wurden in krasser Weise von der Regierung bevorzugt, die Eigentumsrechte mehr und mehr in Frage gestellt. Ohne das exogene Ereignis des Zweiten Weltkriegs wäre Roosevelt in die Reihe der ganz erfolglosen US-Präsidenten eingereiht worden. [...].

Wir leben in einer Epoche, in der sich die Gewichte auf der Welt am Verschieben sind. Asien steigt auf, Brasilien vermutlich ebenfalls, Australien wird lachender Dritter sein, Europa kann sich möglicherweise noch einmal im Wiederaufschwung dieser Länder positionieren. Den USA bleiben die unbestreitbar vorhandene Militärmacht und die Schulden- und Problemberge. Redimensionierungsprozesse bergen, weil sie schmerzhaft sind und die Schuld dafür lieber auf Dritte überwälzt wird, in sich aggressives Potential. Die Schweiz bekommt dies derzeit zu spüren. Damit wird es aber nicht sein Bewenden haben. «Aggressives Potential» und wirtschaftliche Entfaltung schliessen sich gegenseitig aus. Deshalb ist man wohl gut beraten, ganz generell den Abschied von Amerika zu vollziehen. Das schmerzt, denn die USA waren einmal die vitalste Marktwirtschaft der Welt. Aber bis auf weiteres muss es heissen: *It's time to say goodbye.*

Die Zukunft des Bankgeheimnisses (2004)[39]

Kein semantisches Problem

Für all jene, die Mühe haben, zwischen den juristischen Begriffen der Steuerhinterziehung und des Steuerbetrugs zu unterscheiden, erreichte uns vor kurzem aus dem fernen Tokio die Nachricht über die Schauspielerin Makiko Esumi und ihre unter höchst peinlichen Umständen geplatzte Werbekampagne für das staatliche Pensionssystem. Was war passiert? Angesichts des Umstands, dass laut NZZ-Korrespondent 40 Prozent aller Beitragspflichtigen, darunter vor allem Jugendliche, ihren fixen Obolus von etwa 160 Franken pro Monat für den Volkspensionsfonds zu «vergessen» pflegen, entschied sich die japanische Regierung für eine breitangelegte Werbekampagne mit der in Nippon hochbeliebten Fernsehschauspielerin Esumi, die über Spots und Plakate ihre Mitbürger an ihre Pflicht erinnern sollte.[40] Was sie auch tat. Dann aber, so berichtet der Korrespondent weiter, kam zum Vorschein, dass ebendiese Frau Esumi selber auch seit zwei Jahren zu den Säumigen gehört hatte, was der Glaubwürdigkeit der Kampagne bald einmal den Boden entzog.

Zu allem Übel kam dann auch noch aus, dass bei einer weitergehenden Untersuchung über die Treue der Beitragszahlungen nicht weniger als sieben (!) Minister der gegenwärtigen Regierung wegen zeitweisem «Vergessen» ebenfalls in ein schiefes Licht gerieten. Dies hatte aber keine weiteren politischen Folgen, denn der Führer der Opposition gehört auch zur Gruppe der Säumigen.

Solches könnte den Stoff für eine amüsante Operette hergeben – der Hintergrund ist aber eigentlich bedeutend ernster. Denn schon rein betragsmässig ist der Ausfall von 40 Prozent einer von allen japanischen Lohnbezügern geschuldeten Steuer alles andere als ein Klacks: Nach unseren Schätzungen machte das Loch im vergangenen Fiskaljahr immerhin etwa 50 Milliarden Franken aus. Dass es sich beim Pensionsbeitrag um eine Steuer handelt, muss realistischerweise angenommen werden, denn angesichts der Überalterung Nippons und angesichts der miserablen Beitragsdisziplin kann der Fonds keine auch nur annähernd angemessene Deckung aufweisen.

[39] Anlagekommentar Nr. 229 vom 10. Mai 2004.

[40] Herausgegriffen: «Vergessene» Rechnungen in Japan, in: *Neue Zürcher Zeitung,* Nr. 102, 4. Mai 2004, S. 23.

Typischer könnte das Beispiel für die Erklärung des Unterschieds zwischen Steuerhinterziehung und Steuerbetrug nicht ausfallen. Das Wesentliche an dieser Unterscheidung liegt ja nicht in juristischen Haarspaltereien, sondern in den gesellschaftspolitischen und ökonomischen Dimensionen. Es gibt sie. Erstens: Steuerhinterziehung bewegt sich im Graubereich der lässlich-begreiflichen Sünde – Frau Esumi, die sieben Minister und der Oppositionsführer und mit ihnen sehr, sehr viele Japaner sehen aufgrund ihres persönlichen Kalküls ganz einfach nicht ein, weshalb sie für etwas zahlen sollen, von dem sie mit höchster Wahrscheinlichkeit nie eine halbwegs adäquate Gegenleistung erwarten können. Zweitens: Steuerhinterziehung trifft stets besonders eklatante Fehlleistungen des Staatsapparats. Sie relativieren das moralische Problem, das mit jedem Versäumnis verbunden ist. Drittens: Steuerhinterziehung ist ein Massenphänomen; die Masse der Säumigen bildet eine Art Solidaritätsgemeinschaft gegenüber der Masse der Korrekten. Viertens: Steuerhinterziehung läuft auf ein mehr oder weniger aktives Unterlassen, «Vergessen», hinaus. Je komplexer die Steuergesetzgebung und die angrenzenden Regelungen über weitere obligatorische Abgaben an den Staat, desto weniger kann die Unterlassung zum Vorwurf gemacht werden – dass man sich aber zu seinen eigenen Ungunsten täuscht, ist dann allerdings doch auch eher selten. Fünftens: Steuerhinterziehung wird mehrheitlich durch den produktiven Teil der Bevölkerung begangen – wozu zwar vielleicht nicht die erwähnten Politiker gehören, wohl aber die mehrheitlich jungen Arbeitnehmer, die nicht in ein Fass ohne Boden einzahlen wollen.

Der Steuerbetrug dagegen spielt sich im individuellen Bereich ab, wird mehr oder minder aktiv betrieben, verstösst klar gegen jegliche Gerechtigkeitsvorstellungen und trifft den Staatsapparat auch nicht lediglich dort, wo er am ineffizientesten ist. Die Entschuldbarkeit des Tatbestands ist deshalb subjektiv wie objektiv bei weitem weniger gegeben. [...].

Verheimlichen und Wegschliessen

Was in Japan 40 Prozent der Arbeitnehmer tun, tut beispielsweise rund ein Viertel der Bevölkerung in den wichtigsten europäischen Ländern ebenfalls: sich in der Grauzone des Lässlich-Begreiflichen, aber im klar von staatlicher Kontrolle nicht erfassten Bereich wirtschaftlich betätigen. Die Schätzungen für Grau- und Schwarzmärkte und deren Anteil an der jeweiligen Wertschöpfung der Länder gehen verständlicherweise auseinander – weil es sich eben um verdecktes Tun und Lassen handelt. Mit 15 bis 25 Prozent liegt man für Deutschland, Frankreich und Italien aber vermutlich nicht falsch.[41] Die Spielarten verdeckten Tuns und Lassens sind vielfältig und reichen von der nichtdeklarierten Lohnzahlung an die Putzfrau und an den Gärtner über die freundschaftliche Grauarbeit am Häusle des Kollegen während der aufgrund restriktiver Arbeitsgesetze reichlich bemessenen Freizeit bis hin zur veritablen Bewirtschaftung von Schwarzarbeit, die offenbar bis weit ins öffentliche Beschaffungswesen hineinreicht.

Die fünf am japanischen Beispiel erarbeiteten Merkmale für Steuerhinterziehung treffen mit Bestimmtheit zu. 15 bis 25 Prozent der Wertschöpfung eines Landes kann nicht lediglich einzelne wenige Reiche betreffen – ganz im Gegenteil: Es ist mit hoher Wahrscheinlichkeit der produktive Mittelstand, der sich in dieser Zielgruppe bewegt, eine Art Solidaritätsgemeinschaft Überlebenswilliger in einem Umfeld, das wirtschaftliche Betätigung mehr und mehr einengt und bei weitem zu hoch besteuert, so hoch, dass die Anreize zu einem Leben in makelloser Legitimität gegenüber den Vorzügen eines nichtdezimierten Genusses der Früchte seines Schaffens verblassen. Die Steuerhinterziehung ist Teil des Gesamtphänomens der Schattenwirtschaft.

[... Indes:] Ohne zusätzliche Elemente, ohne weitere, gewichtige Anreize würden selbst so hohe Steuersätze wie in Frankreich und Deutschland kaum genügen, dass aus der Steuerhinterziehung ein realexistierendes Massenphänomen entstünde. Mit Sicherheit heisst ein zusätzliches Element «Konfiskationsangst», oder anders gesagt, die von relativ hohen Wahrscheinlichkeiten geprägte Erwartungshaltung, dass irgendwann eine politische Konstellation eintreten könnte, welche den erarbeiteten Wohlstand zum Objekt der Wegnahme werden liesse, oder gar das Gefühl, dass man sich bereits, schleichend-implizit, in einem solchen Prozess befindet.[42]

Im europäischen Common Sense hat sich aufgrund der geschichtlichen Erfahrungen ein archetypisches Muster eingebrannt, das so tief sitzt, dass nicht einmal handfeste Drohungen eines Finanzministers Eichel und entsprechende Grenzschikanen der Fiskalfahndung die deutschen Landsleute davon abbringen lässt, zu Geldgeschäften in die Schweiz und zu anderen Destinationen des Verheimlichens und Wegschliessens zu reisen. Die Franzosen haben sich seit Jahren auf die Aggressivität ihrer Behörden eingerichtet, ja es scheint, dass solche Massnahmen gegenüber Steuersündern die Konfiskationsangst eher noch bestärken und den Anreiz zum Vermögenstransfer erhöhen. Die geschichtlichen Erfahrungen sprechen selbstverständlich eine deutliche Sprache: Zeiten,

[41] Siehe Fussnote 12, S. 281.
[42] Siehe S. 263–289.

in welchen nicht irgendeine selbsternannte «Elite» ihre Mitbürger um Teile ihres Einkommens und Vermögens brachte, sind in der europäischen Geschichte selten auszumachen. Und häufig ging mit den Konfiskationen der Angriff auf Leib und Leben einher, zuletzt in Nazideutschland und im kommunistischen Osten. [...].

Es zeigt sich nun, dass die derzeitige demokratische Legitimierung der europäischen Staaten und ihres Zusammenschlusses in der EU nicht genügt, um die Konfiskationsangst auszuräumen. Die schlechte finanzielle Verfassung der meisten Staatshaushalte, die Unfähigkeit, wachstumsfreundliche Rahmenbedingungen zu schaffen, und das demografische Damoklesschwert lassen es vielen europäischen Mitbürgern als ratsam erscheinen, Teile ihrer ultimativen Vorsorge ausserhalb des Systems zu halten. Die Tatsache, dass Europa heute grossmehrheitlich von sozialistischen, etatistisch und zentralistisch denkenden und handelnden Regierungen geprägt ist, verstärkt den Drang ins «Ausserhalb» zusätzlich, demokratische Legitimierung hin oder her.

Unkomfortabler Tresorraum Europas

Dieses «Ausserhalb» war für viele europäische Mitbürger die Schweiz. Die weitgehende Nichtteilnahme an den wüstesten Kapiteln der europäischen Geschichte des 19. und des 20. Jahrhunderts verhalfen dem Land zu einer ausserordentlichen Stabilität im Innern, zu physischer Sicherheit seiner Wirtschaft und namentlich auch der Banken und Versicherungen und zur kontinuierlichen Entwicklung seines Rechts, ohne dass bestimmte Anspruchsgruppen je konfiskatorischen Zugriff auf das Eigentum Dritter erhalten hätten. Unter diesen günstigen Rahmenbedingungen entwickelte sich das Bankgeheimnis und mit ihm der Finanzplatz Schweiz. [...].

Mit der zunehmenden Kohärenz der EU und vor allem angesichts der in immer höherem Masse gleichgerichteten Interessen der Finanzminister aus den Hochsteuerländern Kerneuropas sieht sich die Schweiz mit ihrem ökonomischen Klumpenrisiko «Finanzplatz» einer strategischen Herausforderung erster Güte gegenüber. Besagte Hochsteuerländer befinden sich ja seit geraumer Zeit in einer äusserst misslichen Lage: hohe Verschuldung, wenig bis gar kein Wachstum, dafür stetig wachsende, zum Teil illusionäre Ansprüche an das Gemeinwesen. Was Wunder, dass man, ehe man an den Ausgleich der Staatsfinanzen durch Steuererhöhungen denkt oder ehe man gar den beschwerlichen, politisch vielleicht tödlichen Weg über den Abbau der Staatsquote auch nur anzudenken wagt, den überquellenden Tresor auf der Insel im

Innern Europas ins Auge fasst. Man tut dies unter Zuhilfenahme mancher vordergründig triftigen Begründung. So stellt man die Steuergerechtigkeit und Moralitätsfragen in den Vordergrund und weist auf die demokratische Legitimierung der geltenden Steuerquoten und -gesetze hin. Die abgrundtiefe Unmoralität der Sanierungsbedürftigkeit des eigenen Staatswesens hingegen blendet man aus. […].[43]

Vermögensertrag, Kapitalgewinn und *total return*

Wenn man sich auf den Standpunkt stellt, dass es grundsätzlich richtig sei, dass Ertrag aus Vermögensanlagen zur Palette von möglichen Quellen für fiskalische Einnahmen gehört – also nebst den anderen Quellen wie Mehrwertsteuern, Einkommenssteuern, Unternehmenssteuern und dergleichen –, dann stellt sich sogleich die Frage, wo denn eine solche Besteuerung ansetzen sollte. Traditionellerweise tat sie es dort, wo der Ertrag sichtbar wird, also beispielsweise beim ausbezahlten Zinsbetreffnis aus geliehenem Geld oder bei der Auszahlung einer Dividende. Da aber auch dem Fiskus nicht unerkannt blieb, dass durch Rückbehalt von Zinsen und Gewinnen Kapitalgewinn generiert werden kann oder dass durch die Synthetisierung mittels Finanzprodukten weitere Steueroptimierungen organisiert werden können, wurden die Regelungen für die Besteuerung von Vermögenserträgen laufend sophistizierter, zum Teil so sophistiziert, dass sie – wie etwa das Kreisschreiben Nr. 4 der Eidgenössischen Steuerverwaltung – nur von ausgesprochenen Spezialisten überhaupt noch interpretiert werden können. […].

Die Besteuerung von Vermögensertrag erweist sich mit anderen Worten als insgesamt wenig konsistentes Gebiet mit extrem vielen Ausweichmöglichkeiten, vielen für die Steuerzahler, die Volkswirtschaft als Ganzes, aber auch für den Fiskus ungünstigen Anreizen, hohem Erfassungsaufwand und vielen Nebenwirkungen. Die EU-Richtlinie von Feira und das Zinsbesteuerungsabkommen zwischen der Schweiz und der EU sind gewiss nicht die letzten Beiträge zu diesem dem Normalbürger und Normalsteuerzahler immer weniger verständlichen Flickenteppich.

Erstaunlicherweise gibt es in der Steuerwelt kaum Ansätze zur fiskalischen Erfassung dessen, was eigentlich in Bezug auf Vermögen wirklich interessiert: der *total return,* das heisst die Kombination von direktem Ertrag aus Zinsen und Dividenden und von indirektem Ertrag aus realisierten und unrealisierten Kapitalgewinnen minus realisierte und unrealisierte Kapitalverluste.

[43] Inzwischen hat die Schweiz unter massivem ausländischem Druck auf die Unterscheidung zwischen Steuerbetrug und Steuerhinterziehung bei der Amtshilfe mit dem Ausland verzichtet (siehe Fussnote 14, S. 289).

Das ist auch gut so, denn es würde eine detaillierte Performanceberechnung mit all ihren Tücken voraussetzen. Unvorstellbar, wie ein Gesetzgeber damit umzugehen hätte. Dennoch: Wenn man wirklich lückenlos, flächendeckend, totaliter und deshalb total «gerecht» den Vermögensertrag besteuern wollte, dann müsste man eigentlich den *total return* anvisieren. Denn weder über Optionen noch über anderes *leveraging* gäbe es ein Ausweichen, und die Marktwerte der Instrumente wären die unbestechlichen Orientierungsgrössen für die Bemessung.

Die Risikonahme bestrafen?

Das wäre das Idealmodell für das bereits mehrmals zitierte EU-Hochsteuerkartell: eine auf den *total return* von Vermögensanlagen zielende Besteuerung, selbstverständlich unter gleichzeitiger totaler Offenlegung aller Daten aller Steuersubjekte innerhalb und ausserhalb des Einflussbereiches des Kartells, also beispielsweise unter Zuhilfenahme der OECD oder anderer staatsübergreifender Organisationen. Und selbstverständlich unter Verknüpfung der Besteuerung des *total return* mit den stark progressiven Einkommenssteuersätzen. Dann könnte *corporate Europe* definitiv den Betrieb einstellen.

An diesem – hoffentlich nie Wirklichkeit werdenden – idealtypischen Besteuerungsmodell für Vermögenserträge kann unschwer gezeigt werden, wie problematisch auch die bereits bestehenden Steuersysteme aus ökonomischer Sicht sind. Der *total return* einer Anlage steht ja bekanntlich in einem Verhältnis zu deren Risiko, ist mit anderen Worten eine Kompensation für die Bereitschaft, Verluste hinnehmen zu müssen. Wenn nun eine staatliche Zwangsabgabe diese Kompensation angreift, dann ergibt sich zum einen ein starker Anreiz, auf die Risikonahme zu verzichten. Je höher die potentielle Risikonahme, desto negativer der Anreiz durch die Besteuerung. Durch die vollständige Anrechnung von Verlusten, im Extremfall durch Steuergutschriften, könnte diese negative Anreizsituation allenfalls gebrochen werden; dazu bräuchte es aber sehr lange Verrechnungsperioden, die steuerrechtlich und buchhalterisch kaum mehr nachvollziehbar wären.

Die Besteuerung von Bestandteilen des *total return* in der Form von wie auch immer definierten Periodengewinnen auf dem Kapital oder von Zinsbetreffnissen und von Dividenden weisen zum andern allesamt denselben Mangel auf wie das idealtypische Modell: Auch sie greifen, in unterschiedlichem Masse zwar, die Kompensation für die Risikonahme an, und deshalb sind sie letztlich immer auch in einem bestimmten Masse konfiskativ, sie enteignen auf die Länge. Der Staat bedient sich sozusagen immer am *upside* der Risikonahme, währenddem das *downside* wegen der niemals vollständigen Verlustkompensation aus Vorperioden dem Steuersubjekt verbleibt.

Die Finanztheorie hat anhand des *Capital Asset Pricing Model* (CAPM) gezeigt, wie eine Vermögensanlage in einzelne ökonomische Komponenten aufgeteilt werden kann. Danach setzt sich die zu erwartende Totalrendite jeglicher Anlage zusammen aus:

a) der Rendite einer risikolosen Anlage
b) plus der für die spezifische Anlagekategorie zu erwartenden zusätzlichen Marktrendite,
c) korrigiert um den spezifischen Risikokoeffizienten der Anlage.

Das sieht komplizierter aus, als es ist. Für unsere Belange ist wichtig, dass jegliche Anlage, ob Obligation, ob Aktie, ob Optionsschein, eine risikolose Komponente (a) aufweist. Diese Komponente ist über die Zeit ziemlich stabil; als Richtgrösse verwendet man den Geldmarktsatz für eine Anlage bei einem qualitativ einwandfreien Schuldner. Die anlagespezifischen Komponenten (b und c) dagegen erzeugen Schwankungen im Anlageerfolg – den Perioden hoher Gewinne können verlustreiche Zeiten von unbestimmter Länge folgen. Die Besteuerungsproblematik liegt im Umstand, dass sämtliche bestehenden Konzepte alle drei Komponenten (a, b und c) umfassen. [...].

Die systematisch enteignende Komponente der bestehenden Kapitalgewinn- oder Vermögensertragsbesteuerungsmodelle widerspricht der in den meisten Verfassungen gewährleisteten Eigentumsgarantie. Dass ein Teil der Bevölkerung sich unter diesen Umständen dem System durch Verheimlichen und Wegschliessen entziehen will, erscheint in diesem Lichte weder unverständlich noch unmoralisch.

Die Pauschalbesteuerung der risikolosen Vermögenskomponente

Ein Steuersystem, das die nicht mehr so ganz neuen Erkenntnisse der Finanztheorie berücksichtigen würde und das eine systematische Bestrafung der Risikonahme, ja eine schleichende Enteignung vermeiden möchte, würde sich auf die risikolose Komponente der Vermögensanlage konzentrieren. Diese ist, wie gesagt, über die Zeit hinweg ziemlich stabil, hätte also den Vorteil, dass sowohl die Steuerlast auf Seiten des Steuersubjekts als auch die Einnahmen auf Seiten des Staats leicht prognostizierbar würden. Die Besteuerung könnte sehr einfach und kostengünstig anhand des vorhandenen Kapitals an der Quelle, also bei den Banken, erfolgen. Eine Pauschalbesteuerung, also ohne Einbezug der Vermögensbesteuerung in die (progressive) Einkommenssteuer bei den einzelnen Steuersubjekten, drängt sich wegen dieser Einfachheit und der Unmöglichkeit, der Steuer durch irgendwelche Sondervehikel auszuweichen, geradezu auf. Ein Steuersatz von, beispielsweise, 15 Prozent wäre gewiss erträglich und würde, weil er die Risikokompensation nicht angreift, auch die Substanz nie gefährden. [...].

Die Ökonomie der tiefen Taschen (1997)[44]

Zweierlei Recht?

Kürzlich wurde in der Gastkolumne einer Schweizer Zeitung durch den Staatsarchivar eines grossen Schweizer Kantons daran erinnert, dass die Schweiz noch immer auf französische Reparationszahlungen aus der Besetzung durch die napoleonischen Truppen vor rund 200 Jahren warte. Auch habe man aus dem Munde eines französischen Politikers bisher jegliche Entschuldigung für die damaligen Verwüstungen, Vergewaltigungen und Morde an Schweizerinnen und Schweizern vermisst. Der Zeitungsartikel hat natürlich Staub aufgewirbelt, weil es unstatthaft ist, was auch immer in der Weltgeschichte mit dem Genozid Hitlers zu vergleichen, und weil es somit offenbar auch nicht angeht, die gegen die Schweiz gerichteten Vorwürfe wegen ihres Verhaltens im Zweiten Weltkrieg und die ins Auge gefassten finanziellen Leistungen in irgendwelche Beziehung zu anderen möglichen Forderungen zu setzen.

[...]. Was den Überlebenden des Holocaust geziemt, das geziemt sich Überlebenden anderer geschichtlicher Ereignisse nicht. *Quod licet Iovi, non licet bovi;* was Jupiter darf, darf der Ochse eben nicht, und angesichts der Ungeheuerlichkeit der Ereignisse im Zweiten Weltkrieg ist dem auch nicht zu widersprechen. Das ist aber nur ein Aspekt. Bei aller Vorsicht, die Geschehnisse um die Naziherrschaft nicht zu relativieren, muss man sich doch auch dagegen wehren, sich im Zusammenhang mit allem, was heute unter Bezugnahme auf die Geschehnisse von gestern läuft, einem Denkverbot unterziehen zu müssen.

Der zweite Aspekt liegt unseres Erachtens darin, dass der Ochse ein goldener Ochse ist [...].

44 Anlagekommentar Nr. 179 vom 24. März 1997.

Wie der Ochse zum Kalbern kam

[...]. Gekoppelt mit den Erfahrungen, die verschiedene Nachkommen von Holocaustopfern bei ihren Nachforschungen mit gewissen Schweizer Banken machen mussten, braute sich in den letzten Jahren und Monaten eine Wetterfront zusammen, die bedrohlich wurde. Die *special interest groups,* sekundiert von einem publizitätsbewussten amerikanischen Senator, versehen mit der Unterstützung der Medien, bauten systematisch den Druck auf das Schweizer Bankensystem, generell aber eigentlich auf unser Land als Ganzes, auf. Eine Klage über 20 Milliarden Franken gegen die drei Grossbanken vor einem New Yorker Gericht steuerte das ihrige zur Stimmungslage bei.

Nach Monaten der Verharmlosung reagierte nun die Schweiz, [...] mit den zwei Fonds-Ideen. Der eine Topf soll spezifisch den Überlebenden des Holocaust bzw. deren Nachkommen dienen, der andere soll eine Solidaritätsstiftung äufnen, die generellere Zielsetzungen verfolgt. Währenddem der erstere Topf von der Schweizer Wirtschaft und namentlich von den Schweizer Banken gespiesen wird, soll die Solidaritätsstiftung durch eine Aufwertung der Goldreserven der Schweizerischen Nationalbank auf 60 Prozent des Marktwerts und durch renditebringende Anlage eines Teils (nämlich 7 Milliarden Franken) des auf diese Art realisierten Gewinnes ermöglicht werden. Der jährlich zu verteilende Anlageertrag wird auf etwa 300 Millionen Franken geschätzt.[45] [...].

Wer hat, dem wird genommen

Die Errichtung einer Solidaritätsstiftung durch die Schweizerische Eidgenossenschaft und eines Fonds für Holocaustopfer durch die Schweizer Wirtschaft weist nebst [...] notenbanktechnischen ein paar weitere Aspekte auf, die für die langfristige strategische Beurteilung von Vermögensdispositionen belangreich erscheinen. Denn wer auf der einen Seite auch geneigt sein mag, die Vorhaltungen aus Amerika an unser Land und an unsere Wirtschaft mindestens teilweise für berechtigt zu halten, der kann sich auf der anderen Seite doch auch nicht dem Faktum verschliessen, dass hier ohne Rechtstitel irgendwelcher Art und ohne saubere und objektive Abklärung irgendeiner Schuldfrage in sehr grossem Stile Mittel fliessen sollen.

[45] Politische Kreise, die die Solidaritätsstiftung ablehnten, reichten darauf eine Volksinitiative ein, gemäss welcher die für geld- und währungspolitische Zwecke nicht mehr benötigten Währungsreserven der Nationalbank zur Sicherung der Altersvorsorge auf den AHV-Fonds übertragen werden sollten. Sowohl diese Initiative als auch der Vorschlag des Bundesrats mit der Solidaritätsstiftung wurden im September 2002 vom Volk abgelehnt. Nach weiteren erfolglosen Vorstössen wurde der Erlös aus den inzwischen auf 1´300 Tonnen festgelegten Goldverkäufen gemäss Verfassung im Verhältnis von 1:2 auf Bund und Kantone verteilt. Siehe auch Fussnote 9, S. 236.

Das ist – zumindest für europäische Köpfe – ein neuer Stil im Umgang mit legitimierten oder auch nicht legitimierten Ansprüchen. Unser Rechtsempfinden sagte uns bisher, dass Ansprüche entweder aus vertraglicher Abmachung, aus Verschulden oder aus Kausalhaftungsgründen, allenfalls aus ungerechtfertigter Bereicherung, entstehen können. Und die Beweisregeln waren bisher immer so geartet, dass der Fordernde grundsätzlich die Berechtigung seines Anspruchs nachweisen musste. – Nun scheint dies alles anders zu werden. Was letztlich zählt, sind nicht irgendwelche Rechtstitel, sondern zwei andere Bestimmungselemente:

- das Vorhandensein einer geeigneten *story,*
- das Vorhandensein von genügend Mitteln beim Beklagten.

Wir hüten uns angesichts aller Vorsichtsmassnahmen im Rahmen der Political Correctness und der Zurückhaltung, der sich Privatbankiers darüber hinaus befleissigen sollen, das ominöse Wort der «Erpressung» in den Mund zu nehmen. Was aber sicher unverfänglicher und sachlich auch nachweisbar ist, sind die vielen Anzeichen dafür, dass es dem Gegenüber unter anderem (vor allem?) um eine Art Fundraisingkampagne geht. Das muss nicht a priori negativ verstanden sein, denn auf diese Weise können ja allenfalls durchaus legitime Ansprüche schnell, unbürokratisch und ohne Ingangsetzung eines Justizverfahrens befriedigt werden. Aber das Faktum bleibt, dass Rechtstitel irgendwelcher Art fehlen und dass es im Grunde genommen einfach die offenbar einleuchtende *story* über die anscheinend verwerfliche Haltung der Schweiz ist, die die Zahlungsströme auslöst.

[...]. Was braucht es für eine taugliche *story,* dass man mit ihr tiefe Taschen leeren kann? Erstens braucht es Opfer. Lungenkrebskranke, Nachkommen von Holocaustopfern, Randständige der Gesellschaft (soweit es politisch korrekt ist, diese alle in einem Atemzug zu nennen). Die Opfer müssen, zweitens, in einer Lobby organisiert sein. Noch ist die Soziologie der Lobby bzw. der *special interest group* nicht geschrieben. Bemerkenswert ist immerhin, dass es auch Opfer der Weltgeschichte gibt, denen es bisher verwehrt blieb, sich wirksam in Szene zu setzen: die Inka, die Indianer in Nordamerika, die Armenier ... Drittens braucht es für eine taugliche *story* eine genügende Menge von medienwirksamen Beispielen der Verletzung derzeitiger Moralvorstellungen. [...]. *Stories* müssen *einfach* bleiben, sie brauchen eindeutig definierbare «Gute» und ebenso eindeutige «Böse», wie im *catch-as-catch-can.* Jede Differenzierung ist unwillkommen.

Und wer ist in aller Regel «bös»? Wer tiefe Taschen hat. Und deshalb ist es für den Berater in Vermögensfragen ein Muss, die Angelegenheit noch etwas zu vertiefen.

Fundraising als eine neue Art von Steuern

[...]. Ganz offenkundig haben in den letzten Jahren die sogenannten *non-governmental organizations* (NGOs) an Bedeutung gewonnen. Ob sie nun Greenpeace, Black Muslims, WWF oder Jewish World Congress heissen: Sie haben vieles gemeinsam. Sie vertreten eine Gruppe von Menschen mit ziemlich einheitlichen Spezialinteressen *(special interest groups)*, sie können zumeist eine offenkundige oder mindestens eine implizite Benachteiligung geltend machen, und sie haben in der öffentlichen Meinung deshalb das Recht auf ihrer Seite. [...]. Ein weiteres Merkmal von NGOs ist der Umstand, dass sie sich nicht über Steuern finanzieren können. Sie müssen deshalb ihr Finanzierungsproblem auf andere Weise lösen. Man nennt dies Fundraising.

Beim Fundraising kann man zwischen weichen und härteren Methoden unterscheiden. Streuversände, *direct mail*-Aktionen und Abzeichenverkäufe gehören zu den ersten. Zu den härteren Methoden gehören Aktionen, wie wir sie in diesem Anlagekommentar beschreiben. [...].

Dabei ist nicht so eindeutig, was letztlich zu bevorzugen ist: die Besteuerung durch die öffentliche Hand oder die «Besteuerung» durch Fundraisingaktionen von NGOs. Denn selbst wenn erstere konfiskatorische Ausmasse annimmt, um im wesentlichen die Machtposition der Politiker zu stärken, ja eventuell sogar ihre privaten Taschen zu füllen, so ist sie dennoch wegen ihres legalistischen Hintergrundes irgendwie berechenbar. Aggressives Fundraising durch NGOs ist dagegen weitgehend willkürlich. Trifft es heute die «reiche» Schweiz, dann ist morgen der Konzern mit grosser liquider Kriegskasse dran, übermorgen der Kirchenschatz. «Besteuerung» durch NGOs führt zu einer Neudefinition der Eigentumsrechte. Sie lässt sehr viel Unsicherheit offen. Dem Ökonomen ist klar, was das bedeutet: erhöhte Informations- und Transaktionskosten, negative Produktionsanreize. Wir wagen zu behaupten, dass Steueroptimierung in Zukunft zwar immer noch wichtig sein wird, dass aber die Vermeidung von Risiken im Zusammenhang mit Fundraising durch NGOs zu den ganz schwierigen Themen gekonnter Vermögensverwaltung werden wird.

[...]. Es gäbe vermutlich viel zu lernen von Gegenstrategien gegenüber einer Organisation, die, wenn auch sicherlich nicht bezüglich ihres moralischen Anspruches zwar, letztlich viele Gemeinsamkeiten mit NGOs aufweist: der

Mafia. Ihre Staatsähnlichkeit wurde schon mehrfach wissenschaftlich beschrieben. Ihre Methoden zur harten Art des Fundraisings sind auch bekannt.

Abwehrstrategien

Das Prinzip, hohe Mauern zu bauen, ist alt und bekannt. Ihm entspricht die Idee des schweizerischen Bankgeheimnisses, der Verschachtelung von Rechtsstrukturen und viel Ähnliches mehr. Bestens geeignet, den sich meist in legalem Rahmen bewegenden Annäherungen der Fiskalbehörde Stirn zu bieten, vermuten wir, dass es den Methoden des modernen Fundraisings nicht in jedem Fall mehr standhalten wird. Die *stories* vermitteln meist genügend Vorwand, dass die Mauern durchbrochen, durchleuchtet oder übersprungen werden.

Die zweite Methode ist das «Dispersionsprinzip». Möglichst wenig in möglichst vielen Töpfen an möglichst verschiedenen Orten ist hier die Devise. [...]. Dispersion ist aufwendig und erfordert eine Menge von verschiedensten Vertrauenspersonen. Gerade letztere haben aber weltweit hohen Seltenheitswert. [...].

Eine dritte, weniger praktizierte Methode, die uns aber eigentlich sehr viel aussichtsreicher erscheint, ist das «Involvierungsprinzip». Man stelle sich einmal vor, die Schweizer Grossbanken hätten schon vor Jahren versucht, ihre Kapitalbasis auf internationale (sprich: meist amerikanische) Investoren systematisch zu verbreitern: Hätten sich dann die Dinge dermassen gegen sie entwickeln können? [...].

Zurückhaltung, gekonnt gelebte Grosszügigkeit, Offenheit: Das sind die Rezepte des Involvierungsprinzips. Es gilt für den Umgang mit Nachbarn ebenso wie für die langfristige Pflege grösserer Vermögenstöpfe. [...].

Die Vergangenheit zählt nicht (1999)[46]

Wertloser Blick zurück

Es gibt kaum einen Lehrsatz der Mikroökonomie, der auf weniger Verständnis stösst und der häufiger missachtet wird als die Feststellung, dass zurückliegende Kosten keine Kosten sind. *Sunk costs are no costs.* Die Mehrheit der Buchhaltungskonzepte ist auf nichts anderes ausgerichtet, als die in der Vergangenheit aufgelaufenen Kosten darzustellen. Die Finanzanalyse stützt sich weitgehend auf vergangene Ergebnisse ab. In der Industrie wird der *return on investment,* also die Rentabilität gehabter Kosten, gemessen. Und der Anleger

46 Anlagekommentar Nr. 193 vom 29. März 1999.

(und oft nicht nur dieser, sondern auch sein Berater ...) beurteilt den Erfolg seiner Anlagen nach den Einstandspreisen. Er misst also die vergangenen Kosten einer heute bestehenden Position.

Und dennoch, sozusagen gegen die erdrückende Menge aller Vergangenheitsorientierten: Zurückliegende Kosten sind keine Kosten! Wer den Satz missachtet, verwendet konsequent einen untauglichen Kompass. So werden hoffnungslose Projekte weiterverfolgt, weil man «ja schon so viel investiert hat». Es gibt offenbar nichts Schmerzhafteres, als Verluste realisieren zu müssen. Denn damit ist vordergründig das Eingeständnis von Fehlern in der Vergangenheit verbunden, und ein solches Eingeständnis zehrt am Selbstwertgefühl. Als ob Fehler der Vergangenheit zum Verschwinden gebracht werden könnten, indem man sie verheimlicht, verwischt oder eben – nicht realisiert. Das pure Gegenteil ist ja der Fall: Wer Fehler nicht realisiert, bringt sie gerade nicht zum Verschwinden, sondern bleibt auf ihnen für alle Zukunft sitzen. Manche Investitionsleiche wäre nicht entstanden, wenn man rechtzeitig den Mut aufgebracht hätte, die Vergangenheit wirklich vergangen zu machen. Das gilt nicht nur für Bauten, sondern beispielsweise und ganz besonders auch für Bestandteile eines Portefeuilles. [...].

Vergangenheit als Vorwand zur Umverteilung

Zu Recht kann die grösste Bedrohung des freien Eigentums in unserem Jahrhundert, nämlich die Enteignung unter dem Titel des nackten Klassenkampfes, im Prinzip der Vergangenheit zugeordnet werden. [...].

Es gibt nun aber zahlreiche Hinweise darauf, dass an die Stelle des blanken Sozialismus und der mit ihm verbundenen Enteignungsidee die «Vergangenheitsbewältigung» neueren Zuschnitts getreten ist. Denn eines ist klar: Aus der Aufarbeitung von Vergangenem lässt sich alleweil eine mediengerechte und den Heisshunger des breiten Publikums befriedigende *story* machen.

Beteiligt an diesem auf Vergangenheitsbewältigung beruhenden Umverteilungs-«Spiel» sind neue Parteien: Nicht der Staat in seiner gesellschaftspolitischen Rolle tritt als Nehmer und Geber auf, sondern in der Regel *nongovernmental oganizations* (NGOs) und als deren Grenadiere der Anwaltsstand amerikanischen Zuschnitts. Die staatlichen Institutionen wie Gerichte und Aufsichtsbehörden werden allerdings für die Aktionen benützt, gegebenenfalls erwirkt man die Schaffung ausserordentlicher Organe (Untersuchungsausschüsse, Historikerkommissionen), die möglichst mit ausserordentlichen Vollmachten ausgestattet werden.

Der heute alle gesellschaftlichen Bereiche umfassende Einfluss der Medien wird ebenfalls für die Aktionen instrumentalisiert. Wegen ihrer desperaten Suche nach immer neuen *stories* sind sie willfährige Werkzeuge der anwaltschaftlichen Vergangenheitsbewältigung. Was vordergründig dann beinahe als Verschwörung der «bösen» Medien interpretiert werden könnte, entpuppt sich bei näherem Hinsehen als Konsequenz des harten Wettbewerbs um Einschaltquoten und Marktanteile. [...].

Vom Umgang mit Fehlern der Vergangenheit

Es steht ausser Zweifel, dass laufend Fehler gemacht werden. Man verrechnet sich, man vergisst, man übertritt Grenzen des Rechts und des Anstands. Die einen Fehler werden unmittelbar manifest und müssen ebenso unmittelbar korrigiert werden. Den anderen Fehlern zieht die Zeit den Schleier des allmählichen Vergessens über, mit der Gefahr allerdings, dass auf den Resultaten von Fehlleistungen weitergebaut wird und spätere Fehlerkorrekturen immer schwerwiegender werden, für den Verursacher wie auch den gutgläubigen Dritten.

Ein wesentliches Qualitätsmerkmal rechtsstaatlicher Regelungen besteht darin, dass für die eine oder die andere Art der Fehlerkorrektur Regeln vorgesehen sind, die vor Gericht durchgesetzt werden können. Je grösser allerdings die zeitliche Distanz zum Ereignis wird, umso heikler wird der korrigierende Eingriff des Rechtsstaats. Weshalb? Zum einen blieb die Zeit ja seit dem gemachten Fehler nicht stehen. Einmal enteigneter Boden wurde z. B. in der Zwischenzeit wieder weiterverkauft; unschuldige und gutgläubige Dritte haben ihre Einfamilienhäuser darauf erstellt – wie soll nun eine Fehlerkorrektur vorgenommen werden? Welches Recht soll überwiegen: das historische oder das gutgläubige?

Die Fragestellung ist deshalb so heikel, weil eine einseitige Parteinahme zugunsten des historisch Berechtigten die Gesellschaft in ein unübersehbares Chaos stürzen würde. Wenn es nach der historischen Berechtigung ginge, wären ganz Nordamerika sowie weiteste Teile Lateinamerikas unrechtmässiges Eigentum. Ja, zu Ende gedacht, gäbe es auf dieser Erde kaum einen Flecken Land, der nicht irgendwann einmal jemandem gehört hätte, dem er durch «Fehler der Vergangenheit» abhanden gekommen wäre.

Die anwaltschaftliche Vergangenheitsbewältigung, wie sie mehr und mehr um sich greift, versucht nun aber just, korrigierend in die Eigentumsverhältnisse einzugreifen. Sie deklariert irgendwelche Nachkommen von Fehlergeschädigten bzw. deren NGOs als berechtigt, und sie zielt auf das Eigentum

Übertriebener Gerechtigkeitssinn kann Unfrieden stiften.

Seite 328

von Zielobjekten, die im schlimmsten Fall Nachkommen von Fehlerverursachern, meist aber lediglich gutgläubige Dritte sind.

Wenn auch ein historisch begründeter Rechtsanspruch als legitim erscheint, so erweist er sich zumeist als unpraktikabel und bisweilen gefährlich. Gefährlich deshalb, weil eine bestimmte Vorstellung von Gerechtigkeit über das Interesse der gesellschaftlichen Friedensordnung gestellt wird. Unser marktwirtschaftliches System baut nun aber just auf einer gesellschaftlichen Friedensordnung auf. Es kennt prinzipiell nur den Eigentumsübergang aus vertraglichen und aus erbrechtlichen Gründen; allein im Ausnahme- und Notfall nimmt das marktwirtschaftliche System zu Zwangsmitteln Zuflucht, nämlich dann, wenn Rechte durchgesetzt werden müssen oder eine Zwangsvollstreckung ansteht.

Der das marktwirtschaftliche System ausmachende Rechtsstaat hat nicht ohne Grund «Sicherungen» gegen historische Rechtsansprüche eingebaut. So kennen wir das Institut des Ersitzens von Eigentum oder dasjenige der Verjährung von Ansprüchen. Genau auf diese, die Friedensordnung begründenden Rechtsinstitute hat es die anwaltschaftliche Vergangenheitsbewältigung abgesehen. Übertriebener Gerechtigkeitssinn kann Unfrieden stiften. Der Eingriff in die Friedensordnung aus einer scheinbar übergeordneten Warte historisch begründeter Rechtsansprüche trifft deshalb unser System genauso wie die Vorstellungen vom Klassenkampf weiland.

Die andere Problematik der Korrektur weit zurückliegender Fehlerereignisse liegt in der Absolutheit der Beurteilung, ob etwas zu gegebener Zeit ein Fehler gewesen sei oder nicht. Aus Distanz betrachtet erscheint die Welt und deren Geschichte als recht eindeutig. Alles sieht so aus, als ob es so hätte kommen müssen, wie es gekommen ist. Der Ausgang der Schlacht von Waterloo erscheint als ebenso folgerichtig wie das Ende des Vietnamkrieges, und jedermann wusste selbstverständlich bereits in den 70er-Jahren, dass die Sowjetunion bald am Ende sein würde.

Mit genau dieser deterministischen Haltung geht hierzulande beispielsweise die Historikerkommission (Bergier-Kommission) ans Werk, die den Auftrag hat, die Vergangenheit unseres Landes vor und während des Zweiten Weltkrieges «aufzuarbeiten». In einer höchst spannenden Auseinandersetzung mit dem Lausanner Ökonomieprofessor Lambelet hat sie zu erkennen gegeben, dass sie beispielsweise in der Beurteilung des Goldhandels der Schweizerischen Nationalbank mit dem Deutschen Reich schlicht nicht nachvollziehen kann, welcher Unsicherheitssituation eine Notenbank eines eingeschlossenen

Kleinstaats ausgesetzt ist, wenn dieser die Konvertibilität seiner Währung aufrechterhalten muss.[47] Anwaltschaftliche Geschichtsschreibung kann Unsicherheitssituationen nicht brauchen, denn diese würden die Eindeutigkeit von Fehlern in Frage stellen, und das Resultat wäre dann weder mediengerecht (Medien brauchen eindeutig Schuldige), noch ergäben sich daraus genügend Ansätze für Fehlerkorrekturen bzw. Umverteilungsübungen.

Die Schnösel in den Archiven

Wer täglich vor den Bildschirmen der Finanzwelt sitzt und aus dem dauernden Auf und Ab von Währungen, Zinsen und Aktienkursen seinen Beruf gemacht hat, der weiss, wovon man spricht, wenn es um Unsicherheitssituationen geht. An keinem Tag, in keiner Stunde, zu keiner Sekunde gibt es Gewissheit, ob nicht gerade *jetzt* die Trendwende gekommen sei. Ob nicht gerade jetzt der Zeitpunkt da sei, der die Überlegungen von vorher zu «Fehlern» stempelt. Wer dauernd in Unsicherheitssituationen lebt, der weiss vor allem aber auch, wie relativ der Begriff «Fehler» ist.

Die unbestrittene Eindeutigkeit aller im Zusammenhang mit dem Nationalsozialismus begangenen Fehler führt nun aber dazu, dass die anwaltschaftliche Geschichtsschreibung um sich greift und historische Ereignisse, deren Fehlerhaftigkeit bei weitem weniger klar sind, in einen Kontext der Gewissheit oder des «Man hätte es ja wissen müssen» stellt, um damit zu eindeutigen Verurteilungen zu gelangen. Und mit dieser Vorgabe stürmen nun die Historiker und die Buchprüfer die Archive, die man ihnen per Staatsdekret willfährigst öffnet. Sie beurteilen aus ihrer sicheren Warte der Hochbezahlt-Festangestellten, was Leute vor Jahrzehnten getan oder unterlassen hatten, wovon sich sicherlich einiges nachträglich gesehen als «falsch», sehr vieles aber als sehr richtig erweist. Leute, die aber vor allen Dingen täglich und stündlich mit Unsicherheiten leben mussten, wovon die Schnösel von heute nicht einmal nur eine Ahnung haben. [...].

Hindsight als illegitime Vergangenheitsperzeption

Nun ist allerdings zu bemerken, dass die völlig unsinnige Annahme der Inexistenz von Unsicherheitssituationen nicht nur Historikerkommissionen nicht ganz fremd ist, sondern dass ähnliches in Investoren- und Beraterkreisen auch

[47] Die Bergier-Kommission fordert eine sachliche und lebendige Debatte, in: *Neue Zürcher Zeitung,* Nr. 235, 10. Oktober 1998, S. 29 (Replik der Bergier-Kommission auf den Artikel von Jean-Christian Lambelet, Wo blieb der ökonomische Sachverstand der Bergier-Kommission? Das Verhalten der Schweizerischen Nationalbank war besser als ihr Ruf, in: *Neue Zürcher Zeitung,* Nr. 175, 31. Juli 1998, S. 25).

grassiert. Der Rückblick auf, sagen wir, die Kursentwicklung einer Aktie oder eines Indexes lässt ja aus der bequemen Warte der Gegenwart durchaus feststellen, was man alles hätte anders machen müssen. Vorausgesetzt, man hätte damals so viel gewusst wie heute. Wer mit Bezug auf in Unsicherheit entstandene Entscheide in absoluter Weise von «Fehlern» spricht, entlarvt sich im Grunde genommen als ignorant und unfair. Die Frage könnte ja höchstens sein, ob ein gewisser Entscheid vertretbar gewesen sei oder nicht, vertretbar zur damaligen Situation der Unsicherheit. [...].

Diese Erkenntnis, die wir bei jedem Kundengespräch der letzten Monate, in denen wir auf das vergangene Jahr zurückblickten, versuchten durchscheinen zu lassen, impliziert ein gewisses Mass an Bescheidenheit, wenn eine Entwicklung einmal «richtig» vorausgesehen worden ist, aber auch eine Aufforderung zu mehr Zurückhaltung und Anstand, wenn bei aller Vertretbarkeit ein Entscheid sich nachträglich einmal als problematisch, kontraproduktiv, «falsch» herausstellt.

Dieselbe Zurückhaltung müsste man von den Historikern fordern, ja, man müsste es gerade als ihre Aufgabe bezeichnen, Unsicherheitssituationen der Vergangenheit wieder geistig aufleben zu lassen. Und nicht den effektiven Verlauf des Faktischen als Vorwand zu nehmen, es hätte die Unsicherheiten gar nie gegeben. [...].

Vom Umgang mit kollektivem Vermögen (2006)[48]

Ein oder mehrere Skandale?

Ein Sturm der Entrüstung fegte im Sommer 2006 durch das Schweizerland, als die Fusion zweier Banken zum Gegenstand einer von den Medien wollüstig betriebenen Kampagne wurde.[49] Die Mechanik der Fusion wird noch von Gerichten zu beurteilen sein, weil sich ein Minderheitsaktionär benachteiligt fühlt. Obschon der Ausgang dieser rechtlichen Auseinandersetzung ziemlich offen ist, hat etwas anderes schon stattgefunden: die Vorverurteilung der einen Partei durch die Öffentlichkeit. Eine neue und insgesamt erfolgreiche Bank wurde dabei geschlissen und ein vielleicht etwas zu raffinierter Unternehmer in Grund und Boden gestampft. Es ist eben in dem Land, wo Durchschnittlichkeit die höchste Tugend ist, besonders einfach, Neid und Eifersucht gegen Emporkömmlinge zu entfachen.

48 Anlagekommentar Nr. 245 vom 9. Oktober 2006.

49 Angespielt wird auf die Fusion der Swissfirst mit der Bellevue-Gruppe, die im Herbst 2005 angekündigt worden war und im Folgejahr scheiterte.

Wer dauernd in Unsicherheitssituationen lebt, der weiss vor allem aber auch, wie relativ der Begriff «Fehler» ist.

Seite 329

Weil die von ihm verwaltete Pensionskasse in die Bankenfusion involviert gewesen war, geriet dann der Anlagechef der PK einer Industrieunternehmung ebenfalls in den Medienstrudel. Zwar erfreut sich die betreffende Kasse mit einem Deckungsgrad von über 140 Prozent einer robusten finanziellen Gesundheit, und die Destinatäre müssten ihrem Vermögensverwalter eigentlich fast zu Dank verpflichtet sein, dass er für sie über Jahre hinweg eine Anlagerendite von deutlich mehr als 10 Prozent erzielen konnte. Doch was die Öffentlichkeit mehr interessierte und schwer erschütterte, waren die privaten Verhältnisse des Managers: Sein Vermögen war nämlich, wie die findigen Journalisten aufdeckten, innerhalb von weniger als 20 Jahren auf satte 68 Millionen Franken angewachsen. So etwas darf es doch für einen letztlich einfachen Angestellten nicht geben – Skandal!

Skandal? Gemach. Völlig unmöglich sind solche Vermögensentwicklungen nämlich nicht, höchstens unwahrscheinlich. […].

Die Unwahrscheinlichkeit wundersamer Vermögensvermehrung führt dazu, dass nebst Neid und Unkenntnis durchaus berechtigtes Missbehagen gegenüber der Art und Weise bestehen muss, wie Pensionskassen- und damit eben nicht eigenes, sondern Drittvermögen in unserem Lande verwaltet wird. Die Involvierung von Pensionskassen in eher undurchsichtige Übernahmetransaktionen, namhafte Aktienengagements in Hochrisiko-Objekte, eine auffällig hohe Involvierung von Pensionskassen bei Börsengängen (IPOs), unsaubere Submissionspraktiken im Liegenschaftenbereich, Kommissionszahlungen verschiedenster Art, indirekte Vorteilsgewährung und grosszügige Geschenke an Auftraggeber – es gibt der Symptome für einen realexistierenden Sumpf zu viele, als dass man einfach achselzuckend zur Tagesordnung übergehen dürfte. […].

Die unselige Grille

[…]. Die Erkenntnis, dass es sich bei der zweiten Säule um eine Institution mit Zwangscharakter handelt, ist für die ganze Diskussion von grosser Tragweite. Der Gesetzgeber schreibt vor, dass gespart werden muss; er schreibt (innerhalb des sogenannten obligatorischen Teils) auch vor, wieviel gespart werden muss, und er gewährt (innerhalb des sogenannten überobligatorischen Teils) einen Spielraum, in welchem steuerprivilegiert gespart werden darf. Ausserdem gibt der Gesetzgeber auch vor, wie gespart werden muss, indem er mittels Anlagerichtlinien und entsprechenden Kontrollen Ordnung in den Portfolios zu schaffen versucht. Obendrein werden auch die Auszahlungsmodalitäten festgelegt, bzw. besteht beim Rentenumwandlungssatz ein Spielraum der Behörden zur Umverteilung zwischen den Generationen. Nun kann man den Zwangscharakter selbstverständlich in obrigkeitsgläubiger Manier als quasi gottgegeben hinnehmen. Unseres Erachtens lohnt es sich aber, ihn nicht nur als wichtiges Faktum zu erkennen, sondern auch zu fragen, weshalb in aller Welt denn ein Gesetzgeber dazu kommt, seine Bürger in einer eigentlich so privaten Sache, dem Sparen für die eigene Vorsorge, Vorschriften zu machen.

Das Zwangssparen hat seine ethischen, gesellschaftspolitischen und ökonomischen Wurzeln. Zunächst wird Sparen in der westlichen Ethik ganz allgemein als etwas Gutes angesehen. In der Fabel von La Fontaine erscheint uns die Ameise zwar als etwas hartherzig, aber unendlich seriös, die Grille, welche den ganzen lieben Sommer lang, statt gescheffelt und gespart, gezirpt und gesungen hat, dagegen als überaus leichtsinnig und nachlässig. [...].

Die gesellschaftspolitische Wurzel des Zwangssparens liegt im Übergang von der autarken Familien- und Dorfgemeinschaft zur industriellen Gesellschaft. Die Fabriken brauchten frei verfügbare, das heisst mobile, nicht an irgendwelche Dorfgemeinschaften gebundene Arbeitskräfte. [...].

Die dritte, ökonomische Wurzel liegt in den volkswirtschaftlichen Modellen, wie sie vor allem in den 30er-Jahren des vorigen Jahrhunderts populär wurden. Im Konzept des Bruttoinlandprodukts spielte das Sparen eine wichtige Rolle: In den damals ziemlich geschlossenen Volkswirtschaften machten die getätigten Investitionen, zusammen mit dem Privat- und dem Staatskonsum, die Verwendungsseite der volkswirtschaftlichen Rechnung aus und entsprachen, unter Vernachlässigung der Aussenbeiträge, dem inländischen Sparaufkommen. [...].

Hartherzige Ameisen oder Tagesfliegen?

Es gibt, jenseits der makroökonomischen Kryptik, durchaus ernstzunehmende, eher der Mikroökonomie zuzuordnende Argumente, die für einen gewissen Zwang beim Sparen zu sprechen scheinen. Insoweit man, das heisst die Gesellschaft, nicht bereit ist, so hartherzig zu sein wie die Ameise, die ja bekanntlich die hungernde Grille von der Türe weist, muss eine Vorratshaltung installiert werden, die notfalls beiden, das heisst der Ameise und der Grille, das Überleben sichert. Oder etwas konkreter in Bezug auf die Altersvorsorge: Wenn man durch gesellschaftliche Mittel die Not einzelner im Alter vermeiden will, kommt man um Transfermechanismen nicht herum. Der Transfer kann sozusagen rein solidarisch «unter Ameisen» erfolgen mit einem Ausgleich zwischen kürzer- und längerlebenden Exemplaren, oder er kann auch «zwischen Ameisen und Grillen» stattfinden, indem die Reichen die Vorsorge der Armen finanzieren. Letzteres findet in der Schweiz in hohem Masse über die als progressive Reichtumssteuer organisierte Alters- und Hinterlassenenversicherung (AHV) statt. Im Prinzip ist dagegen nichts einzuwenden, oder zumindest insoweit nichts, als es ja unter den Ärmeren durchaus emsige Ameisen zu geben pflegt, die dennoch keine Vorräte sammeln können, und unter den Reichen zirpende Grillen, die auch in 100 Jahren noch weiterzirpen könnten ... Das Prinzip erscheint somit insoweit gerecht, aber auch nur insoweit, denn das Problem besteht darin, dass sich im Wissen um das Vorhandensein grosser Vorräte die Grillenbestände vermehren und Grillen von weither angesogen werden. Darin besteht der *moral hazard* des Wohlfahrtsstaats. Er kann nur so lange weiterfunktionieren, als es den Ameisen nicht verleidet, dauernd auch für andere Vorräte scheffeln zu müssen, und sie nicht einfach davonlaufen. Deutschland lässt grüssen. [...].

Zwang – wo und wie viel?

[...]. Ökonomisch ist zweierlei völlig klar und eigentlich auch unbestritten: Die Lohnbeiträge werden keinesfalls hälftig von beiden Seiten, das heisst vom Arbeitnehmer und vom Arbeitgeber, bezahlt, sondern sind, zusammen, Bestandteil der Gesamtbezüge eines Arbeitnehmers. Ob sich dessen Anstellung rechtfertigt und ob dessen Lohn seiner Produktivität entspricht, rechnet sich anhand der Gesamtbezüge; entsprechend wäre es auch falsch oder illusorisch, den Marktwert einer Arbeitsleistung um irgendwelche PK-Beiträge zu verfälschen. Damit ist auch klipp und klar ausgedrückt, wem die Pensionskassen gehören: den Destinatären als ultimative Empfänger der künftigen Rentenzahlungen oder Kapitalbezüge. Der Arbeitgeber hat in einer Pensionskasse nichts zu suchen.

[...]. Die traditionelle Nähe der Pensionskasse zum Arbeitgeber manifestiert sich am meisten bei den (zahlenmässig allerdings stark schwindenden) Kassen, die ihr Rentenbetreffnis nach dem sogenannten Leistungsprimat berechnen. «Leistungsprimat» bedeutet, dass nicht die aus Beitragszahlungen aggregierte Summe die Zahlungsverpflichtung der Kasse bestimmt, sondern die exogene Grösse der letzten Lohnzahlungen. Ökonomisch gesehen handelt es sich beim Leistungsprimat um die Gewährung einer geschriebenen Option des Arbeitgebers an den Arbeitnehmer über die von ihm nur halbwegs bestimmbare Kenngrösse der letzten Lohnzahlungen. Im Austausch dafür erhält der

Arbeitgeber vom Arbeitnehmer eine Option über das Potential der Kapitalerträge. Der Wert dieser Optionen produziert Bauchschmerzen, vor allem in den Bilanzen der davon betroffenen Unternehmungen, da die notwendigen Rückstellungen extrem schwierig zu berechnen und sehr schwankungsanfällig sind gegenüber Veränderungen in Finanzkennzahlen wie Zinsen und künftigen Renditen sowie zu erwartender Inflation und möglichen Lohnerhöhungen. [...]. Allerdings [...] auch das Beitragsprimat nach schweizerischer Lesart entspricht wegen der Vorgabe eines Mindestzinssatzes einer Art Leistungsprimat.

Eine weitere strukturelle Frage betrifft die Wahlfreiheit der Pensionskasse. Wenn der Arbeitgeber als Element im Pensionskassenwesen ausscheidet, dann rechtfertigt sich die Einschränkung der Wahlfreiheit zwischen verschiedenen Pensionskassen auch nicht. Delegation der Verantwortung durch die Eigentümer könnte ja zum Beispiel heissen, dass mit der Zeit einige grosse, kosteneffiziente Gebilde entstehen würden, die untereinander in freiem Wettbewerb ständen. Der freie Wettbewerb könnte sich sowohl im statutarischen Leistungsspektrum als auch in der Anlagerendite bzw. der Höhe von Renten und Kapitalauszahlungen auswirken, selbstverständlich geregelt durch griffige Normen, um Verletzungen der Eigentumsrechte verschiedener Destinatärgenerationen oder einzelner Destinatäre zu verhindern. Der Schutz des kleinen Miteigentümers oder von schwachen Miteigentümergruppen in kollektiven Anlagevehikeln ist entscheidend, und darauf müsste sich die staatliche Aufsicht konzentrieren.

Die Frage ist natürlich, ob man letztlich den Kräften des Wettbewerbs traut. Diesbezüglich ist es offensichtlich nicht weit her. So schmetterte die schweizerische Regierung im Frühjahr die Option der freien Kassenwahl definitiv ab. Dabei führte sie «höhere Kosten» und eine «Destabilisierung des Systems» als Argumente gegen die Deregulierung an, ohne aber auf die mit Sicherheit zu erwartende höhere Anlagerendite auch nur mit einem Wort einzugehen. Wie kam der Bundesrat zu diesem Schluss? Er wurde und wird in Vorsorgefragen von einem «Experten»-Gremium beraten, das praktisch zu 100 Prozent aus Vertretern der Produzentenseite zusammengesetzt ist. Ein klassischer merkantilistischer Umzug also, der selbstverständlich nie für Wettbewerb optieren wird. Das Resultat ist gravierend, wenn man bedenkt, was auch nur ein einziges Prozent an höherer Anlagerendite (und auch an tieferen Verwaltungskosten, was entgegen der Meinung der «Experten» bei weniger und effizient geführten Kassen auch zu erwarten wäre) auf die Länge in Franken und Rappen bedeutet. Ob die Durchschnittsrendite seiner Anlagen 3,5 oder 2,5 Prozent beträgt, bedeutet für einen Destinatär, der heute mit 30 Jahren brutto 8'000 Franken im Monat verdient und der Einfachheit halber bis zum 65. Altersjahr dasselbe Gehalt beibehält, ein Plus von 120'000 Franken auf seine Altersgutschrift von 570'000 Franken. Das ist viel Geld für den einzelnen, es ist aber noch viel mehr Geld im Aggregat der ganzen Nation. Es ist nicht unerheblich für das Wohl unseres Landes, wie die heute rund 650 Milliarden angehäuften BVG-Kapitals[50] verwaltet werden und als Folge davon mehr oder weniger rentieren. Es geht um viele Milliarden Volksvermögen, das ein schlecht beratenes Organ mit einem Federstrich aufs Spiel gesetzt hat. Je jünger die Destinatäre, desto leidtragender, weil sich der Zinseszinseffekt in der langen Frist am meisten auswirkt. Der grosse Aufschrei im Lande hätte deshalb nicht nur im Sommer 2006 wegen der aufgedeckten mutmasslichen Bereicherungen einzelner Pensionskassenverwalter erfolgen müssen, sondern bereits im Frühling dieses Jahres, als der bei weitem belangreichere Negativentscheid des Bundesrats bezüglich freier Kassenwahl getroffen wurde. Und aufschreien müssen hätten nicht die Medien, sondern die jungen Arbeitnehmer. Offenbar gibt es weder eine Partei noch eine Gewerkschaft, die sich um sie kümmert. [...].

Der alles entscheidende Zeithorizont

Das Vermögen von Pensionskassen stellt die Aktivseite einer Bilanz dar, auf deren Passivseite eine Vielzahl künftiger Renten- bzw. Kapitalauszahlungsverpflichtungen steht. Je nach Kasse können diese Verpflichtungen und Versicherungsleistungen sehr verschieden aussehen: Eine «alte» Kasse muss vor allem Renten an ihre pensionierten Destinatäre auszahlen. Sie muss dazu möglichst konstante Cashflows generieren und das Kapital möglichst ungefährdet anlegen, da es ja bald fällig wird. Die Auswahl von Anlageinstrumenten aus dem Universum der Finanzinstrumente hält sich in engen Grenzen. Jüngere Destinatäre hätten demgegenüber einen bedeutend höheren Freiheitsgrad, denn die Fälligkeit ihrer Verpflichtungen steht noch in weiter Ferne, und das Kapital ertrüge deshalb auch höhere Schwankungen, wie sie bei höher rentierenden Finanzinstrumenten üblich sind.

Die nachfolgende Grafik zeigt den Schwankungsverlauf der vier Anlageklassen Liquidität, Obligationen, Aktien und Rohstoffe über die letzten 36 Jahre. Dabei wird die Unterschiedlichkeit der Charakteristiken deutlich sichtbar. Währenddem Liquidität praktisch nicht, Obligationenanlagen nur leicht in ihrer Wertentwicklung schwanken, gestaltet sich der Verlauf von Aktienkursen und Rohstoffpreisen wie ein äusserst zackiges Gebirge. Da man nie wissen

[50] Kapital der beruflichen Vorsorge (Pensionskassen, Zweite Säule).

kann, ob man im Einzelfall unten im Tal oder oben auf einer Bergspitze steht, wenn man investieren will, ist entscheidend, dass man über genügend Zeit verfügt, um eine mögliche nächste Delle zu überstehen.

Berg- und Talfahrt – generell nach oben

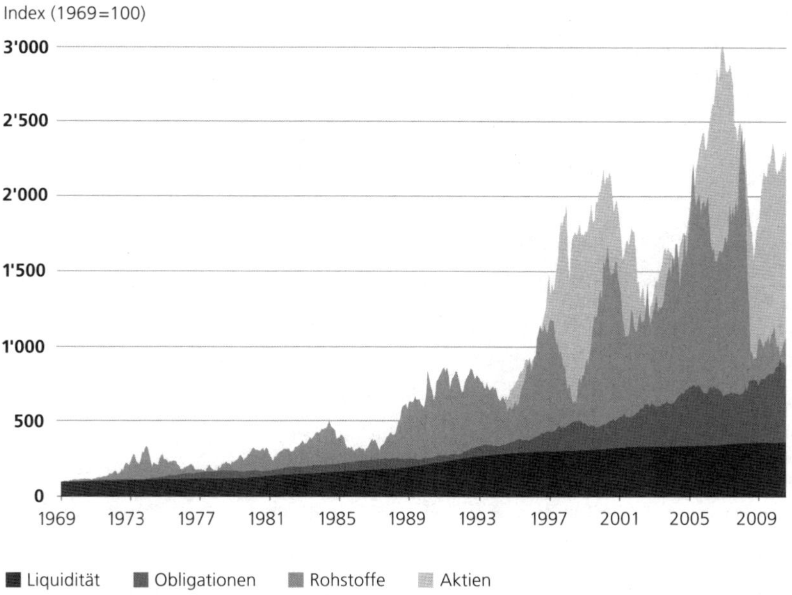

Quelle: Datastream, eigene Darstellung [bis 2010 nachgeführt].

Viele Pensionskassen wären ideal positioniert, um einen sehr langfristigen Anlagehorizont zu bewirtschaften. Die gesetzlichen Solvenzvorschriften stehen dem allerdings insofern entgegen, als die geforderte Deckung unter dem Liquidationsaspekt berechnet wird: so, als würden per Stichtag sämtliche Leistungsverpflichtungen fällig, egal, wie jung oder alt die einzelnen Destinatäre sind. Das entspricht selbstverständlich dem Vorsichtsprinzip, das halböffentlichen Institutionen gewiss gut ansteht. De facto führt es aber zu einer zu geringen Risikonahme der Pensionskassen für jüngere Destinatäre. Mit 25, 35, ja vielleicht auch noch 45 Jahren könnte man durchaus ein Aktien-*exposure* von bis zu 100 Prozent ertragen. Die meisten Kassen bewegen sich in ihrer strategischen Allokation zwischen 25 und 40 Prozent Aktien, und viele Stiftungsräte und Kassenverantwortliche haben bei den immer wieder vorkommenden Finanzmarktkrisen grösste Mühe, selbst mit diesen geringen Aktienquoten adäquat umzugehen, da im Hintergrund ja immer der gesetzlich vorgegebene Mindestzinssatz droht. Faktisch wird deshalb vielfach ein bei weitem zu kurzer Anlagehorizont per Ende Jahr oder sogar per Ende Quartal optimiert. Was resultiert, ist eine für jüngere Destinatäre völlig ungenügende Durchschnittsrendite.

Dieses enge Korsett muss wohl als Rahmenbedingung akzeptiert werden, solange die grundlegenden Strukturen des Pensionskassenwesens nicht verändert werden. Nun lässt die jüngste Revision des Bundesgesetzes über die berufliche Alters-, Hinterlassenen- und Invalidenvorsorge (BVG) wenigstens einem beschränkten Personenkreis das Entfliehen mit Teilen des Pensionskassenvermögens zu. Wenn es die Statuten der Kasse zulassen (was keineswegs selbstverständlich ist), dann kann ein Teil (sic!) des überobligatorischen Teils des individuellen Pensionskassenvermögens, das heisst der über die staatlichen Zwangssparvorschriften hinaus eingebrachten Mittel, durch den Destinatär selbst bewirtschaftet werden. Da die Mittel als Vorsorgegelder bis zur Pensionierung aber der freien Verfügung entzogen sind, muss die individuelle Bewirtschaftung in einem eigens dafür bestimmten Gefäss stattfinden. Für die Bewirtschaftung gelten, obwohl das die Gesetzesrevision expressis verbis nicht so verlangt, gemäss Bundesamt für Sozialversicherung dieselben Anlagevorschriften wie für den Rest der BVG-Gelder, also beispielsweise eine Höchstquote für Aktien von 50 Prozent. Das ist natürlich ein Blödsinn, aber muss wohl auch als Rahmenbedingung akzeptiert werden.

Aus unserer Sicht lohnt es sich trotz all den genannten Einschränkungen, den neu gewährten Spielraum zu nutzen. […].

Chinesen und Inder für alternde Schweizer

Der vom Gesetzgeber gewährte Freiraum entspricht zwar einem Tropfen auf den heissen Stein, aber er erlaubt es immerhin, auf individueller Ebene und mit einem Teil des Vorsorgevermögens das zu tun, was dem Pensionskassenwart aus regulatorischen Gründen verwehrt ist. Aus übergeordneter Sicht muss aber trotzdem darauf hingewiesen werden, dass das wirklich stattliche schweizerische BVG-Vermögen von derzeit 650 Milliarden Franken vermutlich in wohlstandsvermindernder Weise falsch alloziert ist. Dies nicht nur, weil infolge der regulatorisch bedingten Verkürzung des Anlagehorizonts deutlich zu wenig Aktienrisiken eingegangen werden. Vielmehr orientieren sich die Anlagen durch die Liquidationssicht und durch die vom Gesetz vorgegebenen Anlagevorschriften bei weitem zu stark an der hiesigen Volkswirtschaft, ihrer Währung und ihren Investitionsmöglichkeiten. Oder im Fachjargon ausgedrückt: der *home bias* ist zu hoch, was dazu führt, dass die Schweiz und das umliegende Europa für das schweizerische PK-Vermögen ein Klumpenrisiko darstellen.

Das ist unter dem Gesichtspunkt, dass Europa und mithin die Schweiz in den nächsten 50 Jahren einem dramatischen Alterungsprozess ausgesetzt sein werden, absolut töricht. Denn es könnte sein, ja, ist sogar ziemlich wahrscheinlich, dass im Zuge der Alterung der Gesellschaft nicht nur unsere Volkswirtschaften relativ zu anderen, jüngeren aufstrebenden Volkswirtschaften schrumpfen, sondern dass es hiesige Kapitalanlagen, ja vielleicht auch der hiesige Liegenschaftenmarkt, auch tun. Wenn es schon so ist, dass wir für den Sicherheitsteil unserer Altersvorsorge, die Alters- und Hinterlassenenversicherung (AHV), wegen des Umlageverfahrens auf die Leistungskraft der dannzumaligen hiesigen Volkswirtschaft angewiesen sein werden (und mithin schon ein happiges Klumpenrisiko besteht!), dann müssten die Pensionskassen dazu einen Ausgleich schaffen.

Die globalen Finanzmärkte böten dafür in reichem Masse Möglichkeiten. Risiko wird nicht reduziert, indem man hiesige Anlagen bevorzugt, sondern indem man zur vermehrten weltweiten Allokation ermuntert. Rund um den Globus findet sich eine grosse Anzahl in ihrem Kursverlauf wenig oder nicht korrelierender Anlagen. Ein nach allen Regeln der finanztheoretischen Erkenntnisse zusammengestellter Mix solcher Anlagen wäre längerfristig vermutlich bei weitem risikoärmer als die durch das BVG induzierte Bevorzugung von Staatsobligationen schweizerischer oder notfalls europäischer Provenienz.

In den kommenden Jahren werden Weltgegenden, in welchen noch massenweise unbeschäftigte Arbeitskräfte auf Arbeit und ungenutztes Land auf «Beackerung» warten, jede Menge Kapital brauchen. Dies wäre eine weltpolitisch und -wirtschaftlich einzigartige Chance, um einen Teil des Alterungsproblems Europas wenigstens einigermassen auszugleichen. So man über Kapital verfügt. Im Gegensatz zu den umliegenden Nachbarn trifft das, wie gesagt, für die Schweiz zu.

Da anzunehmen ist, dass auch in diesem Bereich das Faktum einer allerhöchstens marginalen Chancenwahrnehmung hinzunehmen ist, verweisen wir unsere Anlagekunden auf den sozusagen dritten Weg: wenigstens mit den eigenen, nicht von Zwangsspar- und Zwangsverwaltungsmechanismen belegten Vermögensteilen das Richtige zu tun. Mit dem Privatvermögen kann man einen Ausgleich schaffen zum *home bias* der ersten und zweiten Vorsorgesäule. Die Instrumente dazu sind vorhanden, die Konzepte ebenso.

Eunuch oder Sultan

Die gesetzlichen und politischen Rahmenbedingungen für den Umgang mit dem kollektiven Anlagevehikel Pensionskasse sind das eine, das andere sind die Personen, die sich in und um die gegebenen Strukturen zu bewegen haben. [...]. Aufgrund der Konstellation, dass einer Vielzahl von sehr dispersen Miteigentümern eine sehr geringe Zahl von «Managern» gegenübersteht, ergibt sich zwangsläufig eine immense Asymmetrie. Jegliche – positiv oder negativ wirkende – Aktivität oder Unterlassung des Managers wirkt sich für den einzelnen Miteigentümer dermassen marginal aus, dass es sich nur in ganz krassen Fällen lohnt, tätig zu werden. Ja, nicht einmal die Nachrichtenbeschaffung lohnt sich in den meisten Fällen. Hand aufs Herz: Wann haben Sie zum letzten Mal den Jahresbericht Ihrer Pensionskasse gelesen? Wie hoch war die Anlagerendite Ihrer PK über die letzten fünf Jahre? Wie ist ihr (Ihr!) Vermögen zusammengesetzt?

Die Konstellation der Asymmetrie bedeutet zudem, dass der Anreiz für Manager jeglicher kollektiver Anlagevehikel enorm hoch ist, zulasten des Kollektivs und zugunsten ihrer selbst kleinere oder auch grössere Inkorrektheiten zu begehen.[51] Selbst diese grösseren bleiben für den dispersen Miteigentümer noch lächerlich klein. Das gilt, um es nochmals zu sagen, für jegliche kollektiven Anlagevehikel, also auch jene, die sich im freien Markt bilden und bewegen: für klassische Anlagefonds ebenso wie für *private equity*-Vehikel oder Hedgefonds, für Lebensversicherungen ebenso wie für Investmentgesellschaften. Und deshalb gibt es da wie dort mit Sicherheit kleinere und grössere Unkorrektheiten.

Mit dem Unterschied freilich, dass diese Vehikel, weil sie sich eben im freien Markt behaupten müssen, alles daran setzen, ihre Reputation nicht zu verlieren, und deshalb über Strategien verfügen, mit denen sie zeigen können, dass sie ihr Asymmetrieproblem im Griff haben. Diese Strategien kann man, grob, einteilen in das «Eunuchen»- und das «Sultansprinzip». Beim Eunuchenprinzip werden die Kompetenzen der Manager stark eingeschränkt und genauestens kontrolliert. Dass die *governance* in Ordnung ist, wird durch den Attest von als kompetent angesehenen Revisionsgesellschaften und durch das freiwillige Sich-Unterwerfen unter eine Kontrollbehörde wie die SEC, FSA oder die

[51] Siehe S. 238–254.

schweizerische Bankenkommission[52] manifestiert. Schön gestaltete Jahresberichte, glanzvoll bestellte Verwaltungsräte, täglich gestellte Kurse und die Behauptung des Vorhandenseins aller möglichen *Chinese walls* tragen weiter zur Reputation einer absolut sauberen Weste bei. Eng gefasste Eigengeschäftsregelungen für die Manager sollen die üblichsten Praktiken, das sogenannte *front running* und das *parallel running* – auf deutsch am besten ausgedrückt als «umgekehrtes Aschenputtelprinzip» (Die Guten ins Kröpfchen, die Schlechten ins Töpfchen) –, erschweren.

Gerade umgekehrt verläuft es beim Sultansprinzip. Da werden die Eigeninteressen des Managers insofern internalisiert, als man von ihm erwartet, einen wesentlichen Teil seines eigenen Vermögens mitzuinvestieren. Es gehört zu einer der wichtigsten Sorgfaltsprüfungen von Hedgefonds und *private equity*-Gesellschaften, das Eigenengagement der Manager zu erfahren. *Front* oder *parallel running* macht unter der Voraussetzung, dass ein Manager wirklich mit Haut und Haaren mit dabei ist und dass dies einen substantiellen Teil des Fondsvermögens ausmacht, überhaupt keinen Sinn. Im Gegenzug können solche nach dem Sultansprinzip geordneten kollektiven Anlagevehikel weitgehend auf die Insignien behördlich oder durch eine Revisionsstelle attestierter *governance* verzichten [...].

Der freie Markt der kollektiven Anlagevehikel funktioniert praktisch klaglos, und wenn doch einmal ein Unfall passiert, dann ist es den (freiwilligen!) Anlegern unbenommen, sich mit ihrem Miteigentum davonzumachen. Die Sanktionsmöglichkeit des *exit*, des Verkaufs, ist stark genug, um das System diszipliniert zu halten.

Pensionskassen kann man nicht, oder nur in ganz geringen Portionen, verlassen. Bei Pensionskassen kann es keine «Sultane» geben, weil das die Struktur nicht zulässt. [...].

Der gläserne Kunde (1999)[53]

[...].

Orwell im Kuhstall

Die moderne, computergestützte Rindviehhaltung sieht eine mittels Sonden erhobene Auswertung des Milchflusses jeder einzelnen Kuh während der ganzen Melkdauer vor. Aufgrund der eingelesenen Werte kann das Fütterungsprogramm, gegebenenfalls auch die Medikamentierung durch den Tierarzt, auf

[52] Siehe Fussnote 36, S. 176.
[53] Anlagekommentar Nr. 194 vom 17. Mai 1999.

individueller Basis erstellt werden. Jede Kuh erhält massgeschneidert genau das Futter genau zu dem Zeitpunkt in genau der Menge, die sich für die Milch- und Fleischproduktion als optimal erweist. Das mag im Hinblick auf die Notwendigkeit, dass künftig noch mehr Leute auf dieser Welt mit Proteinen versorgt werden müssen, durchaus vernünftig sein. Man schätzt sich aber doch irgendwie glücklich, keine Kuh zu sein. Weshalb?

Weil spätestens beim verordneten Fütterungsprogramm der Freiheitsverlust erkennbar wird. Der «Economist» hat kürzlich richtig vermerkt, *privacy*, also Privatsphäre, sei ähnlich wie Eigenkapital ein *residual claim.*[54] Eine Grösse also, die übrigbleibt, wenn alles andere aufgebraucht ist. Eine Grösse, die man im Grunde genommen nur im Bedarfs- oder im Notfall braucht, die sich dann aber als entscheidend erweist. Eine Grösse auch, die man in kleinen Häppchen möglicherweise gerne zu opfern bereit ist, deren gesamthafter Wegfall aber existenzgefährdend ist. Wenn man beispielsweise ein Mobiltelefon benutzt, dann weiss man, dass von der Betreibergesellschaft die eigenen Bewegungen auf wenige 100 Meter genau geortet und in der Datenbank registriert werden, sofern man das Handy eingeschaltet hat. Man nimmt dies in Kauf, weil man erstens nichts zu verbergen zu haben glaubt und weil zweitens der Verlust an Privatsphäre nur einen Teilbereich umfasst. Zusammen mit der Reisebuchung, zusammen mit der über Kreditkarte bezahlten Restaurantrechnung, zusammen mit der Registrierung der Arztrechnung bei der Krankenkasse ergibt sich aber eine Informationsvielfalt, die gegebenenfalls den Gesamtverlust der Privatsphäre bewirken kann. […].

Segmentierungswut und vertikale Integration

Die Fütterung im Kuhstall gemäss genaustens erhobenen Milchwertdaten entspricht ziemlich genau dem Bild von sogenannt individuellem Private Banking, wie es derzeit von grossen Institutionen geübt wird. Der Kunde wird genaustens auf seine Konstitution (bzw. diejenige seines Portefeuilles) durchleuchtet. Seine Bedürfnisse werden geklärt (bzw. sein Konsumverhalten aufgrund ausgewerteter Daten früherer Transaktionen definiert). Und weil eine Grossbank dann doch nicht hunderttausende von Individualkühen halten kann, erfolgt aufgrund dieser Information eine rigorose Kategorisierung.

So werden Kunden mit einem in den Augen der Institution eher geringen Vermögen – je nach Adresse werden Beträge bis zu einer Million Franken (!) als «gering» eingestuft – einem «Privatkundengeschäft» oder ähnlich euphe-

[54] The end of privacy, All the marvels of the information age come with a price, in: *The Economist*, May 1st 1999, S. 16. Siehe auch S. 256–261.

mistisch nett bezeichneten Segment zugeordnet. Das Futter für die solchermassen kategorisierten Kunden besteht in Anlagefonds und nur Anlagefonds, selbstverständlich aus eigener Produktion. Die für dieses Segment tätigen Berater haben im wesentlichen die Aufgabe, die Klientschaft bei Laune zu halten, ihnen auf alle erdenkliche Weise glaubhaft zu machen, wie bekömmlich das Futter für sie sei. Selbstverständlich ist man dabei in keiner Weise phantasielos. Um Individualität auch bei der Massenfütterung zu suggerieren, bietet man Unterkategorien mit unterschiedlichen Anlagezielen *(income, balanced, growth)* an. Und selbstredend erfolgt die Verkaufsunterstützung unter Einsatz von viel elegantem Hochglanzpapier.

Der nächsthöheren Kategorie von Kunden steht dann ein professionelles Portfoliomanagement zu Verfügung. Es lohnt sich für die Institution, diesem – immer noch recht grossen – Stall mit speziell leistungsfähigen Kundenkühen eine etwas vornehmere Behandlung angedeihen zu lassen. Das Portfoliomanagement speist diese wertvolleren Kategorien nicht mehr mit Anlagefonds und nur Anlagefonds ab, sondern nimmt für sie sogenannt individuelle Investitionen vor. Tätigt also Direktanlagen in Aktien, Obligationen, *futures*, Optionen etc. Und kauft selbstverständlich auch Anteile von Anlagefonds. Was die wertvolle Kundenkuh nicht weiss: dass diese Investitionen querbeet für alle ähnlich gelagerten wertvollen Kundenkühe einheitlich durchexerziert werden. [...].

Den *Very High Net Worth Individuals* (VHNWI) im höchsten Segment, den Leitkühen sozusagen, wird dann natürlich jeder Wunsch von den Lippen gelesen und notfalls auch tatsächlich eine individuelle Anlagetätigkeit durchgezogen. Rund um die Uhr sind alle möglichen hilfreichen Seelen darum besorgt, dass nur ja kein Ungemach entsteht und dass die Fütterung das verlangte Gault-Millau-Niveau stets erreicht.

Die Beschreibung mag etwas grotesk-überzeichnet klingen. Wenn man aber die Szene im Vermögensverwaltungsgeschäft weltweit verfolgt, dann sind so ziemlich alle grösseren Institutionen daran, ihr Stallsystem und die Verfütterungsparameter zu perfektionieren. Unverzichtbare Grundlage dafür bildet die minutiös nachgeführte Basis an individuellen Kundendaten. Nun wäre es unrichtig und wahrscheinlich auch kurzsichtig, die Bemühungen in Bausch und Bogen zu verwerfen, denn sie entsprechen in vielerlei Hinsicht ja lediglich den ökonomisch absolut begründeten Anstrengungen zur Verringerung von Kosten bei gleich- oder höherwertigem Resultat. Es ist nichts gegen ein industrialisiertes Vermögensverwaltungsgeschäft einzuwenden, wenn es weniger kostet und wenn es im Vergleich zur individuelleren Beratung ebenbürtige Qualitäten erbringt. Kundennähere Anlagekategorien und ein differenzierteres Produkteangebot zu erst noch tieferen Preisen, wer könnte dagegen etwas einwenden?

Es ist lediglich auf ein paar Haken hinzuweisen. Ein gravierendes Problem besteht unseres Erachtens in der Frage nach der Futterqualität. [...]. Mit der Massenfutterhaltung ist die grosse Gefahr verbunden, dass auf die Länge und in geringsten Dosen suboptimale Nahrung daherkommt.

Dies aus zweierlei Gründen, nämlich weil zum einen die geringe Zahl von Chefstrategen zumindest in bestimmten Marktsegmenten durch zuviel Marktmacht ein Zuwenig an freier Marktpreisbildung generieren und weil zum andern die Anreize viel zu gross sind, die Kundschaft nicht in vollem Umfange an der ökonomisch gerechtfertigten Rendite teilhaben zu lassen. [...]. Im Wissen um den Appetit nach hohen Renditeversprechen wird fast systematisch das Wort Risiko vermieden. So, wenn zum Beispiel ein ganz klares Aktien-*exposure* in Form eines *revexus*[55] als bondähnliches Couponpapier daherkommt. Das entspricht einer Stallhaltung, die den Kühen Klee vorsetzt, und die möglichen Blähungen in den Wind schlägt.

Es gibt wenig ökonomische Gründe für eine vertikale Integration im Vermögensverwaltungsgeschäft, wenn nicht die Möglichkeit, durch die gezielte Produktespezifikation auf Ebene der Investmentbank, durch absolut einengendes Produktemarketing mittels der Distributionspipeline, durch weitestgehendes Abwürgen jeglichen Entscheidungsspielraums auf der Beratungsebene das Substrat der empfangenden Kunden soweit zu konditionieren, dass ohne viel Aufmucken suboptimales Futter gefressen wird. Die solchermassen funktionierende, vertikal integrierte Vermögensverwaltungs-Organisation höhlt die freie Marktwirtschaft sozusagen von innen aus. Mit immer neuen Methoden wird versucht, der Produktetransparenz aus dem Wege zu gehen. Reichen die Möglichkeiten bei den Finanzinstrumenten nicht mehr aus, verlegt man sich auf das Vermarkten von Versicherungspolicen, die ja bekanntermassen und seit je intransparent sind. Man nennt dann dieses Geschäft *bank assurance*.

Fragen des Weltbildes und Anonymisierungsstrategien

Die optimale Rindviehhaltung im Vermögensverwaltungsgeschäft ist lediglich einer der Schauplätze der modernen, datengetriebenen und datenversessenen Wirtschaft. Im Flugverkehrsgeschäft, im Detailhandel, in der Reisebranche, überall sind ähnliche Vorgänge zu beobachten [...].

55 *Revexus (Reverse Exchangeable Units)* ist ein strukturiertes Produkt in der Form eines kurzfristigen festverzinslichen Papiers mit deutlich über dem aktuellen Zinsniveau liegendem Zins. Die Rückzahlung erfolgt jedoch nicht unbedingt zum Nominalwert, sondern beispielsweise in Aktien, wenn eine bestimmte Entwicklung an der Börse eintritt.

Für das Objekt, den Kunden also, oder für das Opfer, wenn man so will, stellt sich nun allerdings die Frage, inwieweit angesichts dieser neuen Ausgangslage nicht die Eigentumsrechte an den individuellen Daten postuliert werden müssten. Die moderne Datenschutzgesetzgebung versucht auf verschiedene Arten, dem individuellen Anspruch auf Integrität in *bits and bytes* gerecht zu werden. Allzu viel Hoffnung darf man in diese Anstrengungen jedoch nicht setzen, denn die Anreize, dass genau das Gegenteil geschieht, sind viel zu gross. Jede datensammelnde und datenauswertende Institution von der Warenhauskette bis zum Staat und zu überstaatlichen *agencies* hat ein eminentes Interesse an der freien Verfügbarkeit ihres Datensubstrats. [...].

An der Schwelle zum dritten Jahrtausend stellen sich mit anderen Worten existentielle Fragen, die bei den Eigentumsrechten an den individuellen Daten beginnen und in der künftigen Organisation der Gesellschaft enden. Die Freiheit steht sowohl auf individueller wie auf kollektiver Ebene zur Debatte. Diesmal nicht primär bedrängt von verdrehten Ideologien, sondern als Folge der technischen Entwicklung. [...].

Der Ratschlag läuft darauf hinaus, alles daran zu setzen, ein weitgehend untaugliches Objekt der Datenerhebung und Datenauswertung zu werden. Im Vordergrund steht zunächst einmal der Verzicht auf möglichst viele Wohltaten, die datensammelnde Unternehmungen anzubieten pflegen. Kundenkarten und dergleichen sind zu meiden. Das mag zwar schmerzhaft sein, aber die Freiheit hatte seit je ihren Preis. Die Verwendung von Bargeld ist eine weitere, sehr wirksame Anonymisierungsstrategie. (Gerade wegen ihrer Wirksamkeit müssen wohl in Amerika Kassenbezüge ab einer bestimmten, lächerlich tiefen Grössenordnung gemeldet werden ...) Der Verzicht auf Marktangebote, die Qualiflyer-Bonuspunkte mit Bankdienstleistungen und Hotelübernachtungen kombinieren, wäre ein weiterer Ratschlag.

Sehr gut überlegen muss man sich ferner, inwieweit man in eigener Person von den Möglichkeiten des Internets Gebrauch machen will. Man darf sich gerade mit Bezug auf den Internethandel mit Aktien, aber auch Gütern, keinerlei Illusionen bezüglich der Verwendung der generierten Daten hingeben. Da zudem ziemlich unklar ist, unter welche Rechtsprechung gegebenenfalls irgendwelche Abschlüsse fallen, ist auch nicht a priori von schweizerischen Geheimhaltungsstandards auszugehen. Wir empfehlen unseren Kunden, das Internet nur unter Zuhilfenahme eines anonymisierenden Zusatzprogramms [...] zu benutzen.

Im Brennpunkt des Interesses an persönlichen Daten werden immer die Vermögenssituation und die Transaktionsfreudigkeit von Individuen stehen. Deshalb ist daran zu erinnern, dass nach wie vor das Bankgeheimnis [...] eine sehr wirksame Anonymisierung zur Verfügung stellt. [...].

Vielleicht kommt es angesichts der Bedrohungslage soweit, dass nebst einem Qualitätszertifikat für reibungslose Organisation und effiziente Abläufe und nebst einem weiteren Zertifikat für die Umweltverträglichkeit dereinst ein Rating für die Einhaltung von *privacy*-Regeln vergeben wird. [...].

Anhang

Personenregister

Aly, Götz H. 142
Ash-Sheihi, Marwan Y. 202, 203
Atta, Mohammed 202, 203
Aumann, I. Robert J. 155, 156, 157
Baker, Robin 64
Barroso, José M. D. 295
Behring, Dieter 211, 212, 219
Berg, Ulf 133
Bergier, Jean-François 328, 329
Bertges, Damara 212, 217
Bin Laden, Osama 78
Black, Fischer S. 52
Blair, Tony 69
Blume, Lawrence E. 223
Brown, Gordon 285
Buchanan, James M. 27, 151
Buffett, Warren E. 311
Bush, George W. 164, 182, 183, 204, 305
Campbell, Dakin 311
Castro, Fidel 32
Chamberlain, Neville 156
Churchill, Winston 141, 156
Clinton, Bill 69
Cornfeld, Bernard 211
Darwin, R. Charles 29
Descartes, René 172
Dodd, David L. 253
Dormann, Jürgen 133
Durlauf, Steven N. 223
Ebner, Martin M. 223, 224, 228, 229, 255
Edison, Thomas A. 246
Eichel, Hans 315
Enzensberger, Hans M. 207, 278
Esumi, Makiko 313, 314
Fama, Eugene F. 52
Fazio, Antonio 189
Franklin, David 310
Frattini, Franco 195, 276
Friedman, Milton 27
Fukuyama, Francis 80, 173
Gates, H. Bill 246
Gauss, J. Carl F. 156, 217
Gorbatschow, Michail 17, 31
Graham, Benjamin 253
Greenspan, Alan 36, 62, 164
Gross, Bill H. 311
Gross, Peter 168
Gutenberg, Johannes 132
Hallyday, Johnny 136
Hayek, Friedrich A. von 30, 52, 53, 54, 55, 128
Hitler, Adolf 142, 320

Holzach, Robert 92
Hudson, Richard L. 156
Hussein, Saddam 16, 78, 171
Jelzin, Boris 17, 31
Keynes, John M. 54
Kirsch, Guy 76, 77
Kurz, Mordecai 86, 119
La Fontaine, Jean de 333
Lagarde, Christine 195
Lambelet, Jean-Christian 328, 329
Leeson, Nick 90
Leuenberger, Moritz 162
Liebig, Justus von 246
Locke, John 185
Lorenz, Edward N. 81
Madoff, Bernard L. 311
Malkiel, Burton G. 52
Mandelbrot, Benoît B. 156, 157, 176, 217, 220, 247, 292
Markowitz, Harry M. 52
Miller, Merton H. 226
Modigliani, Franco 226
Montesquieu, Charles-Louis Baron de 170, 185
Monti, Mario 295, 298, 299, 300
Müntefering, Franz 111
Obama, Barack 159, 160, 161, 162, 305, 307, 311, 312
Orwell, George 150, 341
Paulson, Henry M. 116
Pestalozzi, J. Heinrich 129
Ponzi, Charles 310
Prodi, Romano 217
Putin, Wladimir 43
Queisser, Hans-Joachim 56
Raffelhüschen, Bernd 309
Rehn, Olli 195
Rey, Werner K. 89, 211, 212
Roosevelt, Franklin D. 160, 312
Sarkozy, Nicolas 162
Schmitt, Carl 282
Schneider, Friedrich 281
Scholes, Myron S. 52
Schrempp, Jürgen 167
Schuhmacher, Michael 136
Schumpeter, Joseph A. 118, 119, 187, 188, 219
Schwartz, Anna J. 191
Shiller, Robert J. 36
Smith, Adam 29, 133
Sprott, Eric 310
Staub, Zeno 300
Stigler, George J. 27
Stiglitz, Joseph E. 223
Taleb, Nassim N. 291, 296
Tullock, Gordon 151
Vekselberg, Viktor F. 133
Zapatero, José L. R. 195
Zimmermann, Heinz 164
Zumwinkel, Klaus 277, 278, 279, 280

Sachregister

A

Abgabenbelastung 148
Abschottung 296
Abzockermentalität 100
agency problem 238, 239, 243
Agent 83, 238, 240, 242, 243, 247, 249
Aktie 58, 59, 60, 91, 304
  Technologie- 75, 117
Aktienbaisse 89, 175
Aktien-*basket 106*
Aktienbörse 99, 109
Aktien-*exposure 337, 344*
Aktienhausse 89
Aktienkurs 254
Aktienmarkt 75, 82, 89, 108, 111, 146, 162, 289
Aktienrecht 92
Aktionär 91, 228, 239, 240, 254, 255, 256
Aktionärsdemokratie 254
Aktionärsrechte 255
Al Kaida 78, 173, 206
Allokation (siehe auch Kapitalallokation) 63, 101, 133, 161, 162, 165, 167, 227, 228, 236, 337, 339
Altersvorsorge 141, 333, 339
Amateur 131
Ameise 333, 334
Amtshilfe 301, 302
Anamnese 214
Anbieterkartell 218
Andouillette 105, 106
Angst 76, 78, 81, 83, 84
Anlagefonds 310, 340, 343
Anlagefondsgesetz 218
Anlagehorizont 82, 213, 236, 337, 338
Anlagerendite 332, 335, 340
Anlageverhalten 84, 99
Anlagevorschriften 332, 338, 339,
Anlageziele 343
Anleger 71, 81, 211, 212, 217, 218, 274
Anlegerkalkül 84
Anlegeropfer 217
Anlegerschutz 211, 212, 217, 218, 219
Anleihe (siehe Obligation)
Anonymisierung 344, 345, 346
Anreize 25, 48, 51, 91, 96, 102, 112, 130, 136, 137, 151, 155, 184, 194, 197, 210, 228, 229, 239, 244, 253, 270, 293, 296, 315, 316, 317, 318, 323, 340, 344, 345
Anreizstruktur 48, 92, 229
Anspruch 122, 198, 256, 258, 260, 261, 279, 316, 322
Anspruchsgruppe 136, 169, 316
Anspruchsmentalität 123, 142, 199
Anstalt (liechtensteinische) 306
Ansteckungsgefahr 192, 194
Anstossfinanzierung 170

Arbeitslosigkeit 24, 140, 166, 196,
Arbeitsmarkt 25, 139, 140, 146, 172, 297, 298
Arbeitsplätze 75, 139, 145, 224
Arbitrage 36, 37, 100
Armut 137
ass covering 179, 181
asset backed securities (ABS) *106*
asset inflation 36
Asymmetrie 112, 151, 184, 185, 204, 210, 217, 249, 261, 340
Aufschwung 15, 76, 146, 218, 312
Aufsichtsbehörden 178, 179, 191, 301, 325
Ausfallwahrscheinlichkeit 93
Ausnahmezustand 279
Ausräumaktion 74, 75
Auswanderung 124, 134, 137
Autonomie 43, 44, 50

B

bailing out 173, 274
Baisse 79, 80
Bandbreite 216
Bankbeziehung 199, 214
Bankbilanz 44, 89, 93, 102, 104, 107
Banken 41, 46, 49, 51, 93, 102, 115, 117, 145, 155, 161, 179, 194, 304, 320, 321
  Sanierungsrecht 196
Bankenkonglomerat 112
Bankenkrise 39, 51, 114
Bankenrecht 248
Bankensystem 100, 106, 116, 157, 193, 321
Bankgeheimnis 155, 220, 276, 283, 288, 298, 301, 308, 313, 316, 324, 346
Bankgeschäft 102, 103, 110, 199
Bankkredit 74, 92, 93, 98
Bargeld 263, 345
Basel II 178
Bear Stearns 190, 191, 192
Bedrohungspotential 204, 205
Begehrlichkeit 28, 123, 285, 293
Beherrschbarkeit 172
Beitragsprimat 335
Benchmark 83, 221, 255, 298
Benchmarking 255
Berichterstattung 84, 248, 249
Besitzstandsgarantie 187
Besteuerung 166, 195, 297, 323
  Begrenzung der 282
  der Zinsen 150
  des *total return 317, 318*
  des Vermögensertrags 317
  pauschale (Aufwands-) 285, 298
  pauschale des Vermögensertrags 317, 320
  übermässige 152
  und Eigentumsgarantie 319
  und Risikonahme 318, 319, 337
  von Erbschaft USA 303, 308
Betrugsbekämpfung 143
Bevormundung 214
Beweislast 213, 216
Bibliothek 42, 48, 50
Bildung 86, 129, 280
Binnenmarkt europäischer 137, 140, 144, 145, 172, 269, 294, 295
Biotechnologie 66, 69
Biotop 63, 64, 66, 69, 71
Bipolarität der Machtblöcke 15, 32, 123
Blase 86, 89, 100, 116, 118, 119, 196, 273
Blockfreie Länder 15
Bluechips 95, 164, 216
Bondspezialisten 87, 88, 90
Bonität 48, 59, 99, 101, 104, 115
Bonuszahlungen 112, 239, 243
Börse 84
Bratwurst 105, 106
Brüssel 140, 293
Buchhaltungsstandards 128, 175, 176

Buchprüfer 211, 218, 329
Bundesnachrichtendienst 206
Bürger 143, 264, 268, 270
Bürgerbewegung 131
Bürgerferne 263, 293
Bürokratie 143

C

Camorra 51
carry trades 100, 103, 104
Cashflow 51, 74, 111, 112, 128, 229, 230, 234, 240, 242, 336
checks and balances 169, 170, 248, 249, 296
checks and controls 238
China 29, 174, 190, 199, 290, 293
codes of best practice 253, 256
collateralized debt obligation (CDO) *101, 102, 103, 104, 106*
command and control 91
commercial papers 101, 103, 104
committee 175, 252
conduits 104, 105, 106
Controlling 93, 166, 178
Corporate Governance 133, 174, 176, 178, 240, 250, 252, 253, 254, 255, 256, 258, 260
Corporate-Governance-Regeln 219, 252, 253
corporate reputation 243
Credit Suisse 111

D

Darlehen 33, 91
Daten (siehe auch Kundendaten) 179, 216, 276, 318, 342, 345, 346
Datenauswertung 178, 345
Datenbank 176, 342
Datenerhebung 178, 181, 345
Datenschutz 276, 345
Datenzugriff 276
Deflation 116
Deklarationspflicht 308
Dekret 116, 117, 162, 192
de-leveraging 38
Demografische Entwicklung 157
Demokratie 21, 136, 151, 152, 159, 161, 169, 171, 173, 182, 183, 185, 261, 282
Demokratiedefizit 293
Demokratisches Vakuum 159
Demokratisierung 21
Depotstelle 304, 305, 308, 309
Deregulierung 34, 95, 127, 335
Derivate 56, 57, 58, 59, 61, 307
Desinvestition 146
Deutsches Reich 126, 328
Deutschland 170, 272, 279, 282, 283, 285, 286, 315, 334
Devisenreserven 236
Dilemma 192, 193, 250, 260, 292
Dirigismus 18, 189
Diskontierung 108, 109, 230
Diskriminierung 215
Distributionspipeline 344
Diversifikation 33, 44, 81, 82, 226, 227 274, 292
Dividende 78, 225, 317, 318
Dollaranlagen 291
Doppelbesteuerungsabkommen (DBA) 159, 302, 303, 304, 307
Doppelmoral 203, 267, 302
Drift 89
Durchschnittspräferenzen 46
Durststrecke 79, 82, 226

E

Effizienzgewinn 46, 106, 133
Eigeninteresse 111, 238, 341
Eigenkapital 38, 91, 96, 156, 234, 258, 260, 261, 342
Eigenmittelvorschriften 178
Eigennutz 206

Eigentum 16, 21, 33, 248, 284, 288, 297, 297, 316, 326, 328
Eigentümer 144, 147, 239, 241, 254, 288, 304, 335, 340
als Unternehmer 240
Eigentumsdelikte 122
Eigentumsfreiheit 284
Eigentumsrechte 26, 185, 207, 312, 323, 335, 345
Eigentumsschutz 136
Eigentumsübergang 328
Eigentumsverhältnisse 326
Eigenverantwortlichkeit 92, 293
Einkommensdisparität 28, 166
Einstandspreis 325
Einstimmigkeitsprinzip 293
Eli Lilly 199, 200, 201, 202
Emanzipation dezentrale 41, 42, 43, 50
Energieversorgung 43
Enron 174, 175, 254
Enteignung 319, 325
Entsenderichtlinie 146
Entsorgung 105, 113, 114, 116, 117, 119
Entziehungsstrategie 284, 285, 286
Ersatzvornahme 197
Erst-Emission 66, 68, 70
Erwartungen 55, 81, 138, 167, 189
rationale 84, 86
estate 303, 304
estate tax 305, 307
Etatismus 18
Eunuchenprinzip 340
Euro 263, 290, 294
Euroanlagen 291
Europa 28, 37, 39, 138, 139, 141, 142, 144, 145, 146, 151, 154, 198, 263, 266, 269, 270, 279, 283, 288, 291, 292, 293, 296, 298, 300, 309, 316
Niedergang 138
Gurken-Qualitätsnorm (EU) 124, 144
Europäische Union (EU) 124, 137, 141, 150, 159, 172, 184, 210, 263, 268, 269, 283, 292, 294, 295, 296, 316
Europäische Zentralbank (EZB) 190, 193, 194
Europäische Gemeinschaft (EG) 18, 28
Europäischer Wirtschaftsraum (EWR) 250
Eurozone 195, 196, 292, 295
Evolution 63, 77, 246, 250
Extrapolation 64, 66, 84, 86, 87
Extremereignis 156, 217

F

Fahrlässigkeit 143, 215
familiy office 285
Fatah 182
Federal Reserve 109, 116, 310
Fehlallokation 25, 224
Fehlentscheid 179
strategischer 37, 253
Fehler 167, 168, 180, 298, 325, 326, 329, 330
der Vergangenheit 325, 326, 328
einklagbarer 214, 219
Wert des 167
Fehlerkorrektur 326, 329
Feira 150, 317
Ferkel keimfreie 249
Finanzanalysten 180
Finanzdienstleister 213, 214, 217, 218, 220
Finanzinfrastruktur 51
Finanzinstrument 44, 46, 48, 60, 100, 115, 210, 213, 214, 216, 217, 229, 336, 344
strukturiertes 57
Synthetisierung mittels 317

Finanzkrise 95, 105, 156, 157, 158, 160, 161, 191, 194, 195, 289, 296, 309
Finanzmärkte 20, 31, 32, 57, 59, 60, 90, 92, 94, 116, 118, 119, 138, 156, 158, 167, 191, 194, 211, 225, 226, 227, 247, 339
  Effizienz der 90, 138, 190
Finanzmarktfähigkeit 94
Finanzplatz Schweiz 30, 155, 176, 220, 316
Finanzsektor 40, 118, 119
Finanzskandal 211, 212, 244
Finanzsystem 49, 50, 51, 56, 100, 106, 108, 155, 158, 161, 173, 192, 194, 195, 236, 272, 274, 275, 292
  Schockabsorption 56
Finanztheorie 60, 319
Firmeninteresse 223
Firmenübernahme 133, 144, 188, 246, 254
Fiskus 31, 39, 136, 137, 145, 160, 266, 277, 285, 304, 305, 317
Flexibilität 125
Fokussierung 235
Fonds 307, 313, 321
Frankenanlagen 291
Frankeninvestor 87, 88, 95
Französische Revolution 18, 22, 147, 275
free lunch 25
Freiheit 187, 207, 345
  wirtschaftliche 20
Freiheitsrechte 21
Freiheitsverlust 342
Freizeit 256, 258, 315
Fremdfinanzierung 92, 94
Fremdkapital 91, 146, 196
Frieden 16, 80, 156, 283
Friedensordnung 283, 328
front running 341
Führungsarbeit 243
Führungsaufgabe 227
Fundraising 322, 323, 324
Fundamentalismus 185, 190
Fundamentalist 183
Furcht 76, 78, 79, 81, 82, 83, 84
future (Finanzinstrument) *56, 59, 60, 343*

G

G20-Gipfel 155, 156, 159, 299
Gammelfleisch 107, 108, 111, 112
Garantie 190, 194, 195, 198, 199, 269
  in letzter Instanz 195
  Risikonahme infolge 173
  Rückzahlungs- 192
Gebühren 218, 266
Gegenwartswert 230, 240
Geheimdienst 276, 277, 288
Geheimhaltung 246
Geheimhaltungsstandards 345
Geldentwertung 273, 274
Geldwäscherei 176, 203, 267, 276
Generationen künftige 26, 141, 184, 270, 272, 274, 280, 284, 333
Gerechtigkeit 328
Gerichtspraxis 217
Geschäftsbedingungen allgemeine 218
Geschäftsleitung 168, 252
Geschäftsmodell 111, 308
Geschichtsschreibung anwaltschaftliche 329
Gesetz 207, 210, 213, 215, 248, 305, 339
  und Fehlleistungen 210
Gesetzgeber 87, 198, 208, 213, 218, 253, 286, 288, 318, 332, 333, 338
Gestaltungsmacht 161
Gesundheitswesen 25, 28, 139, 170
Gewerkschaften 24, 170, 279, 298
Gewinnlosigkeit 231
Gewissheit 22, 142, 216, 329
Glass Steagall Act 51

Gläubiger 20, 38, 48, 49, 89, 94, 116, 173, 191, 192, 193, 195, 197, 199, 309, 310, 311
Mitverantwortung der 194
Gleichgewicht 15, 63, 68, 146
Globalisierung 34, 37, 95, 106, 122, 127, 128, 248
go west 154
Gold 118, 236, 275, 286, 288
Goldreserven 236, 321
Golfkrieg 16, 31, 56, 78
governance 258, 260, 293, 294, 340, 341
individual 258
Griechenland 158, 190, 191, 194, 195, 196, 198, 289, 290, 292, 294, 295
Grille 332, 333, 334
Grundrechte 27, 284
Aushöhlung der 143

H

Haftpflichtrecht 253
Haftung 102, 218, 248, 252, 304
haircut 191, 192, 193
Hamas 182
Handelbarkeit 94
Handlungsfähigkeit 33, 157, 172
Handlungsfreiheit 228, 230, 231, 235, 236, 249
Handlungsunfähigkeit 32, 169, 171
Harmonisierung 39, 138, 140, 150, 284, 296, 298
Häufigkeitsverteilung 217
Hedgefonds 100, 104, 108, 109, 161, 214, 218, 255, 340, 341
Herdentrieb der Anleger 86
Historiker 142, 250, 329, 330
Historikerkommission 218, 325, 328, 329
Hochsteuerkartell 286, 318
Hochsteuerländer 137, 148, 316
Hochsteuerregime 172
Holocaust 320, 321, 322
Holzmann-Konzern 144, 145, 146
home bias 82, 339, 340
Hundehaltung 208, 220
Hurrikan 98, 99, 105
Hypothek 48, 102, 106, 107, 109, 115, 116, 117, 194
Hypothekarkrise 49, 108
Hypothekarmarkt 48
Hypothekarschulden 101
Hypothekarschuldner 92, 116, 117
Hypothekarzins (siehe Zins)

I

Idealismus 278, 283
Illiquidität 191
Immobilienkrise 56, 108, 117
Immobilienmarkt 115, 116, 224
Index 55, 81, 115, 255, 330
Länder- 82
MSCI World 78, 82
Welt- 78, 82
Indexing 255
Indexinstrumente 106
Indien 17, 36, 190, 290
Individuum 21, 75, 83, 86, 137, 185, 214, 238, 263, 269
Industrienationen westliche 22, 37, 159, 289, 290
Inflation 36, 117, 268, 275, 289, 335
Information 44, 77, 80, 84, 107, 119, 131, 179, 202, 249
irrelevante 202, 206
Informationsaustausch 150, 307
automatischer 162, 276, 305
Informationsbeschaffung 201, 206
Informationstechnologie 66, 276
Informationsvorsprung 242, 249
Infrastruktur 40, 41, 49, 50, 51, 137, 187, 244, 278, 279, 299

Innovation 72, 73, 154, 188, 232, 235, 236, 246, 247
Insolvenz 158, 191
Integrität 345
persönliche 143
territoriale 18
Interessenausgleich 169
Interessenkonflikt 29, 249, 252, 255
Internationaler Währungsfonds (IWF) 173, 190, 194, 195, 196, 290
Internet 41, 42, 44, 50, 69, 132, 133, 300, 345
Internetauftritt 231
Internetforen 131
Interpretation 44, 75, 84, 206
Investitionsboom 36, 72
Investmentbank 48, 49, 110, 192, 225, 274, 344
Investmentbanker 100, 104, 112
Investmentbanking 50, 51, 91, 109, 110, 111, 112
Investor 25, 38, 70, 72, 75, 92, 95, 162, 200, 204, 225, 226, 250, 308, 309, 311, 324
initial public offering (IPO) (siehe Erst-Emission)
irrational exuberance 36, 62
Irrationalität 63, 75, 100, 162, 164
Islam 173

J

Japan 15, 18, 46, 56, 98, 313, 314
Jugoslawien 17, 29, 33
Justiz unabhängige 22, 278

K

Kabinettspolitik 263
Kalkulierbarkeit 291, 292
Kalter Krieg 123, 171, 203, 204, 299
Kapazitätsgrenze 202
Kapital 34, 134, 232, 260, 309
Kapitalallokation 63, 71, 106, 139, 161, 162
Kapitaldeckungsverfahren 269, 297
Kapitaleigner 243, 260
Kapitalflucht 150, 152, 202, 206, 277
Kapitalflüchtling 266, 267
Kapitalgeber 189, 240, 242, 243, 247
Kapitalgewinn 317, 318, 319
Kapitalismus 161, 240, 244
Kapitalmarkt 90, 93, 94, 95, 101, 103, 133, 219, 289, 294
Effizienz des 101, 106
Kapitalmarktfähigkeit 98
Kapitalmarktkrise 101, 103
Kapitalmarkttauglichkeit 95
Kapitalschutzprodukte 106
Kapitalunterlegungspflicht 178
Kapitalvernichtung 83
Kapitalzuweisung (siehe Kapitalallokation)
Kartell 20, 132, 138, 206, 318
Kartellisierung 137, 219
Kartellpolitik 137
Katastrophe 62, 114, 174, 175, 180, 181, 291
Kategorisierung 93, 179, 215, 216 217, 342
Käuferstreik 101, 107
Kausalität 77, 118, 164, 174, 175, 188, 189, 218, 219, 248
Keimfreiheit 249
Kinderkrippen 102, 170, 186, 198
Klagegrund 213
Klagerecht 214
Klassenerster 299, 300
Kleinunternehmer 125
Klumpenrisiko 224, 316, 339
Kollaps 39, 100, 106, 108, 196, 286, 288
Kollektiv 42, 43, 49, 142, 143, 171, 172, 199, 260, 340
Anspruch an das 142, 198

Kompetenzvermutung zugunsten 171, 172, 186
Überforderung des 186
Kollektive Anlagevehikel 335, 340, 341
Kollektive Bewirtschaftung 46
Kollektive Struktur 40
Kollektive Veranstaltung 40, 44
Kollektives Grossvergnügen 42
Kollektivismus 164
Kölliken 112, 114, 117, 119
Kommunikation 122, 124, 125
Kommunikationstechnologie 34, 36
Komplexität 31, 57, 61, 71, 158, 160, 174, 196, 218, 292
Komponentenwirtschaft 134
Konfidenzintervall 217
Konfiskation 26, 148, 150, 220, 273, 275, 316, 318
Konfiskationsangst 315, 316
Konflikte 15, 203
regionale 18
zwischen den Blöcken 15
Konfliktpotential 17
Konglomerat 43, 110, 112, 226, 227, 228, 234
Konkordanzpolitik 28
Konkurrenz (siehe auch Wettbewerb) 87, 125, 128, 131, 145, 185, 214, 284
Konkurrenzfähigkeit (siehe auch Wettbewerbsfähigkeit) 141
Konkursdividende 89
Konkursrecht 196
Konsens 124, 208
Konsumentenschutz 198, 217
Kontamination 113
Kontrolle 129, 175, 181, 200, 247, 248, 249, 264, 276, 279
parlamentarische 171
soziale 203
totale 201, 247
Kontrollmechanismen 218, 239
Kontrollzwang 92
Kooptationsmodell 242
Korrelationsmuster 103
Korruption 128
Kosten 178, 180, 185, 343
der Arbeitskraft 24
der Produktionsfaktoren 30
der Vergangenheit *(sunk cost)* 324, 325
des Koalierens und Lobbyierens 151, 152
Entsorgungs- 117
Informations- 46, 108, 133, 323
Regulierungs- 248
Transaktions- 46, 108, 133, 204, 323
Vermögensverwaltungs- 266, 335
volkswirtschaftliche 176, 178
wirtschaftliche und soziale 22, 38
Krankenkassen 25, 342
Krankenkassenprämie 25
Kreative Zerstörung 118, 119, 187, 188, 189, 219
Kredit 94, 104, 179
Kreditausstand 93, 94
Kreditbewirtschaftung 48
Kreditentscheid 179
Kreditfinanzierung 94
Kreditgeschäft 93, 107, 179
Kreditmanagement 90
Kreditmarkt 101, 103, 106, 116, 117, 118
Kredit(markt)krise 100, 101, 105, 110, 114, 116, 277, 288
Kreditportfolio 93
Kreditrating (siehe Rating)
Kreditrationierung 93
Kreditsachbearbeiter 93, 96
Kreditschuldner 92
Kredittätigkeit 99, 232
Kreditvergabe 94, 117
Kreditwesen 94, 96
Kriminalisierung 161, 162, 267

Kriminalität 172, 174, 244
Wirtschafts- 276
Krise 156, 157, 180, 181, 295
Kunde 70, 111, 213, 214, 215, 216, 218, 243, 275, 276, 288, 301, 302, 304, 341, 342, 343, 344, 345
Kundendaten 301, 343
Kundensituation 215
Kurssturz 80, 81, 243
Küste von England 175, 176, 178, 247
Kuwait 16

L

Landesbanken deutsche 98, 104, 192
Landesgrenzen 17, 126
Landesverteidigung 123, 238
Landwirtschaft 25, 28, 36, 165, 281
Lateinarmerika Schulden 89
Lebenserwartung 83, 140, 141, 269
Legalität 282, 284
fiskalische 266
formale 183
Legalitätsargument 282
Legitimierung demokratische 151, 159, 267, 316, 317
Legitimierungskaskade 183
Legitimität 16, 205, 282, 284, 315
Lehman Brothers 110, 192, 194
Leistungsprimat 334, 335
Leistungsverpflichtung 261, 337
lender of last resort 49
leverage 272, 274
leveraging 90, 318
Liquidationsaspekt 337, 339
Liquidität 74, 133, 156, 191, 193, 234, 235, 236, 336
der Standorte 134, 136, 138
des Markts für Lehrer 130
Liquiditätsschub 132
Liquiditätsspender 235
Liquiditätsspritze 191
Lobby 185, 322
Lobbyieren 124, 126, 151, 293
Lohnbeiträge 334
LTCM-Krise 100, 101

M

Maastricht 140, 152, 194, 196, 197, 269, 294, 295
Machbarkeit 27, 29, 53, 54, 127, 186, 187, 198, 312
Machbarkeitsdenken 140, 188, 203, 293
Hybris des 198
Machbarkeitselite 189
Macht 160, 203, 270, 282, 288, 299
politische 20, 270
Machtanmassung 128, 185
Machtblöcke 15, 18, 32
Mafia 324
Mainstream 84, 86, 188
Management 91, 238, 239, 240, 242, 258
Management-Seilschaften 133
Manager 240
Managerlöhne 224, 242, 249
Mannesmann 144, 146
Marketing 211, 234
Markt 20, 53, 54, 55, 63, 92, 98, 111, 125, 130, 161, 192, 197, 243
Einsteckvermögen 56
Fehlleistungen am 167
für Derivate 61
Marktabsprachen 239
Marktmacht 344
Marktmechanismus 63, 167
Marktteilnehmer 63, 81, 112, 166, 240
Markttrends 156
Marktversagen 38, 100
Marktwert 318, 321, 334
Marktwirtschaft 18, 53, 207, 295 313, 344
soziale 142, 282
mean reversion 89

Medien 77, 131, 152, 198, 279, 321, 326
Medienmonopole 131
Megatrend 34, 36, 37, 38, 40, 41, 42, 50, 182, 276
Mehrwertsteuer 148, 280, 297, 298
Mehrwertsteuerpflicht 281
Meinungsvielfalt 131
Meldepflicht 134, 304
Meldeverfahren 266
Messen 178, 181
Messfehler 176
micropower 43
MiFID-Richtlinie 210, 212, 213, 214, 215, 216, 217, 218, 219, 220, 221
Migration 134
Minderheit 171, 184, 254, 279
Missbrauch 295, 306
Misstrauen 243, 268, 269, 286
Mittelstand 148, 152, 280, 296, 315
Mobilität 139, 146, 190, 286
Mobiltelefon 41, 44, 46, 50
Monetaristen 34
Monopolrente 133, 243
Moral 202, 301, 302
moral hazard 100, 105, 145, 334
Moralvorstellungen aktuelle 322
Motivationsinstrument 238
Multioptionsgesellschaft 168
Multipolarität 32
Mündelsicherheit 162, 215
Muranoglas 56, 57, 58, 61

N

Nachschlagewerk 44, 132
Nahostpolitik 182
Nationalismus 121
Nationalstaaten 121, 126
Natur 63, 64, 66, 71, 74, 119, 246, 250
Nebenwirkungen 57, 100, 117, 166, 175, 176, 179, 248, 317
Negativsummenspiel 154
Neidkultur 146, 154, 198, 330, 332
Neuer Markt 66, 68, 210, 215, 219
  Euphorie betreffend 232
New Deal 160, 312
new economy 62, 129, 134, 135, 136, 229, 230, 231, 234, 235
Niedergang 28, 34, 121, 138
  der Ordnungspolitik 18
  der Rechtsordnung 22, 122
  gesellschaftlicher Konventionen 16
Nischendasein 225
Nizza-Verträge 264
nongovernmental organizations (NGO) 253, 323, 325
Normalfall 134, 158, 267, 291, 292
Normalität 66, 292, 293
Normalverteilung 217
Normierungswut 178
Notenbanken 38, 48, 100, 109, 116, 181, 191, 194, 274
Notrecht 284
Notwehr 282, 284
Novartis 92, 189, 223, 225, 227
Nulldimensionalität 57
Nutzenmaximierung 242
Nutzenvernichtung 243

O

Obligation (siehe auch Staatsanleihen) 57, 59, 90, 91
OECD 137, 148, 150, 156, 159, 162, 172, 269, 286, 318
offshore entity 308
Offshore-Bereich 266, 268
Offshore-Geld 268
Offshore-Kunden 267
Offshore-Märkte 267
Offshore-Oasen 302
Offshore-Problem 268
Offshore-Sparen 267

old economy 71, 74, 76, 229, 335
Onshore-Bereich 266
Opfer 322
Opportunitätsverlust 253
Option 37, 61, 154, 318, 335, 343
Finanzinstrument 59, 60, 90, 215
geschriebene im Leistungsprimat 334
put- 217
Real- 118, 168, 231, 232, 234, 235, 236, 238
strategische für Kleinstaat 291, 299, 300
und Dimension Zeit 60, 61
Optionsmodell 230
Optionsprogramm 243
Optionstheorie 60, 61
Ostblock 15
Ost-West-Konflikt 15, 29

P

Pandabär 168
Pandora 78, 164
Panik 81, 83, 86, 117, 118
Paradigmenwechsel 207
Partikularinteressen 152
Partnerwahl 130
Patriot Act 175, 200
Pensionskassen 255, 261, 297, 298, 332, 334, 336, 337, 339, 341
Deckungslücke 261
und Wahlfreiheit 335
Performance 275, 276
Performanceberechnung 318
Pestleutchen 77, 78
Pferderennen 72
Planetarium 39, 40, 44
Planungshorizont 36
Planwirtschaft 158, 164, 165
Platzierungskraft 112
Pleite 70, 142, 143, 191
Political Correctness 138, 167, 322
Politik 32, 165, 166, 270, 275
Bedeutungsverlust der 31, 32, 33
Fehlleistungen der 165, 166
Spielraum der 30, 124, 158, 161, 270, 333
Zentralisierung in der 298
Politisches System 157, 160, 161, 162
Polizeistaat 205
Ponzi-Schema 310
Populationswelle 63, 71
Portefeuille (siehe Portfolio)
Portfolio 46, 88, 213, 225, 227, 292, 332
aus Obligationen 87, 292
Benchmark- 83
Ziel- 83
Portfoliobausteine 61
Portfoliorendite 83
Portfoliostruktur 226
Pragmatismus 183, 190, 206, 249
Prämie 232, 268
Prävention 174, 175, 180
Preisbildung 97, 98
Preise Vergleichbarkeit 36
Preismechanismus 117
Preismodell 115
Preiszerfall 116
Prinzipal 243, 249
Prioritäten 137, 205, 206
Private Banking 275, 342
private equity 74, 218
Privatfinanzierung 91
Privatinvestition 91
Privatisierung 14, 39, 127, 174
Privatkundengeschäft 342
Privatschulen 129
Privatsphäre 176, 205, 214, 342
Privilegien 137, 201, 260, 261, 285
Privilegienbewirtschaftung 137
Privilegienkartell 138
Privilegienwirtschaft 279, 280

Produktemarketing 344
Produktetransparenz 344
Produktionsfaktoren 34
Produktivität 34, 36, 75, 128, 334
Prognostizierbarkeit 58, 86, 269
Protektionismus 189
Publikumsbesitz 239
Publikumsgesellschaft 91, 92, 307
Pythia 164

Q

Qualified Intermediary (QI) *160, 301, 304, 305, 307, 308*
Qualifikationsproblem 129
Qualitätstitel 216
Quellenbesteuerung 267, 300
  USA 160, 305, 307
  von Zinsen 30

R

Rahmenbedingungen 30, 36, 84, 124, 126, 134, 136, 225, 240, 286, 316, 338, 340
Rating 93, 101, 102, 103, 104, 115, 130, 346
Ratingagenturen 48, 92, 96
Ratingsystem
  für Lehrer 130
  Kredit- 96
rational beliefs 86
rational expectations (siehe Erwartungen rationale)
Rationales Kalkül 75
Rationalität 72, 84, 107
Ratte 162, 168, 169, 311
Realisierungszwang 90
Rechnungslegungspflicht 246
Rechnungslegungsrichtlinie 248
Rechnungsprüfer 304
Recht 122, 326
  des Stärkeren 155
  Kollision von 288
Rechtfertigungsdruck 124, 161
Rechtsanspruch
  Durchsetzung 22
  Ersitzen 328
  historischer 328
Rechtsempfinden 322
Rechtsgüter 277
Rechtskonstrukt verschachteltes 211
Rechtsreform 21
Rechtssetzung 122
Rechtssicherheit 22, 136
Rechtsstaat 16, 20, 27, 159, 171, 182, 207, 277, 278, 282, 288, 301, 326, 328
Rechtssystem 21, 22
Rechtsunsicherheit 305
Rechtsweg 253
Refinanzierung 91, 93, 94, 101, 104, 105, 115, 128
Regeldichte 185, 210
Regelmechanismen 212
Regierungsform 136
Regime totalitäres 172
Regulierung 122, 177, 178, 184, 186, 210, 249, 250
Regulierungsmaschine 208
Regulierungsregime 219
Regulierungsschub 252
Reichtum Stigmatisierung von 150
Rendite 83, 87, 88, 94, 95, 211, 226, 236, 238, 255
  Total- 68, 88, 319
  Über- 86, 87
  Vergleichbarkeit der 94
Renditedifferenz 90, 146
Rendite-Risiko-Struktur 226, 227
  Optimierung 229
Rentenbezug 298
Rentenumwandlungssatz 333
Reprivatisierung 159

Reputation 340, 341
Re-Regulierung 38, 39
Reserven 178, 258
resident but non domiciled 285
residual claim 342
Residualgrösse 256, 258, 259, 260, 261
Ressourcen 26
Rettungspaket 190, 191, 192, 194, 196
Revisionsgesellschaften 175, 220, 340
Revisor 115, 178, 179, 218, 308
Rindviehhaltung 341, 344
Risiko 33, 44, 50, 56, 58, 69, 86, 94, 178, 187, 216, 217, 218, 219, 220, 226, 253, 254, 344
  Ausfall- 60, 88, 89, 90
  Gross- 157, 200
  Kredit- 87, 93, 95, 96, 98, 102
  Markt- 69, 70, 88, 89, 90
  Schuldner- 88, 96, 104
  Vergleichbarkeit von 94
  Währungs- 36, 82, 88
  Zins- 59, 60, 89
Risikocharakteristik 59, 229
Risikoentbündelung 226
Risikoexposition 82, 193
Risikogerechtigkeit 178, 179
Risikokategorie 179, 216
Risikoklasse 216, 220
Risikokonglomerate 59
Risikolosigkeit 196
Risikonahme 38, 48, 83, 88, 96, 100, 173, 318, 319, 337
Risikoprämien 50, 100, 101, 102, 104, 108, 158, 195, 197, 290, 294
Risikosteuerung 46, 61
Risikostruktur 226
Risikoträger 219, 220
rule of law 155, 171, 205
Russland (siehe auch UdSSR) 15, 20, 33, 173, 174, 285

S

Salärpolitik 252
Sanktionsmöglichkeit 341
Sarbanes-Oxley Act 248
Schadenersatzklage 256
Schadensminimierer 196
Schattenwirtschaft 266, 281, 315
Scheitern 159, 186, 187
Schneeball-System 211, 217, 272, 310, 311
Schuldenberg 56, 193, 217, 272, 275
Schuldenkrise 190
Schuldenwachstum 261
Schuldner 93, 94, 179, 196, 197, 199
Schuldnerausfall 91, 192
Schuldnerbetreuung 46, 94
Schuldnerländer 173, 195
Schulwesen 129
Schwarzmarkt 314
Schweinezucht 249
Schweiz 30, 150, 170, 175, 176, 220, 224, 250, 285, 291, 297, 298, 299, 300, 301, 302, 316, 321, 334
Schweizerische Bankgesellschaft 92, 128, 223, 224, 225
Schweizerische Nationalbank 236, 321, 328
Schwellenländer 94, 173, 189, 286
second best 283
Securitisierung 40, 41, 44, 46, 48, 49, 50, 90, 93, 94, 101, 102, 106
Securitisierungswürste 106
securitization (siehe Securitisierung)
Selbstbestimmungsrecht 214
Selbstrechtfertigungskartell 51
Selbstzerstörung 282
Selektion 68, 75
September 11. 2001 38, 39, 78, 79 , 80, 173, 175, 200, 202, 203, 276
Service public 39, 174
Shareholder 110, 242, 243, 244

Shareholder-Value 111, 128, 224, 226, 240
short-Position 103
Sicherheit 22, 96, 121, 136, 180
Sicherheitsaudit 199, 200
Sicherheitsrisiko 199, 202
Silicon Valley 57, 74
Siliziumchips 56, 61
Skaleneffekt 131, 169
soft law 159, 161, 253, 256
Solidargemeinschaft 290, 294
Solidarität 187, 196, 294, 295
Solidaritätsgemeinschaft 314, 315
Solidaritätsstiftung 321
Solvabilitätsquote 84
Solvenzvorschriften 337
Sondermüll 113, 114
Sorgfaltspflicht 218
Sozialabgaben 148, 280, 281
Sozialismus 54, 325
Sozialleistungen 281
Sozialmodell 140, 284, 285
Sozialpolitik 133, 166
Sozialstaat 16, 22, 24, 124, 187, 260, 283
Sozialstaatmodell 282
Sozialsystem 184, 272
Sozialversicherung 244, 261, 297
  Bundesamt für 338
Sozialwerke 25, 26, 157
  Reform/Sanierung 141, 159
Sparen (siehe auch Zwangssparen) 38, 44, 266, 270, 333
Sparer 46, 92
Sparpotential 270
Sparprogramm 159
special interest groups 321, 323
Spermien 63, 68, 70, 72, 74, 75
Spiel
  kooperatives 155, 156, 158, 159, 299
  nichtkooperatives 155, 156, 157, 158, 159, 160, 300
Spieltheorie 72
Sponsoring 115
Staat 121, 123, 137, 181, 185, 278
  als Anspruchsadressat 123
  als letzter Garant 195
  als Rechtsraum 122
  als Wirtschaftsraum 122
  Bedeutungsverlust des 122
  Defizitwirtschaft beim 185, 260
  Effizienz des 280
  Fehlleistungen des 314
  Finanzierungslücke beim 141
  Finanzierungsquelle des 310
  Machtbegrenzung des 143
  Nähe zum 104
  Überwachungs- 143
  Unmoralität beim 317
  unter Stress 155, 158, 161, 290
  Voraussehbarkeit seines Handelns 128, 165
Staatsanleihen 60, 89, 190, 193, 217
Staatsaufgaben 158, 279
Staatsfinanzen 27, 147, 316
Staatsfinanzkrise 195
Staatsfonds 51, 310
Staatsgarantie 100, 145, 155, 239
  implizite 49, 50, 51, 100, 105, 155
Staatshaushalt 140, 192, 194, 316
  defizitärer 27
Staatshilfe 157
Staatsinterventionismus 117
Staatskontrolle 38
Staatspleite 295
Staatsquote 27, 28, 140, 152, 166, 316
Staatsterror 205
Staatsversagen 39
Staatsverschuldung 141, 157, 193, 195, 217, 261, 272, 289, 290, 297, 309
  Finanzierungskosten 311
  Griechenlands 289
  implizite 141, 272, 273, 298

Neigung zur 185
Schweiz 261, 297, 298, 299
USA 27, 309, 310, 311
Staatsverständnis idealistisches 278, 279
Staatswachstum Eindämmung 152
Stabilität 15, 32, 56, 169, 174, 316
weltpolitische 15, 16
Stabilitätsbedürfnis 100
Stakeholder 80, 224, 243
Standort 127, 134, 136, 286
Standortqualität 136
Stempelsteuer 30
Steuerbehörde 266, 276
amerikanische 160, 301, 306, 309, 311
Steuerbelastung 140, 141, 147, 150, 266, 296, 319
Steuerbetrug 283, 301, 302, 313, 314
Steuerdelikt 267
Steuerflüchtling 311
Steuergerechtigkeit 172, 302, 317
Steuerharmonisierung 268, 295, 296, 298
Steuerhinterziehung 137, 281, 283, 302, 313, 314, 315
Steuern 260
Steueroasen 152, 155, 156, 284, 285, 295
Steueroptimierung 295, 317, 323
Steuerpflicht amerikanische für Nichtamerikaner 160, 303, 304, 306, 308
Steuerpflichtige (siehe auch Steuerzahler) 151, 280
amerikanische 160
Steuerquote 317
Steuersünder 39, 206, 315
Steuersystem 263, 318, 319
Steuervergehen 202, 267
Steuerwettbewerb 136, 137, 170, 295, 299
«schädlicher» 137, 150, 151, 152
Steuerzahler (siehe auch Steuerpflichtige) 28, 33, 113, 152, 154, 283, 317
Stiftung 288, 306
story 322, 325
structured investment vehicle (SIV) *115*
Strukturbruch 292, 293, 297
Strukturerhaltung 145, 189
Strukturierte Produkte 100
Strukturproblem 24, 25, 289
Strukturwandel 72, 93, 123, 124, 223, 224, 225, 227, 229
Subsidiarität 124, 143, 150, 186, 293, 295
Subvention 22, 41, 151, 152
Südostasienkrise 96, 98
suitability-Doktrin 213
Sultansprinzip 340, 341
Supermacht 16
Supranationale Organisationen 137, 138, 184
Swift 276, 308
Synergie 111, 112, 133
Systemkollaps 286
Systemkrise 27, 28, 56, 108, 274, 275
Systemperfektionierer 196
Systemrelevanz 157
Systemrisiko 274, 275, 286
Systemstabilität 161, 290

T

Täuschung 243, 244, 246, 247
Technologie 34, 69, 71, 76, 122, 128, 230
Technologiebranche 74, 75
Technologieschub 37, 71, 72, 75, 235
Telefonie 37, 42, 69, 144
Termingeschäft 59
Territorium 66, 127, 137
Bedeutungsverlust des 128
Gebundenheit an das 124
Terrorbekämpfung 205, 206

Terrorismus (siehe auch September 11. 2001) 38, 78, 121, 176, 183, 200, 202, 204, 205, 206, 207, 276
Testamentsvollstrecker 304
Tierschutzverordnung 207, 208, 210
Tonkrug 57, 58, 61
too big to fail 49, 51
trade-off 124, 226
Transaktionssysteme 308
Transferzahlungen 268
Transparenz 61, 92, 94, 130, 133, 244, 246, 247, 248, 249
Treuhandverhältnis 288
trial and error (siehe Versuch und Irrtum)
Trittbrettfahrertum 249
Trust 288, 304, 306

U

Überalterung 25, 269, 313, 339
Überlebenswahrscheinlichkeit 235
Übernahmekodex 145
Übernahmeregeln 219
Überproduktion 63, 64, 119, 165
Überschuldung 194, 310
Überschwang 62, 63, 66, 68
    irrationaler (siehe *irrational exuberance*)
UBS 49, 109, 110, 111, 115, 192, 299, 301, 302, 306
UdSSR (siehe auch Russland) 15, 17, 89
Uhrenkartell 123
Umlageverfahren 141, 269, 270
Umschuldung 89
Umverteilung 27, 28, 54, 117, 133, 172, 187, 197, 270, 280, 325, 329, 333
Umverteilungsdemokratie 25
Umweltpolitik 27, 29
Unabhängigkeit 22, 43, 44, 46
Ungewissheit 31, 55, 80, 114
Unglück 198
Universalbankprinzip 225
UNO 171, 186
Unrechtsregime 171
Unsicherheit 60, 64, 66, 77, 115, 181, 188, 218, 230, 328, 330
Unternehmenserfolg 124, 239, 240
Unternehmensgrösse 169
Unternehmensinteresse 238
Unternehmensorganisation 238
Unternehmenspolitik 224
Unternehmenssteuerreform 136
Unternehmenswert 70, 243, 247, 249
Unternehmer 93, 236
Unternehmerische Leistung
    Vergleichbarkeit der 94
Unternehmung 133, 238, 256, 258, 133
    Entbündelung 226, 227
Unternehmungsführung 238, 254, 256, 258
Untertan 270
Unverhältnismässigkeit 277
USA 15, 20, 27, 39, 108, 146, 154, 174, 199, 200, 201, 248, 291, 299, 301, 302, 303, 304, 305, 309, 311, 312
US-Person 305, 306, 307, 308
US-Wertschriften 303, 304, 307, 309

V

Venedig 57
Venture-Capital 146, 234
Veradministrierung 210, 218
Verantwortlichkeit 209, 210, 215, 217
Verantwortung 170, 207, 252, 253
Verantwortungsträger 253
Verbände 126, 138, 243
Verbriefung (siehe auch Securitisierung) 93, 101
Vereinheitlichung 144
Verfassung 143, 182, 184, 264, 319
Vergangenheitsbewältigung 325
    anwaltschaftliche 326, 328

Vergütungssystem 155
Verheimlichen 314, 315, 319
Verjährung 328
Verlust 325
Verlustkompensation 319
Vermögen 275, 285
Vermögensanlage 266, 286, 317, 318, 319
Vermögensentwicklung 82, 332
Vermögenserfolg 83
Vermögenserhaltung 272, 274, 275, 276, 284
Vermögensertrag 317, 318
Vermögensvermehrung 272, 273, 274, 275, 332
Vermögensverwaltung 83, 110, 111, 112, 236, 273, 275, 298, 300, 308, 323, 343, 344
Vernetzungskapazität 125
Verschuldung 38, 49, 116, 155, 156, 157, 195, 244, 272, 274, 309, 311, 312, 316
  Drittwelt- 56
  und Lockvogelangebote 116
Verschuldungsdesaster 284
Versicherung 33, 49, 193, 196, 217, 232, 267, 268, 286, 316
Versicherungsbetrug 155
Versuch und Irrtum 95, 119, 133, 188, 249, 250
Verteilungskampf 137
Vertrauen 49, 92, 105, 108, 179, 199, 203, 218, 264, 288
Vertrauensperson 324
Vertrauensverlust 107, 109
Verursacherprinzip 100
Verwaltungsrat 37, 110, 111, 239, 242, 253, 260, 341
Vetorecht 171
Vielstaatlichkeit 264
Virtualisierung 125, 126, 300
Vodafone 50, 144
Volatilität 36, 82, 88, 128, 156, 164, 216, 217
Volksentscheid 264
Volksrechte 299
Vollkasko-Gesellschaft 187
Vollmachtsregime 206
Vorsichtsprinzip 337
Vorsorge 158, 266, 278, 316, 333, 334, 336
Vorsorgeleistungen 282
Vorsorgementalität 220
Vorsorgesparen 269
Vorsorgestaat 139, 141, 143, 219
Vorsorgesystem 270, 272
Vorsorgewerke 141

W

Wachstum 34, 36, 75, 80, 142, 152, 185, 290, 310, 311, 316
Wahrscheinlichkeit 60, 64, 216, 217
Währungsschnitt 268, 275
Währungsspekulation 173
Wandel technologischer 57, 168, 229, 231, 232
wealth extraction 151
Wegschliessen 314, 315, 319
Wegzug als Entzugsstrategie 285, 286
Weissweinimport 123
Welt-Ethos 173
Weltkrieg Zweiter 79, 123, 124, 203, 204, 250, 312, 320, 328
Wertemangel 183
Wertevielfalt 174
Wertigkeit eigene inhaltliche 184, 185
Wertschriften (siehe auch US-Wertschriften) 56, 93, 160, 303, 304
Wertzerfall 115, 275
Wettbewerb (siehe auch Konkurrenz) 29, 30, 42, 50, 87, 124, 128, 129, 132,

133, 136, 172, 199, 220, 248, 286, 326, 335
der Standorte 137, 138
der Systeme 20, 26
Effizienz 20, 220
und Vergleichbarkeit 128
Wettbewerbsdruck 136, 255
Wettbewerbsfähigkeit (siehe auch Konkurrenzfähigkeit) 221, 291, 293
Wettbewerbskraft 296
Wettbewerbsvorteil 24, 49, 220
Widerrechtlichkeit Stigma der 283
Wikipedia 44, 132
Win-win-Schema 154
Win-win-Situation 300
Wirtschaft 161
Neubewertung der 125, 128
Ordnungsprinzip der 187, 189
Entscheidungsspielraum der 168
Vergleichbarkeit der Leistung 98, 128
Wirtschaftskrise 79, 158, 312
Wirtschaftswachstum 24, 96, 139, 142, 146, 178, 270
Wohlfahrt soziale 295, 310
Wohlfahrtsstaat 28, 140, 272, 296, 334
Wohlfahrtssystem 272, 273
Wohlstand 16, 34, 154, 185, 186, 207, 315
Wohlstandsgewinn 133
World Trade Center 80
Wurst 105, 106, 107, 108, 112

Z

Zeitgeist 172, 198
Willkür des 182
Zeitgewinn 116, 117
Zeitmanagement 258, 260
zero tolerance 250
Zielkonflikt 201, 247, 249, 274
Zins 36, 88, 91, 93, 116, 117, 240, 317
Hypothekar- 116
Mindest- 335, 338
risikogerechter 179
risikoloser 290
Zinsbaisse 87
Zinsbesteuerungsabkommen 317
Zinsderivat 58
Zinsmarge 93
Zinsniveau 38, 58, 267
Zinssenkung 38, 116
Zinsverbot 199
Zivilgesellschaft 280
Zufall 130, 156, 164, 174, 219
Zwang 124, 127, 197, 215, 296, 333, 334
Zwangsgemeinschaft europäische 295, 297, 300
Zwangsmodell 284
Zwangssparen 255, 333

Lebenslauf
Konrad Hummler

Konrad Hummler wurde 1953 in St. Gallen (Schweiz) geboren und wuchs in einem gegenüber Politik und Kultur sehr aufgeschlossenen Elternhaus auf. Er engagierte sich aktiv in verschiedenen Jugendorganisationen während Primarschule und Gymnasium. Nach der Matura (Typus B) begann Hummler ein Jurastudium an der Universität Zürich. Parallel dazu betreute er als Chefredaktor die «Schweizerische Hochschulzeitung» und leitete während zweier Jahre das St. Galler Management-Symposium. Auf Einladung des Monetaristen Karl Brunner studierte er 1978/79 Ökonomie an der Universität Rochester (N.Y.). Mit einer Dissertation im Grenzbereich von Recht und Informatik schloss er die akademische Ausbildung ab.

1981 trat Hummler in die Finanzanalyseabteilung der Schweizerischen Bankgesellschaft ein, um bald in den persönlichen Stab des damaligen Verwaltungsratspräsidenten Dr. Robert Holzach zu wechseln. 1990 entschied sich Hummler für den Schritt in die Unabhängigkeit und wurde 1991 Teilhaber der damals noch sehr kleinen Privatbank Wegelin & Co. in St.Gallen. Zusammen mit Otto Bruderer und einer jungen und akademisch ausgerichteten Mannschaft baute er im Laufe der Jahre eine von der Konkurrenz respektierte, schweizweit operierende Privatbank auf. Hummler ist bekannt für seine spitze Feder: Er verfasst nicht nur den Wegelin Anlagekommentar, sondern auch zahlreiche politökonomische Studien und Beiträge.

Neben der beruflichen Haupttätigkeit als Teilhaber von Wegelin & Co. stand Hummler der Industrie- und Handelskammer St.Gallen-Appenzell vor und war Verwaltungsrat bei mehreren befreundeten Banken und KMU-Betrieben. Des weiteren war er Bankrat der Schweizerischen Nationalbank, gehörte dem Aufsichtsrat der Deutschen Börse AG an und präsidierte den Vorstand der Vereinigung Schweizerischer Privatbankiers. Im Hinblick auf die Übernahme des Verwaltungsratspräsidiums bei der NZZ-Gruppe trennte sich Hummler im Frühjahr 2011 von diesen Mandaten, um sich auf seine Tätigkeit als Privatbankier und die vielfältigen Herausforderungen im Medienbereich konzentrieren zu können. Im Militär war Hummler Generalstabsoffizier bei der Luftwaffe und kommandierte ein Fliegerabwehrregiment.

In der Freizeit widmet sich der Vater von vier Töchtern neben dem Bergsteigen und Mountainbiking seiner grossen Leidenschaft, der klassischen Musik. 1999 gründete er mit eigenen Mitteln die J. S. Bach-Stiftung St. Gallen, mit dem Ziel, das gesamte Vokalwerk des grossen Komponisten zur Aufführung zu bringen – ein Unterfangen, das etwa 25 Jahre in Anspruch nehmen wird.